杨德广八十自述自选

杨德广 著

上海大学出版社
·上海·

图书在版编目（CIP）数据

杨德广八十自述自选/杨德广著.—上海：上海大学出版社，
2020.8（2024.5重印）
  ISBN 978-7-5671-3903-9

Ⅰ.①杨… Ⅱ.①杨… Ⅲ.①杨德广—自传 Ⅳ.①K825.46

中国版本图书馆CIP数据核字（2020）第115472号

责任编辑　傅玉芳
封面设计　柯国富
技术编辑　金　鑫　钱宇坤

杨德广八十自述自选
杨德广　著

出版发行	上海大学出版社
社　　址	上海市上大路99号
邮政编码	200444
网　　址	www.shupress.cn
发行热线	021-66135112
出 版 人	戴骏豪
印　　刷	江苏凤凰数码印务有限公司
经　　销	各地新华书店
开　　本	787mm×960mm 1/16
印　　张	28
字　　数	445千字
版　　次	2020年8月第1版
印　　次	2024年5月第3次
书　　号	ISBN 978-7-5671-3903-9/K·219
定　　价	80.00元

楊德廣八十自述自选 辛丑一月三十日 庚子 龚学平

龚学平题写书名

德高为师　身正为范

自强不息　臻于至善

题相徒广同志八十自述自选

徐匡迪
二〇二〇年冒八日

徐匡迪题词

贺新作

杨德广同志人品高尚，学问为我国教育事业做出了重要贡献

周远清 2020.4月

周远清贺词

教政先锋
育人楷模
与善同行
梦美寿长

祝贺八十岁华龄 八十岁激情
良师益友杨德广校长从教
五十五周年暨八十华诞

王荣华
二〇二〇年五月

王荣华题词

贺杨德广教授八十寿诞：

德高身正，人师楷模

广施善行，济困明星

李宣海贺

讀書教書著書楷模文人
厚德學勤師長局長校長
教育人生天寬地廣

賀楊德廣教授從教五十五年 庚子三月
恭慶楊德廣教授八十華誕
偉江書

2018年在"中国慈善日"主题活动"携手慈善 守护爱的记忆"上发言

2018年在上海交通大学安泰经济与管理学院做学术报告

2018年荣获国家民政部颁发的第十届"中华慈善楷模"荣誉称号

中共中央党校毕业证书

荣获中共中央组织部颁发的
"全国离退休干部先进个人"
荣誉称号

在上海市宝山区组织植树造林义务劳动

在上海市奉贤、青浦、崇明等地组织八次义务植树活动，共种植十万多株竹柳

为研究生合唱队伴奏

与原上海图书馆馆长陈燮君（右一）在欢迎日本友人的宴会上

荣获的部分证书、奖牌和奖杯

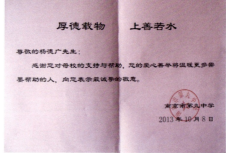

荣获的部分证书和奖牌

荣获的部分证书和捐赠证书

与家人在一起

与上海大学出版社编辑在上海师范大学留影

序

杨德广教授同我的交往已近40年。1983年,他在上海高教局分管学生工作。我所主编的作为建立高等教育学科标志的第一部《高等教育学》,其中第十章"共产主义德育"、第十一章"大学生集体组织与教育"、第十二章"高等学校的体育与卫生"就是他撰写的。近40年来,我们的交往很密切。我每次到上海,必然要找他交流高等教育现状与问题,尤其是他担任上海师范大学校长时,我们共同畅游绿树清泉的校园。我也时常邀请他到厦门大学教育研究院来开设讲座或主持博士学位论文答辩。他开设的讲座深刻而生动,他主持的答辩严格而认真。

我对杨德广教授的钦敬,更多的是他思想开放,常以批判性思维在高等教育理论研究中提出创新见解。尤其是在改革开放之初,国家从计划经济向商品经济、市场经济过渡的过程中,许多人思想跟不上,阻力重重。杨德广教授竟然写出《高等院校走进市场才能走出困境》《关于建立教育市场的思考》等前瞻性的文章,即便受到围攻,他仍始终坚持、据理反驳。后来,形势的发展证明他的超前认识与实践是正确的。

当我所提出的教育两条基本规律及其在高等教育运用的理论被人曲解时,是他站出来有力地反驳、揭示对方的错误。这是我应当感谢的。

虽然与杨德广教授交往多年,交流甚多,但我总感到对他的认识不够全面、不够深刻。读到即将出版的《杨德广八十自述自选》,包括"自述篇"、"感悟篇"、"慈善篇"以及"学术篇",我对这位获"新中国教育70年70位教育人物"称号的"别具理论与实践风格的慈善校长"才有完整、深入、立体的认识。

是为序。

潘懋元

2020年4月15日

自序

10年前,古稀之年时,我撰写了《从农民儿子到大学校长:我的教育人生》一书,受到意想不到的欢迎和好评,对年轻人的励志起了一定作用,我感到十分欣慰。弹指一挥间,我已进入耄耋之年,80岁啦。10年来我没有停歇,一直从事教学、科研和慈善公益活动。

我的一生丰富多彩,坎坷曲折,很值得回顾和反思,既可以激励我继续前行,又可给后人后学们分享。故此,又编写了这本《杨德广八十自述自评》,与罗志敏、张兴博士编的《杨德广八十评述评论》是姊妹篇。作为对培育我成长的三所母校的感谢和汇报,对我工作过的10多家单位领导和同事的感谢和汇报,对跟随我从事阳光慈善帮困助学公益活动的广大爱心人士的感谢和汇报,对长期以来支持关心帮助过我的家人和亲朋好友们的感谢和汇报。

我在旧中国生活了10年,当时是民国时期、抗日战争时期,也是"三座大山"压迫时期。父母是贫苦农民,文盲,全家人过着饥寒交迫的生活,我母亲43岁就离开了人世。是党是新中国给了我第二次生命,给了我长寿的生命。80年来,我经历了苦难的童年、艰难的青年、磨难的十年、奋起的中年、幸福的晚年,从一个走出农村的寒门子弟成为大学教授,从一个贫苦农民的儿子成为大学校长,从一个面黄肌瘦的体弱少年成为身体健康的强壮老人。我目睹了、经历了中国人民站起来的毛泽东时代、中国人民富起来的邓小平时代、中国人民强起来的习近平时代。

我生在旧社会,长在红旗下。从小学、中学到大学,虽然生活比较艰苦,但受到了良好的教育,逐步确立了正确的人生观、价值观,我小学入队、初中入团、高中入党,大学毕业后,除"文革"10年外,一直在教育岗位上:先后在华东师范大学、上海市高等教育局、原上海大学、新上海大学、上海师范大学、震旦职业学院等单位工作。

我一生有过四个梦:读书梦、图强梦、教育家梦、慈善家梦。我努力了,经历了坎坷曲折、艰苦奋斗,基本实现了。从60年前加入党组织那一天起,我牢记并践行共产党员"全心全意为人民服务"的宗旨。

我的座右铭是:无为何入世,入世有所为。来到这个世界就要有所作为,加入共产党就要"为人民服务"。

立德、立志、立业、立言,是我一生的追求和前进的动力。立德,就是勤、俭、诚、信、善,做一个刚健有为、利国利民的人;立志,志在为国家富强、人民安康贡献力量;立业,在每一个工作岗位上尽责尽力,勇于进取,有所作为,事业有成;立言,就是对前面三"立"的回顾和反思,对我人生经历的回顾和反思,并记录下来,鞭策激励自己,启迪告诫后人。

我的人生观是,人活着不能仅为自己和家人,还要为社会和他人,经历过"三座大山"压迫、饱受过贫穷之苦的我,志在祖国的富强,为建设富强的中国贡献一份力量。我的价值观是,把自己的时间、精力、财富、生命用于自我发展、励志图强,并贡献给社会和人民。我的世界观是,我相信人是由猿猴演变而来的进化论,不赞成上帝"创世论",我信奉马克思的唯物论,不赞成唯心论。我不相信人有前世来生,不相信有未来的极乐世界,因此我从来不烧香拜佛,从来不放生度人。我相信《国际歌》里写的"从来没有什么救世主,也不靠神仙皇帝,要创造人类的幸福,全靠我们自己!"我相信并秉承"为人民服务"的宗旨,相信"仁者寿",从善积德,德高延寿。我相信吃苦是人生最重要的品质,"吃得苦中苦,方为人上人",一切成功、美好的生活,是靠艰苦奋斗得来的。

我能够健康地活到今天,并取得一些成绩,主要有三大因素:

一是中华民族文化传统和革命传统的熏陶；二是学校党团组织和老师的辛勤培育；三是自己的艰苦奋斗。三方面的因素缺一不可。因为推动事物发展的外在因素和内在因素是相辅相成的，相得益彰的。"外因是条件、内因是根据，外因通过内因起作用。"唯物辩证法告诉我们，要充分利用外部条件促进事物的变化发展，外因犹如优良的土壤和环境，否则种子不能生长，但如果种子不好，再好的外部环境也不能生长。因此最后起决定作用的是内因，是内在因素，即自身的素质。

人的自身素质又包含三个方面：一是有坚定的理想信念、精神追求；二是勤学苦练，艰苦奋斗；三是有抗干扰能力，可抵御来自自身的及外部的干扰。这也是我成功的三大法宝。

许多人都惊讶我平时工作那么忙，为什么还能出那么多成果？除了上面三个内在素质外，我还有三个优势：一是身体的优势。中学6年、大学5年坚持体育锻炼，奠定了强健的身体基础，加上几十年来养成的良好生活习惯，如不吸烟、不喝酒、不暴饮暴食，身体健康，精力充沛，一天工作学习10多小时不感到疲劳。二是时间的优势。我在初中一年级时，读了《钢铁是怎样炼成的》，奥斯特洛夫的一句话"人的一生应当如何度过呢……"让我懂得了惜时的重要性。我一直很珍惜时间，学生时代把有限的时间用于学知识、练本领，努力发展自我、提升自我。走上工作岗位以后，把绝大部分业余时间用于学习和研究。40多年来，每天早上6点起床、晚上11点半睡觉，有16个小时的可用时间。惜时是我成功的最大秘诀。三是心理优势。从小在苦水中泡大，养成了不怕苦、能吃苦的心理素质。受革命传统教育、革命先烈们"流血牺牲无所畏惧"精神的熏陶，形成了坚强、坚定的意志，不计较个人得失、乐于奉献。"文革"期间被批斗、游街，下放到东北劳动，形成了抗压力、抗委屈的心理素质。经历旧社会苦难生活、五六十年的艰苦生活的磨炼，对现实生活有强烈的翻身感、幸福感、满足感，知足常乐，不会因遇到一些困难、挫折而情绪低落、怨天尤人。我是辩证唯物主义者,过去的不可能再来,后悔、懊丧无济于事,忧愁伤感毫无作用。后悔过去不如奋斗未来,积极寻找解决困难和矛盾的方法。在人生的道路上总会遇到坎坷曲折与不幸,不要赌气,不要泄气,不要生气。我规定自己生气不超过3分钟,生气不如争气,永远保持良好的心态。

无欲则刚,无欲则不苦。我能活到今天,心满意足了。我在物质生活上没有奢望,吃饱穿暖安居即可。但我在精神上是有追求的,我是个追梦人:读书梦、图强梦、教育家梦、慈善家梦,永远做一个有益于社会和人民的人。我对名利看得很淡,不谋当官,不怕丢官,我多次表白过,组织上重用我是对我的信任,组织上不用我是对我的照顾。为了事业和工作,该说的就说,该做的就做,两袖清风,敢说敢干。共产党员是为人民服务的,我之所以把多余的房子、资金捐出去,就是不追求物质生活的享受,不在物质生活上脱离广大人民群众。毛泽东、周恩来、朱德等老一辈革命家在生活上一直保持低标准,我们应继承和发扬。无数革命先烈连生命都牺牲了,我还有什么舍不得丢掉的呢?

自2003年退位之后,我一直坚持教学科研、培养研究生工作,还外出做讲座、做报告1 100多次,如2018年34次,2019年33次,发表文章100余篇,还主编了《高等教育学概论》《老年教育学》等培训教材。迄今为止,我总共出版了近50部书(含主编),发表文章600余篇,做讲座、做报告2 000余次。有人问我,你已年逾八十,为啥还不休息,仍然干得那么起劲?我说有四个因素:一是我身体状况很好,不释放出来是资源浪费,用于吃喝玩乐也是资源浪费,应该为社会、为教育事业做点贡献。二是我认为把多余的精力、能力用于为社会发展、为教育发展服务最有价值。三是我要积蓄资金,创造财富,有更多的钱投入慈善公益事业。10年来,我每年要拿出10万元现金给小学、中学两所母校,再加上其他方面的慈善捐赠,共需15万元左右,超出了我一年的工资收入。每年的讲课费和书稿费弥补了我做慈善所需资金的不足。四是充实了自己的生活,实现了自我价值,给自己带来了快乐和幸福,促进了身心健康。身体健康了,又可以继续工作,继续做慈善,做了慈善,感到很开心、很快乐,感到活得很有价值,心情愉快了,烦心事少了,又促进了身体健康。所以我一直认为,慈善是对健康的最好投资。亲朋好友互相嘱咐最多的一句话是"你要保重身体,健康最重要!"情真意切,肺腑之言,但如何保重身体,如何有健康的身体,各人有各人的方式。休闲、饮食固然不可或缺,但学会感恩、多做善事是最重要的。

我能够有今天,是教育改变了我的命运。本书记载了教育是怎样改变我的命运的。教育就是影响,近朱者赤,近墨者黑;教育给人知识,知识就是力量;教育就是唤醒人的觉悟,给人以前行的动力和方向;教育的效果,取决于受教育者的醒悟和自觉;教育是广义的,要主动接受来自各方面的教育。为什么同样的人,在同样的环境中,受到同样的教育,却产生不同的效果?其中的奥秘在于如何认识教育,如何利用教育,如何有高度的教育觉醒和自觉,利用教育来发展自己、改变自己的命运。本书叙述了家庭教育、学校教育、中华文化传统教育、革命传统教育、书本的教育、榜样的教育、名人名言的教育等,对我学习工作的影响,对我成长成功的影响。我体会到,学生时代是人生非常重要的阶段,要想事业有成,必须学有所成。在学生时代要学会做人、做事,要勤奋学习,刻苦锻炼,成为德智体美劳全面发展的学生。我的第二个梦"图强梦",就是在学生时代实现的,为以后几十年的工作、生活奠定了坚实基础。

现在的年轻人所处的环境远比我们五六十年代优越得多、好得多,但现代社会面临的复杂形势、高新技术的发展,也给年轻人带来了严峻的挑战。虽然当今社会在思想观念、生活方式、工作方法等方面与过去迥然不同,但是在学好知识、练好本领,树立正确的人生观、价值观,传承中华民族优秀文化传统,为把我们的祖国建设强大,让人民过上美好生活而不懈奋斗方面,是一致的。

我期望我 80 年来的人生经历,而且至今仍是一个健康老人,继续从事教学、研究、社会慈善公益活动的现实,对年轻人的学习、工作和发展有所启发和裨益。这也是我编写和出版此书的主要目的。

感谢徐匡迪老市长亲自为本书题词,为《杨德广八十评述评论》一书写序。感谢龚学平老领导为两本书题写书名,感谢杭州市原市委书记、杭州市城市学研究会理事长王国平、教育部原副部长和中国高教学会会长周远清、中国高教学会原会长瞿振元、第十届上海市政协副主席王荣华、上海市教委老领导李宣海、张伟江、薛喜明、全国政协委员胡卫等题词。

特别感谢百岁老教育家潘懋元教授为本书作序,潘先生是中国高等教育学学科创始人,是我国高等教育研究的领路人,是我为人为学的榜样和楷模。

本书在编写和出版过程中,得到上海大学出版社的鼎力支持,感谢上海大学副校长龚思怡女士、上海大学出版社社长戴骏豪先生、常务副总编傅玉芳女士、艺术编辑部主任柯国富先生及社科编辑部编辑刘强的关心和付出的辛勤劳动,尤其是傅玉芳老师高度负责的精神,投入了大量的精力和时间,使得《杨德广八十自述自选》《杨德广八十评述评论》能在较短时间内顺利出版。

本书在编写过程中得到罗志敏教授大力支持,帮助收集整理有关资料,还有张兴、樊军、姚栋华、朱炜、丁静林、赵德乔、吴琼、陈悦、谭娇、庞若雯、张雅文、王天宇等参加了资料图片整理工作,在此一并表示感谢!

2020 年 7 月于上海师范大学

八十感言

1. "要争气,要有本事。"母亲的话,激励我有了第一个梦想:读书梦。
2. 人有梦想,就有目标、有追求、有动力。读书梦、图强梦、教育梦、慈善梦,四个梦一直引领我前行。
3. 苦难是人生的磨刀石,美好生活靠艰苦奋斗而来。
4. 世上最宝贵的东西是"时间",世上最重要的一个字是"今"。
5. 笨鸟先飞能入林。
6. 天才是 99％的汗水＋1％的灵感。
7. 榜样的力量是无穷的。
8. 我的三大法宝:理想信念,勤奋刻苦,抗干扰能力。
9. 我的三个优势:健康,惜时,心态。
10. 我的四个一点:把名利看淡一点,把金钱看轻一点,把人生看透一点,把事业看重一点。
11. 我的四立:立志,立德,立业,立言。
12. 我的六字方针:工作,学习,研究。
13. 人生的意义在有为,人生的价值在奉献。
14. 后悔过去,不如奋斗未来。
15. 对他人多一点理解、包容、关爱,对自己多一点自律、反省、谦让。
16. 顾全大局,委曲求全,忍辱负重。
17. 快乐和幸福来自乐善好施、帮困助人,慈善是对健康的最好投资。
18. 我的座右铭:无为何入世,入世有所为。
19. 我的家训:勤俭,和善,自强,有为。
20. 牢记宗旨:全心全意为人民服务,永远做一个有益于社会和人民的人。
21. 既要知道,更要做到。

杨德广

2020 年 2 月

目录 | Contents

第一篇 自 述 篇

苦难童年,励志前行的动力　　　　　　　　　　/3
中学生活,最重要的成长阶段　　　　　　　　　/6
大学生活,德智体全面发展　　　　　　　　　　/10
"文革"受冲击,下放到东北劳动　　　　　　　　/14
重返华东师大,调到高教局工作　　　　　　　　/16
调任上海师大校长,任重而道远　　　　　　　　/21
抓教学改革,顶住压力不放松　　　　　　　　　/25
针对学生"松、散、懒",开展"充实教育"　　　　　/29
解决住房困难,让教职工安居乐业　　　　　　　/33
以绿气促人气,提振教职工精神　　　　　　　　/37
发展教育产业,提高办学效益　　　　　　　　　/43
运用市场机制,开发奉贤校区　　　　　　　　　/47
更新教育观念　改革发展见成效　　　　　　　　/52
到民办高校任职,探索提升教育教学有效性　　　/57
入世有所为,实现第三个梦　　　　　　　　　　/60
发挥余热做慈善,我的第四个梦　　　　　　　　/62
我从事高教研究的缘由和动力　　　　　　　　　/65
总结人生,很有收获感成就感　　　　　　　　　/70

第二篇 感 悟 篇

我的教育人生
　　——和大学生谈学习、工作和做人　　　　　/79

不忘初心,牢记使命
　　——全心全意为人民服务 /92
讲真话是我的学术责任
　　——与刘岚对话 /114
"活明白了" /125
漫谈生命价值观 /131
百岁教育家潘懋元的精神世界 /151
我遇到过挫折和困扰 /166
常溪萍是我人生的榜样 /174
与谢晋导演合作办影视学院 /186
给仙逝妻子的一封信 /190

第三篇　慈　善　篇

资助贫困生是我的责任 /197
我的慈善观 /204
我为什么要做慈善 /210
我做慈善的动因和实践 /217
做一名"脱贫攻坚战"的战士 /228
雷锋精神指引我前行 /233
弘扬佛教文化　推进慈善事业 /239
富人们,请善用你们的财富 /245
面对新冠疫情,我能做些什么? /248

第四篇　学　术　篇

把政治思想工作做到教学领域中去 /257
关于建立教育市场的思考 /260
关于建立现代高等教育学的思考 /270
加强人文教育的重要性 /278
建立一主多元的高等教育办学模式 /284
促进高等教育走内涵发展之路 /294

关于德育的地位首位和到位之探讨 /297
我国应建立老年教育学 /311
对中国"三过"教育现状的分析及对策探索 /325
高等教育"适应论"是历史的误区吗
  ——与展立新、陈学飞商榷 /352
中小学生课业负担重的源头及破解对策
  ——从一位中学校长发出"救救孩子"呼声谈起 /370
我国应着力于"超常"学生的选拔和培养
  ——兼论"钱学森之问"的破解 /382
要高度重视着力发展老年教育 /399

第一篇

自 述 篇

我从未想过自己能够活到80岁,更未想过自己能连续工作50多年,直到80岁还在工作。现在我成为一个长寿老人、健康老人了。光阴似箭,岁月荏苒,回忆往事,让人感慨万千。本篇叙述了我的童年生活、中学和大学生活,实现了人生的第一个梦想和第二个梦想;叙述了我工作后坎坷曲折、酸甜苦辣的经历和人生的体验与感悟,为实现第三个梦想艰苦奋斗;叙述了我退休后为实现人生第四个梦想、让生命继续绽放光彩所作的努力。

苦难童年，励志前行的动力

80年前，当我还在母亲肚子里时，父母亲就决定把我生下来后送掉。当时父母亲已经有一个女儿、一个儿子，一家四口人过着饥寒交迫的生活。父亲在日本人的工厂打工，整天挨打受气；母亲帮人家洗衣服，收入微薄，难以维持生计。如果不把我送掉，一家五口人将无法生存、生活下去。1940年初的一个寒冷的傍晚，我来到了这个冰冷的世界。我响亮的哭声回荡在漏风灌雪的破屋子里，仿佛是对父母亲要把我送走的抗争。我出生5分钟后，母亲说肚子还在动，接生婆又接生出一个女婴——我的同胞妹妹。她哭声很小，显然不知道自己将面临的劫难。产下"双胞胎"，而且还是"龙凤胎"，在当今社会是件大喜事，值得好好庆贺。然而在"三座大山"压迫下的旧中国，在受饥饿煎熬的穷人家，却犹如雪上加霜。

父母亲对突如其来的两个小生命闯入寒门，措手不及，忧心忡忡。由于营养不良，母亲没有奶水，只好用米汤、豆芽汤代替奶水喂我和妹妹。我一生下来，求生的欲望就很强，拼命地吮吸母亲的奶水，母亲忍着疼痛任凭我吸。我是在吸母亲的血呀，吸不出奶我就哭。母亲喂我米汤、豆芽汤，我都能喝完。妹妹身体很弱，吸不出母亲的奶水，就不吸了，米汤、豆芽汤也喝不了多少。父母每天看着我和妹妹发愁。两个月过去了，我天天哭着要喝奶，妹妹紧紧地依偎在母亲的怀抱中。父母商量了好几个方案：第一个方案是把我们两人都送掉，放在家中肯定养不活，但送给谁呢？谁家能接受两个孩子呀！第二个方案是把我送掉，因为我胃口太好，没有那么多东西给我吃，但我10岁的姐姐坚决反对，她说把男孩留下，女孩送掉。当时我5岁的哥哥身体不好，男孩留下将来可以增加一个劳动力。第三个方案是把妹妹送掉，于是我那可怜的妹妹，在出生三个月不到就被送人了，后来一直杳无音讯。

感谢姐姐、感谢父母亲把我留了下来。然而,送走妹妹并没有改变家庭的困境,一家五口人仍然无法在南京生活下去。我出生100天左右,我们全家流浪到江苏江宁县上坊村。从我有记忆起,父母亲总是从早忙到晚,姐姐、哥哥每天也跟着父母亲忙碌不停,但全家人始终过着食不果腹、衣不蔽体的生活。穷人的孩子早当家,我七八岁就开始下地劳动,经常上山挖野菜、敲小石子。姐姐出嫁后,哥哥和我的家务劳动更繁重了,我还经常跟着哥哥上山砍柴。哥哥15岁那年到上海做学徒,11岁的我便成了家中的主要劳动力。每年的四五月份,即青黄不接的时节,家中粮食早吃完了,麦子却还没有收割,我每天独自一人到野外挖野菜、砍柴,还要照顾比我小五岁的弟弟、照料重病的母亲。全家人在漫长的"黑夜"中生活着、挣扎着,除了春节过年的几天吃得比较饱以外,其他日子都要忍饥挨饿。一年四季,晚上从来没有吃过干饭,一锅稀饭中野菜占了一半,而且经常把豆渣当饭吃。冬天只吃两顿。我的一个弟弟生下后,因为母亲没有奶水,2岁时活活地饿死了,扔在村外专门丢死婴的"小鬼滩"上,结果被狼狗吃掉了。父母亲欲哭无泪,我幼小的心灵被深深地刺痛了:这是什么世道?这种日子何时熬到头?我家为什么这样穷?父母亲都是文盲,无法回答这些问题,总是说"我们家人命不好",只能忍气吞声、忍辱负重地生活。母亲的身体一直很瘦弱,平时吃得很少,总是让我们多吃一点。我多次说:"妈妈你也吃呀。"她总是回答:"我不饿,你们吃吧。"她不是不饿,而是省下来让我们多吃一点。这伟大的母爱,一直深深地印刻在我的心中。由于积劳成疾、营养不良,母亲于43岁就离开了我们。母亲病重期间,姐姐、哥哥都不在身边,主要由父亲和我照料。临终前,她殷切地望着我,用微弱的声音对我说:"要争气,要有本事。"这是母亲的遗嘱,当时我11岁,虽然不太懂事,但感受到了这句话的分量。我知道这是母亲对我的期盼,她为我指明了方向。我暗下决心,要到大城市去读书。用现在的流行语来说,我有了第一个梦——"读书梦"。我就读的江宁县上坊小学,是一所由旧祠堂改建的农村小学,只有三间破旧的教室,两个年级的学生被安排在一个教室上课。在这里读书的优点是没有家庭作业,回家就可以做家务。1953年小学毕业后,我到南京报考中学,由于小学教学质量差,所学的知识有限,结果没有考取。但母亲的"要争气,要有本事"的嘱托激励着我,促使我复习一年后,终于考取了南京市第九中学。

苦难的童年生活结束了。我怀着脱离苦海的喜悦、抱着为父母亲"争气"的理想到南京读中学。童年和少年时代的生活虽然很艰苦,却是我漫长的人生之路砥砺前行的动力。后来每当我遇到困难、挫折时,想想苦难的童年就挺过去了。

1953年毕业于江苏江宁县上坊小学

1958年在南京市第九中学农场劳动(右六为作者)

中学生活，最重要的成长阶段

南京市第九中学是江苏省一所重点中学。我这个农村来的穷孩子，能进入大城市就读如此优美的中学，感到很幸福、很满足。50年代是我国的"一穷二白"时代、"票证"时代，物资匮乏，商品紧缺，从粮食到火柴都要凭票供应，一天三顿定量供应。我每月10元的生活费由在上海做学徒的哥哥提供，其中8.5元作为伙食费。我一两个月回家一次，来回60多里都是徒步而行，父亲能给我5角或1元钱我就感到很开心。六年里，我没有买过水果、零食，一年四季都用冷水洗脸、洗澡。到了寒风凛冽的冬天，宿舍外面的自来水管冻住后，我就用雪洗脸漱口。由于买不起鞋子，经常赤脚在煤渣铺的跑道上跑步锻炼身体。衣服、袜子破了，都是自己缝补。中学生活虽然很艰苦，但我感到很温暖、很充实、很有成效。跟苦难的童年相比，这些艰苦算不了什么。

这里的名师很快把我引入探求知识的殿堂。至今我还记得他们的风采：数学老师徐如梅、邱信，物理老师巫逸樵、孙乐成，语文老师王大治、杨益民、徐肇强，生物老师于芷微，地理老师胡绍安，历史老师陈从天，政治老师裴甦，音乐老师徐之良，体育老师郝爱华、范林……他们上课时的音容笑貌，让我难以忘怀；他们渊博的知识、精彩的讲解、幽默风趣的话语、严格的治学精神，激发了我的学习兴趣和热情。在九中我积累了丰富的知识。除了努力学好课本知识外，我对文学、哲学、历史、政治、体育、艺术的热爱都是在九中形成的。读小学时由于家务劳动繁重，我没有读过一本课外书籍。到了中学，我读了许多书，古今中外、人物传记、社会科学、自然科学都有，而且记了很多笔记。由于老师们的课堂教学质量高，我在课后作业、复习上不需要花很多时间，有大量的业余时间可用于课外阅读和课外活动。我尤其喜欢阅读哲学、文学、历史等方面的著作。学校附近的东方旧书店，是我常去的地方,几分钱就可以买一本喜欢的书。在九中,我利用课余时间读完了中国四大名著、世界十大名著。我还喜欢阅读英雄模范人物传记,如《钢铁是怎样炼成的》《毛泽东青少年时代的故事》等。刘胡兰、董存瑞、黄继光、邱少云、吴运铎的故事激起我对革命前辈们的敬仰和崇拜,激励着我顽强奋斗、刻苦学习、不怕挫折,"踏着先烈们的血迹奋勇前进"。

高中时,我参加了学校组织的"学哲学"学习小组、"红旗"学习小组,开始学习马克思主义基本理论。学习毛泽东的《实践论》《矛盾论》以及《共产党宣言》《人类社会发展简史》《大众哲学》等,使我终身受益。我认识到人类社会发展的必然规律,是从原始社会向奴隶社会过渡、向封建社会过渡,再向资本主义社会过渡,最后向社会主义、共产主义社会过渡,这坚定了我为社会主义、共产主义而奋斗的理想和信念。我在高中一年级时递交了入党申请书。九中很重视思想政治教育,每年都会邀请南京市委宣传部副部长朱刚来校作形势政策报告,每一次都很精彩。教务处张超老师的形势政策报告生动、深刻、风趣,我们很爱听。他在报告中既讲中国的经济发展,又讲国家"一穷二白"的现状。有一次讲国际形势时,他揭露美国飞机经常侵犯中国领空,而我国却因为贫穷落后无法将入侵的飞机击落下来。我听后十分气愤,我下决心奋发图强、改变中国"一穷二白"的面貌,并在脑海里萌生了第二个梦——"图强梦"。要图国家富强,必先自己图强。从此,我注意在各方面锻炼自己,立志成为德智体全面发展的有用之才。九中为学生的成长创造了良好的条件。在德育方面,除形势政策教育和理论学习外,还很重视劳动教育。学校每年两次组织学生到农村,与农民同吃同住同劳动,晚上大家参加扫盲活动,教农民认字、学文化。这样的劳动教育,对学生体验农村艰苦生活、增强与劳动人民感情、发扬勤俭节约精神发挥了很大作用。为了培养学生的劳动观念,九中在市郊尧化门建立了一个农场,组织学生轮流去劳动,我们班同学除了定期去劳动外,还主动要求拉粪车到农场去,每个月有1~2次将学校厕所里的粪便掏出来装在粪车里运到二三十里外的农场。年龄较大、体力较好的同学王凤生、王福余、张大龙等争着掌把,另外五六个人背绳、推车,女同学丁蕴芝、任桂红等也争相参加。我每次都抢着参加。我们推着粪车,一路歌声、一路笑声,展示了九中学生的青春活力。九中的课余活动丰富多彩,我初中时曾经加入航模小组,制作了航模飞机,还参加过南京市中学生航模比赛。高中时我加入了舢板队,在市中学生舢板队队员、同班同学张抱真指导下,我成为舢板队的一名优秀舵手。1958年九中建立了造纸厂,学校任命我担任厂长,从购置、安装造纸机器到制作纸浆,都是我们自己动手完成。我和同学们一起造出了南京市由中学生造出来的第一张纸。九中团委还经常组织公益活动,在团委书记吴宁让、于芷微老师带领下,共青团活动搞得有声有色、生动活泼,我总是积极参加。记得有一次校团委组织义务劳动,到中山门附近清理污水,面对又黑又臭的水塘,大家面面相觑,犹豫不决,从小就吃过苦的我第一个赤脚跳下去,用面盆将臭水往岸上倒。在"扫盲"活动、"除四害"活动、"大炼钢铁"活动、下乡下厂劳动中,我都是积极分子,冲在前面。1958年,年仅18岁的我被授予"南京市青年社会主义建设积极分子"称号,是全市最年轻的先进个人。

九中是一所重体育和美育的学校,文体活动丰富多彩。我刚到九中时,面黄肌瘦,体质很差,是体育老师的一句话改变了我的命运,他说:"你们要健康地为祖国工作50年,必须锻炼身体。"这句话点燃了我实现"图强梦"的"火种"。锻炼身体有这么大的好处,何乐而不为!于是当天下午我就开始长跑,之后也坚持每天早上、下午各一次,即使是周日我也坚持锻炼。我的业余时间除了读书学习,就是锻炼身体。朱嘉科、朱永均、汪世良等同学都是经常和我一起锻炼的好友,单杠、双杠、吊环、爬杆、爬绳、鞍马和跳箱等是我们经常玩的项目。高中时我们班的足球队是全校有名的(我是替补队员),主力队员王福余、刘炯同学后来考进南京大学并入选江苏省青年足球队。坚持锻炼不仅使我的身体结实了,而且还提高了我的运动成绩,每年校运动会我都能在短跑、跳远等项目中获奖。高二时我还通过了"劳卫制"二级体锻标准,当时全年级只有很少的人达标。我走上工作岗位后,由于身体素质好,能承受住繁重的工作、学习和教学科研任务。我深深地体会到,只要有坚定的人生理想、坚强的毅力,就能坚持不懈地锻炼身体,就能使一个体弱多病的人变成身体强壮、能持续为祖国工作50年以上的人。

在九中良好环境的熏陶下,我还成了一个文艺活动积极分子。初中时,我跟同寝室汪世良同学学会了拉二胡,跟王广仙同学学会了吹笛子。在每年的全校文艺汇演中,我和同班同学都登台演出。高一时我创作的独幕话剧参加了玄武区文艺汇演并荣获创作奖。在中学里形成的文艺特长让我终生受用。每年寒假,我们几位回乡中学生都要在家乡组织一台文艺节目,杨永乐、曹义俊、张善祥、郑伯炘、朱孝义等都是组织者和参与者。方圆六七里的村民们都拿着小板凳来观看我们的演出,我的主要节目是二胡或笛子伴奏,有一年还与郑伯炘合作演过相声,获得热烈掌声。我在九中学会的民乐,后来在中学、大学每年的下乡劳动中都发挥了很大作用。在我们组织的慰问贫下中农文艺小分队中,我主要担任创作和伴奏,受到乡亲们的热烈欢迎。

六年的九中生活在我人生的长河中是短暂的,然而却是我一生最重要的成长阶段。我在九中有两大变化,即人生观的变化、身体的变化。在九中党团组织和老师的培育下,我一步步地沿着德智体全面发展的道路前进,树立了正确的人生观和价值观,从为小家争气到为国家争光,从为改变贫苦的家境到为改变国家"一穷二白"的面貌而发奋学习、练好本领,我的思想得到了升华。六年坚持不懈的体育锻炼,让我强健了体魄、增强了毅力。我初中一年级时连200米也跑不下来,到了高中阶段已能跑完1万米,成为全年级田径、体操、游泳等运动高手。

我要感谢孙持方、许光校长的治校有方,感谢班主任徐之良老师、徐肇强老师、巫逸樵老师无微不至的关怀,感谢团委书记吴宁让和于芷微老师、政治课裴甦老师对我的教育和帮助;我还要感谢九中多次授予我"三好学生""优秀学生干部""文艺积极分子""体育积极分子"称号;我更要感谢九中党组织在我毕业前,由吴宁让老师和裴甦老师介绍我加入了党组织,激励我立志成为一名为共产主义事业而奋斗的、全心全意为人民服务的共产党员。我可以自豪地说,我在九中实现了第二个梦——"图强梦",我成了一名有理想的、身心健康的强者,深信自己今后一定能为国家图强贡献一份力量。

与高中同学合影(左一为作者)

大学生活，德智体全面发展

1960年夏，我考取了华东师范大学。8月28日，我依依不舍地告别了培育我成长的亲爱的母校——南京市第九中学。当时我背着一个旧麻袋，身上装了3元钱，平生第一次坐上火车，驰向中国最大的城市——上海，开始了新的人生征途。我怀着无比激动和喜悦的心情来到上海读书，继续圆我的"读书梦"和"图强梦"。九泉之下的母亲如果得悉我到大上海读大学，一定会为他的儿子感到骄傲。我是带着母亲"要争气，要有本事"的嘱托考上大学的。如果说中学是打基础的阶段，是为"有本事"奠定基础，那么大学则是"学本事"的最高学府。

风景如画的华东师大校园深深地吸引着我、激励着我。进大学前，我就下定决心要全力以赴"学知识、练本领"。

1960年我跨入美丽的华东师大校园后，便遇到"三年自然灾害"，许多地方闹饥荒。从我江苏家乡传来的消息，农民严重缺粮，已经在吃槐树花和还没有成熟的麦穗，不少人患了浮肿病。我很幸运地逃避了灾荒之苦。华东师大是一个安全的避风港，是世外桃源。校园里每天生机勃勃、书声琅琅，操场上"龙腾虎跃"。生活在这样的环境里，我没有饥荒之感，但有时候还是有饥饿之感。当时大学生每个月定粮34斤，由学校发饭票，饭和菜都是定量，每顿都有保障，能吃到七八分饱。我每天上午、下午照常坚持体育锻炼。学校领导经常在会上说，现在是国家困难时期，粮食不足，大家要减少体育活动、减少消耗体力，我听了后，没当一回事。我感到饭菜已经很好了，尽管每顿吃得不是很饱，但并不影响正常的学习和体育活动。华东师大的学生之所以在国家困难时期能够一日三餐有保障，要感谢当时的党委书记常溪萍，是他千方百计地到处去要粮食、讨副食品和蔬菜。我印象很深的是，每年夏季学校买来很多南瓜，我们经常吃南瓜面条，量多可口，每人有一砂锅，吃得饱饱的。"三年自然灾害"时期的生活,比起我饥寒交迫的少儿时代的生活不知要好多少倍,我很满足了,因此没有影响我每天正常的学习、生活和锻炼。相反,国家贫穷落后的状况,更激起我奋发图强、勤学苦练的决心,因此我顺利地完成了大学五年的学业,成为一名德智体全面发展的学生,实现了我人生的第二个梦——"图强梦"。我"图强梦"的标准就是大学毕业＋身体健康。

我从初中开始就喜欢文科,到了高中已明确毕业后报考文学、历史和哲学专业较强的高等学府。我将目标锁定北京大学,当时充满了信心。但高中毕业前,组织上突然通知我,要送我去苏联留学,只能报考理工科,这打破了我报考文科的念头。由于临时复习理工科,我后来没有考上留苏预备班,被录取到华东师大地理系海洋水文气象专业。我对数理化不大感兴趣,但我是全年级唯一的一名学生党员,党员处处要起模范带头作用,在学习上更不能落后,而且每位老师都很认真严格,对教学抓得很紧,因此我学习很努力,没有懈怠,周末也会抽几个小时复习功课,所以大部分课程考试成绩在4分以上,少数课程如数学、流体力学为3分。大学是知识的海洋,我可以自由地遨游、尽情地享受。我十分珍惜学习时光,在初中一年级时就树立了"时间就是生命""时间就是知识"的观念。我的五年大学生活极大部分时间是在校园里度过的,很少出学校大门,因而赢得大量宝贵时间。尽管功课和社会工作比较忙,我仍然抽出许多时间阅读文科方面的书。平时课外作业多,我常常跟几位学习成绩好的同学一起做作业。遇到难解的问题及时请教他们,节省了很多时间。我喜欢在图书馆做作业,不仅氛围好,而且做完作业就可以阅读自己喜爱的书报杂志,对积累社科方面的知识很有帮助。五年大学生活有十个寒暑假,我仅回江苏老家两次,累计不到20天,我把绝大部分时间用于学习知识、锻炼身体。我清楚地记得,每逢周日、节假日,空空荡荡的教室里只有我一个人在学习。记得有一次校保卫处老邱同志巡逻时,发现只有我一个人在教室,很惊讶,他带着怀疑的眼光询问了我好长时间,我说我在做功课、在看书,他说你为什么不在寝室里看书,我说自己习惯在教室里学习,寝室光线太暗。他记下了我的姓名和系科,很认真地到地理系了解我的情况,得知我是学生党员、学生干部,他放心了,于是对我很友好。当其他同学回家或外出休闲放松时,我独自一人在教室学习,汲取了大量知识,培养了"甘于寂寞,甘坐冷板凳"的学习习惯。许多世界名著以及文学、历史、哲学方面的书籍我都是在大学里利用课外时间阅读的,为以后的工作奠定了良好基础。

早在 1959 年，华东师大就是全国 16 所重点大学之一，有优质的教育资源和良好的学术氛围。我印象很深的是每周三晚上在大礼堂都有学术报告会，是专门为青年教师开设的，我每讲必听，并且每次都坐在前面，认真记录。这些报告会使我了解到许多最新的科学知识。我在校文工团民乐队一年多时间里，集中住在第四学生宿舍，与原来班级同学分开了，结识了许多中文系、教育系、数学系同学，如张福生、周明发等人，向他们学到很多东西，同时还提高了演奏二胡、笛子等乐器的水平。在校文工团集中住宿期间，我每天早上除了坚持长跑外，还坚持背一首唐诗或宋词，以弥补文科知识的不足。现在回想起来，在学生时代珍惜时间，就是珍惜知识、珍惜生命、珍惜未来。

回顾 80 年的成长道路，我认为中学和大学是人生非常重要的阶段，是长知识和长身体的阶段，是人生观、价值观形成的阶段，是承前启后为未来工作、生活、身体奠基的阶段。我非常幸运，选对了中学和大学。我在南京市第九中学学习生活了六年，从"三差生"成为"三好生"，入了团，入了党；在华东师大学习生活了五年，德智体美全面发展，为社会主义、共产主义事业奋斗的远大理想更加坚定。"磨刀不误砍柴功"，我在中学和大学勤奋学习、刻苦锻炼，为以后 50 多年的工作、生活打下了良好的基础。回想当初，一年四季用冷水洗脸、洗澡，冬天用雪洗脸，经常赤着脚在煤渣铺的跑道上长跑，11 年没有买过水果、零食，寒暑假很少回家，是非常值得的。我在小学和中学前期，无论在身体上还是学习上和其他同学相比都是"弱者"，但到了中学后期和大学阶段，已经成为身体上、学习上的"强者"。毕业后，我已连续工作 50 多年，远远超过了其他同学。在华东师大五年的学习生涯，我获得全面丰收，尤其在身体锻炼、吸收知识上取得突飞猛进的成果。但收获更大的是巩固了我在中学时代奠定的人生观、价值观，更坚定了为社会主义、共产主义事业奋斗的信念。华东师大的党团组织教育、思想政治教育和劳动教育抓得很紧，很有成效。我在华东师大认识了三个人，他们成为我终身学习的榜样和楷模。第一位是雷锋。由于受革命传统教育的熏陶，我对英雄人物十分崇拜，一心想成为董存瑞、黄继光那样的英雄。我曾一度后悔、彷徨、失落过，后悔自己晚生 20 年，失去了当英雄的机会。1963 年开展学习雷锋事迹后，我意识到当代的英雄就是雷锋，要学习雷锋那样有坚定的理想信念，坚持做好人好事，全心全意为人民服务。第二位是时任华东师大党委书记、常务副校长的常溪萍。他是一位活雷锋，是焦裕禄式的好干部，有毫不利己、专门利人的高尚品质,并融入实际行动中,他成为我工作以后的偶像和学习榜样(后面有专门文章)。还有一位是我前任团委书记孟宪勤。他是位充满朝气、博学多才、敢于负责、敢于担当的年轻干部。他口才极好,每次讲话、做报告,有理论,有素材,深入浅出,旁征博引,幽默风趣,会场里笑声不断,十分活跃。按现在的语言说,就是充满了正能量,给人以积极进取的动力。我从他身上学到许多优秀品质和为人处世之道。"文革"中,孟宪勤因家庭出身不好遭到批斗,"文革"后重返工作岗位,曾担任上海海运学院党委副书记、原上海大学党委书记,1993年初我调任原上海大学校长时,他还是党委书记,不久因患癌症去世。英年早逝,十分可惜。

五年的大学生活艰苦、充实、丰富多彩,我在各方面严以律己、砥砺前行,德智体有了全面提高,得到组织和老师们的肯定。1965年毕业后留校,我成为上海高校中最年轻的校团委书记。留在大学工作后,我暗下决心立志全心全意从事教育工作,要做一个有所作为的教育家(我的第三个梦)。我认为要改变国家"一穷二白"的面貌,归根到底靠发展教育、培育人才。然而成为教育家的梦想由于"文革"的到来破灭了。

1964年暑期下连队当兵

1960—1965年就读于华东师范大学
(在学校寝室学习时的照片)

1963年与大学同学在一起

"文革"受冲击,下放到东北劳动

1966年6月,席卷全国各地的"文化大革命"开始了。华东师范大学在"文化大革命"中的第一把火,是被北京大学政治流氓聂元梓点燃的。她张贴了火药味浓烈的"常溪萍是大叛徒"的大字报,除少数"造反派"外,华东师大绝大多数教职工和学生都反对聂元梓的行为。常溪萍同志是位信仰坚定、党性很强的老干部,1964年调任北京大学"四清"工作队副队长。他实事求是,坚持正确路线,针对北大"四清"中出现的"左"的问题,写信给中央领导反映实情并希望予以纠正。"文革"开始后,聂元梓颠倒黑白,把常溪萍的正常写信诬蔑为"叛徒"行为,从此一场"保常"和"打常"的斗争席卷师大校园并愈演愈烈。紧接着时任华东师大党委书记的姚力等人也被"揪"出来批斗。当时我是华东师大的团委书记,因与造反派格格不入、针锋相对,"保常保党委",多次受到冲击,被夺权靠边、批斗游街。我目睹一些所谓的"红卫兵小将"肆意妄为搞打砸抢的野蛮行为,一些所谓的"革命造反派"肆无忌惮地攻击诬陷他人妄想篡权做官的野心,因此我对"左"倾错误路线深恶痛绝。在1967年所谓的"一月革命风暴"中,华东师大造反派全面夺权,并在大礼堂召开批斗老干部大会,扬言要开除几位老干部的党籍,烧掉他们的入党志愿书,还气焰嚣张地嚷叫"谁有不同意见?!"我怒不可遏,立即冲到台上跟他们辩论,制止他们这种无法无天的行为,我说:"你们连党员都不是,有什么资格开除党员的党籍?"造反派理屈词穷,不敢跟我辩论,拳打脚踢把我赶出会场。后来听说几位老干部的入党材料没有被烧。1969年"工宣队"进校后,说我犯了"路线错误""站错了队",当年10月我就被下放到东北劳动。那时我爱人在外地工作(东海舰队气象预报员),女儿出生仅10个月,只好由岳母抚养。我下放的地方是吉林省延边地区龙井镇附近的光新大队,与上海知识青年同吃同住同劳动。东北的夏季,早上3点多钟天就亮了,五六点钟就要下地劳动,每人带上自备干粮,劳动到下午两三点钟才回家。冬天冰天雪地,我们要参加兴修农田水利劳动,凛冽的寒风吹在脸上像刀割似的,好几个下放干部病倒了,有的坚持不下去就回上海了。由于我在中学和大学时期养成了锻炼身体的习惯,体质较好,坚持了下来。当时在"左"的错误思想路线指导下,农村生产效率很低,农民们辛辛苦苦劳动一天,仅得几毛钱。农村粮食、副食品严重短缺,不少村庄的农民和知识青年以玉米碴子为主粮。到了秋季,从上到下大张旗鼓宣传"割资本主义尾巴",我大吃一惊,不知是怎么回事。后来才知道是不让农民搞"小秋收"。延边地区到了秋天,山上宝贝很多,如松子、蘑菇、人参等。农民们上山采集叫作"小秋收"。这原本是农民发家致富的好途径,但"文革"中以反对资本主义为名,把"小秋收"说成是搞资本主义,不准农民上山,并打出极"左"的"割资本主义尾巴"口号,吓得农民包括知识青年不敢上山。公社和队干部奉命强迫农民去学习理论、搞农田水利,美其名曰"抓革命,促生产",真是荒诞之极。我又一次感受到"左"倾思想路线的危害。延边人文化素养较高,文明礼貌,能歌善舞,尤其是朝鲜族妇女勤劳朴实、任劳任怨,怀孕后还承担繁重的家务劳动和体力劳动。但是这里男女不平等现象较严重,女性不能上桌吃饭。上海知识青年去了后,逐渐打破了这一"世袭制度",女人可以上桌吃饭了,男人也开始做家务了。

  我们这些下放干部都来自上海各高校,多数人跟我一样,在"文革"中是"保守派","站错了队",犯有"路线错误",是来"改造思想"的。我们的领队即总团干部,在"文革"中不是站错队的人,但也属下放干部,对我们很友好,不搞特殊化,但对下放干部这支队伍的"革命化"要求很高。我们出门到知识青年集体户都是背着行李徒步去的,吃饭必须自付饭费。有一年冬天,我和上海医学院下放干部老朱同志背着背包从龙井出发,步行二三十里赶到离边境不远的一个公社,天已傍晚,我们到处询问上海知识青年集体户在哪里,被村干部发现后,怀疑我们来路不明,要我们出示介绍信和证件,但是我们没有,被扣留和盘问了好长时间,好不容易电话联系到公社革委会和县里有关部门,他们才把我们放走。延边的冬天经常零下二三十度,在这艰苦的生活环境中,我又一次磨炼了意志、了解了国情。尽管下放东北劳动遭受到皮肉之苦,但比起在上海"文革"中遭受的心灵之苦要舒畅多了。我们远离了天天讲"阶级斗争、路线斗争"的"战场",远离了提心吊胆的"人斗人、人整人"的风风雨雨,在这里无等级之分、无名利之争,真正收获了"同甘共苦,患难之交"的深厚情谊。

重返华东师大,调到高教局工作

我原以为下放劳动后不会再回上海工作了,没想到"文革"后,1977年我还是回到了华东师大工作。重返教育岗位,我的第三个梦——"教育家梦",又重新燃起。我抱着"把'文革'中的10年损失夺回来"的决心,全身心地投入工作、学习之中,在共青团工作、学生管理工作、毕业生分配工作以及食堂管理工作等方面尽责尽力、成绩突出,受到各方赞扬。我提出"以学习为中心,开展共青团思想政治工作",受到上级领导和媒体的充分肯定。然而我又一次受到"左"倾思潮的伤害,又经历了一场心灵之苦。有些人不知道我下放到东北劳动,误认为我去搞"专案"了,给我编造了一些"莫须有"的材料。有些人担心我的回归会影响到他们的仕途,竭力反对重用我,写匿名信诬蔑我在"文革"中有问题。于是我成了"有争议"的人,被晾在一边,上级部门几次想把我调去,校组织部总是以"杨德广是有争议的干部"而回绝。时任华东师大党委第二书记的陈准堤同志对我比较了解和信任,1979年推荐我到上海市高教局工作。原打算安排在处级岗位上,始料未及的是华东师大个别人的匿名信又接踵而至,仍然是那些"莫须有"的材料,导致高教局党组不敢提拔和重用我。我在高教局坐了三年"冷板凳",但我始终没有灰心和懈怠,把工作、学习、研究紧密结合起来。由于工作不那么忙了,我利用空余时间开始研究人才学,读完了"二十四史",撰写了多篇文章,还应邀到广播电台讲过"中国古代人才史话"。三年后,张德龙局长非常高兴地通知我:"组织上已经把你的'问题'弄清楚了,你在'文革'中没有问题,放心好了,安心工作。"我高兴不起来,但很感谢高教局党组对我政治上的关心。不久我被提拔为学生处处长,主要负责全市高校学生管理和毕业生分配工作,于是我开始探索和开展大学生德育、学籍管理及高校毕业生分配改革。在当时计划经济体制下,国家对高校毕业生实行"统包统配",市计委负责制定计划,高教局负责执行计划,人事局负责毕业生派遣。随着改革开放和市场经济的发展,这种"统包统配"的制度越来越不适应用人单位和毕业生的需求。因为无论什么情况,毕业生必须服从计划分配,凡不服从分配的学生,一律取消毕业分配资格,不发放毕业文凭。对这种过"左"的做法我很不赞成。我主张毕业生分配计划不能过于刚性,应有点弹性,实行指令性计划与指导性计划相结合,应召开用人单位和高校供需见面会,让学生与用人单位见面,给用人单位、高校和毕业生一定的自主权、选择权,逐步把毕业生推向人才市场。我的建议受到高校和用人单位的普遍欢迎,但市计委领导和主管部门坚持计划是刚性的、指令性的,不存在弹性和指导性,不同意对困难学生更改分配计划。我多次跟他们发生争论。由于在高校毕业生分配改革方面与市计委的领导发生分歧和冲突,1987年我被迫调离高教局,到上海高等教育研究所担任所长,专门从事高教研究工作。虽然我对这次调动很不满意,但对个人来说有益无害。因为我很喜欢研究工作,此前已经撰写和发表了100多篇文章,调到科研机构乃如鱼得水。

上海高教研究所是市高教局直属处级单位,建所8年来一直没有固定的办公地点,多次搬迁,科研人员怨声载道,人心不稳。我一面抓科研,以科研凝聚人心,一面抓办公场所建设及住房改善,以条件和感情留人。我承诺保证三年内解决高教所办公用房和科研人员住房困难的问题,并申明"三年解决不了我辞职"。结果都兑现了。我坚持干一行、爱一行,取得了工作、学习、研究三丰收。在我任职的五年里,高教所承担了多项省部级和国家级科研课题,包括"上海高等教育发展战略""西方思潮与当代中国大学生""中国高等教育改革实践和发展趋势""当代大学生价值观研究""各类高校为地方建设服务的途径和对策研究"等,被潘懋元教授誉为"中国高教研究的重镇"。高教所还有一大贡献,即创办了《上海高教研究》,即现在的《教育发展研究》、《思想理论教育》、《中国高教评估》(内部)。这些成绩的取得与第一、二任所长赵安东、干诚同志奠定的良好基础是分不开的,尤其是原上海市高教局副局长余立同志对高教研究非常重视和支持。在高教所工作期间,我又发表了近百篇文章,且承担了几项国家重点课题,1987年评上副高职称后,1990年破格评上正高职称。

1991年,组织上又调我回到上海市高教局并任高教局副局长。"文革"前就有上海市教育局、上海市高等教育局,分别主管上海市基础教育和高等教育。"文革"中,两局合并为教育局。1978年,两局分开,又重新成立了上海市高教局,由于"文革"遗留问题,干部来自各个方面,个别人素质不高,以权谋私,队伍比较涣散。1989年自从徐匡迪调任上海市高教局局长以后,大抓思想教育工作,大抓机构改革,整顿不正之风,面貌发生了很大变化。徐匡迪是一位豁达大度、清正廉洁、知识渊博,既有管理能力又有人格魅力的学者型领导。不久后他调任上海市计委主任、副市长、市长。他对我的帮助很大,影响很大。

1993年初我调任原上海大学校长。在我之前,上海大学没有专职校长,一直是由副市长谢丽娟、市教委主任王生洪兼任的。时任上海大学党委书记的孟宪勤希望找一位年纪较轻、懂教育、有改革创新精神的人当校长,我很感谢孟宪勤、杨慧如、林炯如等校领导接纳了我,感谢他们对我工作的支持和帮助。当时的上海大学是一所新建的市属高校,富有改革和创新精神。在上海大学,我在原来七项改革的基础上,推行了新的人才培养七项改革,促进了上海大学的发展。

新的人才培养七项改革内容包括:发挥综合优势,联合办学育人才;面向社会和市场需要,培养应用型人才;实行主辅修制,培养复合型人才;实行多张证书制,培养有特色人才;组织提高班,培养一批拔尖人才;实行学制相通,激励各类学生加速成才;积极开展国际合作办学,培养外向型人才。上海大学是由七所大学分校组建而成的,校区分布在上海市七个地方,办学条件和经费严重不足。1993年,徐匡迪副市长专门召开市长办公会,帮助上海大学解决资金困难,渡过了难关。我提出"大学校长既要找市长,更要找市场"的理念,通过市场运作筹集到一部分教育资金,弥补办学经费不足。在上海大学,我提出建立教授委员会,以便更好地发挥教授的治学作用,使每位教授分别参加校务委员会、学术委员会、教授委员会。

1994年5月,由四校(上海工业大学、上海科技大学、上海大学、上海科技专科学校)合并的新上海大学成立,著名教育家、科学家钱伟长教授任校长,我是三位常务副校长之一。钱校长说我是搞高教研究的,又在高教局工作过,要我分管教学、人事等方面的工作。实际上我在新上海大学工作时间并不长,没有做多少事。钱校长交给我一个任务,即成立上海大学出版社,要我到北京去找国家新闻出版总署和教育部有关负责人,此事花了我不少时间和精力,后来总算成功了。1995年上半年,我到中央党校脱产学习了半年。学习期间，我利用业余时间完成了书稿《中国当代大学生价值观研究》编写工作，此书后来荣获全国教育科研一等奖。

我在原上海大学工作期间，除了提出新的七项改革外，印象最深的一件事，就是为著名作家戴厚英一个人开教授评审会。

戴厚英是我国知名作家，在上海大学文学院任教。1992年她申报正教授，由于英语考试成绩不及格而未能上报。戴厚英十分不满，说："国家教委规定考英语是让知识分子钻狗洞，有损知识分子人格，许多人只好作弊过关，扭曲了知识分子的形象。"她在考场上就大骂国家教委主任"混蛋"。文学院通知她再补考，及格后才可上报校部，她坚决不肯补考，情绪非常激动。

我了解情况后主张应给她解决教授职称，因为她在文学创作上是有水平的。我读过她的小说《人啊，人！》，文笔很好，内容深刻，很有创新精神。她在国内外都有较大的影响，按实际水平够得上教授资格。我认为不能因为英语差几分而阻止她评教授。我们评的是中国文学教授，而不是英国文学教授。我曾多次建议给她破格提升为教授，文学院学术委员会多数人不同意，我查阅了评聘教授的有关条例，建议文学院党委书记和院长联名写推荐信报到校部，这样就可以直接报到校学术委员会审批，但必须经过学校学术委员会无记名投票三分之二以上通过。我兼总校学术委员会主任，收到推荐信后，立即给每位委员打电话，通知他们要召开学术委员会，讨论戴厚英可否破格升教授问题。有的委员很有意见，批评我为什么为她一个人开会，是搞特殊化。我说戴厚英是特殊人物，属于特事特办，多数人表示理解。1994年3月26日上午，我主持召开校学术委员会评审会，专门讨论戴厚英评教授问题，25位委员实到22人，会上讨论很热烈。我讲了赞成戴厚英评教授的理由，文学院的同志又详细介绍了她的教学、科研成果。会上多数人认为戴厚英这样的名作家可以作为特殊情况给予解决，也有人不赞成这一做法，认为这样做是搞特殊化，不公平——如果上海大学还有这样的特殊人物，是不是也能解决？我在会上再次肯定戴厚英的创作水平、教学水平，说明其业务上是好的；她两次出国都按时回来，说明她政治上也是好的。虽然也有不足之处，但从整体上说，她是够教授资格的。我说今后上海大学只要有这种特殊人才，均可按特殊办法解决。投票结果，17票赞成，5票弃权，超过了三分之二，戴厚英终于被评为教授。戴厚英评上教授后，在我建议下，学校聘她担任上海大学教授咨询委员会委员，以便及时听听她的意见。她不幸被害后,我深感震惊,为失去这样一位有才华的女作家、女教授而惋惜。

另外,上海大学美术学院教师乐震文,国画水平很高,尤其擅长山水画,由于没有大学学历文凭,长期以来只有讲师职称,多次申报副教授,投票结果都不过半数。有一次我主持校学术委员会,希望专家们不要急于投票,仔细阅读一下乐老师的材料,我介绍了他从日本回国后的表现、工作态度、教学科研成绩等,最后投票时通过了。我认为对有真才实学、工作又认真负责的教师,在职称评定方面不宜把学历放在第一位。

在原上海大学法学院主持座谈会

1994年与钱伟长校长在一起

1982年在延安南泥湾劳动

调任上海师大校长,任重而道远

1996年6月,我被调任上海师范大学校长,当时已56岁,我想这是我最后一班岗了,决心以"百米冲刺"的精神状态跑完最后一棒,把多年来学习和探索的教育理念与工作实践结合起来,实现自己的教育理想——"教育家"的梦想。我首先竭尽全力推动上师大大发展、大变革。我清楚地知道抓发展、抓改革是要得罪人的,因此制定了"约法十章"作为当校长的准则和护身符。只有两袖清风,才能一身正气,我用实际行动践行"共产党员全心全意为人民服务"的宗旨和"人活着就要为社会的发展、为人民的利益作贡献"的理念。我在上师大当校长的六年半,是我工作以来最操心、最操劳的六年半,也是最有成就感的六年半,品尝了人生的酸甜苦辣。

我到了上师大后,有人问我:"新官上任三把火,你有哪三把火?"大家都期待我第一次"亮相"的"施政演说"。讲点什么呢?我认真思考后,在全校中层干部大会上发表了题为"让燃烧的火焰持续地烧下去"的"就职演说":

> 今天,教卫党委书记王荣华同志在百忙中送我来到上师大,宣布了任命,并讲了很多鼓励我的话,我非常感激。到上师大工作是我最后一岗,在我人生的冲刺阶段来到师大,我要把最后的精力、把几十年的积累献给上师大。我是在国家教育事业正处于一个大发展、大改革的时期来到上师大的。
>
> 中央明确提出科教兴国的方针,邓小平提出教育优先发展的战略,对高等教育提出了新的要求,上海经济社会的蓬勃发展需要大量的各类人才。上海有小学教师5.5万人,中学教师5.6万人,其中高中教师8 900人,多数教师亟待提高学历层次、更新知识结构,上海每年中学教师要补充3 500人,这就是我们面临的任务。改革开放以来,上师大在

党委、在历任校领导的领导下做了大量的工作,为上海基础教育的发展作出了重大贡献。有人问我到上师大有没有三把火?我说在改革和发展方面,上师大已取得很大成绩,已经燃起熊熊火焰。我没有三把火,而是来添薪加油的,让已经燃烧的火焰持续地烧下去。我要抓好王校长交给的接力棒,继续跑下去。我对于搞好工作,办好师大充满信心。因为市委、市政府领导对上师大很重视,因为上师大有良好的基础,有徐汇、奉贤两块宝地。我个人工作靠两个字——投入,全身心地投入。人的能力有大小,水平有高低,按照我的水平和能力是不能胜任校长之职的,我只有加倍地努力、加倍地投入。今天初次跟大家见面,有必要简单地介绍一下我的特点。我的性格属外向型,我喜欢开诚布公、直言不讳,我能听取不同意见、接受批评意见。我认为是正确的,会固执己见、据理力争,但最终服从组织决定、服从多数人的意见。我工作节奏比较快,讲究效率,喜欢雷厉风行,看准了就干,干错了就改。错了,我承担责任。我反对拖拉,反对议而不决。我十分珍惜时间,认为世界上最宝贵的财富是时间,把时间投入到工作、学习、研究中去是最值得的。我的缺点是有时比较急躁、片面、主观。

怎样开展工作?在党委领导下,齐心协力,抓住"八个字"——服务、开拓、勤奋、务实。

服务:为官一任,服务一方。校长就应抓发展,为学校发展服务,为师生员工的发展服务,创造一个良好的和谐宽松的教学、科研及生活环境。

开拓:社会发展的动力是什么?过去是靠阶级斗争,现在靠改革。邓小平说改革是动力,改革是第二次革命。要勇于开拓,敢于冲破旧的世俗观念、模式,以及计划经济下形成的已不适合现代社会发展的理论、观念、模式。改革开拓就要不怕非议、不怕阻力、不怕困难和曲折。

勤奋:勤能补拙,以勤补拙。要勤奋工作,把精力、时间投入到工作中去。多年来我在工作实践中总结了六字方针,即工作、学习、研究。以工作为中心,结合工作学习,把工作、学习的心得进行研究,研究成果用于指导工作。

务实:讲实话,干实事,重实绩。当干部要能干、肯干、敢干、大胆地干。我的特点是认准的事就去干,不怕别人议论、反对,只要不从个人利益出发,就大胆去干,团结周围的同志一起干。干错了,出偏差了,由我承担责任。

当好校长,必须发扬民主、科学决策。

发扬民主:第一,校领导要经常听取、广泛听取各方面的意见,要形成制度,通过教代会、学代会、团代会、民主党派双月座谈会、离退休干部双月座谈会等形式听取意见,建立教授咨询委员会,建立校领导接待日制;第二,重大决策前先要充分听取意见,听取而不轻信,要做深入调研和分析,最后交党政联席会、党委常委会讨论;第三,校长在党委领导下工作,讨论重大问题时,每人只有一票,少数服从多数,不能匆忙地去做班子里多数人不赞成的事,有重大分歧时,要冷处理,再调查研究,再充分讨论;第四,不越权、不越位,按"能级"行使职权,各行其是,各负其责,校长不越权批指令性的条子。为了便于和大家沟通,及时听取大家意见,现在我把家中的电话告诉各位。

科学决策:第一,按照管理学中的能级原理,在自己权限内,大胆负责,大胆决策,不要推诿;第二,重大的决策要调查研究,听取意见,充分讨论;第三,要有两个以上的方案;第四,重大的决策权在党委、党政联席会、校长办公室,不能个人说了算。

归根到底,要在办好学、育好人上下功夫,切实提高教学质量、科研水平,努力培养德智体全面发展的合格人才。我有决心、有信心在党委领导下,与全校教职员工一起,尽责尽力,把上师大各项工作做好,尤其要在提高质量、办出特色上下功夫,为上海社会经济发展,为上海基础教育发展,为培养更多更好的人才,作出更大的贡献。

据反映,中层干部对我的讲话反映尚好,尤其是我公布了家中电话,坦率地介绍了自己的个性和优缺点,给大家留下了深刻印象。

我到上师大后的前两个月,主要着手调查研究,听取意见,寻找工作突破口。我去每个学院、每个部门召开了座谈会,听取了离退休干部、民主党派、教代会代表等方面的意见。大家反映了上师大存在的许多困难和问题。我听到最多的一句话是"上师大搞不好了"。有人把上师大概括为"地位不高、目标不明、士气不振、人心不稳",也有人说"学生学习积极性不高,教师教得没有劲","教职工住房十分困难"。在一次中文系教师座谈会上,黄刚教授尖锐地说:"我们上师大的确缺钱、缺房、缺人才、缺设备,但最缺的是精神,我们心急如焚,校领导首先要振作精神。"这席话给我很大震动,讲到点子上了。我把调研的情况在党政联席会上作了汇报,提出我们校领导一班人要紧密团结,齐心协力,多做实事,充分调动每个人的积极性,用切实可行的发展目标来激励教职工,用改变学校面貌的现实取信于教职工,全校教职工对我们抱有很大的期望,我们每个人要有使命感、紧迫感、责任感,下决心抓几件实事。我说,当前上师大最迫切的是要抓好四件事:一是深化教学改革,抓好教风学风;二是解决教职工住房困难,抓好住宅建设;三是整治校园,抓好绿化建设;四是调整学校布局,抓好奉贤校区建设。

我校总的发展方向即遵照徐匡迪市长提出的"努力把上海师大办成适应上海基础教育和社会经济发展的多学科、高水平的新型大学",为上海培养更多、更好的应用型、实用型的专门人才。

1995年在徐匡迪市长(左三)办公室合影(右一为作者)

抓教学改革,顶住压力不放松

大学应以育人为中心、教学为主体、科研为先导。我到上师大做的第一件事是抓教学改革。在调查研究的基础上,1996年暑期,我提议召开教学改革研讨会,在外宾楼开了三天,各学院负责教学工作的系主任参加。我先作报告,介绍国内外高教改革的信息、动态,大家听了很有兴趣。报告最后一部分我结合上师大实际,提出了四条改革措施,即"减少必修课、增加选修课、开设辅修课、加强实践课",具体内容如下:

(1) 减少必修课。现有的必修课太多,不少课程内容老化,学生不要听,或者干脆不来听。有些老师批评他们学习动力不足,但我发现不少学生一方面不愿听我们的课,另一方面自己花钱到校外去听课,说明不完全是学习动力不足,而是我们开设的课程不受学生欢迎。有些课程内容是十七八世纪的,有些教科书是五六十年代的。我建议将现有必修课砍掉25%~30%。

(2) 增加选修课。给学生学习的选择权、自主权,把一些最新的、交叉的、学生需求的知识传授给学生,选修课要占总课程的25%~30%,以拓宽学生的知识面,构建合理的知识结构。有人说全校可开设的课程不多,仅1000门左右,我说给每位教师发张问卷表,自报能开设几门课。调查结果,全校可以开设2000余门课程,选修课的潜力很大。

(3) 加强实践课。师范专业的学生原来教育实习只有6~8周,参加实践的时间太少。国外培养一个教师一般要有一年的实习,医学院校的学生也要一年实习。我建议把师范专业学生的实习延长到半年,非师范专业学生的实习为半年到10个月。让学生多接触实践,在实践中巩固所学的理论,增加新的知识。

(4) 开设辅修课。我主张让每个学生学习两个专业再走向社会。少数优秀学生可学习两个本科专业,比较优秀的学生学习一本一专,即再学一个专科专业。其余学生再辅修一门专业课,20学分左右。学生掌握两个专业的知识有助于增强适应性,对毕业后就业会有帮助。

当我提出这四条改革措施后,下面没有反应,我问大家是否同意,无人应答。我说可以提出修改意见,也无人应答。我心中明白,大家不赞成,这是我没有估计到的。我说如果大家不同意,我有另一个方案,就是每节课砍掉5分钟,40分钟一节课。上午安排5节课,下午晚上也可增加两节课,先把选修课开出来。结果大家还是不表态,实际上是不赞成。我一再请大家提出意见,均无人发言。我满腔热情搞改革,结果一盆冷水泼下来。会议中场休息的时候,我就征求一些系主任的意见,问他们为什么不同意,他们说:"你提的第一条就做不到,减少必修课,而且要减掉25%～30%,那么减下课来的老师怎么办?要减的课,都是中老年教师开的课,不让他们上课,等于端了他们的饭碗,他们没有饭吃怎么办?我们做系主任的首当其冲,他们整天要缠着我们。"原来如此,改革总是要触动一部分人的切身利益。我说:"你们讲得有道理,那么每节课砍掉5分钟,为什么不同意?"他们说一节课少讲5分钟,100节课就是500分钟,那么课时费要砍掉多少,这又是涉及教师利益的问题。我说:"那是我没有讲清楚,缩短讲课时间,课时费不减。"这下系主任们放心了,同意第二个方案。后来校长助理项家祥又到各系征求意见,大部分系赞成40分钟一节课。这个方案于1997年3月正式实施。

但我的教改目标还是第一个方案。为了统一认识,实施第一套改革方案,我在全校组织了教育思想大讨论——"21世纪给学生什么样的知识结构?"并组织大家学习邓小平教育思想、党的教育方针,让大家认识到教育改革的必要性和重要性。与此同时,学校每年拿出几百万元用于教学改革。哪个系、哪个专业带头改革,则优先增加投入、增加编制、增加设备。在思想认识提高的基础上和切身利益的驱动下,叶文博副教授所在的生物系、李维民副教授所在的体育系率先改革,数学系、中文系等紧紧跟上。当时,我还提出压缩课时,理科从四年3 150课时压缩到2 700课时,文科从四年3 000课时压缩到2 500课时。有些人想不通,说我"一年一个样,年年玩花样",还有人说"杨校长来了后把我校从本科水平降为专科水平了"。我当时不理解怎么降到专科水平了?有人说,原来是3 000多课时,现在变成2 000多课时了,不就是本科变专科了。原来如此,我幸好是研究高等教育的,我说:"美国、澳大利亚、日本等本科仅1 900课时,难道就是中专吗?本科与专科的区别并非决定于课时,而是决定于内涵。"半年实习制的推行也遇到阻力,有人认为难以安排,有人认为理论教学时间太少了。我首先在中文系和体育系试点,他们积极与中学联系,学生到中学实习一学期,顶岗上课,实习所在中学可以抽出一些教师集中培训。实施一段时间后,受到中学校长欢迎。后来教务处朱元春等人把半年实习制专门作为一个课题进行研究,其成果被市教委评为优秀教学成果二等奖。在主辅修方面,我鼓励学习成绩优秀的学生再选修一个跨学科的本科,利用周六一天及寒暑期集中一段时间学习,学满60学分即可获得第二专业的本科文凭,学满40学分可获得专科文凭,学满20学分获得一张辅修证书。学生就读一年后即可报名学习第二专业,截至2009年4月,全校有3 600多名学生选修第二专业。实施主辅修制,一是可以调动学生学习积极性,开发学生的潜能;二是可以让学生构建复合性知识结构,走上工作岗位后适应性更强。

经过三年的努力,第一套教改方案在上师大全面实施,并取得了明显效果。

教改中我主张允许学生转专业、转学校。考进我们上师大的学生中,有些人是调剂志愿后录取的,有些人高考时按父母或老师的意见填报了自己不喜爱的专业,或进大学后发现自己对所学专业不喜爱而喜爱另外的专业。我主张应允许确实另有所爱(专业)的学生转换专业,并制定了有关条例。从1999年起,每年都有数十位学生转专业,其中,2006年有94人,2007年有82人,2008年有75人。这样可以改变"一考定终身",有助于因材施教,调动学生的学习积极性。当时上海市教委颁布了一个校际学生流动的政策,即允许优秀学生在一年级学完后报考其他高校,包括985高校、211高校,我完全赞成和支持鼓励上师大优秀学生报考。上海教育电视台记者曾经采访过我,问我为什么舍得把优秀学生放出去,多数学校都希望优秀学生留在校内,舍不得放出去。我说学校是为国家、为社会培养人才,有些优秀学生很有志向,很喜欢重点大学的一些专业,到那里能够更好地发挥他们的才智,能更好更快地成长,是件好事,这样做可以激励高中毕业生报考我校,激励在校生刻苦努力地学习。从1999年到2008年,上师大有100多名学生经考核插班到复旦大学、华东师范大学、上海大学、华东理工大学、上海财经大学去学习。我相信这些学生中今后一定会涌现一批出类拔萃的人才。为了因材施教,在我提议下,全校组建提高班,在优秀学生中选拔一部分愿意加大负荷、有志攀登科学文化高峰的学生加入提高班。文理科各组建一个提高班,专门配教师、辅导员,进行文科综合、理科综合方面的教育,帮助学生形成宽、精、综(综合性)、复(复合型)知识结构,优秀者可直升研究生,由教务处直接管理。后来由于经费开支等管理方面的矛盾,仅办了两期便停止了。对此,我感到很可惜。

在上海师范大学主持大学生文明修身活动总结汇报大会

在上海师范大学主持活动

针对学生"松、散、懒",开展"充实教育"

我在担任校长期间,每隔一段时间都要抽空到学生宿舍看看,到图书馆、教学楼转转,以了解学生在做些什么。记得1996年9月的一天晚上,我到11个男生寝室查看,发现7个寝室的学生在打扑克,2个寝室的学生在看电视,2个寝室的学生在聊天,没有人看书学习。第二个月我又去9个寝室看了看,发现5个寝室的学生在打扑克,3个寝室的学生在看电视,只有1个寝室的学生在看书。期终考试前,我到图书馆查看时,看到不少男学生拿着笔记本在复印机前排队,我很惊讶,一了解,原来是这些学生平时上课不记笔记,或不去上课,要考试了,向女同学借了笔记本去复印,以应付考试。这些反映出上师大学生松、散、懒状况严重,把宝贵的时间浪费在玩乐之中。我当时提出要在学生中开展"充实教育",让学生"忙"起来。我说中学生要"减负",大学生要"增负",学生不忙就空虚,一空虚就要出事。"充实教育"包括充实教学内容、充实课余活动、充实精神生活三个方面,旨在让学生从松懈到紧张,从闲暇到忙碌,从空虚到充实,从不知干什么到知道干什么。我要求教师在教学中布置参考书目、文章,布置作业,培养自学能力、搜集信息能力、写作能力;鼓励学生参加课外活动,凡参加校级运动队和校课外活动社团并有固定活动时间、有教师指导的,给予一定的学分,学校开设文化素养选修课供学生选修。党团组织和辅导员则要帮助学生做好"充实教育"的设计工作,在每一时间段,学生都知道做什么,有事可做,即安排好早上、课内、课外、晚上、周六、周日六个时间段。尤其对低年级学生,他们刚进大学,还没有掌握大学学习规律和生活规律,学校更要帮助他们设计和安排好每天的时间,逐步发挥他们的自我教育主体作用,帮助他们学会自我设计、自我充实,增强自律意识、自立能力。自我设计最重要的是设计好如何利用时间,成为善于驾驭时间的主人,向时间要知识,向时间要素养。

我在调研中发现历史系萧功秦老师教学责任感很强,治学很严谨,不仅自己学问好,而且对学生要求很严。他教授"中国通史",除教科书外,还布置参考书,并且要求学生必须写4万字的读书笔记,交给他批阅,不完成不可以参加考试。我翻看了几个学生的读书笔记,萧老师都做了认真批阅。对完全抄书没有自己见解的学生,他在笔记本上提出批评意见,要求重写;对于好的学生,给予表扬。每次上课前,他要求学生作5分钟演讲,培养学生对专业的热爱,提升学生的阅读能力和表达能力。我要求校办专门发了简报,推广萧功秦老师的教学方法和严谨治学精神,在广大教师中产生良好反响。

在1998年8月的学生工作会议上,我又强调了"充实教育"。一是支持学生大力开展社团活动,组建运动队、艺术团。每年要办好三大节,即科技学术节、体育节、艺术节,在班级活动的基础上推到系、院、校。充实实践生活,动员和组织学生走出校门、走向社会。二是开展有教育意义的调研活动、考察活动、参观活动以及访问有成就的校友活动。三是组织周日家教学校,帮助双职工家庭克服周日无法带孩子的困扰,为孩子提供一个娱乐、活动、学习的场所。四是组织好公益劳动,由教师或辅导员带队,做到有内容、有时间、有成效、有学分(1学分)。

我们在全校开展了"从抓充实教育入手,树立良好学风"的活动,由学生处和团委主要负责。为了开展充实教育,我提出在全校学生中实行四个制,即多张证书制、干部轮换制、半年实习制、综合测评制。

(1)多张证书制。为了适应激烈的人才市场的竞争,毕业生不能仅凭一张毕业证书进入人才市场,还要有英语等级证书、计算机等级证书、技能等级证书以及参加各种竞赛活动的获奖证书。学校积极组织各种不同类型的竞赛,如在科技学术节、文艺节、体育节等期间举办论文比赛、演讲比赛、师范生技能比赛、文艺比赛、体育比赛等,要求每一个学生一年内至少参加1~2项比赛活动,让他们在参加这些活动和竞赛中有机会得到获奖证书。多张证书制还包括开设各种辅修课程、特色课程,学生可以任选,达到一定的学分可授予单科证书。实行多张证书制的好处是:有利于改善学生"松、散、懒"状况,激励学生勤奋学习;有利于激发学生参加各项活动的兴趣,提高他们的组织能力、自我评价能力、竞争能力;有利于充实和丰富学生课余活动和学习内容,充分发展学生的个性和专特长,为他们创造更多的成才机会和条件;有利于形成良好的学风和校风;有利于提高毕业生在就业市场上的竞争能力。

（2）干部轮换制。让每个学生都有当干部的经历和不当干部的经历。在学校期间担任一定的社会工作职务，有助于提高学生的全面素质。担任学生干部可以让学生在工作能力、组织活动能力、人际交往能力、语言表达能力等方面都得到较好的锻炼。担任学生干部还可以让学生增强自我约束力和学习自觉性，促进他们努力学习、严以律己，沿着德智体美全面发展的方向前进。多年来，高等学校的学生干部总是由一小部分学生担任，多数学生得不到锻炼的机会。因此，我提出实行干部轮换制，让每个学生都有当干部和不当干部的经历。大学生应该具备一定的领导素质和被领导素质，当干部时能主动把工作做好，不当干部时能主动配合干部搞好工作。今年当团支书、班长，明年当寝室室长或者普通群众，让每个学生都能在干部岗位上得到锻炼，也让每个学生都能在非干部岗位上得到锻炼。当干部能锻炼一个学生为他人服务的精神，与同学和谐相处的能力；不当干部，也是对一个人的思想品德和心理健康的考验，真正做到能上能下，这是一种很现实的教育。如果每个学生都担任过干部，整个集体的自我约束力就增强了。学生的整体素质提高，有助于推动良好学风、良好校风的形成。

（3）半年实习制。长期以来师范院校的学生一般安排6~8周的教育实习，学生上4~6节课，这只能说是浅尝辄止，刚刚进入角色就结束了，不利于学生积累教学经验。从社会需要和学生现状来看，对师范生最需要加强两方面的培养和锻炼，即基本素养和基本技能，仅仅依靠课堂教育是解决不了这两大问题的。通过延长实习时间，可以让学生到中小学第一线去强化素养和技能的锻炼。经过几年的试点，半年实习后学生不仅在教学技巧方法、能力等方面有了很大的提高，更重要的是学到了中小学教师敬业爱生、严谨治学等优良品质。学生们深深地感受到教师工作的光荣和崇高，立志做一名优秀的中小学教师。半年实习可以集中实施，也可以分散在各个年级实施：一年级安排2周见习，二年级安排4周见习和实习，三年级安排12周实习。

（4）综合测评制。如何评价一个学生，涉及教育观和学生观问题，也涉及对学生的导向问题。长期以来，学校主要以考试成绩来评价一个学生，考分高的就能获得奖学金，就能评为三好学生，毕业后就可以找到好工作。这导致学生只注重考试，只关注考分，没有热情去参加各种社团活动、公益活动，去发展个人的兴趣爱好。少数学生为了追求高分，在学习中投机取巧，抄袭作业,甚至考试作弊,严重影响了德智体全面发展,影响了学风和校风。实行综合测评制就是对学生在德智体等各方面的表现进行量化综合考核,而不是仅看学习成绩,如把学生参加社团活动、社会工作、竞赛活动情况,学习态度、道德品质情况,以及获得的证书情况等都作为综合测评的内容,定量计入测评的总分之中。综合测评的结果与评奖学金、评优秀学生、直升研究生及毕业生就业直接挂钩,这样就可以形成正确的导向。如评三好学生时,德育的成绩占20%,智育占70%,体育占5%,能力占5%。这样有助于激励学生平时在各方面严格要求自己,不仅关注学习成绩,而且必须关注德智体能全面发展,从而有力地推动形成良好的学风和校风。

综合测评放在每学年或每学期末进行。先是个人测评,然后是同学互相测评、教师测评,按权重评出每一个学生的综合分数。综合测评是一种较为全面的、公正的评价一个学生的措施,能促进学生自觉地按综合素质测评中的标准要求自己,可对学生的不良行为起到制约作用,对学生的成长起到激励作用,能有效地促进学生沿着德智体全面发展的方向前进。

我们还注重在社会实践中加强充实教育,以提高学生人文素养。如每年暑假有数千名学生在全国各地举办"爱心"学校,参加大学生志愿者活动、勤工助学活动,到西部地区开展支教活动,开展文明修身活动等,收到较好效果。

在上海师范大学检阅大学生军训

解决住房困难,让教职工安居乐业

我刚到上师大时,教职工反映最多的问题就是住房困难。校工会常务副主席万庆华向我反映,上师大教职工人均住房仅6.8平方米,低于上海市人均住房7.4平方米标准。教师直到离退休时才能拿到房子,造成"干得动时没有房,干不动时分了房"的局面。在徐千荣书记、王邦佐校长的努力下,学校在上师大新村自筹资金盖了一栋教工宿舍,并利用空余的土地与其他单位合作盖了两栋高层住宅,学校没花钱却得到了7100平方米住房,很受教职工欢迎,缓解了部分教职工的住房困难。但没有从根本上解决问题,困难户实在太多了。三个月内,我走访了30多户住房困难的教职工,我感到很震撼,社会主义大学的教师居然住在条件如此差的房子里。"琴房"是原上海音乐学院遗留下的弹钢琴的房间,现在却成了上师大教职工的住宅,每间房只有5~6平方米,整栋楼住了几十户人家,里面住有讲师、助教,一住就是十几年。上师大原来的集体宿舍每间仅13平方米,没有独立的厨卫,副教授一家三口住在里面;有的结婚户没有住房,只能一间房子轮流住,或者将13平方米的房子一隔为二,两对结婚户住在里面。我只好安慰大家说"困难是暂时的,情况会好转的"。人们都说"教师是太阳底下最光辉的事业",但现在却住在没有"太阳"的房子里,真是莫大的讽刺。在好几次会上,讲到上师大教师住房时,我眼睛湿润了。教师的工作很辛苦,又住在这样差的房子里,实在太苦了。我的人生哲学是"无为何入世,入世有所为"。作为一校之长,就要在学校的发展上有所作为。

我下定决心千方百计地解决教师住房困难。有句成语叫"安居乐业",没有安居,何谈乐业?住房问题困扰了上师大很多的老师。我在市高教局的时候,曾经分管过住房、财务和基建,当时实行福利分房制度。20世纪90年代中期,上师大还是靠福利分房,每年仅分到七八套房子,对于2000多名教职工来说无异于杯水车薪。我做了一些调研,走访了市教委和住房开发商,召开了一些教职工座谈会,寻找解困途径,心中有了底,我先做安抚人心的工作。1996年下半年,我在全校干部会上表态:"给我三年时间,保证解决教职工住房困难,解决不了我辞职。"住房是教职工最基本的生活保障。我和党委书记徐千荣在这方面配合得很默契。老徐说,当务之急是把学校西部校区西南角的35亩地要回来,一部分用于开发住宅。这块地我在高教局工作时就知道是保留给上师大的。土地证已经给了上师大,理应可以使用了,但街道党委坚持不给,说有不少住家搬不走,街面的商店因关系到居民的切身利益而难以处理。我以为此事很简单,因为土地证在握,土地理所当然应还给上师大。我到漕河泾街道找了黄雪明书记,他是上师大校友,我以为他会看在校友面子上把土地交给上师大。刚见面时他很客气、热情,但一谈到土地,面孔就板起来了,一点也不客气,讲了一大堆困难,说目前不可能把这块土地让出来。我说我们教师住房十分困难,要靠这块地开发住宅,解决教师燃眉之急。他说我们居民也困难,不肯让地。先后去了两次都不欢而散。他是位精明能干、责任心很强但个性也很强的干部。我无可奈何,只好找教卫党委王荣华书记,他一口答应,要我们写个报告,他去找徐汇区区长姜斯宪。姜区长原是上海交大的研究生,我在高教局时就认识他,还到他宿舍去过。1996年12月,姜区长陪我去见街道黄雪明书记,王荣华书记也去了。姜区长明确表示要把35亩地交给上师大,街道有什么困难,由区里协调解决。黄雪明书记终于同意将35亩地还给上师大,我们承诺在公建配套上按规定给出一部分街面房。土地拿到后,学校就着手规划,先拿出一半开发住宅,此事由科技开发总公司杨卫武、孙小弟操办。他们仅用三年时间就建造了科技园住宅3万多平方米,优先解决了困难户和骨干教师的住房。

　　与此同时,学校积极购买新房。我从市教委得悉,教委参建的秀峰翠谷小区有余房,每平方米2 330元,约有8 000平方米,我校高层每平方米3 500元,于是决定拿出2 500平方米去置换秀峰翠谷的住宅,可得3 755平方米的现房。当时有人认为秀峰翠谷的房子离学校太远,有些房型不好。我把校领导都请去看房,以便开校长办公会时讨论。吴祥兴副校长看了后明确表示,这么便宜的房子到哪里去找,主张买下来。人事处处长徐桂英说,这种房子可用于引进人才,有四室一厅的(140平方米),也有三室一厅的,很适合不同职称的教师居住。徐千荣书记也主张多买一些,校长办公会上大家一致同意。购房款从哪里来呢？走改革之路——取消福利分房。

为了从根本上解决教职工住房困难，必须改变过去福利分房制度，即完全依靠政府下达房源，按困难程度排队分房。1996年10月在徐千荣书记和其他校领导的支持下，我提出取消福利分房，多渠道集资购买，不要上面给的小蛋糕，要自己做大蛋糕，争取政府贴一点、学校拿一点、个人出一点。这一举措一出台，立即遭到一部分教职工的反对，尤其是排队等了好几年即将拿到福利房的教师，他们好不容易等到分房机会，学校政策却变了。有人写信到市教委告状，说我取消福利分房是不顾教师死活，不切学校实际。改革总是要得罪人的，当一部分人的利益受到损害时，必然会有人出来反对。我认为只要对多数人有利、对全局有利、对长远有利就要坚持下去。计划经济时代的"等靠要"一去不复返，市场经济不可逆转。市教委也支持上师大的改革，并提出1∶1的优惠政策，即学校拿多少钱帮教师解决住房困难，市教委就补多少钱。这一政策比福利分房好多了。当年我们筹集1 000万元购房，教委补贴了1 000万元，第二年学校集资1 450万元购房，教委又补贴了1 450万元，两年近5 000万元用于购房。我们除了从秀峰翠谷购置8 159平方米住宅外，1997年又在古美新村、平吉新村、海上新村、新园小区等购置了一批房。海上新村是奉贤校区一位校友开发的，原价2 100元/平方米，经多次协商，我希望他为母校发展作贡献，他很爽快，很同情母校教师的住房困难，最后以每平方米1 600元的低价卖给上师大48套新房。

本来我骑着自行车在学校里"不敢见人"，因为经常碰到跟我要房子的老师，三年以后，我推着自行车在学校里，主动问教师要不要住房。当时还剩10多套房子无人问津，我到处动员，有几个老师是我"逼"着他们买的，后来他们都很感激我。前不久，我在校门口碰到两位女教师，她们特意过来跟我说："杨校长谢谢侬，谢谢侬送我一个皮夹子哦。"我开始愣了一下，而后反应过来，原来她们当初买了海上新村的房子，那时花了1万多元，现在的市值已经300多万元。从这个意义上说，我送了她们一个大皮夹子！

房源充足了，不仅可以解决本校教职工的困难，而且可以引进高水平的教师。1997年上师大分房标准是教授110平方米，副教授、处长90平方米。当时，上海名牌大学教授的住房标准仅75平方米，他们很羡慕上师大住房标准高。我说："你们靠牌子吸引教师，我们靠房子吸引教师。"后来我校引进了一批名教授和博士，对稳定校内教师队伍也发挥了很大作用。有了充裕的住房,我们就有了引进人才的底气。我和吴祥兴副校长、徐桂英人事处长,到一些重点高校招聘来一批名师大师,如郭木瑜、孙锦尧、唐力行、白光润、谢利民、徐芒耀等,还有年轻博士丛玉豪、陈恒、杨仲南等。

到1999年底,全校已有1 075户教职工分到了新房,解决了住房之忧。那么多房子如何分配?我们专门成立了分房领导小组,由刘志刚副校长全权负责。他是位公正、正直的干部。校工会主席万庆华担任组长,他是位精明能干、能广泛联系群众的干部。我不参与分房领导小组的工作。我早声明过,没有房子是我的责任,有了房子如何分配、如何使用不是我的责任。有人曾提议校长可以掌握几套房子,可不通过分房领导小组直接分给困难的教职工,或用于引进人才,我拒绝了,分房权一律归分房领导小组。但有些教师仍然来找我要房,我即转交给分房领导小组统一考虑,不下达任何指令性意见。为此,有些教师对我很有意见,说我不肯帮忙。实际上我是按管理科学中的能级原理进行管理,不同能级、不同层次的组织和管理者,应在其位、谋其政、行其权,不要越位或越权。我不能超越分房领导小组的责权,直接去管住房分配,后来多数人知道我没有"实权"后也就不找我要房了。

学校房改,我没要一套房子,因为我是校长,自己搞房改,再拿房子,那就讲不清楚了。但仍有谣言说我拿了多套房子,有人把我儿子女儿的房子都说成是我拿的,并匿名告状到上海市纪委。市纪委来查,结论是没有任何问题。校财务处也证明我没有拿过学校的1分钱用于买房。当时有好心人劝我不要这样起劲搞房改了,以免有人怀疑你。我说:"真金不怕火烧。我是为全校师生员工服务的,受点委屈没什么。"刘少奇在《论共产党员的修养》中曾说过,共产党员要"全心全意为人民服务,就要顾全大局,做到委曲求全、忍辱负重"。入党前后我对此不太理解,当了校长后对这几个字的体会特别深。当领导必须有"委曲求全、忍辱负重"的气度。

以绿气促人气,提振教职工精神

上师大徐汇校区分东、西两个校区。长期以来由于办学经费困难,学校地下水管堵塞,水电设备陈旧,一下大雨就积水成潭,教学大楼、学生宿舍要"抗洪救灾"。学校树木不少,但草地很少,教学大楼前后、学生宿舍前后杂草丛生,垃圾乱倒。家属区内违章建筑很多,有人戏称上师大校园像"破落地主"。教职工要求整治校园、拆除违章建筑的呼声强烈。但这是一个非常棘手的问题,我认为必须从理念和行动两方面着手。

大学校园是师生员工共同生活、学习、工作的地方,是育人的地方,必须有一个绿色优美的环境。环境的好坏直接关系到每个师生员工的生活质量、学习质量、工作质量。我们口口声声讲为人民服务,却连校园环境都搞不好,还谈什么为人民服务?作为校长有责任为师生员工创造一个良好的环境。在一个破旧不堪、杂草丛生的环境里如何培育人才?不能树木,何以树人?连学校的清洁卫生、树木花草都管不好,如何育人管人?于是,我下定决心抓校园整治和绿化工作。以绿气促人气,以改变校园面貌促进改变人的精神面貌。我自告奋勇地担任校绿化委员会主任。1996年8月,我在全校中层干部会议上提出,保证三年内把上师大建成上海市花园单位,成为"土不见天、绿树成荫、花不间断、四季飘香"的绿色校园,三年不建成上海市花园单位我辞职。

建设绿色校园必须解决两个实际问题:第一,钱从哪里来?第二,劳动力从哪里来?那时候市政府每年给我们学校的经费基本上只占全年所需经费的60%,其余40%学校要通过学费、创收等途径来补贴,市政府不可能给我们绿化经费。那么钱从哪里来呢?整个暑假我都在为钱发愁。开学后不久,有一天,几个青年教师在路上遇到我开玩笑说:"杨校长,考验你的时候到了。"我问:"什么考验?"他们说:"今年教师节,你准备发多少钱给我们啊?"我说:"教师节还发钱啊? 我不知道啊!"后来我了解了一下,上一年教师节每人(含离退休员工)发了 100 元,学校一共支出 30 万元。他们说考验我的时候到了,是指今年增加多少。后来,学校党政班子开会时,我建议增加 50%,每人发 150 元。消息传出去后,老师们并不买账,有人甚至说:"杨校长很小气的哦,今年教师节就给我们发 150 元,把我们当 250 算了!"这让我明白了一个道理:发多发少总会有人不满意,不能靠发钱来满足大家的要求。我想,学校的绿化建设不是缺钱吗,今年教师节的钱干脆就不发了,把 30 万元作为大家的集体捐款,用于校园绿化建设。于是,我专门召开座谈会征求大家的意见,包括听取了一部分离退休老同志的意见,他们一致赞成,说这个主意太好了,100 元对他们无所谓,只要把学校环境建设好就行。我心中有底了,也增强了信心。这样 1996 年绿化建设的启动经费就有了。但 30 万元是不够的,搞绿化需要大笔经费投入。校内低洼地很多,要买几千车土填平、垫高后才能绿化,还要采购各种树和大量的草皮。我提议发动大家捐款,鼓励教职员工自愿捐款但不攀比。我们连续三年在植树日(3 月 12 日)召开全校绿化动员大会,发动捐款。我带头捐出一个月的工资。在全校大会小会上,我总要宣传绿化的好处,讲述草皮散发出的气体对人有什么好处,香樟树、桂花发出的气体对人有什么好处。我提出大搞绿化,是为了让上师大校园里绿气多一点,氧气足一点,负离子高一点,把上师大建成一个大氧吧。大家听得津津有味,点头认可,而且还称赞我知识面很广,其实我是从电脑里搜索出来的。当然我本来是学地理的,又是农民出身,有专业知识背景和绿化情结。

知识分子是比较理智的,一旦认识到这件事的重要意义就会积极参与。学生们积极性很高,纷纷要求捐款。让学生捐款我感到不妥,但又不能挫伤他们的积极性,我说要捐每人就捐 1 元,重在参与。中文系学生会收到学生捐来的 700 多元硬币,装在一个大牛皮纸袋里,最先交到校长办公室。最令人感动的是地理系原系主任刘德生教授,抱病到校长办公室捐了 500 元,他说他梦寐以求想把上师大绿化搞好,现在终于能够实现了。我主张各学院多捐一些。那时候各学院收入的 70% 以上都留存在学院,有些学院是比较富裕的,也是我主要发动的对象。每年植树节前我就打电话给各院院长,动员他们捐款。孙逊、顾大僖、白光润、张世正、李维民等院长都很支持,教育心理教研室在卢家楣教授的带领下,是人均捐款最多的单位。我记得,给外语学院顾大僖院长打电话时说:"顾院长,你们准备捐多少?"他说:"响应你'绿化校长'的号召,我们打算捐5千。"我说:"你们外语学院那么有钱,只捐5千太少了吧,人文学院孙院长捐1万!"他说:"好,他们捐1万,我们也捐1万。"各学院在绿化捐款上争先恐后,我非常开心。连续三年,全校师生员工一共捐了150多万元用于绿化建设。上师大师生捐款搞绿化的举动感动了市教委、市绿化委员会、徐汇区政府,他们用各种方式支持上师大绿化,尤其是市教委,第二年增拨40万元,第三年增拨257万元,用于绿化和环境整治工作。在市教委夏秀蓉副主任的关心支持下,市教委1997年拨款196万元给上师大,建造了运动场的观众台。1998年龚学平副市长、教委张伟江副主任等视察了上师大,对学校环境建设、绿化工作大加赞赏。我趁机提出要改建运动场、铺塑胶跑道的申请。因为运动场上尘土飞扬,对人体健康不利,离"土不见天"相差甚远。龚市长是位雷厉风行、有魄力的领导,当即答应回去研究,帮助解决。后来市教委拨了专款460万元,上师大把昔日破旧的煤渣跑道的运动场,改建成达到国家标准的塑胶运动场。

绿化经费解决了,劳动力从哪里来?我建议开展双休日义务劳动,由团委、学生会协助后勤部门组织,师生员工自愿报名参加。从校领导、机关干部、广大教师到职工、学生,报名参加义务劳动的人很多,双休日四个上下午排得满满的。校园内生机勃勃,人声鼎沸。来访的记者们说,多少年没有看到的生动活泼的场面在上师大看到了。在我建议下,每期业余党校的学员们参加半天义务劳动,新生军训也安排半天义务劳动。后勤职工吃苦耐劳的精神非常感人,很多重活、脏活、难啃的硬骨头大多数是他们攻克的。有一次早上5点多钟,我在家里听气象广播,说当天要下大雨,我一听非常着急,因为前一天晚上买来的十几车的草皮,正堆放在文苑楼的前面,如果被雨浇了会烂掉。我赶紧骑着自行车去学校,当我7点钟赶到文苑楼的时候,后勤的干部和工人都已经在抢种草皮了。他们的责任心和敬业精神令我很感动,我二话不说,撸起袖子,跟他们一起种植草皮。8点钟后,我就让校长办公室打电话给各个处室,要求机关干部全部过来抢种草皮。多数人很乐意,也有少数人很反感,说"上班不上种草皮",类似的事情还有很多。我的"绿化校长"的称号就这样被叫出来了!

从1997～1999年的连续三年,我们利用每周双休日时间,发动全校师生员工参加绿化义务劳动,大多数人只参加一两次,我参加了十多次,"绿化校长"的称号也越叫越响。

我刚开始抓绿化时,非议很多,压力很大,有人说我不务正业,有人说我乱折腾,还有人说我在为自己捞好处,为自己树碑立传。有人说我是"绿化校长",到园林局当局长蛮好。1997年下半年我还收到反对搞绿化的匿名信,说我在"刮共产风",搞"一平二调",署名是"一群教师"。当时我不太理解,一周后有位中年教师(副教授)到我办公室来,说要对我提意见,我很欣赏这样的教师,有意见当面提。我请他坐下,倒了一杯水给他,我说有什么意见请讲。他说:"你现在搞绿化是在搞一平二调,刮共产风。"我想那封信大概就是他写的,我说我不理解,请讲具体一点,他说:"你没有经过我们同意,就擅自把教师节的钱没收掉去搞绿化,还要大家捐款,这不是刮共产风、一平二调吗?"我解释说:"捐款是自愿的,不捐也可以,去年教师节的钱没有发用来搞绿化是事实,我们是开过座谈会听取大家意见的,最后由校长办公会定的,没有征求每个人的意见,肯定也没有征求过你的意见,你如果不同意,我把100元还给你。"我当场拿出100元给他,他没有要,说"你下次不要再刮了"。于是我只好问他:"你去年夏天的冷饮费拿了多少?"他说不知道,我说你回去查查,教师节没有发的钱已从冷饮费里补发给大家了。他说:"我们怎么不知道?"我说"不便说,也没有必要说"。教师节的30万元用于绿化以后,我建议财务处想个办法弥补一下,朱仕芳处长说,可以从冷饮费中补给大家,每人多发100元或再加一点。我说这是个好办法,如果能增加最好,朱仕芳处长具体操办了此事。当年每人多发了150元冷饮费以弥补教师节该发的钱。有趣的是,三年以后那位副教授的观点完全变了。2002年电视台来上师大采访绿化事迹时,他主动跑到记者面前,把我夸奖了一番,说我们这个"绿化校长"好啊,我们在这个校园里工作,非常舒畅,到我们学校来的考生也多了,既有经济效益又有社会效益。

经过三年的努力,学校面貌大变样了,每一寸土地都披上了绿装。全校建立了10个园区,有樱花园(2 400平方米)、行知园(4 450平方米)、紫薇园(1 400平方米)、海棠园(1 330平方米)、桂花园(6 300平方米)、梅花园(2 274平方米)、月季园(2 500平方米)、竹园(1 000平方米)等。刘志刚副校长以及后勤处的虞建平、钱继峰、袁鸣捷、沈柏元和绿化科的郑培香、瞿乃华、潘金兰、钱澄等同志为学校绿化作出了重大贡献。绿色校园环境营造好以后,家属区的整治工作就相形见绌了。有人认为家属区归区里管,我们不必管了。

我说既然是上师大新村,那就要整治好,我们应该把义务劳动延伸到家属区。学校拨了一部分捐款支援家属区,家属区的面貌也改变了。但违章建筑很难拆除,三年前我承诺在1999年拆除所有的违章建筑。当时有人劝我,这件事不要做,拆不成你威信扫地。我说不是为了树立威信而拆,而是为了美化校园、创建良好的生态环境,而且市政府、区政府都明文规定要拆除违章建筑。我下定决心,非拆不可。一开始谁也不拆,相互攀比,一般职工与机关处长比,说处长们先拆,我再拆,一般群众与党员比,说党员先拆我再拆。于是我走访了几家最惹人关注的搭建户,如高惠珠处长家,因住房小,书无处放,她把阳台搭建成一个小书房,里面放满了书。她是上海市优秀藏书户,经说服动员,她很爽快地答应拆掉。我去过刘亚平副院长家、刘洪绍处长家,经劝说,他们都很快地拆掉违章建筑。直到1999年10月,还剩下4~5家坚决不肯拆。我不断收到群众来信,说学校领导欺软怕硬,欺负老实人,对那些不拆违章建筑的人家毫无办法,你们再不采取措施,自家就要重新搭建了。在一次全校性大会上,我收到一张纸条,上面写着:杨校长,你不要讲空话、假话,你说年内要拆除违章建筑,要把家属区绿化好,为什么至今没解决?这反映了教职工的迫切心情,我只好动用最后一张王牌,把徐汇区沈骏区长请到学校来,向他汇报了查处违章建筑的事情。沈区长是位雷厉风行、十分爽快的领导。他问我怎么办,我说司法通令已无效,只好依法强拆了。沈区长说,我们再下一次最后通牒,先礼后兵,若不拆,只有强拆。几个"钉子户"根本不把最后限拆通令当回事,依然无动于衷,最后当然被强拆了。那天我准备到现场去看看,后勤的同志劝我不要去,因为有人已扬言要对我"不客气",去了搞得不好会发生冲突。我只好等在办公室听候结果。据说,拆除时,发生了一些小摩擦,有人大喊大骂,但最终还是把所有的违章建筑拆除了。

经过三年的努力,上师大校园面貌发生了很大变化,实现了"土不见天、绿树成荫、花不间断、四季飘香"的目标,在校内外都产生了良好的影响。广大教职工都很高兴,原来不理解的也理解了,原来不支持的也支持了。

1999年上师大被评为上海市花园单位,2002年被评为全国绿化400佳单位。上海高校中,仅有上师大获此殊荣。后来奉贤校区也被评为全国绿化模范单位。现在徐汇校区还成了很多影视剧的取景地。

一开始人们叫我"绿化校长"是贬义的,后来叫我"绿化校长"是褒义的,是对我的点赞和认可。

　　校园面貌的变化促进了人的精神面貌的变化,广大师生员工为生活、学习、工作在这样的环境里感到十分舒畅和自豪,对校领导的信任度提高了,学校的凝聚力增强了,达到了以绿气促人气振奋精神的目的。

　　上师大在绿化建设上取得的成绩,校园面貌的显著变化,是举全校之力、共同努力的结果,尤其是后勤职工、绿化科的全体人员付出了艰辛劳动,作出了突出贡献,但他们把荣誉让给了我,在我不知情的情况下,推荐我为全国绿化植树先进个人,荣获"全国绿化奖章"。

　　到上师大三年,我兑现了两个承诺:一是"让教师住进有阳光的房子",一千多户搬进了新房;二是让上师大成为上海市花园单位。

荣获全国绿化委员会颁发的"全国绿化奖章"(2001年)

发展教育产业,提高办学效益

上海师大是地方高校,没有列入"211"重点建设行列,办学经费比较拮据。我在教育行政部门工作过,担任上海市高教局副局长时,分管过财务工作。我知道政府在教育经费管理上是分轻重缓急的,向重点学校和重点学科倾斜。国家教育部很关心直属高校,不仅加强投资力度,而且要地方政府与之共建。所谓"共建",就是要上海财政出钱资助直属高校。上海有六所直属高等学校,都是"985"或"211"重点大学,实力比较强,对上海的经济社会发展和人才培养作出很大贡献。因此,上海也愿意跟教育部"共建"这些学校。"羊毛出在羊身上。"上海市投入的"共建"经费越多,地方院校的经费相对就少。在40多所地方院校中,第二医科大学(后并入上海交大)、上海大学是"211"重点大学,上海的教育经费比较大的一部分投入这两所高校,扶持这两所学校更快更好地发展。因此上师大不可能获得较多的教育经费,从国家和上海的教育发展战略来看,这是必然的也是必要的。对此,我一直表示理解和支持。那么我们地方高校的出路在哪里? 我认为,应发展教育产业,建立教育市场,走内涵发展的道路,即充分利用学校的资源和优势,在提高教育质量、扩大办学规模中,在主动为社会、为教育市场服务中,提高办学效益,增加学校收入。

改革开放以后,我国经济体制已经从计划经济向市场经济转型,政府不会对学校"统包管",学校也不能对政府"等靠要"。高校必须面对现实,主动适应市场经济。我认为高等学校只有走进市场,才能走出困境。潘懋元教授提出的高等教育的外部规律,即高等教育要适应社会、政治、经济、文化的发展,给我很大启发。我在上海师大提出要发展教育产业,建立教育市场,收到很好效果。计划经济下仅仅把教育当作事业,办学经费全部由国家包下来。市场经济下,教育既是事业也是产业,政府不再全额拨款,这就要发挥产业的作用。尤其是高等教育，有鲜明的产业性特点。高等教育是生产知识的产业、生产高科技的产业、生产人力资本的产业、生产信息的产业，对内为师生员工服务、对外为社会服务的产业。高等学校最大的优势是有丰富的教育资源和智力资源，只要充分挖掘、充分利用这些资源，主动积极地为社会服务，就会产生经济效益，增加经济收入。由于长期以来计划经济的束缚，普遍存在学校办学效益不高，"大锅饭""铁饭碗""平均主义"严重，师生比只有1∶2.5左右，人浮于事，浪费很大，潜力也很大。我提出上师大要"全面面向基础教育，全方位为基础教育服务"。基础教育就是一个很广阔的教育市场。从80年代开始，我陆续发表了一系列文章，论述发展教育产业的必要性和重要性。尽管有不少人反对这一提法，但我坚定地认为有教育产业。1996年6月以后，我在上海师大积极发展教育产业，取得明显成效。主要有以下几条途径：一是拓展中小学教师培训市场。上海大多数幼儿园、小学、中学教师学历层次是中专、大专毕业，已不适应社会发展和教育发展的需求，迫切需要提高学历层次。我们主动承担了上海市基础教育教师培训任务，为全市中小幼教师开设各类培训班、辅导班，七年中有5万多人次参加。二是发展成人教育，满足在职人员学习需求，1996年我校夜大学仅有学生900多人，2002年发展到9 000多人。三是开设大专自学考试课程班，满足高考落榜生和在职人员的需求，每年有4 000余人参加。四是开设研究生课程班，满足中学骨干教师升造的需求，每年有1 000多人参加。五是创办老年大学分校，满足离退休老人"老有所求，老有所学"的需要。教育是社会发展的产物，要满足社会发展的需要，要在主动为社会服务中提高效益，增加经济来源。我校教育产业年收入有1亿多元。

上师大不是研究型大学，不是重点大学，而是教学为主型的大学，不同类型的大学应有明确的目标和定位。徐匡迪市长提出要"把上海师大办成适应上海基础教育和社会经济发展的多学科、高水平的新型大学"。上师大定位于"宽口径、应用型"，我们的优势是"规模大，多学科"。一是师范类教育，要保持优势，争创一流。二是非师范教育，要根据上海需求加快发展，确保质量。三是研究生教育要积极发展，逐步增加。四是高等职业教育是我校新的增长点，以奉贤校区为基地。五是继续教育要挖掘潜力，大力发展。六是要进一步开放留学生教育。七是积极探索中外合作教育。把上师大办成以师范教育为特色的，拥有博士、硕士、本科、专科、留学生、继续教育、中外合作教育的全覆盖的多学科大学。教育是相对稳定的社会实践活动,有其自身的规律。要克服急躁、浮躁情绪,学校要明确定位,安于本位,不要越位,不要盲目攀比,这样才能健康地发展。与此同时,还要树立正确的质量观,即适应性的质量观。高质量的教育教学并非"211""985"高校专有的、垄断的,任何一所高校,只要适合社会需求就是质量,满足校内外学习者的需求就是质量。我们每年为上万名在职人员、中小学教师培训并受到欢迎就是质量。我校师资培训发展到新疆、甘肃、云南、贵州、河南、江西等中西部地区以及上海远郊地区,许多教师包括我在内,每年寒暑假都要到新疆、云贵等地去上课,双休日经常早晨5点起床到崇明、金山等地上课,送教上门,受到各方面的热烈欢迎和赞扬,这就是质量。尽管一所学校的师资水平很高、设备很好,但如果不主动为社会服务,则无质量可言。我们通过拓展教育市场,主动为社会服务,挖掘了教育资源和教师潜力,原来不少教师工作量不足、人浮于事,走向社会后,不仅工作量充足,办学效益、经济收入也大大提高了。

从学校来说,从1997年到2001年的五年里,政府财政拨款总共不到6亿元,五年内教育经费仅增长66%,但我校办学规模却增长了4倍。到2001年政府财政拨款已下降到占总经费的52%。由于我们发展教育产业取得良好效益,弥补了教育经费的不足,有实力将大量资金投入教育发展中,五年内,学校投入基建经费6.16亿元,竣工面积27.3万平方米,共兴建了48幢各类建筑、8万多平方米的教学楼和实验楼、20幢学生宿舍。为实验室设备投入9 052万元、修缮费1.17亿元,建立计算机房36个、语音实验室23个、多媒体电化教室80个。另外投资1亿多元用于校园环境整治、绿化建设等。把学校建成为上海市花园单位、全国绿化400佳、全国绿化种树模范单位。广大教职工的收入、福利待遇也大大提高。我们对计划外收入(创收),实行"大头向下"的政策,即收入的70%以上归下属学院和个人所有,由各学院用于改善办学条件和分配给教师,极大地调动了各方面办学的积极性。如1996年,各学院的基金仅1 185万元,到2003年已发展到8 753万元,增幅为638%,改善了教职工的生活条件,增强了购房实力。20世纪90年代,上师大教师的住房和福利待遇在全市高校名列前茅。学校事业基金从1996年的2 954万元,发展到2002年的8 231万元,增幅为179%(低于学院的增幅)。学校的固定资产和无形资产从1996年的1.47亿元,增加到2003年的

6.43亿元,增幅为337%,学校总资产从1995年的2.28亿元增加到2003年12.66亿元,增幅为455%。从1996年到2003年,学校每年要安排10件实事,以加强基础设施的改造和建设,数千万元的资金都由校基金支出。

经过六年多的努力,由于学校加强了"硬件"和"软件"建设,由于经济实力有了较大增强,教育事业有了大幅度发展,成为一所以教师教育为特色的多学科大学。1995年,全校各类学生的规模是全日制在校生8 200多人、研究生170人、成人教育(夜大学)学生950人、长期留学生150多人。到2003年,全日制在校生发展到2.3万人,增长1.75倍,研究生1 700人,增长9倍,各类继续教育学生2万多人,增长了20倍,留学生360人,增加了1.4倍,本专科招生人数从每年1 000多人,发展到6 000多人,博士点从2个发展到14个,硕士点从23个发展到65个。由于办学效益提高了,大大加强了教师队伍建设,不仅使在校教师安心于教学科研,还坚持每年送十几名教师出国进修,攻读硕士、博士学位。而且引进了一大批真才实学的高水平教师,包括郭本瑜、潘悟云、李新洲、孙锦尧、唐力行、徐芒耀、白光润、郑仁蓉等知名教授。学校专门拨出50多套住房,用于引进人才;专门为青年教师建造了公寓房;拨出专款资助中青年骨干教师;在教师编制中,留出15%的名额,作为流动编制,专门由各学院聘请国内外知名专家担任兼职教授或请他们来学校讲学,从事合作研究,为提升学校教学科研质量、活跃学术氛围发挥了很大作用。通过这些举措,学校整体实力有了很大提高,1995年上海师大在全国高校办学水平排名为158位,2002年上升到第96位,这就是更新观念、解放思想、深化教育改革、发展教育产业产生的效益和成果。

运用市场机制,开发奉贤校区

上师大奉贤校区在"文革"时期是"五七文教干校",20世纪70年代末,在全国大兴发展大学分校时,在这里新建了上海师范学院分院(1978年12月),1985年独立为上海技术师范学院,主要培养中专、职校师资。1994年9月合并到上海师范大学,作为一个校区。该校区占地面积近1 200亩,1998年时在校生1 631人,大多数是专科学生(1 152人)。1996年6月,我调任上师大校长,7月1日即去奉贤校区调研,以后又陆续去过好几次,无论在座谈会上还是个别交谈之中,不少干部和教师的情绪都比较激动,对上级主管部门和校部的意见很大,有的教师说:"合并失败了,合并后我们好像生了一场大病,提不起精神。"有的干部说:"现在是定位不明确,方向不清楚,人心不稳定。"该校区总投资1亿元,设备费1 000万元,建筑面积8万多平方米,大部分土地闲置在校园内,成为沼泽地、鱼塘,其中有160亩水面,平时租给私人养鱼养虾。市主管部门曾打算放弃这块遍野荒凉的"不适宜办大学"的校区,改为大学生军训基地或转为他用。因此,一直没有开发,没有增加投入。

时来运转。随着上海经济社会的发展,随着高等教育大众化的推进,终于给上师大奉贤校区带来了新的生机,1998年4月15日,市教委郑令德主任和张民生、魏润柏副主任,把我和徐千荣书记、陶本一副校长召去谈话。郑令德主任说:"上海高等教育要大发展,有两个增长点:一个是上海大学;一个是上海师大。你们都是地方院校,要挖掘潜力,上师大要开发奉贤校区。"市教委提出要开发奉贤校区,我们听了很高兴,急切地问市政府打算给多少钱。郑主任说:"政府拿不出钱,你们可以到社会上吸取资金,也可以转换机制。"回校后,我们召开了党委会、校务委员会、教授座谈会,传达和讨论了市教委领导的讲话精神。于是在全校掀起了轩然大波,引起了一番热议,分歧很大,有人赞成,有人反对,有人怀疑。赞成的人中也有不同的看法,一致认为开发是好事,但对如何开发看法不一。尤其当大家了解到市政府给上海大学8亿元,列入市政府重点建设工程,而对我校却1分钱不给,心态很不平衡,认为这是对上师大的不公。校党委常委会上意见也不一致,因为学校经济实力不足,1996年赤字为1 600万元,有人担心如果再开发奉贤校区会把学校经济拖垮。还有人认为,办学是政府的事,给多少钱办多少事,什么时候给钱,我们什么时候开发。我说,计划经济一去不复返,政府不可能"统包管",学校也不可能"等靠要"。我赞成开发奉贤校区。有人追问,没有钱怎么开发?他们担心会挤占教育经费,担心影响教职工的待遇。我说不开发更没有钱,开发后可以向市场要钱、向办学效益要钱。如果规模突破1万人,上级同意我校改制,一年学费可达1亿多元,即使不改制,一年学费也有7 000多万元,可以自给有余,用于改善教职工待遇和办学条件。还有人说,奉贤校区离总部55公里,谁愿意去读书?我说校园建好了,环境优美了,才会有人去读书。还有人提出,如果政府不给钱,又没有大企业愿意来投资,我们没有必要背这个包袱,干脆并给其他高校算了,主张放弃奉贤校区。我极力反对这一主张。我说:第一,奉贤校区有1 200亩地,这是很大的资源,切不可从我们手中丢失,若干年后再要1 200亩地,简直是梦想。第二,远郊办学是大方向,国外高校发展多数在远郊,今后交通发达了,就不会感到远。第三,奉贤校区位于杭州湾畔,风景优美,空气新鲜,又是上海新的旅游开发区、工业开发区,那里需要有所大学,上海生源不足,可以向外省市辐射。第四,市政府不给我校投资而给上海大学投资是从全局考虑的,因为我校的有利条件是有现成的土地,而上海大学需购地建校。奉贤校区已有20年的办学历史,有一支管理队伍和教师队伍,办学基础较好,只要基建上去,短时间内可形成规模,经济上很快会有转机。第五,只有把学校规模扩大,才能增强实力,而有实力才有地位,上师大如果不发展就有可能被其他学校兼并掉。当前正是高等教育大发展的最好机遇,上师大必须抓住这一机遇而不能错失良机。由于我力主开发奉贤校区,导致有些人的误解,说我是为了给自己留"后路",退位后想留在奉贤校区工作。有人劝我"不要开发了,下面对你议论很大,等一等再说吧"。我说等不得,这是教育事业发展的需要,是市政府交给我们的任务。关于我"留后路"的谣传,因为是无稽之谈,我一笑了之。认准的事绝不能后退。

2000年11月,徐千荣书记因年龄原因退休了,由上海水产大学党委书记林樟杰同志任上师大党委书记。林书记曾担任过上师大校长助理、党委副书记,对学校情况及奉贤校区情况很熟悉。他认真听取了各方面意见后,明确表示支持奉贤校区的开发。领导班子很快形成了比较统一的意见。经过充分讨论和周密策划,我们的建校理念是:节俭、实用、田野风光。主体建筑包括第四教学大楼、学术交流中心、体育馆、行政办公楼、图文信息中心,合计需投入1.8亿元;加上基础设施、设备添置、装潢和环境建设等,共需投入3亿元。当时市教委每年给我校拨款占总支出的60%左右,如1997年共拨款9 000万元,其中奉贤校区1 643.8万元。3亿元从何而来?当时我提出:"大学校长一要找市长,二要找市场。"充分运用市场机制,走改革发展的路子。我们采取多种途径、多种方式、多管齐下的办法集资建校:一是置换,将原师专置换8 500万元,全部用于基本建设,其中拨出2 000万元投入奉贤校区作为启动费。二是大力发展教育产业,扩大办学规模,如成人教育,原来我校夜大学生不到1 000人,后来发展到10 000余人,大专自考班从几百人发展到5 000多人;非政府拨款收入从1997年的4 000万元,发展到2001年的1.8亿元,2002年的2亿元,可以调剂一部分用于奉贤校区的发展。三是吸引企业投资,如奉贤校区学生宿舍、食堂、浴室及其他配套设施,由奉贤建工集团投资建设,征地91.6亩,征地费用共700万元,先由奉贤建工集团垫付,60 000平方米的学生公寓和5 000平方米的食堂、浴室等也是由他们出资建设。四是成立厚德教育投资公司。为了开发奉贤校区,我建议利用学校部分基金与社会上两家企业合作,筹集3 000万元注册资本成立了这家公司,我兼任董事长,可受信贷款10亿元。第一个项目就是采用BT模式(对方先垫资)在奉贤校区投资8 000万元用于基本建设,另外又新建9栋学生公寓。该公司通过开发、经营获取的利润用于发展教育事业,主要是奉贤校区。五是依靠贷款。通过厚德公司向银行贷款2亿元,市教委给予部分贷款贴息。奉贤区人民政府在立项审批、开工审批等方面提供一条龙式服务,区委书记林湘亲自出面做协调工作,使得基建顺利进行。六是委托市教委教育基建管理中心作为代甲方管理。该中心由富有开拓创新精神的市教委副主任薛沛建创建,专门为高校基建服务,既省力、省时又省钱。经验丰富、办事果断的顾建生主任坐镇奉贤校区指挥。充分利用第三方力量建校效果很好。2000年9月奠基,2002年底第一期工程全部完成。我校基建规划处主要协助教育基建管理中心控制工程质量、进度和投资,尤其是控制建设资金。七是实行责任制。奉贤校区基建项目多、时间紧、资金流动量大,经党委讨论,决定由校长助理杨卫武主要负责,尤其在资金运作上,全权委托他签字,全校几个亿的资金掌握在他手中,由他统一调剂。杨卫武不仅懂经济、会管理,而且办事冷静,作风清廉,把权、钱交给他很放心。基建处长张礼道是专家型的干部,是位责任心很强、既实干又谨慎的干部。他们配合得很好,效率很高。

奉贤校区于2000年9月8日正式开工,市委副书记龚学平、市委副秘书长殷一璀、市教卫党委书记王荣华、市教委主任郑令德和副主任张伟江等领导出席了开工典礼,给了我们很大鼓励和支持。尽管在资金投入上未能支持,但精神上的鼓励、政策上的支持及后来又给予贷款贴息,对奉贤校区的建设顺利进行起了极大作用。经过两年多的紧张施工,把昔日杂草丛生、坑坑洼洼的沼泽地、盐碱地变成绿茵茵的、高楼林立的、景色优美的生态型大学校园,凡参观过的人无不为之一振,赞叹不已。时任复旦大学党委书记的钱冬生在参观后评价奉贤校区"朴实无华、优美实用"。不少人都问我,为什么能少花钱、办大事。我说因为要自筹资金,只好一分钱当两分钱用。比如校河上要建桥,代价很大,我们就用四个大水管替代,节省了大笔资金。还有一个秘诀就是不要请领导视察。奉贤校区在两年多的建设过程中,我们没有邀请过各级领导来校视察、指导工作。因为资金有限,每1元钱都要用在刀刃上,担心领导看了以后不满意,要我们修改,一改就要增加投入,不改又怕"得罪"领导,干脆不请他们来看。直至竣工以后,只请专家、主管部门来验收鉴定,也没有举行落成典礼之类的仪式,为的是节约经费。2003年初,教育部周济副部长带领一批全国重点院校的校长、书记到奉贤校区来参观、考察。周副部长一行听了我们的汇报并参观了校园后大加赞扬,他在汇报会上对各校领导说,参观了上师大奉贤校区,有一种"震撼"的感觉,他们在国家不投入的情况下建成这么好的校园,很值得学习,有以下三点:第一,办学要有特色,要准确定位,上师大能正确定位,安于本位,坚持自己的特色,不跟人家攀比;第二,有自力更生、艰苦奋斗的精神,经费不足自己想办法,他们羡慕而不嫉妒(指名牌大学),上师大为我们树立了很好的榜样;第三,上师大提出"要找市长更要找市场",很有启发,在座的要找部长更要找市场,高校要跨越式地发展,必须要创新。

回顾20多年前即1998年,这里还是一条臭水浜,右侧是一块块贫瘠的农田,左侧是上师大奉贤校区。所谓的"校区",实际上是一块荒芜的盐碱地、沼泽地,而如今已是名副其实的大学校区,现代化的大学校园。一幢幢黄墙红顶的建筑镶嵌在绿色的草地旁、丛树中;清澈如镜的云星湖、月亮湖上微波涟漪,在阳光折射下,闪射出令人心醉的粼光;昔日的鱼腥味、鸡犬声、垃圾山荡然无存。市领导殷一璀同志赞扬"上师大奉贤校区的成功开发,为上海师大的发展、为上海市高教发展作出了重要贡献,也为上海松江大学城、南汇大学城的建立起了引领作用,榜样作用,功不可没"。

我目睹了奉贤校区的巨变,也参与了奉贤校区的建设。每当我来到这里,自豪感和成就感便油然而生。

1998年陪同市领导龚学平(左二)等视察上海师范大学奉贤校区(左一为作者)

更新教育观念　改革发展见成效

我于1996年6月调任上海师范大学校长,2003年2月离任。六年多来,在上级和校党委领导下,在全校教职工的共同努力下,上师大有了比较大的发展,全日制在校生从8 000多人发展到2万多人,成人高等教育学生从900多人发展到9 000人,研究生从170多人发展到1 700多人,留学生从100多人发展到300多人,博士点和硕士点都有了成倍增长。校园面貌也发生了较大变化,成为上海市花园单位。我深深体会到,要办好一所学校,要促进教育的发展,必须不断加强学习,更新教育观念,与时俱进,锐意进取,抓改革抓发展。

第一,把发展放在第一位。

邓小平说:"发展是硬道理","改革是动力"。在工作中我始终抓住"发展""改革"四个字,把发展放在第一位并落实到实际行动中。

一是发展办学规模,满足社会需求。奉贤校区有1 200亩土地,仅1 000多名学生,市教委要求我校把奉贤校区开发出来,成为上海市高等教育发展的新增长点。但市政府不投资,经费从何而来?我认为应通过改革发展筹集经费,经多方调查研究,提出建立"厚德教育投资发展有限公司",得到党委和教委的同意。我们利用学校的部分基金与两家企业合作注册成立了该公司,其目的是改变计划经济下完全依靠国家投资办教育的体制。通过集资、贷款在奉贤校区投资2亿多元,建成一座新型的大学园区。

二是发展教师住房。我校教师住房原来十分困难,相当一部分人住在没有煤、卫的集体宿舍里。我提出用改革促发展,即取消福利分房,采取"政府出一点、学校出一点、个人出一点"的措施,并集资在学校周边地区建房,优惠向教职工出售,终于在2000年解决了教职工住房困难,全校1 000多户教职工搬进新家。稳定了教师队伍,引进了一大批人才。为了学校的发展,我竭力主张紧缩学校办公经费,把更多资金投入硬件建设。原上海师专置换总金额8 500万元,有人主张拿出一部分作为福利费,我坚持全部用于基本建设,改善学校办学条件。把发展教育产业、为社会服务的收入,大部分投入学校基础建设,"养鸡下蛋"。五年内,学校投入基建费6.16亿元,竣工面积27.3万平方米,在实验室设备方面,投入9 025万元,建立计算机房36个、语音实验室23个、多媒体电化教室80个,大部分都是自筹资金,确保了扩招后的物质保证。

三是发展教师队伍。办好一所大学的关键在于有一支高质量的教师队伍,我们采取培养和引进相结合的办法,努力改善教师结构,提高教师水平。从1997年到2002年,学校每年选送十几名教师出国进修,选送十几名教师在职攻读博士学位,引进十几名高水平的教授、博士。2003年在职攻读硕士、博士有60多人,已学成回国人员12人。全校38名学科带头人中,22人是引进人才,如郭本瑜、李新洲、孙锦尧、郑仁蓉、徐芒耀、白光润等都是引进的知名教授。为了改善广大教职工的住房条件,1997年至1999年,学校共投入8 000万元购房3.3万多平方米,共485套。学校还制定了构筑人才高地计划,对引进人才在住房补贴、科研启动费及福利津贴方面给予优厚待遇,以吸引更多高级人才到我校从教。我校教师队伍正在向年龄结构年轻化、学历结构高层化、职务结构合理化、成员结构多元化发展。在国际交往方面,我校与14个国家30多所高校建立友好校际关系,5年来聘请外国文教长期专家37人,短期专家94人,接待外国及港澳台地区访问团260批,2 000余人次,我校还与美国、加拿大的有关高校合作办学,对改善学术环境、提高教学质量、师资水平起了很大作用。

第二,着力加强校内管理体制改革。

计划经济体制下,是高度集权,习惯于"统包管"、按"红头文件"办事。改革开放、市场经济体制下,应遵循"民主管理,依法治校"的原则,深化管理改革,提高治理水平。学校重大问题首先听取广大教职工的意见、民主党派的意见、离退休老同志的意见,然后由党委常委会或校长办公会决定。学校及各职能部门实行政务公开。我们花了三年时间,对教务、科研、研究生、学生、人事、财务、审计等职能部门共修订和制定了100多个管理条例、规章制度。如教学管理方面制定和修订了16个文件,人事师资方面有30个文件,财务、审计方面有28个文件,科研方面有13个文件,使管理工作走向制度化、规范化、科学化的轨道。办任何事做到有法可依、有据可查,防止主观武断、个人说了算。为了加强教学的监控和评估工作,学校成立了教学指导委员会,建立了视导员队伍,学生教学信息员队伍,建立了教学联系信箱,对促进教学质量的提高起到了积极作用。在师资队伍建设方面,学校制定了关于教师岗位设置、进修、考核、奖惩、评聘、引进等一系列条例和管理方法,形成由决策、执行、监督、反馈等环节组成的运作机制。

计划经济体制下,是"大学办社会","吃喝拉撒睡、生老病死退"样样管,校领导要花很多时间和精力去管后勤。我力主改革后勤管理体制,变"大学办社会"为"社会办大学"。学校后勤改革的第一步是建立"小机关,多实体"的管理体制,第二步列入上海高校后勤社会化改革第一批试点单位,第三步成立了上海高校后勤服务中心上海师大后勤实业中心并逐步成为相对独立的经济实体,实行有偿使用、有偿服务、自主经营。无论在效益和服务质量上都取得显著成效。

第三,在办学质量和特色上下功夫。

学校的根本任务是培养人才,必须树立"以育人为中心"的教育理念。学生进校后不是学了多少课、掌握多少知识就完成任务了,而要成为一个全面发展的人。因此学校必须在质量和特色上下功夫。随着上海社会经济的蓬勃发展、中小学教育改革的不断深入以及毕业生就业市场竞争的日益激烈,对高校毕业生素质的要求越来越高了,我深感有一种危机感、紧迫感、责任感。如果没有质量和特色,在激烈的竞争中则无立足之地。在质量方面,要努力把学生培养成"基础厚、知识广、能力强、体魄健"的有创新精神和实践能力的专门人才。在特色上强调"德、艺、语、技"四个方面:德,就是有高尚的思想道德品质,高度的社会责任感和事业心,具有科学的世界观,正确的人生观、价值观;艺,即多才多艺,有一定的艺术修养,有正确的审美观和美育能力,在文艺体育方面有一技之长;语,即有较好的语言修养和表达能力,娴熟地掌握一门外国语;技,即掌握现代教育技术,具有利用多媒体手段教学的本领。

为了实现这些目标,我校开展了三次教育思想大讨论。首先让各级领导和广大教师提高认识,统一思想,使大家都有一种危机感,增强教学改革的紧迫感、责任感和自觉性,树立适应现代社会发展的教育观、教学观、质量观和人才观。教学工作是学校的主体,是育人的主渠道。我们以学科建设为重点,大力推进以面向21世纪的教学内容和课程体系改革为中心的教学改革,采取了四项措施:一是减少必修课,增加选修课,加强实践课,开设副修课,把四学年的总课时从3 100课时压缩到2 700课时左右,学生实习从六周延长到一学期,选修课从原来不到10%增加到25%。二是完善"四个不断线",即外语学习不断线、计算机应用能力培训不断线、实践环节锻炼不断线、文化素质修养教育不断线,把这四方面的培养贯穿在四年本科教育全过程中。三是重点抓好四类课程的建设,即师范生教育类课程的改革,把传统的教育学、心理学"老三门"改为"新七门";文化素质修养课的建设,共开设五大类100门左右课程,以提高大学生的全面素质和文化修养;重点课程和重点教材建设,不仅为本校而且为全市教材建设服务;特色课程建设,如"数学模型"课程等。四是贯彻"因材施教"原则,满足不同层次学生的求知需求。我校在面向大多数学生开设"一主一副"的基础上,对学有余力的学生又开设了"一本一专"双学历教育,对少数优秀学生开设了"双本"学历教育。

为了全面提高学生素质,促进学生早日成才、健康成长,从1996年起,我们在学生中开展了充实教育,即充实学生的学习内容,充实学生的课余活动,充实学生的精神生活。为此,实施了"多张证书制,干部轮换制,半年实习制和综合测评制"。多张证书制,即学校每年组织各种各样的竞赛活动,激励学生去参加、去竞争,充分施展自己的才能和智慧以及专特长,优胜者可获得学校颁发的证书;干部轮换制,即学生进校后都有当干部的经历和不当干部的经历,当干部是对组织管理能力的锻炼,不当干部是对心理品质的锻炼;半年实习制,即师范生的教育实习延长到一学期,能独立承担一个班的教学工作和班主任工作,在实践中增长才干,提高素质;综合测评制,即每学期或一学期结束后,对学生进行德智体综合测评,改变仅靠考试成绩评价学生好差的做法,并将综合测评的结果作为评奖学金、优秀毕业生和直升研究生的依据。在全校开展"文明修身"活动、假期"爱心学校"活动、志愿者社会公益活动等。

以上改革举措产生了明显效果。我们对上师大96—98届分配在本市16个区县的毕业生进行了跟踪调查,结果是:认为我校毕业生的思想、道德作风"好"和"较好"的占90.0%,认为班主任工作"好"和"较好"的占94.0%,认为知识更新能力"好"和"较好"的占94%,认为人际关系、交往能力"好"和"较好"的占90.0%,认为适应环境能力和心理调节能力"好"和"较好"的占81.8%。在总体评价上,认为好的占18.2%,较好的占81.8%,两者总计为100%。这说明我校毕业生的素质和社会声誉在不断提高。我们还对近两年(2001~2002年)在中学实习的学生进行了质量调查,中学校长们的评价是"优"占31.7%、良占55%、中占12%、差占1.3%,优良率达87%,反映出我校在教育改革、素质教育方面取得了一定成效。

第四,树立"两个依靠"的群众观。

作为一名校长,要办好学校,必须紧紧依靠广大教职工,依靠广大学生。要依靠群众,取得群众的支持和拥护,首先自己要做到"没有私心,不谋私利"。做任何一件事、一项决策,绝不能从个人利益、领导班子利益出发,而要从广大师生员工利益出发,"为官一任,造福一方"。当校长就是要为学校的发展、为师生员工的发展服务。我提出每年办10件实事,每年都超额完成了;我自己带头捐款、带头参加义务劳动搞绿化,改变了校园的面貌;我经常参加学生的文明修身活动,和他们一起劳动、清扫马路;每年元旦、春节,我都要骑着自行车去慰问教职工,听取意见;为了解决教职工的住房,我多次跑市教委、房产公司、住宅区,筹集资金,看房选房,在大家共同努力下,共集资1.6亿元,建房购房1000多套,而我没有要学校1平方米住房,也没有要学校1分钱的补贴;我上下班不要小车接送,乘火车不坐软卧,不参加旅游性的会议、活动等。作为一名校长,心中必须装着全校师生员工,一切为了师生员工;绝不能只装着自己,必须舍小我为大我,舍小家为大家。只有两袖清风,才能一身正气。

为了集思广益,我每学期都要召开多次教职工座谈会、学生座谈会,参加校工会、老干部处、统战部组织的双月座谈会,听取各方面的意见和批评。坚持平时在学生食堂吃饭,经常抽空到学生寝室、教室、图书馆走走,每周至少有2~3次骑车在校园内转一圈,包括边角地。我主张民主管理,依法治校。凡重大事情、重大决策,包括学校的财政情况都向教代会汇报,让大家了解学校的全局,充分发表意见。在人事分配制度、住房制度等方面与教职工切身利益相关的重大改革中,我总要直接听取意见,与教代会代表共同讨论,改革方案都要经过多次修改,直到多数人同意后才出台。在分配制度上,我提出"面向全体,鼓励冒尖"的原则,首先要关心每个教职工的利益,提高每个教职工的待遇,每两年提高一次校内津贴。我把自己的校内津贴降为第三档。我之所以做"绿化校长",就是决心为全校师生员工创造一个良好的教学环境、生活环境,把上师大建成生态校园,建成自然的"大氧吧",提高每个人的生活质量。为人民服务,应落实到每一实际行动中去,而绝不是一个口号。

我深深地体会到、感受到当一名公仆的最大乐趣在于奉献及奉献后的成果。只要始终有一种无私奉献精神、实干精神,就会得到广大群众的理解和支持,就会取得丰硕成果。

到民办高校任职,探索提升教育教学有效性

我于2003年从校长岗位上退下来后,打算专心从事研究生教育工作和科研工作,多所学校邀请我去任职都被我婉言谢绝了。2005年,市教委领导一定要我去一家新转型的民办高校"帮帮忙",于是我担任了震旦职业学院院长,这是我自1965年工作以来的第11个岗位,为我研究和探索中国民办教育提供了一个新的平台。我也为自己能继续为教育事业的发展和改革服务感到欣慰。

震旦职业学院是由东方文化学院转设更名而建立的,由震旦教育集团接管主办。董事长张惠莉女士是位有闯劲、有魄力、有教育情怀的资深教育工作者。在震旦学院,我提出了"以人为本,育人育能"的办学理念,得到党委书记郭伯农同志的认可和支持。郭伯农是一位政治性强、知识渊博、胸怀开阔的教育界老领导。常务副院长杜飞龙教授是我聘请来的,是位懂教学、有能力、有责任心的高校老领导,日常工作由他主持,我们配合得很好。除了担任震旦职业学院院长外,我还兼任过上海工商外国语职业学院董事会副董事长、哈尔滨远东理工学院理事会副理事长、上海师大天华学院专家咨询委员会主任、中国民办教育研究院副院长等,主要从事民办高职院校的管理工作和研究工作。撰写了多篇文章。我主张"大力发展民办高等教育","上海举办十几所民办高校不算多","独立学院是民办高等教育的创新"等。

民办专科高校与普通本科高校区别很大,不在一个层次上。截至2008年,我国有普通高校2 263所,其中本科院校1 079所、专科院校1 184所。专科院校实际上是高职类普通高校,主要培养职业技能型人才。大多数民办高校是三年制专科学校。不少高职院校在目标定位、教学内容、教学方法等方面存在严重的缺位、越位、不到位,办学效益不高。我重点探索了如何提

升高职院校教育教学的有效性,包括目标定位的有效性、育人的有效性、教学内容的有效性、教学方法的有效性。为此,我召开了多次座谈会、讨论会,包括全市民办高校的研讨会。我在民办高职院校如何提升教育教学有效性研究方面做了一些探索和实践,提出了四个有效性:

一是目标定位的有效性。高等职业教育的目标定位,应以职业岗位为中心,着重提升学生的职业素质,具有鲜明的职业针对性,主要培养生产、工作第一线的技术、管理、维护、销售、服务等方面的应用型人才。高等职业教育在目标定位中要考虑市场、行业、职业、岗位和能力五方面的因素。

二是育人的有效性。教育的根本任务是育人,教育的有效性首先要立足于育人的有效性。面对一些基础较差、自我约束能力不强的高职学生,学校必须把德育为先与从严管理结合起来。这些学生最缺的是动力不是智力,是情商不是智商。因此首先不是开发智力而是增强动力,不是开发智商而是开发情商。高职院校必须把"立德树人、德育为先"放在第一位,要改变"以知识为本"的传统教育理念,要在育人上多下功夫。要唤醒学生的觉悟,增强他们的危机感和责任感,激发他们的学习兴趣。有些学生是以高考失败者的心理进入高职院校的,自卑感、失落感严重。我们应对他们加强自尊、自信、自强的教育。

三是教学内容的有效性。高等职业教育的本质是以就业为导向、市场需求为目标,以培养学生适应未来工作需要的、必备的能力为主,当然理论知识学习也不可缺少,但够用即可。因此,高职院校是以职业知识、职业技能和职业态度为主要教学内容的。在教学计划中,要安排职业资格证书(技能证书)的课程内容,确保学生既能获得学历证书,又能获得职业资格证书。高职院校在制订教学计划时,一要研究学生的特点,这是实现教学内容有效性的基础条件;二要多开设选修课,构建多种教学模式,从实践教学入手;三要加强个性化教育,为特殊学生单独制订教学计划等。这都是从学习者实际情况出发的必要举措,也是提高教学有效性的必要举措。

四是教学方法的有效性。科学的教学方法是提高教学有效性的途径和保障。高职院校要针对高职教育的特点、高职学生的特点,采取有效的教学方法。首先是采取问题教学法。问题是学习的先导,教师在教学中要善于提出问题并启发学生回答,这样可以吸引学生的注意力,让学生的思路跟着教师走。教师还要引导学生提问题。通过提问题、回答问题、讨论问题,可以活跃课堂气氛、提高教学效果。其次是采取课堂讨论法。即由老师课前设计好与教学相关的问题,让学生讨论。改变由老师从头讲到尾满堂灌的状况,有利于调动学生的学习主动性,提高学生的学习兴趣,锻炼学生的表达能力。第三是安排部分教学内容由学生主讲,也可以用演讲、辩论赛等方式"激活"学生、"激活"课堂。高职教育强调对学生能力的培养。增强学生的职业岗位能力,并非在课堂上就能完成,必须采取"工学结合"的方法。让学生与正式员工一样承担负有一定责任的工作,在教师指导下,在真实的环境中真刀实枪地实干真做,最终对学生的考核是以产品质量、成本效益、工作实绩为依据。"工学结合"是在做中有学、学中有做,把学与做结合起来,把学做人与学做事结合起来。学生在做的过程中必然会暴露出一些问题和不足之处,教师及时给予针对性的指导便会产生好的效果。

在给研究生上课

入世有所为,实现第三个梦

　　回顾 80 年来,我有四个梦:第一个梦是"读书梦",到大城市去上学,在南京读完中学、上海读完大学,圆了第一个梦。第二个梦是"图强梦",经过六年中学、五年大学的培育,我在德智体各方面全面发展,特别是有了一个强健的身体,圆了第二个梦。第三个梦是"教育家梦",立志做一个教育家。要成为一个真正的教育家,必须在教育实践和教育理论两方面都要有所建树与创新。改革开放以来,我先后在五所高校工作过,也在教育行政部门和教育研究机构工作过,始终没有离开教育管理岗位,这为我的教育实践提供了很好的平台,为我从事教育理论研究创造了良好条件。在教育理论上,我参加了潘懋元教授主编的中国第一本《高等教育学》编写工作,潘先生是位德高望重、学识渊博、胸怀开阔的大师,全国教书育人楷模。他长我 20 岁,如今已是百岁老人,仍坚持从事教学、科研、育人工作,我十分敬重他,在他带领下我走上高等教育研究领域。改革开放后的 40 多年里,我倾注了极大精力为实现第三个梦而努力,几乎放弃了我喜爱的文学、音乐、体育等业余爱好。

　　在工作实践中,我深深感到中国是教育大国,但不是教育强国,无论是基础教育还是高等教育,与发达国家相比,都存在一定的差距。在教育理论上,宣传和介绍最多的是外国的教育家和教育思想,而实际上外国的国情与中国大相径庭,许多理论无法直接用于中国的教育实践。

　　1978 年党的十一届三中全会召开以后,在邓小平理论指导下,我国的改革开放、市场经济深入发展,唤起了我探索中国高等教育发展之路的热情。

　　我的人生哲学是"无为何入世,入世有所为"。我认为人生最大的乐趣在于奉献。有人说我是工作狂,我说我是工作乐,在工作中获得了乐趣,实现了自身价值。工作之余,把主要精力用于学习和写作。我不喜爱吃喝玩乐的生活,也不会酗酒、抽烟。立志、立德、立业、立言是我追求的目标。立志,就是志在为国家、为社会、为人民的利益而奋斗。孟子说过:"人若无志,与禽兽同类。"这句话给我很大震撼。人和禽兽的本质区别,就在于人有思想、有理想。立德,就是要爱党、爱国、爱人民,要有高度的责任感和事业心。立业,就是敬业尽责、勤奋工作,勇于进取,事业有成。立言,就是勤于思考,勤于笔耕,把工作、学习、研究结合起来。我认为,总结工作中的经验教训,对教育的改革和发展发表一些看法、提出一些意见和建议,也算是对社会、为人民作点贡献。改革开放40多年来,我先后出版了40多部著作(含主编),发表了500多篇文章。我从事教育研究主要是立足于我国教育的现状、立足于工作实践,是为了从理论上回答和解决现实中的问题和工作实践中的问题。我开展研究的驱动力来自作为一名共产党员和教育工作者的责任感和使命感。我坚持每天早上6点钟起床,晚上11点半睡觉,一天可学习、工作16小时。我坚信"笨鸟先飞能入林",只要坚持不懈、锲而不舍,总能成功。

我坚持边工作、边学习、边研究,把研究的成果用于指导工作,从而养成了科研的习惯,也尝到了科研的甜头。即使在担任大学校长期间,日常工作十分繁忙,我也没有停止过教育研究工作。因为我在工作实践中深深体会到,不从事教育研究工作,就无法搞好教育管理工作,就无法领导好一个单位、一所学校。40多年来,我几乎没有节假日、没有双休日,全身心投入工作、学习、研究之中,虽然很辛苦,但苦中有乐,苦也值得。因为通过学习和研究,我思路开阔了,问题解决了,障碍扫除了,常常有一种"山穷水尽疑无路,柳暗花明又一村"的顿悟。

我为实现第三个梦的辛勤努力得到了学界和社会的认可:

2013年,我被中国高等教育学会评选为"从事高教工作逾30年、高等教育研究有重要贡献学者"(全国30人)。

2017年11月,由中国教育学会、中国高等教育学会、中国职业技术教育学会、中国教育电视台、中国教育报刊社、人民教育出版社等单位推选为"当代教育名家"(全国90人)。

2019年当选为"新中国教育70年70位教育人物"。

发挥余热做慈善,我的第四个梦

2003年我从校长岗位上退下来后,心想如何为学校发展继续作点贡献。于是决定从2004年开始进行新年第一捐,为学校爱心基金和发展基金捐款,开始了我的慈善之行,15年来从未间断。捐款数额"与年俱进",如2020年,捐两笔2 020元。我认为这也是对学校的一份贡献,新年第一捐可以给自己带来一年的快乐幸福、身心健康。

做慈善是我的人生观和价值观驱使,"慈善梦"是我的第四个梦。2010年,我正好70岁。进入古稀之年后,想得最多的是如何度过剩下不多的余生。思忖后决定做慈善公益活动,作为我人生的最后一个梦。我将自己积攒的书稿费、讲课费100万元和卖掉一套房子所得的钱款凑足300万元,在就读过的小学、中学、大学三所母校设立助学金和奖学金。每年拿出15万元,资助250人左右,10年来共资助了3 000多名学生。2010年后我每年自费去南京上坊小学和九中,为学生颁发助学金和奖学金,并向母校学生讲述自己的成长过程,鼓励他们学好知识、练好本领,将来报效祖国。如2019年9月26日,我又独自一人去南京,一下火车即赶到上坊小学,下午赶到九中,办完事后晚上即返回上海。两所母校领导提出派人派车到车站接送,我都婉言谢绝了。做慈善是无私的奉献,不能增加别人的麻烦。

从2013年到2017年,在慈善企业家单孟川先生的无私资助下,筹集了200万元善款,连续5年资助甘肃、四川贫困地区贫困小学生营养午餐。当我第一次踏上大西北的黄土高坡,看到小学生们中午从书包里拿出又冷又硬的馒头放在嘴里啃的时候,不禁流下了泪水,他们既没有菜吃又没有水喝。当地没有自来水,也没有井水,只有地窖水。我们当场留下20万元,资助学校建一个食堂,连续5年共100万元。两地每年共捐助40万元,已有4 000多人次受助。每年我和单董事长亲自去黄土高坡把善款送到学校,并召开座谈会,鼓励孩子们努力学知识、练本领,当地的家长、学生和教师都很感动。后来,我又跟当地教育局领导商量,决定从享受营养午餐的贫困优秀生中挑选出32人给予重点资助,费用由我本人及子女、学生和亲朋好友承担,采取"一对一"帮困助学方式,从小学一年级一直资助到大学毕业。即读小学时资助2 000元,读初中时资助3 000元,读高中时资助4 000元,读大学时资助5 000元。目前已有一半以上的受资助学生考取了高中或大学。

为慈善企业家单孟川先生颁发捐赠证书

2014年,我发起创建了"阳光慈善专项基金"(挂靠在上海师大教育发展基金会),并从物质扶贫(营养午餐)转移到"教育扶贫""人才扶贫",面向我国西部地区12个省(区)开展"阳光优秀生"帮困助学活动,即在每个地区每年评选出一批贫困优秀高中生,条件是家庭困难、学习勤奋、成绩优良、全面发展且立志报考大学的优秀高中生。每人奖励2 000元,每年有300多名"阳光优秀生"受助。近些年来,我把自己退休金的一半及讲课费、书稿费收入全部捐了出来用于帮困助学。非常高兴的是,目前已有200多位爱心人士和多家企业加入"阳光慈善之家"帮困助学团队,并有发展壮大的趋势。当人们了解到我们的慈善事业是实实在在"对接式"的帮困助学,全部善款用于帮困助学,都很乐意、很放心地把钱捐过来。上海师大教育发展基金会也很支持我们的工作,不收管理费。

2019年9月5日是中华慈善日。上海市民政局和中福会开展帮扶"困境儿童家庭"结对活动。我得悉这一信息后,主动向民政局请缨,并以"阳光慈善之家"的名义,与10户"困境儿童家庭"结对帮扶。我自己联系两户,并动员女儿、外甥女参加。目前已有20多位爱心人士加入,国庆节前后和春节前已经开展走访慰问工作,把温暖传递到弱势群体和困境儿童家庭中,产生了良好的社会效应。其中有一户"困境儿童家庭"房屋陈旧漏水,我们及时联系了一家爱心企业免费装修,解除了他们长期以来的烦恼。

很多人都问我为什么不把房子和金钱留给子女而去帮困助学。我认为留给子女是锦上添花,价值不大,用于帮助贫困学生和最需要帮助的人,则是雪中送炭。与锦上添花相比,当然是雪中送炭更有价值。共产党员是为人民服务的,而不是仅为家人服务的。我之所以做慈善,一是用实际行动实现我人生的最后一个梦想——慈善梦,梦想是人生的志向、人生追求的目标,我是个退休老人,已不可能在工作中对社会、对人民有所贡献,但可以在做慈善中发挥余热;二是为了传承中华民族优秀传统,中华民族历来就有"乐善好施、助人为乐"的传统,作为炎黄子孙,应以实际行动传承中华民族宝贵的精神财富;三是为了传承革命先辈们的遗志,无数革命先辈和革命先烈为了推翻"三座大山"、为了建立新中国、为了共产主义事业献出了自己宝贵的生命,作为享用革命先辈用鲜血和生命换来的胜利成果的后来人,不能坐享其成,必须继承他们的遗志,把他们的未竟事业传承下去;四是社会上还存在贫困人群,党中央提出要打一场"脱贫攻坚战",我作为一名老党员、老教育工作者,不能只做观察员、评论员,而要做战斗员,为打赢"脱贫攻坚战"尽一份力;五是响应党中央反腐倡廉的号召,自己做慈善并带动更多人参与慈善,改变人们对党风、社会风气的看法,用实际行动来证明党内腐败分子只是少数人,大多数党员干部是清明廉洁的。

我们还开展了义务植树活动。2015年,我听说有种树苗可以在盐碱地上种植,心想太好了。于是我便自费购买了6 000棵竹柳树苗,赠送给上海奉贤地区的三所高校。在盐碱地里种植成功以后,我于2016年、2017年在全市组织了8次大型植树活动,在上海市宝山、青浦、奉贤、崇明等地区种植了10万多株树,那里现在已成为一片片绿色林区,为上海的绿化贡献了一份力量。我又带头捐了6万元现金购树,而且参加了8次义务植树劳动,有好几次还冒着雨参加植树劳动,由此被人们亲切地称为"绿化老人"。有人劝我:"你这么大年纪应该在家休息、享受天伦之乐了。"我说:"正因为我老了,剩下的时间不多了,就更要在身体还好的时候,抓紧时间多做点事情。"人生的价值在于奉献,生命不息,奉献不止,我要永远做一个有益于社会和人民的人,践行共产党员全心全意为人民服务的宗旨。

我从事高教研究的缘由和动力

改革开放40多年来,我一直在高等教育岗位上工作,在上海市高教局(包括高教研究所)工作了12年,先后在5所高校工作了20多年。每天工作学习16小时,几乎把所有的双休日、节假日也用于工作学习上。我在每一个工作岗位上尽责尽力了,不懈怠,不停歇,一直很忙、很充实,因而取得了一些成绩。

有位名人说过,人的差异在八小时之外,也即如何利用业余时间。回顾40多年来我的业余时间到哪里去了?大部分用于学习和研究。经常有人问我为什么那么执着和辛苦?我说这既是责任驱使,又是兴趣爱好。自20世纪80年代初参加潘懋元教授编写的中国第一部《高等教育学》开始,我对高等教育研究产生了浓厚兴趣。办好高等教育,管理好一所大学,必须要有理论指导。在现实生活中、工作中,经常会遇到各种问题,我有责任去思考、去探索、去解决。如体制障碍问题、办学经费不足问题、学生中存在的"松、散、懒"问题、学科建设问题、学风教风问题、教师队伍建设问题、教学质量问题、研究生培养问题等,我围绕这些现实问题,深入调研、学习,承担了十多项研究课题,发表了数百篇文章,占用了大部分业余时间,对工作起了很大的促进工作。

20世纪90年代,我兼任华东师大高教研究所博士生导师,招收和指导了五届博士生。由于我在高教研究方面的成果较多,承担的重点课题和获得大奖项目较多,1990年被破格评定为正高职称,1995年享受国务院特殊津贴。到上海师大后,被聘为教育经济管理专业和高等教育学专业学科带头人。后因工作繁忙、年龄渐大,分别让给魏枝春教授、高耀明教授担任。2011年,上师大高等教育学专业获准博士点招生,高耀明说我在建立博士点中"有功",提议我担任第一届博士生导师。经教育学院学术委员会讨论,全票通过。时任上海师大校长的张民选是著名教育家,也是一位原则性很强的领导,他担心聘我做博导会产生连锁反应,其他教授攀比怎么办?于是包括著名数学家郭本瑜在内的70岁以上的教授一律不得招收博士生。我很理解张校长的做法。我不再招收研究生以后,并没有停止高等教育的研究,而且可以抽出时间去关注我感兴趣的其他方面的教育问题,如研究老年教育和基础教育。上师大老年大学校长阮兴树聘我担任老年教育研究院和老年教育培训中心负责人,承担了多项研究课题。在阮校长鼓励和支持下,我主编了《老年教育学》,2016年由人民教育出版社出版,作为"全国老年教育师资培训教材"。我还撰写了多篇老年教育方面的文章。我国已进入老年化社会,必须高度重视老年教育,我竭力主张普通高校应该积极举办老年大学,我国应建立老年教育学学科,列入教育学二级学科。2018年我在《教育研究》上发表了《建立老年教育学刍议》。

近几年来我抽时间关注了基础教育,这并非是我的职责,而是我的责任。经过调研和观察,我感到我国学前教育过早进入知识教育阶段,中小学学生课业负担太重,违背少年儿童身心发展规律和教育规律。于是我撰写了一篇针对"学前教育过早,基础教育过度"的文章,剖析了存在的严重问题,介绍了发达国家的经验,提出了如何解决的建议。文章题目是《对中国"三过"教育现状的分析及对策探索》,发表在《上海师范大学学报(哲学社会科学版)》2012年第5期。我曾收到上海师大一位老校友、现任闵行区一所初级中学校长的王立英老师发来的微信,反映中学生课业负担太重并发出"救救孩子"的呼声,给我很大震撼。我抽时间调研了中小学生课业负担重的原因何在。有人认为是培训机构惹的祸,于是声讨培训机构的声音不绝于耳;有人认为是家长望子成龙心切导致的;有人认为是学校作业太重造成的等等。我调研后认为,固然培训机构等有重要责任,但根源不在培训机构。我以"剧场效应"理论为据,剧场演戏时,只要有几个人先站起来,后面的人也会跟着站起来,一发而不可收。其根源是站起来的观众吗?不是,而是剧场管理失误。同样,学生课业负担重,越演越烈,责任不在领头的少数学校、学生家长,也不在培训机构,而是政府管理部门不得力、不到位。我撰写了《中小学生课业负担重的源头和破解对策》,发表在《中国教育学刊》2019年第8期。我对拔尖创新人才的培养一直都很关注,早在1980年我就撰写了《高等学校培养拔尖学生的探讨》,强烈主张应举办一些重点大学和重点中学,着力于拔尖人才的培养,对在某一方面有特殊才能的学生,应破格免试选送他们到对口的高校去读书。钱学森之问"为什么我们的学校总是培养不出杰出人才?"点到了要害处。近年来,我抽空思考研究了这个问题。2019年下半年,我撰写了《我国应着力于"超常"学生的选拔和培养——兼论"钱学森之问"的破解》,我认为我国教育存在的一大问题是忽视对"超常"人才、尖子人才的选拔和培养,过度关注教育的"稳定、平等、公平"。招生工作中"稳定压倒一切,分数高于一切,公平主导一切",被置于至高无上的地位,导致"超常"教育不能实施,不敢实施。文章介绍了国外在"英才"教育、"天才"教育方面的理念和做法。每个国家都有"超常"儿童,发达国家早就有"英才"教育、"天才"教育,古代中国也有神童教育。我国为什么缺少拔尖创新人才?钱学森之问为什么没有解决?其根源就是忽视了对3%～5%"超常"学生、"天才"学生的早期选拔和培养。文章对我国如何实施"超常"教育提出了四点建议,尤其要转变思想观念,破除"三个一切",必须用"超常"的方式,实施"超常"教育、英才教育,不宜将他们与一般学生混在一起培养。应建立一批以民办为主的,专门招收和培养"超常"少年儿童的优质小学和中学,优质的公办小学和中学可招收1～2个"超常"学生班级(英才班),让3%～5%的"超常"学生受到特殊的超常规培养,促进他们早成才、快成才,为我国拔尖创新人才的培养奠定坚实的基础。该文发表在《教育发展研究》2019年第22期。当我得悉2020年民办小学和初中的入学全部就近或全部参加摇号后,十分忧虑。我作为上海市教委综合改革专家咨询委员会成员,立即写了一份《必须高度重视"超常"学生的选拔和培养——兼论摇号招生不可泛化》报告,建议对少数"超常"儿童应采取特殊的"超常"方法选拔和培养。可能观点"偏颇",不符合有关文件精神,没有在《教育决策参考》上刊登出来。方建锋秘书长说,把我的建议写成"内参"上报了,我认为"一刀切"的摇号方式不可取,深信这一问题会得到解决的。

有人统计了我自2003年从校长岗位退下来以后,迄今已发表了100多篇文章,其中C类核心期刊36篇,B类以上期刊8篇,A类以上期刊3篇。他们问我哪来的那么大的动力和精力?我的回答是:责任和兴趣,再加上勤奋和刻苦。有人说我"脑子好,聪明",其实不然。我相信"天道酬勤""笨鸟先飞能入林",靠勤奋,能吃苦,勤奋是我成功的三大法宝之一。我经常对学生讲,谁要能像我一样勤奋、吃苦,成果肯定比我多。我可以毫不谦虚地说,跟我的学生相比,跟我周边的人相比,我比他们勤奋,比他们更能吃苦。所以我取得的成绩和成果比他们多。在我熟悉的人中,我发现有两个人比我勤奋、比我能吃苦,所以他们的成果、成就远远超过了我。一位是多年的至交吴兴人。吴先生是记者出生,自称是诸子百家中的第99家——杂家。勤奋好学,知识渊博,擅长杂文评论,研究领域广泛,涉及文史哲多方面。从《中国杂文史》《话说资本论》,到《人体艺术史》《探索变性人》;从《纠正上帝的错误》,到创作话剧、戏曲、滑稽戏剧本。下笔如神,著作等身,堪称新闻界奇人奇才。如今年逾八秩,仍笔耕不辍,每次见面或通电话,总听到他滔滔不绝、幽默风趣的谈话。他说:"活到老,写到老,多动大脑身体好。"从不停歇,不知劳累,我很汗颜,自愧不如,从而激起我继续努力,继续奋进。还有一位是高教界的泰斗潘懋元。潘先生今年已经100岁,还在带研究生,还在上课,还在研究高等教育。他是我从事高等教育研究的引路人和导师,为学为人都是我学习的榜样和楷模。今年2月10日,我从上海家中打电话给家住厦门的潘先生,向他致以期颐之年的祝福,我还没有报上我的名字,他已经知道我是谁,他声音洪亮、思维敏捷,向我问好后,立即嘱咐我现在是非常时期不要出门,注意安全。他总是时刻在关心他人。当我得悉他每天还在忙于审读研究生论文、还在看书学习时,感动不已,我无语了。一位百岁老人,至今还在默默地工作、学习、奉献。榜样的力量是无穷的。我一直在探索潘先生的精神世界、精神动力。我认识他已经整整40年了,我亲眼看见、亲身感受到潘懋元先生的四种精神:创建新学科奋斗不息的精神,勇立潮头与时俱进的精神,把事业当生命无私奉献的精神,以学生为本大爱无疆的精神。潘懋元精神一直在激励我奋进前行。正值潘先生百岁华诞之际,我撰写了1万多字的长文《百岁教育家潘懋元的精神世界》,刊登于《中国高等教育评论》2020年第33卷。

  我从事高教研究得益于三个平台:上海市高等教育学会、中国高等教育学会、全国高等教育学研究会,这三个平台都属于群众性学术组织,每年都有学术研讨会或教育论坛。针对高等教育方面重大理论问题和现实问题展开深入讨论。我担任过上海市高等教育学会常务副会长、中国高等教育学会副会长、全国高等教育学研究会理事长,我为三个学会的学术活动做了不少服务工作,付出了不少精力,成为我社会活动的重要内容,但我的收获远大于付出。每次参加这些高层论坛,对开阔视野、把握全局、更新观念、了解现实大有帮助,结识了许多知名专家、学者。由于研究会"以文会友",每年举办的研讨会、论坛,每人都要带论文参加,逼着自己必须进行研究、撰写文章。这三个学会办得很好、很成功,要感谢三位好领头人:中国高等教育学会领头人周远清,曾担任过清华大学副校长、教育部副部长,是一位有战略眼光、改革创新精神的领导,是中国高教改革的倡导者和践行者。自2001年担任会长主持学会工作10年,连续举办了10届高等教育国际论坛,包括"经济全球化与高等教育"(2001年)、"建设创新型国家和中国高等教育改革和发展"(2006年);组织了多项重大课题研究,如"遵循科学发展,建设高等教育强国"(2008年),远清会长亲自担任组长,组织了一个由150多所高校和科研机构、1 000多人参加的强大的科研团队,2010年10月又启动"建设有中国特色的高等教育思想体系"重大课题;开展了高等教育学博士生论坛,组织评选优秀高等教育学博士学位论文;组织编写硕士研究生教学参考用书;开展了共和国老一辈教育家研究等,有力地推动了中国高等教育研究,推动了中国高等教育改革和发展。全国高等教育学研究会是中国高等教育学创始人潘懋元教授倡导下建立的,旨在对这门新的学科进行系统的研究,每年举办一次研讨会,参加对象主要是设立高等教育学专业的学科带头人、院系负责人。前两届研讨会每次都由潘先生主持并作主题报告,他理论功底扎实、知识渊博、观念新颖,每次都给人很大启发。研讨会内容包括高等教育学的学科性质、高等教育学的学科体系、高等教育学的研究对象、建设有中国特色社会主义高等教育理论等以及针对高教改革发展中的热点问题、有争议问题进行专题研讨。后两届研讨会由我主持,从2001年至2009年共举办12次学术研讨会,6次中日、中德高等教育论坛。近两届由张应强理事长主持。经过二十多年的努力,这门学科逐渐成熟完善,在教学、科研、人才培养方面发挥了很大作用。上海市高等教育学会原会长张伟江,是数学海归博士、教授,担任过上海交通大学副校长、上海市教委主任,是位宏观思维能力、管理能力很强的领导。在张会长的主持下,每年举行一次高校校长沙龙、青年教师论坛、长三角高教论坛,还组织课题发布和评审,组织高校领导撰写《我的教育人生》等文库。三个研究会吸引了一大批从事高等教育研究的专家学者,也为广大专家学者提供学术交流、施展才华的平台。

总结人生,很有收获感成就感

我将极大的精力、极大部分业余时间投入工作、学习、研究之中,放弃了个人休息时间、牺牲了跟家人游玩的机会(我们一家四口从未一起看过电影、从未一起外出旅游过)。如此高强度的投入,晚年又把积余的钱捐出来做慈善,不少人对我这样做不理解,也有人认为我这样做不值得,太憨,太傻。可能是价值观不同,我认为这样做是最有价值的,我不憨,也不傻,我相信古人说的"天道酬勤""种瓜得瓜、种豆得豆"的箴言。我在教育实践和教育理论研究方面做了些什么呢?有什么成果呢?算不上"骄人"成绩,但我问心无愧地说,取得了比较满意的成绩。我尽职尽力了,一直按"全心全意为人民服务"的宗旨要求自己,做一个有益于社会和人民的人。借此80寿辰之际,我认为有必要回顾和总结一下自己走过的路,而作为入党60年的老党员,结合当前深入开展的"不忘初心、牢记使命"主题教育,也应该向党组织交出一份人生答卷。前面的"自述",就是我的总结和答卷。下面再提炼、概括一下。

改革开放后,我第一个工作单位是华东师范大学。针对"四人帮"奉行的"以阶级斗争为纲""以政治运动为中心",我提出应该以学习为中心。我的第二个岗位是上海市高教局,我提出改革学生管理的建议和措施,建立奖学金制度、收费制度,改革毕业生统包统配制度、大力培养拔尖创新人才、加强学生智能培养、建立多种办学体制、积极发展民办教育等。协助余立同志参与了中国高教学会和上海高教学会的筹建工作,参与了潘懋元教授主编的中国第一部《高等教育学》编写工作。跟高教所同事一起创建了《上海高教研究》《思想理论教育》等三本杂志。

在原上海大学工作期间,我提出上海大学新的人才培养七项改革措施和"大学校长既要找市长,更要找市场"的理念。在我提议下,学校建立了教授委员会,以便更好地发挥教授的治学作用,使每位教授分别参加校务委员会、学术委员会、教授委员会。

在上海师范大学工作期间,我坚持用教育理论指导教育实践。针对部分学生学习动力不足的问题,提出"充实教育""让学生忙起来、动起来",开展"文明修身"活动;提出"教育要把人的发展放在第一位",针对教学中存在的问题,我积极开展教学改革,提出"减少必修课、增加选修课、加强实践课、开设辅修课"的改革措施。在我建议下,学校将必修课程砍掉25%～30%,选修课占总课程的25%～30%,师范专业学生的实习从原来的6~8周增加到半年,优秀生可以学两个本科专业,或一专一本,其他学生都要学一门辅修课程,从而让学生掌握较宽的知识面,以适应社会发展和中小学教育的需求。在教改中我主张实行"中期选拔",允许部分学生调换专业,并付诸实践,受到学生及家长欢迎。这正是遵循"因材施教""尊重学生个性"的原则实施的。针对学校如何正确定位,提出上师大要"全面面向基础教育、全方位为基础教育服务",提出"以育人为中心、教学为主体、科研为先导"的办学宗旨。我认为高等学校的主要任务是育人,学校各项工作都要为培育学生怎样做人而努力。我还提出:每个教师都要做育人工作,每门课都有育人功能,实施全员育人、全程育人、全方位育人;学校的主体工作是教学,要提高教学水平、社会服务能力,教师必须开展科研工作。

针对上师大存在的"漕河泾意识",即思想不够开放,视野不够开阔,影响了学校教育教学的改革和发展,我提出四年内让每位正处级干部出国访问一次,让他们亲身感受一下发达国家先进的教育理念和教育现代化状况。全校开展了三次教育思想大讨论,主要围绕"新时期培养什么样的学生,给学生什么样的知识结构,如何深化教学改革",我对每位正处长和正教授进行家访,上门听取意见、了解情况。

针对上师大人心不稳、精神不振的问题,我运用激励理论,调动师生员工的积极性,并从改变校园环境、解决教师住房入手,提出"不能树木何以树人""不能安居何以乐业"。我带头捐款和参加义务劳动,用三年的时间把学校建成了上海市花园单位、全国绿化400佳单位。通过改革住房制度,学校取消福利分房,三年解决了教职工住房困难,1 000多户教职工搬进了新房。这些举措让广大教职工的积极性明显提高,有力地推动了全校工作的开展。

用新的理念和机制开发上师大奉贤校区。20世纪90年代末,在要不要开发奉贤校区的问题上，校内分歧很大，领导班子中意见也不一致，有人认为办学是政府的事，政府给多少钱，我们办多少事，不给钱不办事。我坚持必须开发奉贤校区，因为计划经济一去不复返，市场经济是必然趋势，政府不再"统包管"，我们不能"等靠要"，市长没有钱，可以找市场。我把"大学校长既要找市长，更要找市场"的理念落到实处，通过市场运作，让学校走一条新的发展之路。我们采取了七条改革措施，包括置换、发展教育产业、社会集资、成立教育投资公司、融资、贷款等，经过两年多的努力，把昔日杂草丛生、坑坑洼洼的沼泽地变成绿茵茵的、高楼林立的、景色优美的生态型大学校园。在政府经济困难、没有投资的情况下，我们通过开拓创新建设奉贤新校区，把原来只能容纳1 700个学生的旧校区建设成可以容纳近2万名学生的新校区。2003年2月，教育部周济部长视察后说，他看了上师大奉贤校区，有一种"震撼"的感觉。他赞扬我们定位正确，有艰苦奋斗精神、有创新精神。

探索研究生教学的新方法。我一直坚持研究生培养和教学工作。我认为上师大招收研究生主要不是立足于培养研究型人才，而是培养有一定理论基础的高素质应用型人才。我针对研究生中存在的"思想境界不够高、理论素养不够高、对自己的要求不够高"的状况，在研究生教育方面主要把握四条原则：一是立足做人的教育，并贯穿于教学始终；二是努力培养学生能说会写，我开设三门研究生课程，每门课都有20多人听课，安排每个学生每次上课前做一刻钟的读书报告，有的课程内容由学生轮流上讲台讲授，还安排研讨会，把翻转课堂、微课堂、辩论赛等引入教学之中，让学生在说、写方面得到充分的锻炼；三是带研究生参加课题研究，我所带的每个研究生都参加了我的课题研究，在我的带领和指导下他们每个人都写了多篇论文，思维能力和写作能力都有较大提高，学生的每篇文章我都要帮他们改三四次以上；四是把好毕业论文关口，从选题、资料搜集、文献综述、问卷设计、论文结构到预答辩，每一个环节不放松。

勇于探索热点和难点问题。当时我国高等教育正处在一个从计划经济体制向市场经济体制转轨阶段，面临许多新的问题、新的矛盾。我认为教育工作者应正视现实，勇于探索。我在承担全国教育科学"九五"规划重点课题"现代高等教育思想探索"时，选择了七个最敏感、最热门的问题进行研究。比如针对社会上争论的有没有教育产业问题，我搜集了国内外许多资料,到全国有关高校进行调研,提出了"发展教育产业,建立教育市场"的观点,发表了《高等教育要主动适应经济的转轨变型》《关于建立教育市场的思考》《改制是高等教育走出困境的出路》等一系列文章,并在上师大进行实践取得了明显效果。我认为高等教育既有事业性特点又有产业性特点。高等教育属非义务教育,不能全部依赖国家投入,应充分利用自身的智力优势和物质条件优势主动为经济社会服务。我力主上师大发展教育产业,拓展教育市场,这样既有社会效益又有经济效益,还能充分挖掘学校潜力。如上师大成人教育原来的规模不足一千人,后来发展到一万多人。发展教育产业使教师待遇和住房条件明显改善。

在研究中我坚持讲真话,勇于直面现实。21世纪初针对北大、清华等名校在定位上存在的问题,我撰文《在高等教育大众化舞台上,名校扮演什么角色》,提出"中国高等教育大众化已是大势所趋,各高校应扮演好自己的角色,高等教育要满足社会对人才的多样化、多层次需求,各类高校应正确定位,不要越位"。我直面批评"北大、清华、复旦、上海交大等名牌高校不应再办专科、专升本等教育,应当将主要精力放在更高层次的教育上,不应该与一般高校、民办高校争夺生源"。《文汇报》报道后,在国内外产生很大反响。我认为从事教育研究的人应讲真话,应坚持真理,应研究现实问题、解决现实问题,不能搞"假、大、空"的东西,不能随大流。我汇集七大热点问题研究成果,2001年12月由人民教育出版社出版了《现代高等教育思想探索》(专著),获得第三届全国教育科学研究优秀成果奖二等奖。针对教育界对德育地位的不同看法,我发表了《德育的首位、地位和定位》《德育的四个效应》等文章,我还发表了《中国为什么冒不出杰出人才》《民办高职院校的办学理念》《用大学文化推动大学的发展和改革》《中国高等教育办学理念的八大转变》等热点文章,在教育界产生了一定影响。据高耀明教授等人对1979~2008年发表的全国高等教育领域"高被引"的论文分析,我的论文名列前10名。

有人问我:你从教50多年,担任大学校长15年,有没有属于你自己的原创性的教育观念,由你最早提出来的管理观念?我说没有比较过。但以下八个方面是我提出来的,是我率先做的。

(1) 我认为大学校长要加强教育理论学习,曾在多篇文章中论述了教育理论研究的重要性、必要性,并提出"不从事教育研究的校长领导不好一所学校"。

(2)我总结了自己当大学校长的主要经验。校长的职责一是为学校的发展、二是为学生的发展。

第一,"什么样的人可以当校长?"我认为当大学校长不一定非要院士、博导不可,而应具备四个力,即能力、精力、魄力、效力,坚持"工作、学习、研究"六字方针,树立立志、立德、立业、立言的目标,要求学生立志、勤奋、惜时。

第二,"约法十章"是我做人的准则和保护神。我认为"只有两袖清风,才能一身正气",当校长必须严以律己,处处以党员标准要求自己,我到上师大后,给自己"约法十章",包括"不要学校住房""不公车私用""不拿兼职费""出差不坐软卧""不要他人代写发言稿""不以权谋私"等。

第三,我的人生哲学是"把金钱看轻一点,把名利看淡一点,把人生看透一点,把事业看重一点"。只要事业一直伴随自己,生活就会很充实。

第四,我总结了"人生十乐"。这是我从教50多年来成功的源泉和动力。我认为"成才与成人"的关系是"成才先成人""成才先做人"。我每年为研究生上的第一节课就是"责任与使命、成才与成人"。

第五,乘着改革开放的春风,我在上师大开创了中美合作办学、中法合作办学、接受盲人大学生入学先河,与著名导演谢晋合作举办上师大谢晋影视学院,创办了上海高校第一所面向社会的老年大学。

(3)在上海市高教局工作时,我较早提出改革毕业生分配制度,变"统包统管"为"供需见面、双向选择",把计划管理与合同管理结合起来,把指令性计划与指导性计划结合起来,把毕业生引向人才市场。我还建议建立奖学金制度,大学收费制度,委托培养制度,大力发展民办教育等。

(4)在上师大工作期间,针对学生中存在的"松、散、懒"状况,我提出"充实教育",即"充实学生的教学内容、课余活动、精神生活",加强学生素质教育;提出"立体教育"的思想政治教育理念;提出"四制"教育,即"多张证书制、干部轮换制、半年实习制、综合测评制";提出"中期选拔制""教育学分制";提出要把德育为先落到实处,即开展文明修身活动、爱心活动、志愿者活动、挂职锻炼等;提出提高德育有效性的四条途径:德育的理性化、德育的人本化、德育的生活化、德育的层次化,并在实践中取得良好效果。

(5)针对上师大是地方高校、非"211"大学的特点,我提出上师大要"全面面向基础教育,全方位为基础教育服务""以育人为中心,教学为主体,科研为先导";在教学改革中提出"减少必修课、增加选修课、加强实践课、开设辅修课";强调学校的目标和定位,要立足为大众教育服务,培养适应能力强的高素质应用型人才,坚持"规模大、品种多、多样化、多层次"的办学模式,面向上海经济社会和人民群众的需求;在师范教育方面提出主要立足培养一流中小学教师,以"德、艺、语、技"为特色。

(6) 提出高等教育要主动适应改革开放和市场经济发展的需求。我认为需充分利用高校智力资源和优势发展教育产业,拓展教育市场,并在上师大大力发展成人教育、继续教育,开展各种培训活动,主动为地方经济社会服务、为基础教育服务。五年内上师大承担上海市大、中、小学新教师岗位培训 4 500 多人次,承担中小学教师"专升本"学历培训 1 500 人,继续教育学院从 1996 年的 800 多人发展到 2003 年的 1 万多人。1996 年全校各学院的基金仅 1 185 万元,到 2003 年已发展到 8 723 万元,这正是发展教育产业的结果。

(7) 提出"大学校长既要找市长,更要找市场",要克服计划经济下的"等靠要",要"找米下锅,不要等米下锅",并将这一理念落实到奉贤校区开发上。在政府不投资的情况下,通过改革创新,采取七条措施建设好奉贤校区,在校生从 1 700 人发展到 1 万多人,为上师大新一轮发展奠定了基础。

(8) 我 20 多年不间断给学生上党课。面对国内外形势复杂多变,各种思潮蜂拥而来,不少大学生理想模糊、信念缺失的情况,我心存忧虑。我认为高等学校一定要培养和造就一批又一批坚定的青年马克思主义者,把我们党的事业坚定不移地传承下去,让社会主义、共产主义事业后继有人。学校的根本任务是"育人",即把每个学生培育成社会主义建设者和接班人,其中包括培育一批坚定的马克思主义者。校党委很重视对入党积极分子和预备党员的教育工作,专门成立了业余党校。我常常听到学生反映"党课质量不高,大家不感兴趣",于是我主动提出要给学生上党课,受到学生的欢迎,于是党校每年都邀请我去讲,我也很乐意。因为跟有理想的人讲理想,可产生共振效应,获得感、成就感特别明显。从 1997 年至今没有中断过。我每次上党课前都认真备课,充实新的内容,做到有现实性、针对性、趣味性。我不仅跟学生们讲理想信仰、讲初心使命、讲党的宗旨,而且现身说法讲自己的成长经历、发展过程。我讲自己怎样从一个"三差生"变成"三好生",怎样从"为家庭争气"到"为国家争气",怎样从一个农民的儿子成为大学教授、大学校长,因为饱含真情实感,收到较好效果。上师大人文学院学生崔禾雨听了我的党课后说:"杨校长一开始就讲'我们需要培养一批坚定的马克思主义者,把我们的事业进行到底',我一定牢记这位老共产党员的话,努力成为一名合格的、优秀的青年马克思主义者。我从杨校长身上找到了学习的榜样。从他亲身的经历、真实的感悟和坚定的信仰中,我看到了一位在追寻马克思主义的道路上大步前进的勇士,我相信我也会坚定不移、无畏地向前进!"再如,上师大一位大二学生也就此谈道:"杨老师今天的党课很精彩,使我对党的性质和本质有了进一步理解,使我学到了很多,认识到中国共产党始终坚持人民利益高于一切,坚持全心全意为人民服务,认识到要做一个有理想、有目标、有梦想的人。我一定立志勤奋,积极进取,持之以恒,苦干实干,以更纯净的思想境界不断深入学习,主动靠拢党组织,以实际行动争取早日入党。"

一路走来,我获得了许多荣誉,这既是对我所作努力的肯定,也是对我继续前行的鞭策:

(1) 上海市"五四青年奖章"(上海市,1989 年)

(2) 首届"上海市教育功臣"提名奖(上海市政府,2003 年)

(3) 全国绿化先进个人(全国绿化委员会)

(4) 从事高教工作逾 30 年、高等教育研究有重要贡献学者(中国高教学会,2013 年)

(5) 中国当代教育名家(中国教育学会等七单位,2017 年)

(6) 上海市慈善之星(上海市,2011 年/2012 年)

(7) "上海市社会主义精神文明十佳好人好事"称号(上海文明办,2010 年)

(8) 全国十大老龄新闻人物(全国老龄办,2011 年)

(9) 全国离退休干部先进个人(中共中央组织部,2014 年,受到了习近平总书记等国家领导人的亲切接见)

(10) 第 10 届中华慈善楷模(民政部,2018 年)

第二篇

感悟篇

我的教育人生
——和大学生谈学习、工作和做人

> 此文根据我在几所高校的演讲整理而成,阐述了我的经历和我的教育人生。我从一个贫苦农民的儿子,成为大学教授、大学校长,是教育改变了我的命运。教育就是影响,包括家庭的影响、学校的影响、传统文化的影响,书本的影响、榜样的影响、名言格言的影响等。叙述了我成功的因素和秘诀和"约法十章"、做慈善的缘由等。

我今天不是做报告,不是上课,而是和青年教师、和同学们谈谈心。大家很关心我为什么做慈善,为什么卖房做慈善,为什么把退休金的一半拿出来做慈善。还有人关心我哪来的那么多钱、那么大的实力做慈善。我想今天给大家讲讲我的教育人生,你们就会明白。如果概括为一句话,就是教育改变了我的人生,教育给了我一切。

我是个老教育工作者,老共产党员。我生在旧社会,长在红旗下,在新中国度过了小学、中学、大学,直到走向工作岗位,成家立业,从一个农民儿子到大学教授、大学校长,有很多感想、体会,对年轻人可能会有所启发、思考、碰撞。我今天在这个讲台上、会场里,虽然不能像明星、名人那样可以满足大家的眼福,满足大家的心理需求,但我可以用自己的亲身经历告诉你们如何学习,如何生活,如何做人,如何拥有一个健康的身体,如何从一个营养不良、体弱多病的农村孩子,能够健康地为祖国工作50多年,而且现在还在继续从事教学、研究、社会公益活动。

一、我的经历

我经历了苦难的童年、艰难的青年、磨难的中年。1940年冬出生于南京,100天不到全家流浪到江苏农村,七八岁下地劳动,上山砍柴,挖野菜,敲小石子,边劳动边读书,全家过着吃不饱、穿不暖的生活。父母经常说:我们家命苦、命不好。母亲临终前对我说:"要争气,要有本事!"震撼了我。我决心要到大城市去读书。我在农村度过了苦难的童年,奠定了我的人生基础。由于农村小学教学质量差,我第一年没考取中学,又复习了一年考取了南京市九中。1954~1960年在南京九中读完初中、高中,这是非常艰难的6年。由于经济拮据,仅靠在上海做学徒的哥哥每月寄10元钱给我维持生活。一年四季冷水洗脸、洗澡,冬天下雪时自来水龙头冻结了,就用雪洗脸。因买不起鞋子,经常赤脚在煤渣铺的跑道上长跑。吃饭是定量的,基本上吃不饱。但我中学受到了良好的教育,这是改变我人生的6年。我在初中入了团、高中入了党。

1960年高中毕业后,我考取了华东师大,来到上海读书。5年的大学学习生活也是很艰难的,除了吃饭免费外,每月还有3元钱的乙等助学金,这是我全部的零用钱。吃饭也是定量的,仍然不能吃饱。一年四季仍然是冷水洗脸、洗澡,仍然是经常赤脚长跑,从来没有买过零食、水果。但大学生活非常充实。大学是大师云集的地方,是学习知识的海洋,是锻造人生的熔炉,是走向新的人生征程的起航点。5年的大学教育,坚定了我在中学时确定的人生观、价值观、世界观,促进了我全面素质的提高。大学毕业后我留校,半年后担任校团委书记。"文革"中受到冲击,下放到东北劳动,度过了磨难的中年,在零下二三十度的东北与贫下中农、知识青年同吃、同住、同劳动,磨炼了意志,了解了国情。"文革"后又回到华东师大,1979年调到高教局工作,期间担任过学生处处长、高教研究所所长、高教局副局长。1993年初我调任原上海大学校长,1994年担任合并后的新上海大学常务副校长。1996年6月到上海师大任校长,2003年退位,又到民办高校担任了6年校长,并被上师大教育学院返聘担任研究生导师,开三门课。至今还在带研究生。

我在教育岗位上工作了50多年,为我国高等教育的改革和发展做了一些有益的工作,尽了自己最大的努力,尤其是改革开放的40年来,无论在管理工作,还是教学、科研方面,取得了一些成绩和成果。

1989年荣获五四青年奖章,1995年获得国务院特殊津贴,2002年被评为"上海市员工信赖的好校长",2003年荣获"上海市教育功臣提名奖"和"全国绿化先进个人"称号,2011年荣获"上海市社会主义精神文明十佳好人好事奖",被评为"全国十大新闻老人",还两次被评为"上海市慈善之星"。

在学术上,我先后承担省部级以上重点课题10余项,有20多项科研成果荣获省部级以上优秀科研奖,先后出版专著(含主编)40余部、发表论文500余篇。2013年被中国高教学会评为"从教30年以上、对中国高等教育研究做出重要贡献的学者"(全国共30人)。

2014年被评为全国离退休干部先进个人,同年11月在北京受到了习近平总书记接见、合影。2017年,当选为"中国当代教育名家"。2018年当选为第十届中华慈善奖"中华慈善楷模"。

1987～2002年的15年间,我应邀到校外讲课、报告858场;2003～2018年的15年间,我应邀到校外讲学、报告1113场。这些为我有实力做慈善事业奠定了基础。直到现在,上海市高校每年青年教师培训及辅导员培训,都邀请我去上课。外省市及上海不少高校及中学经常邀请我去讲学、做报告。我每年用于做慈善的支出已超出我的退休工资,正由于有这些讲课费、书稿费的支撑。做慈善也促进我必须勤奋学习、勤奋工作,这既有助于增加经济收入、从事慈善事业,又有助于身体健康。

二、教育改变了我的命运

我取得了一些成果,从农民的儿子到大学教授、大学校长,主要因素是什么?是教育,是教育改变了我的命运。

什么是教育?即教育者对受教育者实施德智体美全面发展的一种社会活动,是培育人的社会实践活动。东汉《说文解字》中说:教,上所施下所教;育,养子使作善也。拉丁文educra,"e"是"引出、引导"的意思。

我对教育的诠释:教,泛指传授知识;育,培养能力、素质、人格。我认为教育就是"影响",即教育者对受教育者施加影响的社会活动,受教育者接受影响的社会活动。教育效果决定于影响度深浅、大小。人的一生受到的影响是多方面的、多维度的,其中包括教育的影响、书本的影响、榜样的影响、名言格言的影响等。学校教育要从多方面影响学生;学生自身要主动从各方面接受影响,接受教育,方能产生良好效果。回顾成长过程中,以下四方面对我的影响很大。

第一,教育的影响。

(1)家庭教育:我出身贫苦农民家庭,在父母影响下,从小养成了勤俭、吃苦的精神和爱劳动的习惯，有责任感，这对以后的学习、工作起了很大作用。我的家训是：勤俭、和善、自强、有为。

（2）学校教育：学校是学习知识的海洋，我十分珍惜中学6年、大学5年的美好时光，抓紧一切时间读了许多书，增长了许多知识。我不仅注意学习知识，而且注意学习老师们的人格，学习周围同学的长处，学习他们勤俭朴实、艰苦奋斗的精神。学校里的班团组织活动、劳动课等都对我影响很大。

（3）中国传统文化教育。我们这代人受中国传统文化影响很深。中华民族不屈不挠、爱国主义、仁爱善良、刚健有为、自强不息、助人为乐等精神，都给我留下深刻印象。先辈"先天下之忧而忧，后天下之乐而乐"，"天下兴亡，匹夫有责"的古训，对我的人生观，对我做慈善事业起了引领作用，促使我用实际行动传承中华民族优秀文化传统。

（4）革命传统、英雄模范人物教育。在中国革命斗争中，无数革命先辈、革命先烈舍身救国、前仆后继、流血牺牲的精神，一直在激励我，立志要踏着先烈们的血迹前进，要继承先烈们的遗志，不忘今天幸福生活来之不易，要珍惜、要奋发努力。

（5）形势教育（国情、社情）。我在中学和大学读书时，老师们经常教育我们，我国还处在"一穷二白"阶段，"落后就要挨打"，激起我努力学习，奋发图强。

第二，书本的影响。

书本是人类进步的阶梯，是人体的血液和营养剂，是汽车和飞机的加油站，是手机和电脑的充电器。读书不仅给人知识和智慧，而且可以改变人的命运。我仅列举5本书对我的影响。

（1）《钢铁是怎样炼成的》。书中主人翁保尔的坚强意志、艰苦奋斗的革命精神深深感动了我，每当我早晨赖床不想起来时，想到保尔不畏天寒地冻的顽强毅力，马上就起床到操场上去长跑锻炼身体。

（2）《毛泽东青少年时代的故事》。这本书讲述了毛泽东在青少年时代指点江山、激扬文字、胸怀世界、志向高远、野蛮体魄、刻苦学习的生动故事。对我中学时代勤奋学习、锻炼身体，树立正确的人生观、价值观，"扣好人生第一粒扣子"，起了巨大作用。

（3）《社会发展简史》（胡绳）。这本书阐述了人类社会发展演变规律，坚定了我立志为社会主义、共产主义事业奋斗终身的理想信念。

（4）"老三篇"：《为人民服务》《纪念白求恩》《愚公移山》。毛主席在这三篇文章中教导我们"要全心全意为人民服务"，"完全彻底为人民服务"，"发扬愚公精神"持之以恒为人民服务，一直是我的追求目标和行动指南。我担任校领导时，克服重重困难和阻力，坚持抓教学改革、抓住房改革、抓环境建设，就是遵循毛主席教导，以实际行动全心全意为人民服务，三年解决全校教职工住房困难，三年把"破落地主"的校园建成上海市花园单位、全国绿化先进单位，三年成功开发奉贤新校区。

（5）《论共产党员的修养》。刘少奇在这本书中告诫共产党员和革命者，为人民服务必须做到"委曲求全、忍辱负重"。我在工作中经常会受到一些莫须有的非议和诘难，但想到刘少奇的八字教导，顿时豁然开朗，继续前行。

第三，榜样的影响。

榜样的力量是无穷的。每个人都有自己学习的榜样、崇拜的偶像。我有各方面的榜样，指引和激励我勇往直前。

（1）革命领袖榜样。毛泽东、马克思、恩格斯、列宁、邓小平、胡耀邦、习近平等革命领袖，都是我学习的榜样。

（2）革命先烈榜样。杨靖宇、夏明翰、方志敏、王若飞、刘胡兰、董存瑞、黄继光、邱少云、罗盛教等革命先烈，都是我学习的榜样。

（3）模范人物榜样。时传祥、王铁人、张秉贵、陈永贵、郭凤莲、向秀丽、雷锋等，这些都是和平时期的英雄模范人物，是更现实的学习榜样。我曾后悔自己晚生20年，当不成英雄了。开展学雷锋活动以后，雷锋改变了我的人生价值观，成了我的榜样和楷模，使我回归现实。从此坚持做好人好事，从身边做起，从小事做起，积极从事慈善公益事业。

（4）科学家榜样。牛顿、爱因斯坦、居里夫人、华罗庚、钱学森、两弹一星科学家、钱伟长、杨振宁等科学家，都是我学习的榜样。他们无比勤奋、刻苦、执着，既是伟大的科学家，又是伟大的爱国主义者。

（5）慈善家榜样。陈嘉庚、比尔·盖茨、程德旺、陈光标、白芳礼等慈善家，他们无私奉献、不图回报的精神是我学习的榜样。尤其是白芳礼老人，靠拾垃圾、踏三轮车，把挣来的钱全部用于资助贫困学生，令人感动。

第四，名言、格言的影响。

语言是激励人前行的助推器，是帮助人解除病痛和烦恼的良医良药。我把许多名言、格言铭记心中，对自己的工作、学习、生活发挥了很大作用。

下面列举5句话：

(1) 我母亲的一句话：要争气，要有本事。激励我萌发读书梦，要到大城市上大学。

(2) 保尔的一句话：人的一生应该怎样度过呢？当他回首往事时，不因碌碌无为而悔恨，不因虚度年华而羞耻。激起我从中学开始就珍惜时间，几十年来赢得许多时间用于学习、工作和研究。

(3) 中学老师一句话：你们要健康地为祖国工作50年，一定要坚持锻炼身体。我当天下午就开始长跑，每天早晚各一次，从中学到大学11年，每天坚持长跑，使体弱多病的我锻炼成身体健壮的我。

(4) 天才是百分之九十九的汗水加百分之一的灵感。一个人的成长、成功、成才，靠的是勤奋、刻苦。能吃苦是最重要的品质，不能吃苦的人必将一事无成。"吃得苦中苦，方为人上人"，是指只有肯吃苦才能成为有知识、有本领、有作为的人。我从小在苦水中泡大，经历了艰苦磨炼，养成了不怕苦、能吃苦的习惯，四十多年来每天坚持16小时的工作和学习。

(5) 全心全意为人民服务。这是我们党的宗旨，毛主席的教导。我一直牢记在心，并贯穿到工作、行动之中。退休后这九个字依然不能忘，于是我决定把做慈善作为我人生的第四个梦——"慈善家梦"。

教育影响要产生好效果必须是多方面、多维度的。学校要发挥主导作用，因人而异，因材施教。学生个人要发挥主体作用，要有主动性、自觉性、选择性。由于各人的价值观、人生观不同，对各种教育、各种影响的选择及接受度也不同。以上几方面之所以对我影响很大，产生了良好效果，主要有两个因素：一是有明确的理想信念，二是有主动接受教育的自觉性。

三、成功的因素和秘诀

有人问我：你有没有成功的秘诀？我仔细想了想，促成我成功的有以下一些因素。

第一，成功的三大法宝。

(1) 精神和信仰。要有明确的人生目标，即要明确：人活着为什么？人应该怎样活着？我的人生目标就是做一个有益于社会和人民的人。古人云："人若无志，与禽兽无异。"人活着要有目标、有追求。我从小学开始至今共有四个梦：读书梦、图强梦、教育家梦、慈善家梦。梦想就是理想和追求、动力和方向。在任何地方、任何时候都要有所作为。我的座右铭是"无为何入世,入世有所为","为官一任,造福一方"。不做碌碌无为、平庸无能的人,到哪里都要轰轰烈烈干一番事业。

1996年6月我到上师大后,与校领导班子一起抓教学改革、抓绿化建设、抓住房改革、抓奉贤校区开发,努力改善教职工待遇、工作环境和住房条件。在办学理念上我提出:"育人为中心、教学为主体、科研为先导。"在教学改革方面提出:"减少必修课、增加选修课、加强实践课、开设辅修课。"我给自己立下两个"军令状":三年不改善教职工住房条件、三年不建成上海市花园单位我辞职。针对学生中存在的"松、散、懒"现象,我提出加强素质教育,在学生中实施四制:"多张证书制、干部轮换制、半年实习制、综合测评制",提出"德、艺、语、技"特色目标,在全校开展文明修身活动,取得较好效果。

(2)勤奋和吃苦。"勤能补拙。"勤于学习、思考、工作,始终有目标、有计划。我坚信"天才靠百分之九十九的汗水和百分之一的灵感"。灵感人人都有,差距在汗水的多少和勤奋的程度。四十多年来我每天坚持16小时的工作、学习,如果没有勤奋和吃苦精神是做不到的。全家4口人没有一起看过电影、一起出去玩过。我大学读的是理工科专业,文科基础不好,但只要勤学苦练,便可"笨鸟先飞能入林"。

(3)抗干扰能力。一个人在前进过程中,会遇到各种各样的干扰。首先要克服懒惰、懦弱、自卑,要有明确的目标、坚强的意志,要挡得住诱惑,要有自律能力、自制能力、自强能力。要能正确对待误解、非议、诽谤、匿名信、诬告等干扰。要干事总会有不同意见,总会得罪人,因此要有大局意识,丢掉个人得失。我认为一个人在前行中的最大干扰是个人的名和利。只要把个人名利丢掉,全心全意为人民服务,就能奋勇前行。无私才能无畏。

第二,成功的三大优势。

(1)身体健康的优势。我从中学到大学坚持锻炼身体,长期以来养成了良好的生活习惯。我担任领导工作后,坚持上下班骑自行车(有人叫我"自行车校长"),我每天晚上看电视不坐着看,而是站着看,边看边锻炼身体。正因为身体好,所以能承受繁重的工作,坚持长时间地工作,取得一些成果。

(2)时间充裕的优势。我的时间理念是:时间就是生命、就是知识、就是财富。世界上最宝贵的、最有价值的东西是时间,世界上最聪明的人是最珍惜时间的人,世界上最有能力的人是最善于利用时间的人,浪费时间如同在自杀,浪费别人的时间如同谋财害命。时间是能增值的资本,投到不同的地方会产生不同的效应。世界上存在许多的不平等、不公平,唯有时间对每个人是最平等、最公平的。谁珍惜时间,时间就会给他带来回报;谁浪费时间,就会被时间抛弃。我是个惜时如命的人,注重有效地利用时间,时间给我带来了知识、财富、成果和健康。

(3) 心理素养的优势。为什么有的人老是这也不满意、那也不满意,经常怨天尤人,郁闷苦闷？我认为这与世界观有关。《矛盾论》中有句话我终生难忘:世界上一切事物都充满矛盾,每一件事自始至终都有矛盾。毛主席把世界、把事物看透了,矛盾是客观存在的,回避不了,到处有,事事有。毛主席又说,矛盾是可以转化的,因此不要遇到问题就惊慌失措、忧心忡忡,或怨声载道、满腹牢骚,而是要积极做好矛盾的转化工作,这样事物就发展前进了。我的心态一直比较淡定、平和。遇到任何艰难曲折,首先正视现实、冷静分析,然后寻找解决矛盾的办法,是《矛盾论》教育了我。

我规定自己生气不超过 3 分钟,生气解决不了任何问题。生气不如争气,要努力去化解矛盾、解决矛盾。我心理素质的优势还体现在有较强的自我控制能力、心理转换能力上,工作时认真工作,学习时认真学习,互不干扰。犹如电视机频道,白天五频道,晚上八频道,要转换快,清晰度高。

怎样提高心理素质？要从两方面努力,首先自己要坚定、坚强、坚毅,不怕苦、不怕累,要有责任心、进取心、自信心。对他人要多一点理解、宽容、包容,善于与人沟通、相处,团结人,有良好的人际关系。

从更高的境界看,要做到坚守信仰,铭记榜样,奉献理想,无欲则刚,就能提高心理素养。

坚守信仰,即为社会主义、共产主义事业而奋斗的信仰不动摇,坚信共产主义必然到来,尽管这是一个漫长的过程。要从自己做起,始终做一个有益于社会和人民的人,就是为推动社会主义、共产主义事业贡献一份力量。

铭记榜样,即向革命先烈、英雄模范人物学习,每当我想起这些革命先烈连生命都献出了,我还有什么好斤斤计较的,有什么舍不得的呢！革命先烈们在那样艰难困苦的环境下,为了我们的今天,不屈不挠,顽强拼搏,我们有他们那样艰难吗？"苦不苦,想想红军二万五;累不累,想想革命老一辈。"这样一想,就有了健康的心理素质。

奉献理想。我的远大的理想是实现社会主义、共产主义,近期理想是做一个有益于社会和人民的人。理想、目标一旦确定,就会为之而奋斗,就会努力学习、努力工作、无私奉献,就会不计较个人名利得失,有良好的心态和心理素质。

无欲则不苦,无欲则刚。一个人只要没有私心杂念,没有过高的名利欲望、享乐欲望,就会知足常乐,心情愉快,这叫"无欲则不苦"。一个人只要没有个人私心和欲望,一心为公,一心为民,工作上就敢想敢干,不怕得罪人,也不怕别人说三道四,做一个有作为、敢担当的人。坦然应对当官、当领导,这叫"无欲则刚"。我在位时的态度是:叫我当校长是对我的信任,我一定会努力工作,为官一任,造福一方。我不要学校住房、不要专车接送、不拿兼职费和加班费、不以权谋私,努力全心全意为师生员工谋利益。不让我做校长,是对我的照顾,不在其位,不谋其政,我没有压力了,无官一身轻,我可以选择做自己喜欢做的事,做力所能及的事。

保持良好的心理素养,我有"三个想一想"和"四个一点":

三个"想一想":一是想想苦难童年。我出生不久差一点丢掉生命,因家庭贫困父母亲要把我送掉,在旧社会可能早就离开人间。因此我非常珍惜今天的幸福生活,感谢党和新中国给了我第二次生命,再苦再累也不怕,即使累死、牺牲了,我已经活了几十年,划得来了。这样一想,一切都想开了。二是想想革命先辈。他们为了推翻三座大山,建立新中国,一不怕苦,二不怕死,献出了自己的青春或生命,我工作累一点、生活苦一点,算得了什么呢?我卖房捐助贫困学生又算得了什么呢?我们要继承革命先辈们的遗志,首先是学习他们无私奉献的精神。三是想想贫困群体。20世纪末我国有6亿贫困人口,前几年我到西部地区帮困助学时亲眼看到当地有些农民、学生生活在贫困之中,感触很深。我现在的生活条件不知比他们好多少倍,我不能在生活上再计较什么,而且我有责任、有义务帮助他们,把节省下来的钱帮助需要帮助的人。

四个"一点":把名利看淡一点,把金钱看轻一点,把人生看透一点,把事业看重一点。这样就会有良好的心态、健康的心理。

第三,我的"约法十章"。

我的"约法十章"是我的保护神。我清楚地知道,抓改革和发展是建立在利益再分配、权力再调整的基础上。当一部分人的利益或权力受到冲击和损害时,便会不满和反对,甚至抓住你的瑕疵和问题。因此必须严以律己，不为个人谋私利。为了保护自己，把改革发展顺利推进下去，我便有了保护自己的"约法十章"。

（1）不要学校住房。上师大教职工住房十分困难，我承诺三年内解决教职工住房困难，所以采取各种措施，包括购房、征地、建新房、旧房改造，取消福利分房等。为此我投入了大量精力，骑着自行车到处找房源、找关系。对此，大多数人是赞成和支持的，但有些享受福利分房的人，强烈反对房改，并怀疑我自己想捞房子。我早就声明，不要学校一平方米的房子。虽然我的住房也没有达标，但我通过贷款置换解决自己的住房。我不要学校的住房，我就可以理直气壮地做动拆迁工作，进行住房改革，所以三年内解决了4.7万平方米的住房，1400户教职工搬进新房。如果我拿了房子，必然会遭到非议，房改就很难成功。

（2）不要专车接送。长期以来，我对校级领导、局级领导用专车接送很不赞成，我认为当领导不应享受乘专车的特权。我当高教局副局长的时候，上下班骑自行车；到上师大以后，我坚持上下班骑自行车，既能锻炼身体，又为国家节省汽油。有人说，校长骑自行车影响了学校形象，也有人说我骑自行车是作秀，我一笑了之。我也不怕别人说三道四，骑自己的车，让他人说去吧。

（3）不公车私用。学校的公车不应该成为校领导私人的财产。公车是公有财产，即使校领导可以用公车，如出去开会等，但也不应该用公车顺便办自己的私事。我在上师大当校长时，我70岁的姐姐从南京来看望我，我让他们下火车后乘地铁到南站下，我说我会去接他们的，我就骑着自行车到上海南站去接他们，行李放在车后，推着回家。我姐姐以为我会用小轿车去接他们，看到我骑自行车而来，夸奖我做得好。我妻子生病期间包括临终时，都没有用过学校的车子。公车应该是办公事用，而不应该用于个人办私事。

（4）不拿兼职费、加班费。我在担任中美合作项目时，任董事长，前两年美方每年给我1万元津贴，我全部如数交给校财务处了。后来我又担任厚德教育投资有限公司的董事长，我从来没有拿过一分钱，也没有报销过一分钱，并拒绝了他们为我配专车的主张。我还兼做学校学报的主编，从未拿过兼职费和加班费。教职工拿加班费是应该的，但我认为校长不应该拿加班费，一是校长的工资待遇相对比较高，多得应该多劳，加班是校长的责任；二是我平时回家比较晚，双休日也在学校，大部分时间是办公事，也有一部分时间用于自己的学习、写作、带研究生,分不清为公还是为私,不应该拿加班费。

(5) 不参加旅游性会议。全国性的各类高校联席会、协作会很多,轮流召开,当然对交流经验、互相学习有一定的作用,但往往是以开会为名,行旅游观光之实,我一律婉言拒绝参加这类会议。既为学校节省经费,又为自己节省了大量时间。

(6) 不到疗养院休养。按规定,局级干部每年可以参加一次疗休养,我认为对那些身体不好、年岁较大的领导干部来说是必要的,而我的身体比较好,没有必要参加这类疗休养,所以我一般都找借口不参加。主要原因是舍不得花时间、花公款。

(7) 出差不乘软卧。按规定,资历比较老的教授和局级干部出差可以乘软卧,我两方面都够资格乘软卧,但我规定自己出差不乘软卧,就乘硬卧。因为我身体很好,适应能力强,没有必要乘软卧。能为国家节省一点差旅费,我感到很愉快;再说软卧车厢的空气还没有硬卧车厢的好,对自己的身体也有好处。

(8) 不到外宾楼吃饭。学校外宾楼就在办公楼的旁边,里面的客饭经济实惠、卫生方便,校领导和一般干部、教职工都可以去吃,没有限制,但我从来不独自一人去外宾楼吃饭。我规定自己不去外宾楼吃饭,一方面怕他们给予校长特殊照顾;二是迫使自己必须到学生食堂吃饭,这样既可以了解学生和职工食堂的饭菜质量如何,又可以在与学生一起吃饭中了解许多现实情况。

(9) 不要他人代写文稿。我在教育行政部门工作12年,在五所高校工作过,担任了16年大学校长,凡是我的发言稿、讲话稿、报告稿,都由我自己撰写,不要他人代写,包括重大的开学典礼、学校的大型活动、教育质量评估等的发言稿,都是我自己写的。为什么不让他人代写?一是可以促进自己去认真学习、思考,确保质量;二是减轻工作人员负担。我之所以能够发表500多篇文章、出版40多部书,校外讲学两千多场,与平时学习、积累、写作有密切关系。

(10) 不为家人、亲友谋私利。我的当官之道,是为官一任、服务一方,当校长、当领导是一种责任,要对学校的发展和质量负责,要对全校师生员工负责,而决不能利用职权为个人和亲属谋取私利。有权不用,过期作废,是指在当校长期间要为学校发展、为师生员工发展谋福利用好权。我从来没有为子女读书、工作通过路子、走过后门,我有几次生病住院,妻子生病住院,从来没有托过任何人、找过任何领导,而是按正常程序办理住院手续,住院后也不托人打招呼。医生很感动。当校长时经常有各种途径要求我帮他们办事,如介绍建筑工程队、装潢队,我一律交给基建处、房产处,让其参加公开招标,平等对待;对招生中打招呼的人,上面委托需要特殊照顾的考生,一律交招生办集体讨论。

四、我为什么做慈善?

这是大家非常关心的事情,下面简要汇报一下。

2010年,我70岁了,不知不觉进入古稀之年,我开始思考:下半辈子如何生活?反复考虑后,我认为共产党员"全心全意为人民服务"的宗旨不能丢。我盘点了自己的精神财产和物质财产,精神财产有:40多部书,400多篇文章,其中选了193篇自费出了三卷本《杨德广教育文选》,150万字左右,还出版了一本《我的教育人生——从农民儿子到大学校长》。我的物质财产:积余的书稿费、讲课费有100万元,加上卖掉一套房子200万元,共300万元,捐赠我就读过的三所母校:小学、中学、大学,设立"杨德广帮困助学金"和"奖学金",每年可资助250名学生。

我的这一举措在社会上引起热烈反响,大多数是支持的、点赞的。也有人不理解,问了许多为什么。

第一,为什么不把钱留给子女?为什么自己不吃得好一点、住得好一点?

我的人生价值是能为社会、为人民做点有益的事,是最大的价值。金钱的价值是什么?放在银行里、用来吃喝玩乐没有价值,留给子女价值不大,他们有稳定的工作和生活,钱给他们是锦上添花,而捐赠给贫困学生,需要帮助的人,帮助他们克服困难,能够安心学习、生活、工作,这是雪中送炭,使剩余的钱发挥了最大的价值和效益。我把多余的钱用来做公益慈善事业,对我来说,是一种生活方式,是我晚年生活的重要组成部分,使我晚年生活内容更充实、更精彩、更有意义。对子女来说,这是我的一种教育方式,希望我的子女继承我的精神财产,而不是物质财产;希望他们通过自身劳动改善生活,而不是依赖家长;希望他们像我一样从事力所能及的公益慈善活动。事实上我的女儿和儿子已加入我的阳光慈善行列。连外孙女、孙子也加入了,每年拿出一些压岁钱捐给阳光慈善帮困助学。

第二,有人问我做慈善是不是学外国的。

我说不对,我是传承中华民族优秀文化传统,继承革命先辈们的遗志。中华民族传统文化中,包括儒家文化、佛教文化都倡导乐施好善、助人为乐。我受家庭影响很大,父母亲一直信佛从善,这些因素都促使我要做慈善公益事业。把先辈们"先天下之忧而忧,后天下之乐而乐"的精神落实到实际行动中去。

第三,以前我也是贫困生,不能忘本。

不能忘掉现在还有许多需要帮助的人。帮助他们,让他们不仅有物质动力,还有精神动力,使他们感受到社会的温暖,增添他们克服困难的力量和信心,还可以起到爱心传递效应,推动社会和谐发展。

第四,活明白了。

我明白多余的钱是哪里来的。人是社会的人,离开社会什么也没有。没有工人我就没有房子住、衣服穿,没有农民我就没有粮食吃、蔬菜吃,没有环卫工人就没整洁卫生的环境,没有教师我就没有知识,没有学生我就不能当教师。1960年8月我来上海读大学时身上只装了3元钱,背了一个旧麻袋,后来有了300万元,哪里来的? 是社会的、人民的。我明白多余的钱应该还给社会,回报社会。

有人问:这样做给你带来什么好处? 我说慈善是不图回报的无私奉献,我从未考虑过对自己有什么好处。如果一定要说有什么好处,有三点:

一是承诺和践行了共产党员的宗旨——全心全意为人民服务。我没有说假话,我努力去做了。

二是给我带来了快乐和幸福。做慈善帮助了需要帮助的人,不仅在物质上而且在精神上产生了积极效果。我看到了奉献后的成果,非常开心、快乐。

三是给我带来身体健康。人有了慈悲之心,就变得宽容,多做慈善,心情愉快;从善怡心,善者心怡;心宽一寸,病退万丈;心宽体胖,心胸坦荡;心花怒放,心情舒畅,心里美滋滋的、乐滋滋的,驱散了忧愁和烦恼。慈善者心里充满了阳光,乐观向上,富有朝气。好心有好报,好人有好报,不是指物质的回报,也不是来世上天堂到极乐世界的回报,而是得到好心情、好身体的回报。慈善是对健康的最好投资。

综上所说,我之所以要做慈善,之所以能做慈善,都是教育的结果。教育使我有了正确的人生观、价值观,教育给了我知识、能力和实力。教育改变了我的人生。

不忘初心，牢记使命
——全心全意为人民服务

此文根据我近几年上党课的内容整理而成。主题是作为一名共产党员必须"不忘初心，牢记使命"，即"全心全意为人民服务"，这也是做一名合格的共产党员的基本要求。我入党60年来，始终牢记这九个大字，践行"全心全意为人民服务"。做一名合格的共产党员，一要有全心全意为人民服务的觉悟和责任，二要有全心全意为人民服务的本领，三要有全心全意为人民服务的担当。

中国共产党成立至今，将近100年了，新中国的成立也已经70年了。70年来，我们国家在党的领导下，取得了辉煌成绩，使具有五千多年文明历史的中国面貌焕然一新，中华民族伟大复兴展现出光明的前景。中国共产党建立90多年来，使中国人民从站起来、到富起来、再到强起来。党的十八大以来，我国进入了习近平中国特色社会主义新时代。经历了从毛泽东时代、到邓小平时代、再到习近平时代。我用中华百字赋简要叙述五千年变迁：

三皇五帝尧舜禹，夏商两周列国起。

秦统汉兴三国争，晋后南北隋唐继。

五代十国闹分裂，一统归宋元明清。

鸦片战争国门破，清府无能丧主权。

百次揭竿睡狮醒，辛亥清亡共和立。

军阀混战无宁日，幸有中共举红旗。

神州迎来东方红，中国人民站立起。

改革开放富强路，百年复兴定可期。

五千年来,中华民族有过兴旺辉煌,有过坎坷曲折,鸦片战争后沦为半封建半殖民地,被震醒的中国人民百余次起义均遭失败,辛亥革命虽然推翻了清王朝,但没有赶走帝国主义。民国时期,军阀割据,战乱不止,民不聊生。唯有在中国共产党领导下,经过艰苦卓绝的斗争,终于推翻了"三座大山",建立了新中国,让中国人民站起来了。改革开放以后,中国人民走上致富之路。进入新时代以来,中国人民走上强国之路,全国人民为实现百年复兴梦、建设社会主义强国而奋发努力。

由于国内外形势复杂,尤其是美国等西方国家的敌对势力用种种手段遏制中国、打压中国,我们国家既面临重大发展机遇、又面临严峻挑战,处在重要的转折阶段。这一转折是非常艰难的、曲折的,目前遇到了不少的问题,包括经济上的、教育上的、文化上的、民生上的一些问题,所以特别要加强党的领导、加强治国理政。从现状来说,遇到的最大障碍和问题还是来自党内。邓小平说过,中国如果出问题就出在党内。习近平总书记和党中央针对党内现状,一针见血地指出,目前我们党员干部、公务员中存在着四个危险:"精神懈怠的危险、能力不足的危险、脱离群众的危险、消极腐败的危险。"作为一个执政党的最高领导人,敢于揭露我们党内存在的严重问题,说明我们党能正视现实,实事求是,说明党有勇气纠正这些问题,特别是精神懈怠与消极腐败的问题。

有人怀疑,现在之所以有那么多的腐败干部,那么多严重的问题,认为是党的领导有问题,社会制度、体制有问题。尤其是国内外敌对势力,千方百计地抹黑我们党、抹黑我们社会主义制度,这是别有用心的,我们要头脑清醒,坚决抵制,戳穿他们的阴谋伎俩。我认为,这些问题的出现,是我们国家在发展过程中出现的问题,是我们党自己发现并下决心要纠正的问题。其根本的原因不是党的领导有问题,也不是我们社会主义制度有问题,而是党建工作不力、思想教育缺失,导致一些党员、干部忘记了我们党的初心和使命,理想与信仰不坚定甚至丧失了。现在很重要的问题就是加强党的建设,加强教育工作,要使广大党员、干部找回失去的理想和信仰,所以党中央与习近平总书记强调要"不忘初心、牢记使命"。在全党开展"不忘初心、牢记使命"的教育活动,非常必要,非常及时。从党的组织到每一个人,都应当认真地思考和回顾一下我们入党的初心是什么,我们的使命是什么。

70年来,我们党交出了一份出色的答卷。从70年的巨变就可以说明这个问题。特别是党的十八大以后,我们国家在各方面都发生了巨大的变化。在以习近平同志为核心的党中央的领导下,我们的党、我们的国家奋勇向前,取得了很大的成就,有目共睹,举世瞩目。各级党组织、包括我们每一个党员,也应该交出一份答卷,不仅要回顾我们入党的初心和使命是什么,而且要总结做得怎么样,有没有在理想、信仰上迷茫和缺失。只有树立远大理想、坚定理想信仰,才能坚定不移地履行党员的职责。

我回顾一下我入党的初心和使命,是很清楚的:是雨花台的枪声把我从黑暗中惊醒,是《共产党宣言》使我从朦胧中觉醒。我出生在江苏农村一户贫苦农民的家庭,我的家离南京市区只有30多里,离雨花台只有20多里。在我七八岁的时候,经常听父辈们悄悄地说,今天路过雨花台时,又有一个"四老板"(就是新四军)、八路军被枪决了。枪决前,他们还高喊口号。我非常好奇:他们是些什么人呢,临刑时还高呼口号?直到新中国成立以后,我才知道他们是坚贞不屈的共产党员,为中国人民的解放事业英勇牺牲了,在就义前还高呼"中国共产党万岁""新中国万岁"。所以我的家乡解放以后,我是发自内心唱着"东方红,太阳升",唱着"没有共产党就没有新中国"。正是无数革命先烈的流血牺牲换来了新中国的建立,推翻了"三座大山"。因此,我读小学的时候,幼小的心灵就充满了对共产党无比深厚的感情,对共产党员无比崇高的敬仰。

在旧中国,我们全家过着饥寒交迫的生活,父母亲对我们说的最多的一句话就是"命不好",我也不懂什么是"命不好"。读了中学以后,我才知道不是命不好,而是社会制度不好,是"三座大山"的压迫。我在高中一年级时偶然在书店看到一本书——《共产党宣言》,书中第一句话就深深吸引了我:"一个幽灵——共产主义的幽灵,在欧洲游荡……"我爱不释手。这本书深深教育了我。它揭示了历史的真相,指出至今一切历史都是阶级斗争的历史,使我知道了解放前受剥削、受压迫的根本原因在哪里,懂得了资本主义的私有制和剥削制度是劳苦大众苦难的根源。《共产党宣言》号召全世界无产者联合起来,解放劳苦大众,共产党人的目的就是要解放全人类。所以,当时建立共产党的目的、初心,就是要解放劳苦大众,推翻旧世界。后来,我又阅读了毛主席的《中国革命和中国共产党》,读了胡绳的《社会发展简史》,坚定了社会主义和共产主义信念,认识到共产党是无产阶级政党,是全心全意为劳苦大众谋解放、为人民谋利益的最先进、最无私的政党,共产党的目的就是解放劳苦大众、推翻剥削制度。我觉悟了,我从朦胧中看到了阳光,看到了希望,我决心加入中国共产党。高中一年级时我递交了入党申请书,决心以革命先辈为榜样。在马克思主义以及毛泽东思想的指导下,立志把自己的一生献给伟大的社会主义、共产主义事业,为劳苦大众的解放而奋斗。这是我的入党初衷。

要实现自己的崇高理想,首先要做一名合格的共产党员,即全心全意为人民服务的共产党员。怎样做到全心全意为人民服务,成为一名合格的共产党员?我认为应从以下三方面努力:

第一,要有全心全意为人民服务的觉悟和责任。

作为一名党员,要有为人民服务的强烈意识,即首先明确共产党就是为人民谋利益、为中国人民谋幸福、为中华民族谋复兴的政党。但一代人有一代人的历史使命。三四十年代的共产党人,就是为了推翻"三座大山",解放全中国;五六十年代的共产党人,就是为了改变我们国家"一穷二白"的面貌。进入新的历史时期,我们党的使命就是为人民谋幸福,把我们国家建设强大,使人民过上美好的生活。作为一名共产党员,为人民服务就是让人民群众过上美好的生活,要树立全心全意为人民服务的意识和觉悟。我是五六十年代的年轻人,当时我们在学校受教育最多的是八个字:"一穷二白","奋发图强"。当时是"票证"时代,买粮食要粮票,买肉要肉票,买布要布票,买肥皂、火柴也要凭票,国家很贫穷。资本主义国家对我国实行残酷的打压和封锁。那时候的中国在联合国还没有地位,外国的飞机经常侵犯我们的领空。在学校党团组织及老师的教育下,我有一种很强烈的爱国主义情怀,很高的觉悟——学好知识,练好本领,奋发图强,要改变我们国家"一穷二白"的面貌。有了觉悟,学习目标就很明确。中国的领土怎么能让外国的飞机横行呢?激起了我学知识、练本领的决心。现在不少年轻人动力不足,包括一些党员,精神懈怠,没有很好地认识到我们目前所处的形势。我们要意识到国家面临的严峻形势。比如说,我国现在虽然是世界第二大经济体,但是人均GDP在全世界的排名还是比较落后的,特别是在科学技术方面,与发达国家相差甚远。从科学技术的实力来说,如果美国是100分,日本是72分,德国是54分,俄罗斯是25分,我们只有20分。我们应该看到这种现实,要奋发努力。但是现在的年轻人呢,缺少这种觉悟和觉醒。从我们国家的劳动生产率来说,也很弱。我们矿藏利用率只有30%,而美国达到80%。我们要看到我国与其他国家的差距,要觉悟,要觉醒,要奋发努力。落后的原因是科学技术落后、人才缺乏,出路在于科教兴国、人才强国。因此我们要办好大学、培养好人才,这就是我们的使命和责任。再从我们国家的资源来说,与国外相比差距也很大,我国的耕地、淡水、森林拥有量只相当于世界平均水平的一半,这说明我国资源是严重缺乏的。我国每年耕地锐减,水土流失,水污染严重,这都是我们面临的问题,出路在于科教兴国、人才强国。我们要觉悟和觉醒,把我们国家建设好,让人民过上幸福美好的生活。这就是我们的初心和使命。

另外,我国在意识形态领域也面临严重形势。就国内来看,党面临四大危险:精神懈怠、能力不足、脱离群众、消极腐败。在这种情况下,每一个党员干部、青年学生都应该自觉担当起我们的使命,排除这四大危险。从国际上来说,以美国为首的一些敌对势力一直在竭力遏制中国、打压中国,美国挑起的中美贸易战,制造文明冲突论、冷战论,搞意识形态斗争,打文化战,我们都要高度警惕。我认为,全心全意为人民服务,作为一个党员来说,就是要认清面临的形势,自觉地担当起历史的责任、时代的使命。我认为必须在大学生里面培养一批青年马克思主义者,坚定理想与信仰,把中国特色社会主义建设进行到底。所以,我到上师大当校长以后,主动地提出要给学生上党课,用我的亲身经历、新旧社会的对比,跟同学们探讨怎么树立远大的理想,坚定理想与信念。这二十多年以来,从来没有间断过给青年学生上党课,也收到了比较好的效果。别人说上党课是党委书记的事情,校长怎么去上党课了。我认为,这是我作为一名党员的责任和义务,为培养更多的青年学生成为坚定的马克思主义者贡献一份力量。

第二,要有全心全意为人民服务的本领。

有理想、有信仰、有为人民服务的觉悟,这是前提,但光有理想、觉悟是不够的,还应该有为人民服务的本领,才能实现理想目标。司马光说过:"才者,德之资也;德者,才之帅也。"有才能才有为人民服务的资本和工具;没有才能,德再高,也没什么用处。

那么一个人的本领应该体现在哪些方面呢?应该体现在德、才、能、体等各个方面。首先是德,要有理想、信仰。我的座右铭是"无为何入世,入世有所为"。作为一个党员更应该如此,没有作为来到世界上做什么,加入共产党做什么?来到这个世界上就应该有所作为,对社会有所贡献;你加入了党组织,就应该为党的事业作出自己的贡献。要努力把自己培养成有知识、有文化、身体强壮、心理健康的人。一个人没有好的身体,就难以为人民服务。我的身体本来很差,因为出生在贫苦农民家庭,出生后没有喝过奶水,过着吃不饱、穿不暖的生活,小学毕业进中学报到的时候,因为人很瘦小,被门卫挡在校门外。进了中学以后,体育老师的一句话,"你们要健康地为祖国工作50年,要坚持锻炼身体",使我恍然大悟,锻炼身体有那么大的好处,能够健康地工作50年。我本来以为自己只能活到50多岁,因为我母亲43岁就去世了。今天老师说锻炼身体能健康地工作50年,意味着我能活到70岁,非常兴奋,当天下午,我就开始锻炼身体。从此规定自己每天两次长跑,早上起床后一次,下午一次。只有把身体锻炼好了,将来才可能为人民、为社会服务。后来证明身体好非常重要。我现在80岁了,还在工作,还能给研究生上课,说明有好的身体,才能为社会、为党的事业作出贡献。我体会到,身体好是为人民服务的最基本的本领。我记得在中学和大学读书的时候,为了锻炼身体,经常赤着脚在操场上跑步,因为那时候买不起鞋,不管天气多冷,天气多热,每天两次不间断地长跑,坚持了11年。有了强健的身体,因此能担当起繁重的管理工作及教学科研任务。我体会到在学生时代坚持体育锻炼非常重要。工作以后,我也很注意锻炼身体。

我上下班都骑自行车,包括我当了高教局的副局长、大学校长,仍然以骑自行车为主。另外我还有一个锻炼身体的方法,就是每天晚上看电视时,不坐着看,而是站着看,一边站着看电视,一边锻炼身体、活动筋骨。要有好的身体,我认为还要有良好的生活习惯。几十年以来,我坚持不喝酒、不抽烟。"文化大革命"期间我下放到东北劳动,在延边和朝鲜族的农民在一起,他们抽烟、喝酒很厉害,也曾经劝我抽烟、喝酒,我婉言谢绝了。他们开玩笑地说我不是男子汉,我说我不要做这样的男子汉。另外在生活中注意磨炼自己,也有助于身体健康。我在中学、大学读书的时候,一年四季都是用冷水洗脸、冷水洗澡。特别是在南京读中学时,冬天天气很冷,每年大雪纷飞,自来水管被冻结了,没有水洗脸,又买不起热水,我们几个农村来的同学只好用雪洗脸,用雪含在嘴里漱口。这对磨炼自己的意志起了很大的作用。

有本领还包括要有知识、有文化。工作后我主要从事教育管理工作、教学科研工作,与文科打交道比较多。但我在大学学的是理工科,文科方面的基础主要还是靠中学、大学读书的时候打下的。在读书阶段多读书、多吸取知识,工作以后就能显现其作用。书本是人类进步的阶梯,是人体的血液和营养液。我可以举出许多本书的知识对我的教育和影响,对提升自己、增强本领的重要作用。我看的第一本课外书是《钢铁是怎样炼成的》,这是苏联的一本小说,书中的主人翁保尔·柯察金,给我印象很深,教育很大,可以说是改变了我的命运。保尔·柯察金是苏联年轻的共产党员、革命战士。他在零下二三十度的寒冷天气里,穿着破皮靴,每天坚持修公路、修铁路,是位有坚强意志、顽强毅力的钢铁战士。我在初中一年级时,已经决定每天早上起床后要去操场长跑,锻炼身体,但由于冬天天气很冷,有时赖床不想起来,怎么起来的呢?我想到保尔·柯察金在那样严寒恶劣的环境下都不怕,我有什么害怕的,就立即起床了。所以,我要说,促使我每天早晨坚持长跑锻炼11年,要感谢保尔·柯察金。

还有一本书《毛泽东青少年时代的故事》,这本书对我触动很大。毛泽东青少年时代就指点江山、激扬文字,有远大的志向,他提出要"野蛮体魄",把身体锻炼结实,将来才能够为革命作出贡献。毛泽东一年四季用冷水在井边冲凉;经常爬山、涉水,在江河大海游泳,在城墙下看书,磨炼自己的意志。我在初中读书的时候也是"野蛮体魄"。经常冲到暴风雨里去锻炼自己,在雨中高喊:让暴风雨来得更猛烈点吧。毛泽东的雄才大略、多才多艺,一生献给革命,全家六位亲人都为中国革命牺牲了,给我教育很大,激励我奋勇前进。胡绳的《社会发展简史》对我教育很大。之前我看了《共产党宣言》,使我确定了为社会主义、共产主义奋斗的理想。高一时又学了这本《社会发展简史》,我从理论上更坚定了自己的理想和人生观、价值观,进一步认识到人类社会发展的规律,必然是从原始社会向奴隶社会发展,再到封建社会、资本主义社会,最后向社会主义、共产主义社会发展。几十年来我坚信社会主义、共产主义信念,包括"文革"期间下放东北劳动,都没有动摇过。坚定的理想信念得益于教育,所以要多学习、多读书。

还有毛主席的"两论"(《矛盾论》《实践论》)、"老三篇"(《为人民服务》《纪念白求恩》《愚公移山》),这几篇文章对我终身受用。毛主席在《矛盾论》里讲过这样一句:"世界上任何事情都充满了矛盾,每一件事情自始至终都有矛盾。"我认为这就把世界看透了,对我世界观的形成起了很大作用。这说明世界都是充满矛盾的,不要认为这里不好、那里好,不会的,到处都有矛盾。我之所以一直比较淡定,比较冷静,不太烦躁,《矛盾论》对我影响很大。

毛主席还说："矛盾是可以转化的。"我们要创造转化矛盾的条件，不要遇到矛盾就悲观失望，坏事可以转化为好事。外因是条件，内因是根据，外因通过内因起作用。所以关键是提高自身的素质，就能够化解矛盾，克服困难。毛主席在《为人民服务》《纪念白求恩》里，提出要"完全彻底为人民服务""全心全意为人民服务"，要"毫不利己，专门利人"，这是我们党的宗旨，是共产党员必备的品质。前几年，有些所谓的"专家"胡说八道，说是没有"完全彻底、全心全意"为人民服务，这完全背离了我们党的宗旨。共产党员就应该"完全彻底、全心全意"为人民服务。有没有这样的共产党员？有！大有人在。无数革命先烈为了中国革命牺牲了自己宝贵的生命，这不是完全彻底、全心全意吗？我下放到东北劳动的时候，两次冲进火海去救火，当时没想到其他，就想救火，而且爬到正在燃烧的梁柱子上面，一旦倒下来，可能生命就没有了，当时也没有考虑这些。包括很多农民、年轻人都冲进火海去救火。有一次我看到报道，一个救生员到海里去救溺水的人，他下海后马上把氧气瓶给了溺水的人。他懂得科学，知道氧气瓶的重要性，但他把生的希望留给别人，把死的危险留给自己，这不是完全彻底吗？我有一个四川籍的学生在课堂讨论时说，四川地震的时候，他们的校长用肩膀顶住摇摇欲坠的门梁柱，叫教师和学生先撤离出去，他最后一个才离开，这不是完全彻底吗？"老三篇"对我的教育很大，共产党员就是要树立完全彻底为人民服务的精神并落实到实际行动中。

  1996年我到上师大后，发现学校教师住房很困难，不少青年教师结婚后没有房子住；学校环境很差，像"破落地主"一样。我想到了毛主席"全心全意为人民服务"的教导，作为一名党员、校长要用实际行动，帮助教师解决住房困难，要改变学校的面貌，为教职工创造一个良好的工作环境、生活环境。我经过两个月的调查，8月份在全校中层干部会议上宣布，保证三年内解决全校教职工住房困难，不解决我辞职；保证三年内把环境像"破落地主"的上师大建成花园单位，不成功我辞职。经过三年的奋斗，终于解决了教师住房困难，一千多户教职工搬进了新房。学校的面貌也焕然一新，建成了上海市花园单位、全国绿化四百佳。我在工作中做到全心全意为人民服务，而不是半心半意，也不是三心二意，是刘少奇的《论共产党员的修养》这本书教育了我。在工作中会遇到各种不同的意见，甚至受到别人的诘难和误解。比如我搞住房改革时，有人说我自己想捞房子；为了解决学校的环境，发动大家捐款和义务劳动时,有人说我在捞好处,为自己树碑立传。有好心人劝我不要搞了,在这种情况下怎么对待?我想到了刘少奇教导的,一个共产党员要全心全意为人民服务,就要顾全大局,有时要"委曲求全、忍辱负重"。尽管有很多非议,甚至写匿名信诬告,但我坚持住了。这跟我喜爱读书是分不开的,怎样才能有为人民服务的本领?要读书,要加强学习。

另外,要有榜样,榜样的力量是无穷的。每个人心中都有崇拜的偶像,学习的榜样。在我一生成长过程中,有很多榜样。要有为人民服务的知识、能力和本领,榜样的力量不可缺少。革命领袖毛泽东、马克思、恩格斯、列宁、邓小平、胡耀邦、习近平都是我的榜样,胡耀邦可能大家不太熟悉,他做过团中央书记、党的总书记,他两袖清风、一身正气,真理标准的讨论,冤假错案平反他立下了很大的功劳。过去我们接受过很多关于革命先烈榜样的教育,我也很喜欢看革命先烈的故事,如杨靖宇、夏明翰、方志敏、王若飞、刘胡兰、董存瑞、罗炳辉、黄继光、邱少云、罗盛教等,每一个革命先烈都是我的榜样,他们都有可歌可泣的故事,他们为了中国革命,一不怕苦,二不怕死,献出了宝贵的生命,一想到他们,还有什么困难不可以克服的呢?一切艰难困苦迎刃而解。我在青年时代就立志成为像这些革命先烈一样的英雄人物。我曾经彷徨过、后悔过、懊丧过,后悔自己晚生二十年,如果自己早生二十年,也能成为夏明翰、黄继光这样的英雄。后来是什么改变了我的人生观、价值观呢?是当代英雄模范。我明白了新时期的英雄模范不再是董存瑞、黄继光式的人物了。时代变了,要与时俱进。新时代英雄模范人物是时传祥,一名掏粪工人,受到刘少奇主席接见;是王铁人,宁愿少活二十年,也要拿下大油田……特别是雷锋,雷锋改变了我的人生观、价值观。当时开展了学雷锋活动,做好人好事,做好人好事不留名。1963年学雷锋时我是大学三年级学生,我们的口号是"学雷锋,做好事,见行动"。如星期天天气好,我就把同寝室同学的被子拿出去晒,下午5点钟收回来;他们热水瓶里的水没有了,我帮他们把热水打满,晚上他们就可以用了;宿舍不干净、不整洁,我就主动整理打扫。华东师大当时吃饭不要钱,每个月发34斤饭票。坦率地说,也是吃不饱的,因为运动量大,油水少,但是为了学雷锋我每个月拿出两三斤饭票支援身体比我结实的、年龄比我大的男同学。为了不留名,有时候把饭票放在他们的枕头下,他们也知道这是学雷锋的人做的,当时也有很多学雷锋做好事不留名的。以后我不仅不再懊丧,而且养成了做好人好事的习惯。是雷锋改变了我的人生观、价值观。

我工作后家住在常熟路,到华东师大上班骑自行车需要二十几分钟,每次要经过中山北路桥,桥下有不少工人拉着板车,很吃力地上桥,后来我经常提前10分钟上班,到桥上观察哪一位工人师傅年龄大,我就帮他推车,一直推到桥顶上。工人知道有人帮他推车,上桥后拿出毛巾,微笑地向我挥挥手,大家都很高兴。有一次华东师大领导在会议上表扬了我,说看到杨德广在桥上帮人推车子,我第一次受到表扬。但我想这不是我第一次推车,领导没看到罢了。

科学家的榜样,特别是爱因斯坦,是位伟大的爱国主义者,伟大的科学家,遇到过很多曲折、艰难,但他对科学不屈不挠的执着精神,终于使他成为20世纪最伟大的科学家,这对我的学习是很大的激励。中国科学家包括华罗庚、钱学森、两弹一星专家等,还有钱伟长、杨振宁,都是我学习的榜样。钱伟长是一位杰出的科学家、教育家、社会活动家,时任上海大学校长,我是常务副校长,他不仅有高深学问,而且有高度的责任感、事业心。钱伟长每次请杨振宁吃饭,是我陪同的。杨振宁不仅是伟大的科学家,而且是伟大的爱国主义者。90年代初,国外敌对势力对我国很不友好,杨振宁挺身而出,对中国很友好,帮中国说话,宣传中国的发展,积极引进国外先进科学技术,给我印象很深。慈善家中的榜样也很多。抗日战争时期,慈善家陈嘉庚穿着破皮鞋、提着破皮箱,却拿出巨资来支援抗日战争。解放以后,又拿出巨资支援厦门大学和集美学校,为我国教育事业、社会主义建设做了很大的贡献。还有比尔·盖茨、陈光标、白芳礼等慈善家无私奉献的精神都非常了不起,对我做慈善很有启发作用和激励作用。所以我认为一个人要有本领,要坚持读书,要有榜样。榜样的影响力是巨大的。

还有名人名言的影响。用名人名言来激励自己,来提升自己。我脑子里有很多名言、格言。比如,"大肚能容容天下难容之事,笑口常开笑世上可笑之人","退一步海阔天空","小不忍则乱大谋","笨鸟先飞早入林"等,这些都对我起了很大的激励作用。

这里我介绍对我影响最大的五句话:

第一句话:"要争气,要有本事。"这句话跟随了我一辈子,是我母亲临终前跟我讲的。因为我们家长期受富人欺负和剥削压迫,母亲希望我争气,有本事,来改变农村生活的处境。那时我才八九岁,幼小的心灵就有了明确的目标,要到大城市去读书。我的第一个梦即"读书梦"形成了,只有去读书才会有本事。但小学毕业后第一年没有考取初中,复习一年后考取了南京市九中,六年后又考取了大学(华东师范大学)。读了中学后,我懂得了"要争气,要有本事",不仅仅是为家庭、为自己,而且要为改变我们国家"一穷二白"的面貌,为我们的国家争气,有本事,学习动力更足了。这句话不仅对激励我读书起了很大作用,而且在我以后工作中遇到曲折、困难时,给了我很大的勇气和激励。

第二句话:"你们要健康地为祖国工作50年,必须坚持锻炼身体。"这是刚进中学时体育老师说的一句话,听了后很震撼。由于我从小营养不良,身体很差,就是这句话,激励我每天坚持锻炼身体,无论是烈日炎炎的夏天,还是天寒地冻的冬天,没有间断过。因买不起鞋子,我经常赤着脚在操场上跑步。尽管艰苦,但身体锻炼好了。

第三句话:"人的一生应该怎样度过呢?当他回首往事时,不会因碌碌无为而后悔,不因虚度年华而羞耻。"这是《钢铁是怎样炼成的》这本书中的一句话,深深地教育了我。我想我老了后会不会懊丧和羞愧,我有没有浪费时间?可不能浪费时间啊!所以从初中一年级开始,我就很珍惜时间。把时间当作生命,时间就是知识,时间就是财富。

第四句话:"天才是99%的汗水加1%的灵感。"很多人都认为我很聪明,其实不是,我是"笨鸟先飞"。我的理论基础并不好,主要靠勤奋、吃苦精神,靠99%的汗水。我在工作、学习中取得了一些成绩,这与我吃苦精神——不怕苦、不怕累密不可分。在有些人看来很累很苦的事,我不感到累和苦,这与我从小在苦水中泡大、在苦难中成长、艰苦的磨炼有关。能吃苦是成功的必备品质。我每天工作、学习16小时,感到很充实、很愉快,不感到累和苦。

第五句话:"全心全意为人民服务。"我高中时入党,我们党的宗旨就是"全心全意为人民服务"。几十年来,我从未忘记,而且努力落实到行动中去。我在位时,努力践行了全心全意为人民服务。退位了,退休了,这九个字仍然不能丢,于是决定做慈善,坚守全心全意为人们服务的宗旨和初心。

第三,要有全心全意为人民服务的担当。

作为一名合格的共产党员,最基本的就是牢记九个字——全心全意为人民服务。这不是放在口头上、写在纸头上,而是要落实到行动上。怎么样才能全心全意为人民服务?那就是要敢于担当。

我认为首先是要从小事做起，从身边做起。作为一名共产党员，处处应该起共产党员的模范作用。长期以来我和邻居的关系都处理得很好。为什么？我认为自己既是个邻居，又是个党员，要为邻居、周围的人多做一点好事和实事。七八十年代，我住在兴国路一座四层楼的公寓房子里，那时没有物业管理及清洁工，四层楼的公寓内有公用的楼梯和三扇比较大的玻璃窗。我记得每年都是我和爱人两个人去打扫卫生。周围邻居有的年龄比较大，有的身体比较差，相对来说，我们身体比较好，两三个月打扫一次。对此，邻居们都很感动，赞扬说："你们是真正的共产党员。"没想到我们做了点小事，却为党的旗帜增添了光彩，感到很开心。当邻居家遇到一些困难与问题时，如有人生病时，我们都会去主动关心。1987年，因为工作的需要我家安装了电话，整幢楼只有我们一家有电话，后来我们家电话就忙得很了。我记得楼上邻居的儿子在德国，隔壁邻居的女儿在日本，对面一家的女儿和儿子在澳大利亚。原来主要靠弄堂里的传呼电话在楼下大声喊叫名字，接听从国外打来的电话。自从知道我家有电话后，他们的孩子就把电话打到我们家，我们帮他们传呼，他们开始很过意不去。我说没有关系，只是举手之劳，你们有什么急事，国外打来电话，我们会及时叫你们的。我们家成了传呼电话的电话亭了，而我能为邻居做一点好事情，感到很开心。因而与邻居相处得很好。当时我家的两个孩子很小，邻居也是很照顾他们的。我们有时很忙，下班回家较晚，邻居家的老外婆经常帮忙把他们从学校接回来。老外婆有时身体不好，我就顺便把她的孙子送到幼儿园去，大家互相照顾。远亲不如近邻嘛！

关心群众生活，关心困难群体，是为人民服务的具体体现。我当校长时，很关注一些弱势群体、家庭困难的教职工。每逢过年过节，我会和人事处、办公室的同志一起骑着自行车去家访。为什么我没有用小汽车，因为我认为骑自行车更加便捷，也能为学校节约汽油，骑车去可以拉近感情。有一年春节期间，我们骑自行车家访了37户教职工，走访了教授家、青年教师家、职工家。当发现他们有困难或问题时，我会及时向有关部门反映，帮助他们解决。通过家访，我了解到不少教职工的住房非常困难，促使我抓紧进行住房改革。有位后勤职工得知我要家访时，他很开心，提前打电话给他的亲戚，说校长要来家里访问了，那天家里来了好多人。因为校长去家访，他们认为是对职工的尊重，感到很荣耀。据说，该职工后来工作积极性更高了，家庭更和睦了。我花了一点时间去家访,可以得到很多的收获,还能激励教职工的积极性,促进家庭的和谐。

从小事做起,从身边做起,还要把自己的家庭搞好,教育好自己的子女,让自己的子女能够更好地学习、更快地成长。我有一个女儿和一个儿子,我立足于培养他们成人,而不是立足于他们成才。我认为成才先成人,学会做人了,必然会去好好地学习,自然能够成才。所以,我不太关注他们的学习成绩,考六七十分或七八十分都是可以的,但必须有礼貌、有爱心,要热爱劳动。他们相差4岁,从四五岁起就开始承担家务劳动。那时没有钟点工,我和爱人都很忙,一部分家务事情就由两个孩子来承担,我每天给他们分工,每晚我给他们评奖,谁做得好就在本子上画一面红旗,谁的红旗多就有奖励,多一面红旗奖励人民币2毛钱,这使他们感到了劳动是有价值的。为此,他们的积极性很高,做家务很认真。小学二年级时姐弟两人就能独立烧饭做菜了。奖励他们的钱,包括过年的压岁钱,他们保管得很好,最后集中在一起使用。每次家里添置大件时,他们就把这些钱拿了出来。我家买的第一个大件是冰箱。上海的夏天天气很炎热,我们买不起冷饮、雪糕和棒冰,就只能到很远的"老虎灶"去买冰水,而且要用热水瓶去灌,很快就喝完了。于是下决心买一个冰箱,但钱不够,我说怎么办?我女儿和儿子就把他们平时奖励所得到的钱以及压岁钱拿了出来,集中起来买了冰箱,这让他们认识到钱是很有价值的,知道了勤俭节约的好处。包括后来买电视机、洗衣机等大件时,都是一起集资的。所以两个孩子从小就养成了良好的习惯,很勤俭,有爱心,爱劳动。

"文革"期间,我每个月的工资60元,但还要给在农村的父母寄15元,我爱人每个月的工资也是60元,每个月给她母亲10元。每次去邮局寄钱时,我都会带上女儿,让她知道乡下还有爷爷奶奶,他们经济很困难,我们要帮助他们,从小培养她的爱心。后来,我在做慈善的时候,我女儿和儿子都积极支持,我想这与家庭教育是有关系的。培育好子女,主要靠父母以身作则,树立良好榜样,我们平时勤奋工作、勤奋学习、勤俭节约、和睦相处,对他们影响很大。我们从来没有打骂过两个孩子。家长对待子女应该关心、关爱,多理解他们,如果他们有什么不对的地方,要给他们讲道理,可以批评他们,但不能打。我认为打孩子是无能的表现,是野蛮行为,会给孩子留下伤痕的。家长对孩子文明、关爱、宽容,他们长大后对人就会文明、关爱、宽容。

除了关爱自己的父母和子女外,还要关爱自己的兄弟姐妹和周围的人,帮助他们解决困难。比如我姐姐家,人口比较多,生活比较困难。我工作以后,经常帮助姐姐家。开始我每月寄15元钱给我父母,后来父母生活有了好转,我就把每个月的15元钱寄给姐姐。我弟弟在农村劳动,很辛苦,我经常会帮助他,特别是有时候要修房子、建房子,我总是尽力多寄一些钱给他。我认为家庭好了,周围的兄弟姐妹好了,对整个社会的和谐、社会的稳定都是有积极作用的。

关心周围的人当然包括关心周围的同事和我的学生。凡是我周围的同事遇到困难,我都尽我所能去帮助他们。我带的研究生来自全国各地,凡是有困难的学生,我也是尽力去帮助他们,包括经济上的帮助。每逢过年过节,我会把他们请到家里面来吃饭,我自己动手烧饭做菜给他们吃,这对我来说也是一种调剂,脑力劳动与体力劳动之间的调剂。学生们感到饭菜很好吃,我也有一种成就感。更重要的是帮助外地的学生减轻节假日期间的思乡之情。每次聚会,同学们可以相互交流、相互促进。当有学生身体不适时,我会做点好菜、熬红枣汤给他们吃,让他们感到我们这个社会很温暖,激励他们努力学习、健康成长。

2017年春节前,上师大一位清洁工人专门到我的办公室来感谢我,我有点纳闷:为何要感谢我?她道出缘由:20年前,我刚刚到上师大当校长时,后勤处的一位副处长带她来办公室找我,当时她30岁左右,一只眼睛不大好,身体瘦小,由于家里很困难,希望我能帮助她在上师大找个工作做做。听说她是从农村来的,我马上就有了恻隐之心,因为我也是农村出身,很同情来自农村的人。我看她为人比较老实,虽然身体瘦小,但很有精气神,于是我就对这位处长说:"我们这么大的学校,总是有工作岗位的,你给她安排一下吧。"当时就是我讲了这么一句话,帮助她解决了大问题,所以她一定要来感谢我。她说:"你20年前的一句话,帮了我们一家,救了我们一家。"她爱人也来上师大做保安,两个小孩得以在上海读完小学、初中,此后回家乡读了高中,后来考取了大学。如今大儿子已经在上海大学读硕士研究生了,数学专业的,马上要毕业了。我说:"能考取上海大学研究生,说明你这个儿子很聪明,学习很努力,现在怎么样了呢?"她说孩子准备找工作了,我马上劝她不要急于找工作,国家很需要数学人才,应该继续读博士。她说现在孩子靠打工维持生活,我一听就明白了,他们家经济比较困难。我坚定地跟她讲,不要让孩子去打工了,一定要他去读研究生,经济上的困难我来解决。后来我邀请她儿子来办公室见了一面,发现这个青年确实很优秀,我劝说他不要去找工作,同时停止打工,一定要去读博士,经费问题由我解决。一周后我给他汇了1万元,他听了我的话,不打工了,也没有去找工作,后来考取了同济大学的博士研究生。我感到非常高兴,1万元能够成就他读博士生,也是为国家培养人才作了一份贡献。春节期间我邀请他来我家吃饭,他弟弟也一起来了,我发现他弟弟更加优秀,在北方交通大学读书,马上要本科毕业了,学校里批准他可以到国内任何一所学校做研究生交换生。我对他弟弟说:"你这么好的条件,可以到上海来找一个最满意的学校、最喜欢的专业去读研究生。"他后来坦露,他也在找工作,因为家里经济条件比较困难,读研究生的花费很大,为了不增加父母的负担,就准备去找工作了。我马上劝说他不要去找工作:"你这么优秀,可以选择去复旦或者交大读研究生。经济困难,我可以帮你解决。"我答应先给他1万元,一定要报考研究生。隔了一个礼拜,我把钱汇给了他。他听了我的劝导,最后考取了上海交大的硕博连读的研究生。我很高兴,我花了1万元解决了这位优秀学生的前途问题,我相信他今后一定能成为很优秀的人才,为国家作出重大的贡献。有人问:"你为什么不把钱给自己子女?"我说把这钱给子女也可以,但是没有多大的作用。我给他们兄弟俩,是雪中送炭,能起到立竿见影的效果。我现在跟小江兄弟俩成了朋友,经常交流,鼓励他们努力学习,早日成才。我年近八旬,还在工作、讲学、写作,平时省吃俭用,动力之一,就是为了更好地帮助需要帮助的人,包括贫困的学生和优秀学生。

  还有一个故事。我有一个研究生早就毕业工作了,他的侄子在同济大学读研究生,很优秀。经过选拔,他可以作为交换生到美国去学习半年,这是个很好的深造机会,但是进修费需要数万元。家长及各方面都一起凑钱,但仍缺1万元,于是准备放弃不去了。我得悉这一情况后,劝他一定要去,不要失去这个机会。去国外见见世面,对提升综合素质有好处。缺1万元由我资助。结果这个同济大学的硕士研究生顺利地去美国进修学习了半年。他学习以后谈体会,他的英文以及专业知识都有所提高,特别是在政治上、理想信念上提高更大,我感到非常高兴。他本来在国内不大关心政治,也不大关心国家大事,这次回来以后,他最大的收获就是感到我们中国很了不起,中国很伟大。国外之旅提高了他的爱国主义觉悟,我觉得这1万元花得非常值得。

从身边做起,从小事做起,包括做好本职工作。"为官一任,造福一方。"大事要抓好,小事不能放。我刚到上师大时,每次路过东部食堂旁边的学生浴室,发现在下午五六点钟,女同学就排起了长队等候洗澡,我一了解,学生反映说浴室很早就关门了,晚上8点左右就不开放了。后来我跟后勤领导商量,决定把洗澡时间延长,从下午3点半至晚上11点,后来就没有排队现象了。还有学校的厕所问题。我校的女学生占73.5%,男学生比较少,但是厕所却按照传统的做法,男厕所较大,坑位多,女厕所小,坑位少,这与学校的实际情况不符合。这种看似小事、实为大事的事不太引人关注。1999年暑假,全校进行大维修,当我发现厕所没有人管,就提议成立厕所改建指挥部,我做总指挥,校办主任做办公室主任。突击了一个月,将全校厕所改造完成了,尤其是扩建了女厕所。我认为这些事情都体现了你是否有为人民服务的思想。

还有一件小事,我校东部、西部各有一个时钟,高高地竖立在醒目的钢柱上,但经常不准,却司空见惯、无人问津,群众意见颇大。一座大学连时钟都管不好,说明管理水平太差了,更主要体现在为人民服务的意识太差。我知道这个情况以后,就在校长办公会议上提出采取承包制,由两个副校长承包,一人负责一个钟,因为他们每天上下班路过那个钟,一旦发现钟不准,马上打电话到后勤处。校长打电话报修,维修科会重视的。一般教师或学生打电话过去,他们是不重视的。两个时钟采用承包管理后,准确率大大提高了。还有学校的绿化,我的要求是:土不见天、绿树成荫、花不间断、四季飘香。一旦发现草皮被破坏、泥土见天时,我就骑自行车或者打电话到绿化科,告诉他们哪一块地裸露出来了,赶快把草坪铺上去,他们很高兴、很重视,校长亲自过问,马上问题就解决了。这些小事我认为都应该关注到,花不了多少时间,是举手之劳的事情。关键要有担当、要有服务意识。

作为一名党员,要全心全意为人民服务,就必须要把本职工作做好。学校的主要工作就是教育教学工作。当时我提出:以育人为中心,教学为主体,科研为先导,带动整个学校的教育、教学质量的提高。我到上师大以后,经常到教室、学生宿舍、图书馆去走一走,看看学生的学习情况以及生活情况。1996年6月,我到上师大任职。一个周三的晚上,我看了11个寝室,发现9个寝室的学生在打老k(斗地主),2个寝室的学生在谈山海经(吹牛),没有人看书。我问他们:"你们怎么不看书?没有作业吗?"学生说下午是政治学习,没有作业。第二个月一个星期四的晚上,我又走了9个寝室,同样如此,7个寝室的学生在斗地主,1个寝室的学生在吹牛,只有1个体育系寝室的学生在看书。

另外,我在图书馆里还看到有很多人在复印机前面排队,一了解,才知道是要考试了,他们把其他同学的笔记本借来复印,以此来应付考试。就此,我发现我们上师大的学生存在严重的松、散、懒的状况,这种状况如果不改变,教学质量不可能提高,学生的素质也不可能提高。针对这种情况,我提出必须要把德育放在首位,即"德育为先、育人为本"。于是,我提出大学应该开展充实教育。何为充实教育?就是充实学生的教学内容,充实学生的课外活动,充实学生的精神生活,让学生忙起来、动起来。中小学生要减负,大学生要增负。并在上师大实施多张证书制、干部轮换制、半年实习制、综合测评制,以此来提高学生的综合素质水平。另外,我还提出上师大应该培养"德艺语技"的特色学生。德,即思想道德水准要高;艺,即师大的学生应该是多才多艺,吹拉弹唱、诗琴书画,应该会一点;语,即语言能力要强,普通话要讲得好,外语能力要强;技,即要掌握现代教育技术。针对上师大学生松、散、懒的状况,我们提出开展文明修身活动,即开展以清扫校园为中心的文明修身,各个学院轮流把学生组织起来,早中晚三次清扫校园,每次半个多小时,这对学生的劳动观念、环保意识以及团队精神的培养起了很大的作用。我认为德育、思想政治工作应该有抓手,文明修身活动就是一个很好的抓手。当时,有些学生的经济条件比较困难,我们在开展勤工助学活动中,划出一些包干区包括教室让学生去打扫,我提议拿出30个厕所让学生包干,打扫一个厕所150元钱。在当时的境况下,150元钱足够一个学生一个月的基本伙食费。当时有人反对,说我落后了,现在哪有学生愿意去打扫厕所?我说那就先试试看吧。结果,公布了30个厕所,两三天的时间里报名的人就超过100人,说明有不少学生还是蛮在乎这150元钱的,但是更多的学生是希望通过勤工助学——扫厕所来锻炼自己爱劳动以及培养好的行为习惯,这也说明不少学生愿意承担一些脏的工作,包括打扫厕所,这对学生的整体素质的提高起了很大的促进作用。

学校的根本任务是培育学生,培育学生的主渠道是教学工作。全心全意为人民服务的担当,必须下大力气抓好教学改革。我在调研中发现,并非所有学生都是松、散、懒的，不愿意学习的是少数，许多学生是愿意学习的。有的学生对学校的教学内容不满意，他们自己花钱到外面去学习，说明我们开设的课程以及教材不适合学生，学生不欢迎，说明我们的服务不到位。通过调查研究以后，我就提出，要减少必修课，增加选修课，加强实践课，开设辅修课，满足各种学生不同的学习需求，把必修课减少25%～30%，选修课增加25%～30%。有些必修课的教材是六七十年代的，已经不能满足学生的需求，需要把新的课程开出来让学生去选择，满足学生的学习需求。加强实践课，因为师大主要是培养应用型人才，特别是教师，应在实践、实习方面加强。开设辅修课，就是让学生能够学一本一专，或者一本一辅，让学生的知识结构更加宽泛，毕业后能更好地适应教师的工作。

在教学改革方面，为了贯彻因材施教原则，当时我还提出中期选拔制。允许学生1年以后转换专业，可以校内转专业，也可以转到其他学校去学习。对于那些不喜欢本专业、另有所爱、又很努力的学生，经过考核允许其在校内转专业学习。比如有的学生高中毕业填报志愿时，可能是父母或老师的意见，并不是他本人的意愿，他确实不喜欢。进大学后如果喜欢另外的专业，学习又很勤奋，各方面表现很好，经考核合格，就应该满足他的需求。我们的学校是培养人的，要尊重学生的个性特长，要因材施教，要为学生提供合适的教育，这才叫以人为本。为人民服务，为学生服务，就应该满足这些优秀的学生的学习需求。这对激发学生的学习积极性起了很大作用。

另外，我们还允许优秀的学生第二次考到其他学校去学习，比如复旦、交大、华东师大等。当时上海市教委也有这个政策，就是重新再考核一次，允许转校。我认为这是个非常好的做法，对于满足学生的兴趣爱好、为学生提供合适的教育创造了条件。我是积极支持上师大的优秀学生再报考其他大学的。只要学生达到对方学校的入学条件，就应该满足他的要求。有一次，上海电视台专门来采访我："其他学校都不肯把优秀的学生放出去，你怎么愿意把优秀学生放出去？"我回答说："因为我们是为国家培养人才，不是为上师大培养人才，我们要立足于国家的需求，立足于学生的发展，应该让学生去适合他的学校和专业去深造。这样也有利于上师大招生，有利于调动在校生学习的积极性。"

2002年，上海开始招收盲人大学生，有三名盲人学生经过考试，成绩合格了，当时没有学校愿意接收他们。市招生考试办与多所高校联系、协商，均被婉言谢绝了。后来打电话给我,问上师大是否愿意接收这几名盲人学生,我马上答应了。因为从教育公平的角度看,他们既然通过了高考,达到了高考入学条件,就应该给他们上大学的机会。我们讲为人民服务,人民应包括这些残疾人以及弱势群体的人,我们应该为他们上大学提供帮助。大学是党和人民办的,应该为人民服务。实践证明,这三名盲人学生四年后都顺利地毕业了。我为什么要收盲人学生？一是体现出教育的公平性,把为人民服务包括为残疾人服务落到实处;二是有利于激励社会上的残疾人积极进取、努力学习,让他们感到有希望、有奔头,即使身为残疾人,但只要努力进取也能够进入大学读书,也能够为国家作出很大的贡献;三是招收了几名盲人学生,在社会上产生了良好反映,提高了社会关怀残疾青年的温度,激发了残疾人自强不息的信心。另外,这三名盲人学生到学校后,他们学习刻苦,励志图强,其中一位还荣获"校长特别奖",对在校生是很大的激励。

为人民服务,搞好本职工作,敢于担当,还应体现在要关心教职工的待遇和生活。比如在制定校内津贴时,人事部门提出"拉开差距、奖优罚差"的原则。我改为"面向全体、鼓励冒尖"的原则。因为学校改革发展的成果归功于广大教职工,每个人都是作出贡献的,所以对收益分配要面向每一个人,在人人都有的基础上,重奖那些贡献突出的教学科研人员。

邓小平说"发展是硬道理",抓好教育发展是最大的担当。1996年我到上师大后,发现了一个状况,学校的资源本来就不是很多,徐汇校区只有700多亩土地,但大片大片的土地却被汽车队、绿化科、仓库等后勤部门所占有。大家都不敢动,也不敢讲,因为这些部门的头头都是在学校工作很长时间的老处长。我认为要从大局出发、从学校发展出发,就主动去找后勤部门,跟他们开会,一起商量学校发展规划。我提出一个"还地以教"的方案,即把土地还给教育。开始实施时,遇到一些困难和阻力,由于我很坚决,另外也积极地为他们创造条件,走后勤社会化之路。后来总算解决了,学校的教学资源大大地增加了,新建了文苑楼、教苑楼、行政楼、学生公寓等,改善了办学条件。此外,学校家属区有很多违章建筑,拆除阻力很大,谁也不敢去动、不敢去讲,特别是有些钉子户很顽固。1996年,我提出要在三年内把上师大建成花园单位,所有的违章建筑必须拆除,这是很棘手的问题。最艰难的问题,我亲自去做工作。有些党员、处长家也有违章建筑,于是我先走访他们,要求党员、处长带头拆。少数钉子户无理取闹,我绝不让步,直到最后强拆,终于如期把违章建筑全部拆除。遇到这种情况,校长要敢于担当,敢于出来承担责任。

学校里各种各样的事情很多,矛盾很多,当校长的必须敢于担当。1996年以后,校长办公会讨论过一件事情,凡我校教职工子女上大学可享受优惠政策,只要高考分数线达到上海市本科资格线,即可录取。大家一致同意,党委也同意。每年都采取这样的做法。有一年我校一位校领导的女儿也按这个政策考进了上师大,她的分数线达到了上海市的本科资格线,但没有达到我校的录取分数线,于是就有人写匿名信告到市教委,说我们开后门,照顾领导干部子女。有关部门打电话给我询问缘由,我就跟他讲了这个情况。因为收到了匿名信,领导要我们写个情况说明,实际上就是要写一份检讨。我说这个决定是我同意的,如有不当由我承担责任。后来我给市教委写了一个说明和检讨。在问题面前,自己主动地站出来承担责任,而不能推给他人,这对于建立和谐的领导班子,调动大家的积极性,都是很有好处的。

全心全意为人民服务,是一种责任和担当,而不是揽权。担当和揽权是两回事。担当是一种责任,揽权是独断独行、自私自利。比如,学校没有房子,我的责任是积极努力去解决房源,但有了房子我就不管了,专门由分房小组去解决。学校缺人事编制,我的责任是积极向上面要编制,编制要来以后,交给人事领导小组去管。学校没有钱,我负责去跑钱,钱来了以后,专门由分管财务的小组去管理。我认为这是职责分明,每个人都是有限责任,每个人有职有责有权,而不能大权独揽,应按管理科学中的"能级原理",充分调动领导班子里每个人的积极性,发挥集体的力量和智慧。

对学校里的重点项目、难度大的问题,我义不容辞,主动担当。1996年我到上师大以后,遇到两大棘手的问题:一个是住房,一个是校园环境。

我做了一些调查,发现学校住房非常困难,当时上海市人均住房面积是7.3平方米,而上师大教职工人均住房面积为6.8平方米。东部弹钢琴的琴房只有四五平方米,但不能弹钢琴了,住了几十户教职工;13平方米的筒子楼房子,过去是集体宿舍,既无卫生间,又无厨房间,都是公用的,却分给两对结婚户,一家住一个星期,实属少见。我骑自行车走访了很多教职工家庭,发现不少教职工一家三口人或四口人挤在一个小房间里面,白天还要开电灯。人们常说"教师是太阳底下最光辉的职业",而我们的教师却住在没有太阳的房子里,这叫什么社会主义大学?我好几次流下了眼泪。怎么办?

我是校长,更是党员,为人民服务必须要落到实处,我要亲自抓住房改革,解决教职工的燃眉之急。不能安居何以乐业?教师应该有一个安稳的环境,有一个独立的书房,才能更好地生活、学习、工作。这是我面临的第一个棘手的问题。

第二个棘手的问题是学校环境问题。校园内树木很多,但花草很少,杂草丛生,垃圾乱倒,下水道不通,每次台风大雨来临,学校便积水成潭。我到上师大的前三年,每年都参加校内"抗洪救灾",办公室楼、教学大楼、学生寝室都积了水。在这样的环境下,如何能做好教育工作、育人工作。不能树木,何以树人?校园环境那么差,怎么能培养优秀人才?有人戏称"上师大校园像破落地主",我听了之后很不是滋味。

面对住房困难、学校环境不好的两大问题,怎么办?作为一名共产党员、校长,全心全意为人民服务,要落到实处。经过两个月的调查研究,8月份在全校中层干部会议上,我给自己立下两个军令状:我是校长,校长就要考虑学校的发展;我是党员,党员就要全心全意为人民服务。今天我在这里郑重承诺,保证三年内,解决上师大教职工的住房困难,如果不解决,我辞职;保证三年内把上师大建成"土不见天、绿树成荫,花不间断、四季飘香"的上海市花园单位,如果建不成,我辞职。会后有人问我:"你能够做到吗?"我说我能够做到,我是经过调查研究、深思熟虑后做出的决定。三年后,学校的环境面貌也发生了变化。整治环境主要有两条途径:一是钱,另一个是劳动力。钱从哪里来?发动全校捐款。我带头捐,每年把一个月的工资捐出来搞绿化。三年全校师生共捐款150多万元,绿化资金问题基本解决了。没有劳动力,我建议利用双休日开展义务劳动,连续三年不间断,这个任务主要交给团委、学生会去组织,全校师生积极性很高,从书记、校长、教授到广大教职工、学生,参加了轰轰烈烈的双休日义务植树劳动。媒体记者很兴奋,说"多少年没有看到的轰轰烈烈的场面在上师大看到了"。通过三年的义务劳动,学校面貌发生了巨大的变化,建成了"土不见天、绿树成荫,花不间断、四季飘香"的"上海市花园单位",2002年被评为"全国绿化四百佳"。我体会到,作为一名党员、校长,应起带头作用,吃苦在前,享受在后。别人捐款捐一次,我每年都在捐款;别人参加义务劳动一次或两次,我每次义务劳动几乎都参加了。这样才能把工作做好,人家才能跟着你干。

住房困难如何解决?我提出实行住房改革,做"大蛋糕",谁要房子都能够解决,但是要取消福利分房。当时我主张,向上面要一点,学校拿一点,个人出一点。我投入很大精力,四处找房源、找关系,做教职工的说服、沟通工作。经过三年的努力,新购、新建了5万多平方米住房,为1000多户教职工解决了住房困难,搬进了新房子。当时我校的住房标准在上海高校中是最高的。我记得有一所"985"高校,当时教授的住房子只有75平方米,另外一所"985"高校,教授的住房只有76平方米,而我们给教授的住房定为110平方米、副教授定为90平方米,讲师包括一般的科长都是80平方米。广大教职工的住房困难得以解决,稳定了人心,稳定了教学。很多名校的教授很羡慕上师大,说:"你们怎么有那么多的房子?"我开玩笑地说:"你们靠牌子,我们靠房子。"正因为有房子,吸引了很多优秀人才来我校任教。

全心全意为人民服务,还应表现在不能三心二意、半心半意,而是要一心一意。在工作中,往往会遇到很多困难与曲折,会遭受误解、曲解甚至诘难、反对。因为改革和发展是建立在权力和利益再调整的基础上,多数人是拥护的,总有少数人是不拥护的。比如说住房改革,就有人反对。有些人排队多年,好不容易熬到今年或明年能拿到福利分房了,房改以后,福利分房没有了,要自己出钱了,利益受到损害,于是强烈地反对。甚至说我搞房改是为了个人捞房子。还有人写匿名信告我的状。不少好心人劝我:"下面对你很有意见,还是算了吧,不要搞房改了。"我说不能算,这时候不能把个人的名利、个人的得失放在第一位,全心全意为人民服务,就不要在乎别人的说法,而要把房改坚持到底。因为我牢记要全心全意而不是半心半意为人民服务。另外,刘少奇的《论共产党员的修养》给我教育很大。刘少奇说,共产党员为人民服务,就要全心全意、顾全大局,有时候就需要委曲求全、忍辱负重。我一直牢记在心中,不管有什么非议,不动摇,不后退,坚持到底。

我深深体会到,只要牢记这九个字——全心全意为人民服务,就敢于担当,就能勇往直前。

讲真话是我的学术责任
——与刘岚对话

2016年3月,应《苏州大学学报(教育科学版)》之约,上海师范大学刘岚博士(简称"刘")对我(简称"杨")进行了专访。阐述了我对高等教育体制、高等学校等级制、中国教育存在的"三过"问题的批评,阐述了我对发展教育产业、发展民办教育、高校扩招的看法,阐述了我在学术研究中与陈学飞、杨东平、郑永平等著名学者争议的原因和内容。

刘:杨老师,您好。您从教50多年,退休后仍笔耕不止,经常能在期刊、报纸上拜读到您的文章,观点鲜明,敢于批评,直言不讳。学界称您为"我国高教界的一名敢说敢干的'闯将'",也有学者对您的评价是"探索高等教育真知的争鸣者"。当时您在提出前瞻性的观点或进行针锋相对的学术争鸣时,会感到有压力吗,您当时都是怎么考虑的?

杨:我认为一名教育工作者要讲真话,不唯书,不唯上,一心追求真理。有时候因为直言不讳,我也受到过非议,但我并不介意。实事求是,讲真话,是我的学术责任和学术担当。我是新中国高等教育发展、改革的目睹者、见证者,更是改革开放以后高等教育改革和发展的参与者、实践者。我先后在5所高校工作过,在教育行政部门工作过,也在高等教育研究所工作过。我有发言权和话语权,对于问题,我从不讳言。

20世纪80年代初,我提出"中国高等教育的体制必须改革,要实行多元化的办学体制"。针对我国高等教育的数量与质量都无法适应形势发展的需要,而且大学毕业生普遍存在着专业面窄、能力不强等弱点,我提出"要调整教育结构和专业结构,要减少和合并一部分专业,建立综合性的大专业""增设和发展新专业、紧缺专业";针对我国高等教育存在的"国家统包的办学体制、部门办学的领导体制、政府统管的管理体制、经费单一的投资体制"等困境,我提出了"改制是我国教育走出困境的出路",并以翔实的数据做出了"'改制'会使高等教育的效益明显提高"的判断。我较早地提出改革大学生"统包、统配"制度,并顶住来自各方面的压力,在全国最早召开上海市高校毕业生供需见面会,把计划分配和市场调节相结合,使大学毕业生的分配制度改革比较顺利地进行。今天回首来看,在那个计划经济的年代这么做,是非常不容易的。1987年,我提出变"学校办社会"为"社会办学校",学校应和社会加强横向联系,一方面积极为社会服务,一方面利用社会力量共同办好学校,而社会有关部门要树立为学校服务的观念。

刘:听说您是较早主张发展民办教育、主张发展教育产业建立教育市场的人。

杨:20世纪90年代初,针对我国高等教育体制不活、效率不高的问题,我开始关注中国发展民办大学,提出了"新型的民办大学要突破旧模式、改变旧体制、转换旧机制,探索社会主义初级阶段新的办学路子"。我主张积极引进民间资本办学,大力发展民办教育。建议创建"国有民办公助"的新型高等教育模式,得到了很多地区、政府和教育界的认同,为普通高校独立学院的建立提供了理论依据。我公开撰文提出"上海办十几所民办大学不算多",当时受到不少人的非议。后来事实证明这是正确的。针对我国高等教育受困于计划经济束缚、长期来存在"等、靠、要"的状况,1993年,我提出"高等学校要走进市场才能走出困境",高等学校要充分利用自身优势,主动面向社会需求,发展教育产业,建立教育市场。针对教育经费严重不足的问题,我提出了"大学校长不但要找市长,更要找市场"的观点。我在担任上海师范大学校长时,就是以这一理论为指导,使这所上海市市属高校在短时间内发生了巨大变化。

刘:您总是能及时捕捉到高等教育发展中的重大的、方向性的问题,既有高等教育基本理论问题,更多的似乎是着眼于高等教育的现实。我注意到,您曾经毫不客气地点名批评过教育主管部门和一些知名高校,是吗?

杨：是的。我认为，教育主管部门有时不够公正，有些名牌大学有时不够自律。我看不惯就直言不讳，我有责任坦然地向社会发表自己的见解。比如我认为教育部太偏袒直属高校，不关心地方高校。教育部试行的高校自主招生，实际上是"掐尖"大战。教育部认可并推行的高校实行按等级招生及设立平行志愿填报，造成"名校垄断高分者，高分者统统进名校"，我就点名批评过清华、北大、复旦、交大等名校在高等教育大众化进程中不安于本位，严重错位，与一般高校"抢生源"，是"没有出息"。我点名批评过北京大学在自主招生中"拒收偏才怪才"的四点理由，是用名校的牌子和自主招生的特权，抢夺优秀学生，干扰了中学正常教育秩序。

刘：您还批评过高校等级制、高校行政化，剖析了中国高等教育大众化后存在的问题，在教育界和社会上反响很大。

杨：我认为高校等级制是应试教育的祸源，取消高校等级制势在必行。一是取消大学的行政等级。没有必要把高校划分为副部级、厅级、副厅级。全国高校只有类型、层次不同，不应有等级高低之别，每所高校都应是平等的。所以要改变把大学分成三六九等的做法，取消给名校、重点大学特权和高人一等的级别，缩小分配上的差距。二是取消分一本、二本、三本、大专的等级制的高校招生方式，取消"平行志愿"制度，让学生填报自己喜爱的任何一所学校和专业，让优秀学生分散到各类高校深造，让各类高校面向社会享有完全的招生自主权，减少招生录取工作中的行政干预。三是改变高等学校行政管理官僚化、学术管理行政化的状况，扩大教师在学校管理中的权力。

我国高等教育跨越式地从精英教育阶段进入大众教育阶段，我们的教育理念、管理方式、体制、机制等，都应随之而变，不能停留在计划经济阶段、精英教育阶段。我认为对大众化教育阶段后的中国高等教育，有很多问题值得我们思考，比如：中国需要这么多研究型大学吗？中国能办这么多公立大学吗？高校"去行政化"为何步履蹒跚？可否把大学校长任命制改为遴选制？中国为什么冒不出杰出人才？高校能否把现行的"宽进宽出"改为"宽进严出"？如何实施严格的"淘汰制"？

刘：您在很多文章中一方面充分肯定了我国高等教育发展取得的成就，但同时指出不能沾沾自喜，您对学前教育、基础教育、高等教育都作了深入的剖析,尖锐指出中国教育存在"三过"问题,也就是:学前教育"过早"、基础教育"过度"、高等教育"过量"。您能具体谈谈吗?

杨:新中国建立以来,尤其是改革开放30多年来,我国教育事业有了巨大发展,取得了举世瞩目的成绩,有力地支持并推动了经济社会的快速发展,不断满足各行各业及广大人民群众的需求。然而也要看到,和先进国家相比、和中国经济大国地位相比、和构建自主创新型国家的战略目标相比,用现代先进的教育理念来审视,我国的教育现状还很不理想,还存在不少严重问题,比如:传统守旧的教育理念根深蒂固,应试教育愈演愈烈,素质教育难以落实,严重影响了儿童和青少年身心健康。高等学校质量堪忧,难以培养大师级人才、教育体制机制不活。具体表现在我国当今教育存在严重的"三过"现象,即学前教育"过早",基础教育"过度",高等教育"过量"。中国的孩子从出生后不久,即从学前开始,就受到"教育暴力"的迫害。进入小学、中学,"教育暴力"更为严重,损害了他们的智力发展和身心健康。到了大学,学习积极性下降,过量的大学教育影响了质量的提高。"三过"教育问题不能解决,中国的孩子和中小学生就不能从繁重的课业学习中解放出来,素质教育就不可能真正落实,自主创新型的高等学校难以建成。

刘:您旗帜鲜明地指出"中国需要这么多研究型大学吗",这是否属于"高等教育过量"问题之一?

杨:是的。高等教育过量主要指这样几个方面:一是招生数增长过量,二是研究生发展过量,三是研究型大学过量,四是公办高校过量。从中国的国情看,建设"若干所"研究型的一流大学是必要的,也是可能的。主要培养高层次创新型人才,从事高水平原创性科学研究。但是,我国要办三四十所研究型大学是不必要也是不可能的,有"若干所"——最多十几所即可,大多数"985"高校应立足于培养应用型人才,因为我国目前最缺的是高层次应用型人才。建议将现有的45所"985"高校重新定位,合理分工,保留少部分为研究型大学、研究型学科,目标是创建"世界一流";而把大多数"985"大学和"211"大学改为应用型和创业型大学,改变以学科发展为中心、以获取学术成果为目标的办学模式,走创业型之路,主动与企业结合,互相参与,合作办学,共同开发新产品,共同培养高层次应用型人才。真正的高水平人才、拔尖创新人才,不是在学校里培养出来的,而是在企业里、在工作实践中培养成长起来的,因此,高校应走出校园、走向社会、走进企业,构建创业型大学。

我国重点大学应参照国外创业型大学模式,紧密与经济、企业、社会结合,走出仅围绕学科专业进行高深知识研究的"象牙塔"。构建创业教育体系,如果将三分之二现有的"985"大学及大多数"211"大学转变为创业型大学,在教师带领下,让大学生、研究生在创业环境中、在直接参与经济社会的服务中,担当起知识创新主体的角色,有助于学生成为高水平的拔尖创新人才。

刘:您除了敢于发表自己的见解、直言高等教育发展中的问题外,对学界的一些观点也勇于发表不同意见,而且其中很多还是教育界的知名人物,这对一般学者来说是有些忌讳的,您怎么想?

杨:这些年中国高等教育的发展很快、变化很大,在发展变化的过程中对一些问题有不同的看法,是很正常的。但对一些有失偏颇的观点,我认为自己有责任说出真实的想法,讲真话,这也是我的学术责任。我作为一名老教育工作者、高等教育研究者,我认为对一些问题的认识,如果仅从学理性的角度进行评判,而不结合我国高等教育的基础与实践,就会脱离实际,就不能说真正地了解中国高等教育。

刘:在您与杨东平教授商榷的文章中,探讨了如何评判我国高等教育发展改革的几个问题,您能谈谈您的观点吗?

杨:杨东平教授是我国的著名学者,发表过许多有真知灼见的论述、文章和著作。2011 年,我在《新华文摘》第 11 期上看到杨东平教授的《关于高等教育的"中国模式"》一文,我认为是一篇很有见解的文章。但我就三个问题提出了不同意见:一是如何看待高校扩招问题,文章对高校扩招是持否定态度的;二是如何看待"独立学院"问题,文章认为独立学院是"教育产业化"思潮的产物,是"假民办";三是如何看待"教育公平"与"效率优先"问题,文章过于强调教育公平,而对效率优先颇有微词。这三个问题也是多年来教育界乃至社会上许多专家、学者非常关注的、有争论的问题。我记得我也发表文章与陈先哲博士探讨过如何看待高等教育大发展问题。

如何评价我国 20 世纪末的高教扩招,一些人认为,我国高教扩招,导致"高等学校出现了庞大的贫困生阶层,造成教育质量滑坡、大学生就业难等突出问题"。这三方面的问题在一部分地区和高校确是存在的,但与高校扩招后为各行各业培养了大量人才相比,与对经济社会发展和改革的贡献相比,与满足了广大人民群众上大学需求相比,是次要的、非主流的。即使对这三方面的问题也要做具体分析。关于"出现了庞大的贫困生阶层"问题,可能是指有些民办高校收费高了,贫困生增加了。但应该看到,高校规模扩大了,包括公办高校的规模也扩大了,满足了更多学生上大学的需求,家庭经济困难的学生也有了上大学的机会,这是社会发展、进步的体现,是高等教育发展的结果。如果不扩招,将有许多贫困生没有机会上大学。表面上看,扩招后贫困生多了,实际上是贫困生上大学的人多了,这是好事,并非坏事。高校出现贫困生阶层,总比把贫困生关在高校大门之外要好。何况我国"对每一位贫困生都确保他们不因贫困而辍学",从政府到各高校的这一庄严承诺是实实在在的。关于"教育质量滑坡"问题,首先我认为"质量滑坡"提法不恰当,"滑坡"指一个具体的物从高处滑到低处,有一定的参照体。教育质量是多元要素组成的,不能笼统地、抽象地说质量滑坡。扩招后,不少学校由于经费投入不足,师资、校舍、装备不足,的确带来了质量问题,这些都是发展中的问题,完全可以通过抓发展、抓改革不断加以解决,事实上许多地区和高校已取得明显成效。从另一个角度来看,高中毕业生变成了大学毕业生。从整体而言,质量肯定提高了,倘若不扩招而把几百万中学生拒之大学校门外,质量更不高。关于"大学生就业难"的问题,也要具体分析。从表面上看,由于高校扩招,近年来每年有600多万名大学毕业生,的确对就业市场压力很大,但深入考虑,这600多万人是客观存在于社会之中的,如果大学不扩招,可能每年只有300万名大学毕业生,就业压力肯定要小一点。但另外300万名高中毕业生也有一个就业问题,也会给社会就业市场带来压力。让他们上大学,使他们在知识、能力、整体素质等方面有所发展、有所提高,比高中毕业生找工作会更容易一些,而且不少人具有了创业能力。

至于"独立学院是否假民办"问题,我认为把"独立学院"贬为由"公办大学举办的假民办",是极不负责任的说法。我国独立学院有多种模式:一是由民营企业、私人投资购地、建校,挂靠在一所名校下面办学,由母体学校负责或参与管理和教学工作,称之为"民有民营"独立学院;二是由母体学校从校园内划出一块工地、校舍,或拿出一个闲置的校区作为独立学院,办学经费主要依靠学费,国家不再投入,称之为"公有民营"独立学院,即学校资产是公有的,运营机制按民办学校模式;三是由公有企业或单位投资,与名校合作举办的独立学院,也称之为"公有民营"独立学院;四是由民营企业、当地政府与一所名校合作举办的混合所有制的独立学院。四类独立学院虽然资产组合不同,但都是真民办而非假民办,其共同特点是非政府投资举办的高校,主要办学经费不再依赖政府而是依靠受教育者及社会投资,这正是"中国特色"的民办高等学校。独立学院是为国家、为社会培养人才,最大的受益者是国家、社会和学生,而不是学校。

刘:有学者否认高等教育要适应社会的发展,提出"要走出高等教育'适应论'"的历史误区,您对这个问题怎么看?

杨:我关注了这个问题,并且表明了我的观点。《北京大学教育评论》2013年第1期上发表了展立新和陈学飞的长篇文章《理性的视角:走出高等教育"适应论"的历史误区》。这篇文章的主旨是否定潘懋元关于高等教育"两个规律"的理论,否定高等教育要适应社会政治、经济发展需求的"适应论",作者认为"高等教育适应论是一种无奈的历史选择",导致两大失误:一是"颠倒了认知理性与各种实践理性的关系,使国内高等教育难以走上正常发展的轨道",二是"不惜压制其他实践理性的发展,以至于在高等教育的各种目标之间、不同的目标之间与手段之间,造成了极大的矛盾和冲突"。文章在竭力否定和贬低高等教育"两个规律"理论和"适应论"的同时,大力推崇和提倡所谓的"认知理性",认为高等教育要摆脱"适应论"的思想束缚,必须"回归认知理性,建设完善的学术市场",认为"高等教育本质上是发展认知理性的事业""高等教育追求的核心目标应该是认知理性的发展"。我对这些观点不敢苟同。我认为,高等教育的"适应论"是经济社会变革和发展的必然,是高等教育生存和发展的必然,对推动经济社会和高等教育事业的发展起了重大作用,而不是什么"历史误区"。高等教育的"两个规律"理论是符合高等教育实际情况的。用哲学上的一个普通概念"认知理性"来否定和取代高等教育"适应论"和"两个规律"论,甚至提高到是高等教育的"本质"和"核心"是不适当的。

纵观世界高等学校职能的演变和发展、高等教育的本身特征、高等教育的发展历史以及我国的教育方针,可以清晰地看到高等教育的"适应性"是历史的必然,而非历史的误区。经过不断探索和修改完善,潘懋元对"两个规律"作了明晰的表述。关于外部规律,他认为"教育的外部关系规律是指教育与经济、政治、文化的关系",即"教育必须与社会发展相适应"。"适应包含两个方面意义:一方面教育要受一定社会的经济、政治、科学文化所制约;另一方面教育必须为一定社会的经济、政治、科学文化服务。"简而言之,教育的外部关系规律是:"教育必须受一定社会的经济、政治、科学文化所制约,并为一定社会的经济、政治、科学文化服务。"关于内部规律,潘懋元说:"教育系统区别于其他社会系统的特点是人的培养,而社会主义教育就其目的来说,是培养全面发展的人。"因此,教育的内部规律是:"社会主义教育必须培养全面发展的人,或者说,社会主义教育必须通过德育、智育、体育培养全面发展的人。"

潘懋元的"两个规律论""教育适应论"是符合客观现实的,应该从实践论的角度,而不是"从理性分工的角度"审视"两个规律"。"两个规律论""教育适应论",强调教育要适应社会政治、经济、科技文化的发展并为其服务,在理论上、实践上对我国高等教育的发展、社会的发展起了积极的推动和引领作用。所谓的"认知理性"对于从理性分工的角度审视教育,寻求真理,建立和健全国内学术市场有积极的意义,尤其对"985"重点大学的建设有指导作用,但它属于理性的认识论、思维方式的范畴,不是高等教育的"核心"和"本质",不能超越和取代"两个规律论"和"适应论"。

刘:一些学者对我国高等教育体制改革的成败发表了不同意见,您能谈谈对这个问题的看法吗?

杨:我曾经在网络里多次看到被转发的著名学者郑永年先生的文章——《中国教育改革的三大败笔》,我阅后一直不相信这是郑先生的文章,我想这种偏颇的文章怎会出自他的手笔呢?近些年来,我对郑先生的印象是:很有见解,也很有理性,对中国问题的看法既深刻尖锐,又比较客观公正。但对这篇论及中国教育改革问题的文章,我却不敢苟同。可以说,诸如此类的否定中国高等教育改革和发展成果的文章还真不少。有人甚至说,60年来,中国高等教育从来就没有按照教育发展的规律科学规划、协调发展。教育在前30年强调要为无产阶级政治服务,后20年则要为拉动社会内需、经济增长服务,所以就"一直受到折腾"。我作为一名老教育工作者、高等教育研究者,面对以上这些言论,不得不说几句。

郑永年先生的文章开篇就说道:"从20世纪80年代到现在,中国的教育体制改革已经有20多年了,人们不难发现,中国和先进国家的教育科研差异并没有缩小。可以说,中国的教育体制改革并不成功。"我认为,此种结论太过武断了。凡是在中国高校工作过的,或认真到高校做过调查研究的,就会发现自改革开放以来,中国高等教育体制其实已发生了很大的变革:从单一的、国有化的办学体制向一主多元的办学体制转变;从条块分割的领导体制向中央和地方两级领导体制转变;从高度集权的管理体制向依法自主管理转变;从单一的投资体制向多渠道集资转变;从后勤行政化体制向后勤社会化体制转变。这五个方面的体制改革,是中国高等教育从计划经济体制向市场经济体制转变后的重大变革,有效地带动了高等教育的大发展,增强了高等教育适应社会经济发展的能力,一定程度上满足了人民群众的需求,而并非郑先生所言的"中国教育体制改革并不成功",也不是像有些人所说的"中国高等教育在乱折腾"。

刘:教风直接关系教育质量,您从教师队伍的问题入手,提出教师在教学上的三个"投入不足",您认为如何才能建设良好的教风?

杨:教风是教师的灵魂,是教师核心素质的外在表现,是教师道德、才学、作风、素养、治学的集中反映。我国高校教风从整体上看是好的和比较好的,大多数教师在教育教学方面是尽责尽力的。为提高教育质量,为培养合格人才做了大量工作,取得了显著成绩。但我们也要看到,不少高校在教风建设上参差不齐,尚存在许多值得关注、必须解决的问题。如在教书育人方面,有些教师片面认为教师是教书的,"育人"是政工干部的事,只顾埋头授课,忽视了教书育人的职责;有些教师教学态度不够端正,如备课不认真,上课时低头读讲义、读PPT,教学内容枯燥乏味,教学方法单一、呆板,引不起学生的学习兴趣;有些教师没有把主要精力放到教学上,过于关注自己的科研项目、科研成果,把教学当副业;等等。

教风上的种种问题集中反映部分教师在教学上存在三个投入不足,即时间投入不足、情感投入不足、精力投入不足。我认为,高校要解决教风中存在的问题,要建立良好的教风,必须解决三个不足问题。也可以说,高校教风的好坏,取决于教师的三个投入——时间的投入,情感的投入,精力的投入。

首先,教师要投入足够的时间到教学中去。时间是个常数,但如何利用时间,把时间用到哪里?是大不一样的。教师对时间分配的行为就是教育投资的行为。教师要上好每节课,课前必须备好课,要花时间厘清上课的知识结构,要花时间去搜集新的信息、资料,更新教学内容,否则老生常谈,教学内容陈旧,不可能提高教学质量,不会受学生欢迎。其次,教师要投入深厚的情感到教育教学中去。教育是一种爱的事业,没有爱就没有教育,没有情感就没有爱。热爱是最好的老师,教师对教育的爱,对教育的深厚情感,源于教师的人生观和价值观,取决于对教育的认识程度,归根到底取决于教师的职业道德素养。在职业目标上,要树立教育是为科教兴国、人才强国培养人才的战略思想;在职业理想上,应把教育当作事业,立志为社会发展多培养高素质人才;在职业态度上,要敬业爱生,教书育人,尽职尽责,勇于奉献;在职业纪律上,应严格遵守各项规章制度,言传身教,为人师表。教师要以深厚的情感爱每一个学生,才能做好育人工作。第三,教师要投入充沛精力到教育教学中去。教师的充沛精力来自对教育的情感,来自健康的身体,来自愉快的心情。因此教师平时要加强体育锻炼,增强体质和体力;要加强自我修养,保持良好心态;要科学合理地安排好作息时间,养成良好的生活习惯,确保足够的时间用于休息和睡眠。我在这方面深有感受。长期以来,直到现在,我坚持适度运动,坚持良好的生活习惯,保持良好的心态,把握好时间的投向,因而身体状况良好,仍能从事教学研究工作及部分社会工作。最后,学校要为教师的"三个投入"创造良好环境,学校领导和职能部门在教风建设上也必须做到时间投入、情感投入、精力投入。

刘:杨老师,您现在"退而不休",依然非常活跃,您的教育慈善活动在社会上也有很大的影响力,您最近在忙什么?

杨:我现在除了带研究生,做一些教学、研究方面的工作,还在做教育慈善活动。70岁时,我将自己多年来积余的书稿费100万元以及卖掉一套房子共筹集300万元,用于捐助就读过的小学、中学和大学三所母校的贫困生、优秀生。我并不认同一些同事、朋友诸如"真了不起""崇高""伟大"之类的赞誉之词,最让我感动的是华东师大一位85岁高龄老教授的话,他对我说:"我看了你的事迹报道了,你做得好,你是活明白了!""活明白了",这四个字太确切了。大多数人见到我除了夸奖、赞扬外,还很关心地问我为什么不把钱留给子女,为什么自己不出去旅游,为什么不买套好房子住,为什么不吃得好一点、穿得好一点,等等。我往往无言以对,很难说清楚。而这句"活明白了",却最好地回答了这些人的问题。

回顾自己七十多年来的人生历程,我认为自己从不明白到明白,直到活明白。我的童年和少年时代是在苦难深渊的旧中国度过的,要明白自己原来也是受助过的贫困生,要明白自己多余的钱是从哪里来的,应如何使用。我捐赠的300万元不完全属于我个人,而是属于社会的。它来源于社会,来源于其他人的劳动成果,应该回报社会和人民。

从2004年起,我每年新年后上班的第一天必须要做的第一件事,就是到上海师范大学"爱心基金"和教育发展基金会捐款。每年3月12日的植树节,我都早早地来到学校绿化科,为学校的绿化建设至少捐款1 000元。让我感动的是,我的举动带来了他人的效仿和追随。如2012年,一位不愿透露姓名的上海企业家赞助200万元,以我的名义设立了"杨德广帮困基金",用于甘肃环县、四川富阳县部分小学生的营养午餐。我的已经毕业的研究生们,纷纷表示要参加慈善助学事业。我希望有生之年至少要资助3 000名贫困生和优秀生,以实现退休后能继续做一个有益于社会和人民的人的夙愿。

在日本参加"中日高教论坛"并做主题学术报告

"活明白了"

> 我卖房回报三所母校,从事慈善公益活动,受到媒体和社会"高尚""崇高"的赞誉,我不敢苟同。唯接受母校孙教授说的"你活明白了",于是撰写了这篇文章。

前年(2010年),在我步入古稀之年时,我决定将我节余的100万元书稿费及卖掉一套房子共300万元,捐赠给我就读过的小学、中学、大学三所母校,用于帮助贫困生和优秀生。此举被媒体发现后,在社会上广为传播,引起了不小的反响。我还被评为2010年"上海市精神文明十佳好人好事"、"全国十大老龄新闻人物"、"上海市第五届慈善之星"。许多报纸杂志都作了宣传报道,我也收到许多赞扬的电话和信息。碰到一些同事、朋友时都给予赞许的言辞,其中听到最多的是你"真了不起""真不简单",报刊文章中更是以"高尚""崇高"等形容词夸奖我,我一般都以"谢谢"两字回答,但我并不认同。唯有一位老教授的话我听了很舒心、很感动。他讲得最深刻、最到位,是最理解我的人。他是我母校华东师大85岁高龄的心理学教授孙老师。在去年的一次小型研讨会上,孙老师碰到我,在我耳边说:"我看了你的事迹报道,你做得好,你是活明白了。"

"活明白了",这四个字太确切了,太了解我了。大多数人见到我除了夸奖、赞扬外,还很关心地问我为什么不把钱留给子女,为什么自己不出去旅游,为什么不买套好房子住,为什么不吃得好一点、穿得好一点,等等。我往往无言以对,很难说清楚。孙老师说我"活明白了",帮我最好地回答了这些人的问题。

"活明白了",是指一个人有了明确的价值观和人生观,有了明确的信念和理想,明确的目标和目的。"活明白了",主要体现在做一个明白人,明白自己的社会地位和角色,明白自己的使命和责任;明白自己该做什么,不该做什么;要明明白白做事,堂堂正正做人。一个人"活明白了",就会有明确的前进方向和动力,就会有饱满的热情和昂扬的斗志,就会摆脱个人名利的困扰和束缚。

  回顾我七十多年来的人生历程,我从不明白到明白,直到活明白。我的童年和少年时代是在苦难深渊的旧中国度过的,是在饥寒交迫中度过的。父母亲常说,我们家命苦,是上天注定的。我不明白这是为什么。孩提时,我亲眼看到日本军人举着太阳旗在村头摇曳,看到美国军人驾驶吉普车在马路上横冲直撞,我不明白中国的领土为什么任外国人恣意侵犯。新中国成立后,"三座大山"被推翻了,中国人民站起来了。我进了中学、大学,开始明白了旧中国任人宰割、贫穷落后的原因,明白了如何改变中国"一穷二白"的现状。我在小学毕业时是抱着要摆脱农村贫困生活、为父母争气而到大城市读的。进校后,在党团组织的教育下,在学校老师的教育下,在中华民族优秀文化的熏陶下,在革命先烈、英雄模范人物的影响下,我开始明白了要为改变中国贫穷落后的面貌而学习,要为国家争气,为建设富强的新中国而学习。

  几十年来,我深深体会到做个明白人的重要性,明白做人的重要性,"活明白"的重要性。当我明白了为什么而学习后,学习动力油然而生。由于小学基础较差,刚进中学时,学习很吃力,成绩也不好,我努力地学、刻苦地学,别人花一小时,我就花两小时。平时住在学校,周日也很少回家。当时我的目标是学好知识,练好本领,将来建设祖国。我从小严重营养不良,体质很差。体育老师的一句话"你们要健康地为祖国工作 50 年,要坚持锻炼身体",使我明白了体育锻炼的作用,我坚持每天两次长跑,积极参加各项体育运动,从中学一直坚持到大学毕业,增强了体质,磨炼了意志,为今后承受繁重的工作奠定了坚实基础。在中学和大学期间,我明白了"知识就是力量","知识是人类进步的阶梯",除了学好功课外,还如饥似渴地阅读了许多马列经典著作、哲学、政治理论、文学、历史等方面的书籍,坚持经常写日记。大学里每周举办一次的学术报告会,我每讲必听。我阅读了不少中外名著、名人传记,以弥补我理科学生文科知识的不足。"好脑筋不如烂笔头。"无论是读书还是听报告,我坚持记笔记,像海绵那样吸吮知识。人文知识的积累,写作能力的训练,为后来的教学、科研工作奠定了较好基础。我从小学到大学,一直担任学生干部,在组织能力、活动能力等方面得到了很大锻炼,为后来从事管理工作奠定了较好基础。

"榜样的力量是无穷的。"在中学阶段,在老师的教导下,我明白了要做个什么样的人。刘胡兰、黄继光、董存瑞、保尔·柯察金、吴运铎以及无数革命先烈是我的榜样和楷模,他们的英勇事迹深深打动了我,我决心要像他们那样坚贞不屈、英勇顽强,为国献身。当时我后悔自己生不逢时,没有机会为保卫祖国、抗击敌人而抛洒热血,有一种"英雄无用武之地"之感。在我读大学三年级时,毛主席"向雷锋同志学习"的伟大号召唤醒了我的觉悟。我明白了,雷锋就是和平环境下的英雄模范人物,是我们的学习榜样。我们应该像雷锋同志那样,在平凡的岗位上,爱党、爱国、爱人民,勤奋学习,勤奋工作,从小事做起,从身边做起,干一行爱一行,生活上低标准,工作上高标准,助人为乐,不计报酬。我明白了,平时做好人好事也是一个高尚的人,有益于社会和人民的人。在革命战争年代,先烈们靠理想、信念,靠钢铁般的意志,最后用热血、身躯为国家、为人民打江山、保江山,献出了宝贵生命。然而在和平建设时代,靠什么为祖国、为人民作贡献呢,仍然靠理想、信念,靠钢铁般意志,但不再用鲜血、身躯去献身了,而是用知识、本领来建设江山了。我明白了,要像雷锋那样,努力学习,练好本领,平时多做好人好事,将来更好地为国家建设服务。

我由衷感谢学校老师、党团组织对我的培育,使我成为一个明白人,逐步形成了正确的、积极向上的人生观、价值观和世界观。我小学加入少先队,初中加入共青团,高中加入共产党,从1960年入党的那天起,我确立了"全心全意为人民服务"的宗旨,明白要做一个有益于社会和人民的人,做一个对社会和人民有用的人,做一个为社会发展和人民利益有所作为的人。

大学毕业后,我留校工作。尽管后来遭受十年"文革"的挫折,被批斗、靠边、下放到东北劳动,但始终没有动摇我的信念和理想。我明白,一个共产党员要始终坚持"全心全意为人民服务",始终做一个有益于社会、有益于人民的人。"文革"后我又回到华东师大工作,后来调到上海市高教局、上海大学、上海师大工作。在每一个岗位上,我努力工作、努力学习、努力研究,把"工作、学习、研究"紧密结合起来。我的座右铭是:"无为何入世,入世有所为。"走上工作岗位后,我对自己的要求是:"尽责尽力。"走上领导岗位后,我对自己的要求是："为官一任,造福一方。"在上师大担任校长的六年半时间里,我每天上午7点多钟上班,晚上8点多钟下班,双休日也在学校。我顶住了各种压力、阻力,克服了重重困难,积极开展教学改革、管理制度改革、分配制度改革,大抓环境建设,绿化校园,大刀阔斧改革住房制度,改善教职工住房条件,在政府不投资的情况下,积极走创新发展之路,充分利用市场机制,开发和建设新的奉贤校区等,取得较好成效。在抓改革发展中,往往要得罪人,触及一部分人的利益而受到诘难、非议、匿名告状。但我坚持"全心全意为人民服务"的宗旨,只要对学校发展有利、对广大教职工和学生有利的事,就坚持做下去,而不能考虑个人的得失、荣辱。"千难万险无所惧,任尔东西南北风。"我明白自己的责任和使命,坚持改革发展,义无反顾。我也明白在工作中会有阻力和曲折,会被人抓辫子、找岔子,因此必须保护好自己,才能一往直前。我用"约法十章"作为保护神,始终坚持清明廉洁、两袖清风,始终做个明白人。

  我明白理论是实践的指导,要搞好教育改革和发展,必须加强理论学习,用先进的理论作指导。邓小平关于改革开放的理论、市场经济的理论、中国特色社会主义的理论,为我从事高等教育改革实践和理论研究指明了方向。从改革开放以来的30多年里,我每天工作、学习16小时以上,早上6点起床,晚上11点半睡觉。我不是文科科班出身,缺乏理论功底,但我明白"勤能补拙""笨鸟先飞能入林",只要不懈地努力,辛勤地耕耘,总有收获,总有所得。我在搞好本职工作之余,努力学习和探索教育理论和实践,撰写和发表了400多篇文章,出版了40多部著作(含主编),在国内20多个省(区、市)上百所高校、教育系统讲学2 000多次,还应邀到美国、日本、德国、韩国及台湾、香港地区的高校作学术报告。我结余的300万元主要来自讲课费、书稿费。

  30多年来,我几乎放弃了所有的休息时间,全身心地投入工作、学习、研究之中。我是个惜时如命的人,我明白"时间就是生命","浪费时间无异于自杀"。充分利用时间,提高时间的利用价值,就是延续有限的生命。我最不愿意把时间花在吃喝玩乐之中,我们一家四口从来没有出去玩过一次,从来没有在一起看过电影、进过饭馆。我最大的快乐是奉献及奉献后的收获,我最大的业余爱好是学习和写作。回顾往事,虽然也有内疚和遗憾,但我无悔无愧,我践行了"全心全意为人民服务"的宗旨,我看到了我为社会为人民做了些有益的事情,在"立志、立德、立业、立言"方面取得了一些成果,有一种成就感和自豪感。

当我退位和退休之后,我想得最多的一个问题是如何度过下半辈子,如何继续成为一个有益于社会和人民的人。我明白自己在人世间的时间不会太长了。于是我盘点了自己的家产,我整理了30多年来的文稿,自费出版的三卷本《杨德广教育文选》以及《我的教育人生——从农民儿子到大学校长》,算是对中国高等教育改革和发展的回顾,对我从事教育实践和理论研究的总结,以供教育界同仁和学生们参考,我很珍惜这些精神财富。我的物质财富有积余的100万元书稿费及两套房子,我决定将100万元及卖掉一套房子共300万元捐赠给我的三所母校。

我明白,我这些多余的财产不完全属于我个人的,而是属于社会的。马克思说过,人是社会的人。因此,任何人的成功都不能脱离社会。我之所以有今天,我之所以获得生存、获得教育、获得发展,是在社会各方面帮助、支持下取得的,使我有了一定知识、一定能力,成为大学教授、大学校长。这是我获得财富和成功的先决条件。如果没有一个稳定的社会,就不可能有个人发展的机会;如果没有工人、农民的辛勤劳动,就不可能有最基本的生存权利;如果没有建筑工人的辛勤劳动,就不可能有舒适的住所;如果没有环卫工人的辛勤劳动,就不可能有清洁的环境;如果没有教师的辛勤劳动,就不可能获得丰富的知识;如果没有广大学生到学校求学,我就不能成为大学教师和研究生导师。我明白,我的财富的获得,离不开社会其他人的奉献,包括工人、农民、军人,包括我的老师、同事和学生,我不能把结余的300万元仅仅当作个人的财富、个人奋斗的成果。从本质上说,它来源于社会,来源于其他人的劳动成果,应该回报社会和人民。

我明白,目前我们的国家还不十分富裕,社会上还有不少弱势群体,学校里还有不少贫困学生,我将结余的300万元用于资助我就读过的三所母校的贫困生、优秀生,帮助他们度过学习上和生活上的困难,让积余的财富发挥最大的效益。如果把钱存放在银行的个人账户上,这犹如把社会、把他人给我的钱中饱私囊,占为己有。如果把积余的财富未处置好就离开人间,是一种悲哀和耻辱。我将多余的钱捐助贫困生和优秀生,并立志在有生之年能资助3 000名学生,以实现我退休后能继续做一个有益于社会和人民的人的夙愿。我明白,把多余的钱用于帮助最需要钱的人,花在最需要的地方,是最有价值的。我在读书期间,也是一个贫困生,当老师、同学给我一点帮助时,我非常感动、感激,帮我渡过了难关,增强了前进的动力和信心。我明白,我国自古以来就有乐善好施的优良传统,"先天下之忧而忧,后天下之乐而乐""天下兴亡,匹夫有责"的中华文明一直熠熠生辉,照耀中华大地。为了中华民族的今天,有多少仁人志士、革命先烈英勇奋斗、前仆后继,舍小我为大我,舍小家为国家,献出了自己宝贵的生命。我今天将自己多余的钱用于帮助贫困学生,与先烈们的伟大壮举相比,是微不足道的。

每个人都在追求快乐和幸福,固然,吃得好、住得好、有个稳定的工作与和谐的家庭是快乐和幸福的。这些我都拥有了,这是物质上的快乐和幸福。我明白,作为一个人还要有精神上的快乐和幸福,那就是奉献。那就是要为社会、为人民做些有益的事,永远做一个有益于社会和人民的人。然而我是个退休之人,在工作上已很难有大的作为,但我可以做点力所能及的事,包括做些慈善事业。自2003年退位后,每年新年后上班的第一天,我第一件事就是为学校"爱心基金"和"教育发展基金"捐款,这会给我带来一年的快乐和幸福。每年的植树节,我都为学校绿化至少捐款1 000元,用于购树种在校园内。当看到一棵棵幼苗茁壮成长时,我感到快乐和幸福。每年10月,我去三所母校为贫困生和优秀生颁发奖学金;当看到那些贫困生、优秀生用感激的目光、灿烂的笑脸接受我的助学金、奖学金时,我感到快乐和幸福;当收到一封封受助学生的来信,汇报他们的学习成绩和取得的进步时,我感到快乐和幸福。我明白,从表面上看,我帮助了这些学生,实际上是他们帮助了我,给了我快乐和幸福。

我要永远做一个明白人,永远明白做人,永远"活明白了"。在我有生之年,我仍然要践行共产党员"全心全意为人民服务"的宗旨,要坚持不懈地把资助贫困生、优秀生工作一直做下去,永远做一个快乐和幸福的人。

漫谈生命价值观

此文根据采访录音整理而成。采访者主要围绕生命价值观问题,要我结合自己的经历、体验,谈谈对生命的看法。包括:生命的意义和价值,生命与社会的关系,生命与教育、时间、健康的关系,生命与人生观、价值观的关系,家庭如何开展生命教育,老年人如何发挥生命的价值等。此文是漫谈式的,采访者整理录音后经我审阅修改。

一、生命的意义和价值在哪里

当我看到你们的专访提纲后,我对身边的人做了一些调研,请大家表达自己对人生的看法以及他们认为怎么样的人生是有意义的。这个命题本身就是一个哲学、教育学命题,或者说是伦理学命题。我认为要说清这个,首先要回答两个问题:第一个是"怎么样的生命是有意义的,怎么样的人生是有意义的?"第二个是"怎样使人生有意义?"

显然这个问题没有标准答案,受访者的回答各不相同。有的说人生快乐或幸福就是有意义的,有的说能吃喝玩乐就是有意义的,有的说解决衣食住行就是有意义的,有的说身体健康了就是有意义的。今天上午我碰到一位大学老师,我也问他:你认为人生的意义是什么?他说人生的意义就是能为社会作出贡献。由此可见,什么是人生的意义,百种人有百种看法。

第二个问题:怎样使人生有意义?怎样的生命是有意义的?我认为需要从几个角度来考虑,一个是生命的物质观,即能满足物质生活的需要就是有意义的。另外还有精神生活的追求,因为人生在社会上所要面对的不仅是物质生活,还有精神生活。有些人达到一定的层次以后,他决心要回报社会,要行善,以达到精神生活的满足。在这方面,最高的满足应该说是"助人为乐",我们中国古代这些词是非常有哲理的,你帮助了别人就会感觉到快乐,这就是一种对人生意义的现实表现。

从生命的价值观这个高度看人生的意义在哪里,我认为要在为自己、为家人奉献的基础上,还要为他人、为社会、为国家奉献。所以人生的意义在哪里?我认为有几个层次:吃喝玩乐、知足常乐、助人为乐、奉献最乐。

现在回归到"生命"这个话题。生命是生物体的一种生活的积累,人、动物、植物,都有生命体,都是生活的积累,生命是生活积累的一种象征。其中,个人的生命分为四个层面,从 1.0 到 4.0。

如何对待个人的生命?如何让生命更有价值?必须由小到大、由近及远,在人生的每一个阶段构建好个人生命。为将来出彩的生命、有价值的生命奠定基础。人的生命从 1.0 到 4.0 有一个循序渐进的发展过程。

(一) 生命的 1.0:有一个健康的身体

我们所有人都要爱惜生命、敬畏生命,生命是属于父母的,是属于我们自己的,更重要的是生命是属于社会的、属于国家的。而生命的基础是有一个健康的身体,有了健康的生命体,才能学知识、练本领,发挥生命的价值。健康的身体与遗传、家庭条件有关联,但我的真实的例子可以告诉你们,起决定性作用的还是个人后天的努力。我出生在旧社会贫苦农民家庭,从小营养不良,身体基础不好。经过 6 年中学、5 年大学有规律的生活,坚持 11 年的体育锻炼,我有了强健的身体,为连续 50 多年的工作奠定了坚实基础。我认为健康的身体需要从两个方面入手:一是养成良好的生活习惯,我不抽烟、不喝酒,没有不良嗜好,一天三顿饭,不挑食,以蔬食为主,对身体很有好处。二是坚持锻炼身体,我本来身体很差,是中学老师的一句话"你们要健康地为祖国工作 50 年,要坚持锻炼身体",唤醒了我开始锻炼身体的决心,从那天起我每天两次长跑,星期天也不间断。所以要拥有良好健康的身体,一个与坚持锻炼有关,一个与良好的生活习惯有关。一个人有好的身体是最基本的,它是奠定发挥生命价值的物质基础。这是生命的 1.0。

(二) 生命的 2.0：造就有价值的生命

生命除了健康的身体以外，还要有载体，具体到个人，即要做个有知识、有本领的人。

生命的 2.0 就是学知识、练本领，造就有价值的生命。要努力扩大自己的知识面，提高自己的能力，增强自己的本领。我体会到年轻时代，特别是学生时代要多积累、多学习，打好基础。年轻人要有梦想，要有追求。我一生有过四个梦想，使我一直有目标、有追求，给了我源源不竭的动力。我在农村读小学时就有了第一个梦，即"读书梦"，要到大城市读书。目的是为父母争气，摆脱家庭贫穷生活。读书以后，我的人生观、价值观变化了，认识到读书不是仅为父母争气、为家庭摆脱贫困，而是要为国家争气，改变国家贫穷落后面貌。第二个梦是"图强梦"。20 世纪五六十年代读中学、大学时，学校教育中八个字印象最深："一穷二白，奋发图强"。当时的中国贫穷落后，是"票证时代"，买粮、油、布、肉、糖、肥皂、火柴等都要凭票供应。"落后就要挨打"，西方资本主义国家对我国封锁、打压，激起我学知识、练本领的强烈愿望，树立了为改变我国"一穷二白"面貌而刻苦学习知识、坚持锻炼身体的目标。生命的 2.0 要求我们，不仅要有知识、技能和健康的身体，还要有正确人生观、价值观，树立"全心全意为人民服务"的理念，要具有为人民服务的本领。11 年中学和大学的锤炼，我成为德智体全面发展的学生，实现了"图强梦"。

(三) 生命的 3.0：发挥生命的价值

有了好的身体，造就了有价值的生命体，目的是发挥生命的价值，能够为社会、为人民作出贡献。这就是生命的 3.0。人到了工作阶段以后，就要努力做好本职工作，把自己的聪明才智充分发挥出来，把自己健康的身体、充沛的精力用于工作之中，生命才有价值。要在自己的岗位上发光发热，把生命和对社会的贡献结合起来。有好的身体却不发挥作用，那这样生命的价值没有体现出来；有知识、有能力却不奉献出来，这样的生命也是没有价值的。生命的价值体现在工作岗位上的奉献精神和所取得的成果，在为人民服务中有所作为。这也是衡量一个人生命价值高低的标准。前面讲了我的两个梦，一个是"读书梦"，一个是"图强梦"，这两个梦我都实现了。1965年，我于华东师范大学毕业留校工作，当时我就有了第三个梦：要做教育家。

既然大学毕业了，而且留在华东师范大学工作，就应该立志成为一个教育家。我的座右铭就是"无为何入世，入世有作为"，来到这个世界上就要有所作为，想做教育家必须要有两个条件，在两方面要有所努力：一要有实践，二要有理论。实践方面我有得天独厚的条件，我在教育行政部门工作过，在五所高校工作过，当了16年的大学校长，所以有实践的条件。理论上面，我参加了《高等教育学》的编写工作，在教育理论研究方面取得了成果。50多年来，我在每一个工作岗位上，尽责尽力，担任领导后"为官一任，造福一方"，充分利用自己的身体优势，每天工作、学习10多个小时，取得了管理、教学、科研全面丰收。在教学改革、住房建设、校园环境建设、新校区建设等方面都取得了较好的成效。我承担了10多项重点课题，全国高等教育作出重要贡献的30个人、中国当代教育名家90个人的名单里都有我。我为社会作出的这些贡献，让我深深感受到生命的价值。

（四）生命的4.0：自我实现、继续贡献

生命的4.0是指退休以后，如何发挥生命的作用。一个人退休前，在不同的岗位上工作了很多年，在能力、经验、社交等各方面都已经比较成熟了。退休以后是选择在家"休息"，还是仍然继续为社会、为人民作贡献，发挥生命的价值？这就是生命的4.0。"马斯洛需求层次理论"的最高层次就是自我实现阶段，这意味着到了老年阶段仍然有人在为社会、为人民、包括为家庭作贡献，继续发挥生命的价值，这也是生命的延续。进入古稀之年后，我身体依然很好。因为从生命的1.0到3.0都做得比较成功，为我退休后继续发挥生命的价值打下了良好的基础，让生命的4.0更加精彩。我的生命4.0就是做慈善公益事业。我是个党员，一直履行着"全心全意为人民服务"的宗旨，一直要求自己要永远做一个有益于社会和人民的人，这样生命才有意义，人生才有价值。2010年的时候，我正好70岁，当时我决定卖掉一套房子加上我一直以来的书稿费、讲课费，筹集了300万元，捐赠给我就读过的小学、中学、大学三所母校，用于帮助贫困生、奖励优秀生。我的举动影响和带动了更多的人加入我们的阳光慈善队伍。我们前些年的扶贫以提供营养午餐为主，五年内共有四千多名学生受助。如今以帮困助学为主，从物质扶贫转移到教育扶贫、人才扶贫。我们除了筹集150万元用于一对一帮困助学外，每年还资助西部地区12个省（区）的贫困学生，设立"阳光优秀生"奖学金,帮助他们克服学习上的困难,圆他们的大学梦。我把一半以上的退休金用于慈善公益事业,使我感受到人老后生命也有价值,也可以为社会、为人民作出贡献。我因为做阳光慈善也被评为上海市慈善之星、全国十大新闻老人、全国离退休干部先进个人。2014年,习近平总书记在北京人民大会堂接见了我。我跟他讲了几句话,代表我们上海的人民、离退休的干部向总书记问好。

简而言之,生命从1.0到4.0,是不断发展、升华的过程。1.0生命是要有健康的身体,这是基础;2.0生命是要充实自己,学知识、练本领;3.0生命是在工作岗位上为社会作贡献;4.0生命是自我实现、继续贡献,让生命的价值始终放光出彩。

二、个人生命与社会的关系和定位

个人生命与社会的关系以及与他人的关系也有四个层面,也是从1.0到4.0。

(一) 1.0:关爱个人生命

个人的生命不仅属于个人,也属于父母、属于社会、属于人民。有些人不珍惜自己的生命,吃喝玩乐,甚至酗酒、吸毒,还言之凿凿地说"我的身体我做主,不要你管",错误地认为个体生命只属于个人。其实,生命不完全是你个人的,应该跳出"小我"和"自我"看生命。个人生命的1.0就是要尊重自己的生命,善待自己的生命,要有一个健康的身体,良好的行为习惯,为今后的长寿、为今后能够健康地为社会工作、为人民服务、更好地发挥生命的价值奠定基础。每个人必须尊重自己的生命,那些轻生者、自杀者、不爱惜生命者,是对自己生命的不负责任,也是对父母的不负责任、对社会的不负责任,是一种自私、逃避责任的做法。应该看到,家庭是一个共同体,你属于家庭里面的一分子,家庭成员互相牵连,同呼吸共命运,是相互依存的,不可缺一的。如果你不尊重自己的生命,身体不好,会影响他人。因此,生命教育要从关爱个人生命抓起。

(二) 2.0:关爱亲人的生命

关爱生命,就是关爱家人。个人的生命由父母所赐并养育长大。对父母,对亲人,包括家里的兄弟姐妹、叔叔伯伯等,要关爱、孝敬,因为你的生命和他们息息相关。你们共同生活在一个大家庭、一个大家族里,是生命共同体。家里遇到困难,你必须要无私地提供帮助。20世纪60年代,我在大学里工作,月工资60元,经济上很紧张,但每个月要寄15元给父母亲和姐姐,他们的生活比我还困难。社会上有的人只顾自己的小家庭,对父母、对自己的兄弟姐妹不孝敬、不关心,只顾自己吃喝玩乐,不问父母衣食住行,这是缺少一种基本做人的道德。他不理解个人生命与家人与父母的关系。没有父母哪有你的今天?你今天不善待父母,明天你的子女也可能不善待你。

(三) 3.0:关爱他人的生命

除了关爱个人生命、家人生命、亲人生命外,还要关爱周围的人,关爱他人的生命。他人虽然不是你的父母,不是你家里的亲人,但是社会的人。大家共同生活在这个社会里,可能是同学、同事、朋友、邻居,相知相识,互相往来,同呼吸、共命运。14亿人中只认识这些人,是难得的缘分,大家应该和谐相处,互相尊重,互相关心。要善待周围的每一个人,善待认识的每一个人。我平时非常尊重保安、门卫、清洁工,主动跟他们打招呼,因此他们对我也很客气、很热情。凡是我熟悉的人,谁有困难我就会尽力帮助他,助人为乐。每逢过年过节都请学生来家里吃饭,因为他们家不在上海,每逢佳节倍思亲,我给他们创造一个温暖的环境,改善他们的生活。他们有了困难,包括经济上、生活上、思想上的,我都会努力帮他们解决。让他们感到我们这个社会的温暖,他们就会更热爱这个社会、热爱自己的生命;让他们感到有人在关心他、帮助他,今后别人有了困难,他们也会伸手帮助,这样就能形成一个温暖的集体,推动社会和谐发展。我国是社会主义国家,应弘扬和践行社会主义核心价值观,每个人都要关爱他人、关爱社会,让自己的生命更有价值,绽放光彩。

(四) 4.0:关爱弱势群体生命

要关爱社会上需要帮助的人,尤其是弱势群体、困难群体。人活在社会上不能仅为自己生活得好、家人生活得好。有的人家里有豪华的房子、豪华的车子,经常外出旅游,甚至养有宠物,生活条件十分优裕,这是他们劳动所得,应有的享受,无可厚非。但从生命4.0的高度看,我认为经济状况好了,更要关爱社会上需要帮助的人,尤其是弱势群体。十几年前我开始做慈善公益事业,正是因为社会上还有贫困的人,还有弱势群体,需要帮助他们,这是我的责任。生命的最高价值不是完全为个人、为家人、为亲人,而是为需要帮助的人。过去我也有过困难,得到过他人的帮助,感到很温暖、有动力。现在我生活条件好了一些,有了结余,但不能忘了社会上还有困难群体,还有需要帮助的人。有人说这是政府的事,与我无关。应该看到,我们这么大的国家,由于发展不平衡、收入的差距,有困难群体是正常现象,政府已经做了大量卓有成效的脱贫工作,但作为命运共同体中的每个公民,应伸出爱心之手。这是生命价值的体现,让生命更加光彩夺目,光照人间。我们不能把生命的价值仅仅停留在1.0和2.0的层面上,而应升华到"帮困助弱"4.0层面上。2003年我从校长岗位退下来后,2004年开始每年元旦后上班第一天就捐款给学校爱心基金会和教育发展基金会,已经连续15年了。每年捐得不多,但与年俱进,比如今年是2019年,就捐了两个2019元,用于帮助那些有困难的人和身体有病的人。我之所以把房子卖掉帮困助学,我认为提升了生命价值,非常高兴。同时,我每年植树节捐款1000元,为绿化作一份贡献。前些年我组织了八次大型义务植树活动,一共在上海种了十几万棵树。这样不断地升华生命价值,我认为一个人能够为社会、为人民多做一点有益的事情,生命价值就更大了。

三、生命教育的四对重要关系

(一) 生命与教育的关系

要树立正确的生命观,应加强教育,教育人们怎样珍惜生命,怎样让生命更有价值,学校应开设生命教育课或讲座。生命教育课的内容,包括生命的起源和发展、生命的意义和价值、生命的呵护和珍惜等。核心是人生观教育,人为什么活着,人活着为了什么,人应该怎么活着。我们这代人都经过人生观、价值观教育,印象非常深刻,对个人成长起了很大作用。以前经常讨论这个问题,现在很少讨论了。我认为小学生、中学生,包括大学生中都要讨论人活着为了什么。学校应该用革命先辈、模范人物的人生观、价值观教育学生,用社会主义核心价值观教育学生。生命教育必须从小开始,从幼儿园到小学、中学、大学,都要有生命教育,对老年人也要进行生命教育。比如怎么对待死亡的问题。人生在世差异很大,但是任何一个人都有一个共同点,就是死,每个人都要死,能正确认识这个问题,心态就平和了,对生命就会更珍惜。我对死看得很淡,这一天总要降临在我身上,因此活着的时候多积德行善,不要为个人利益斤斤计较,要把名利看淡一些、把金钱看轻一些、把人生看透一点、把事业看重一点。我希望猝死最好,不给子女、不给别人带来麻烦,自己也减少痛苦。我和子女讲好了,我病重时不要抢救,不要在身上插管,这些措施对我来说没有价值了,活到九十多岁可以了。老年人有了正确的生命观、生死观,可以坦然面对疾病和死亡,更好地安排好晚年生活,度过安详幸福的晚年。由此可见,人生从一开始到每一个阶段,都要加强生命教育,加强对生命问题的研究,这对更好地认识生命、发挥生命的价值有着重要意义。

(二)生命与时间的关系

生命是以时间来计算的,活到 90 岁意味着有了 90 年的生命。但生命的意义、生命价值的大小,并非用简单的阿拉伯数字可以计量的。假如一个人活到 90 岁,而这 90 年里浑浑噩噩,没有贡献,甚至做了坏事,这个人的生命是没有什么价值的。有些人虽然只活了三四十年,但他们为国家、为人民作出了卓越贡献,甚至献出了宝贵的生命,这种人的生命是有极高价值的。一个人平时生命也是以时间来计算,一天 24 小时,如何利用?几小时用于工作、几个小时用于学习、几小时用于做家务、几个小时用于社会公益活动等,还是用于不正当的活动、做损人利己的事情?把时间用在不同的方面会产生不同生命价值。爱惜时间、善于利用时间的人,生命价值就高。浪费时间就是浪费生命,浪费时间等于自杀。我是惜时如命的人,时刻警惕不要浪费时间。40 多年来,我每天坚持工作、学习 16 小时,早上 6 点钟起床,晚上 11 点半睡觉,所以取得了一些成绩,否则我怎么能出 40 多本书、发表 500 多篇文章?平时工作又那么忙,就是靠珍惜时间。有人质疑我没给子女留下什么,房子也不给,钱也不给。我说我把最宝贵的东西给了子女——时间。我从来不让他们照顾我,不让他们为我而花时间,到现在我不需要他们照顾,完全靠自我管理。我有时身体不适甚至住院,也不告诉子女。正是珍惜他们的宝贵的时间和宝贵的生命。同样,他们也给了我宝贵的时间、宝贵的生命,平时也不来找我、不麻烦我。在工作中,与人交往中,我十分守时,上课、开会、报告从不拖延时间。遵守时间就是尊重他人的生命;浪费他人时间无异于扼杀他人的生命,因为时间就是生命。

每逢节假日是我利用时间的最佳时期，是我提升生命价值的最佳时期。可以集中一段较长时间做最重要、最艰难的事情。每年的节假日，我几乎都在办公室里，尤其是一些科研课题，长篇论文、书稿，需要完整的时间、安静的环境。我的大多数科研成果、撰写的文章都是利用双休日和节假日完成的。现在有不少学生太不珍惜时间了，很可惜，三天假日要回家，四天假日要回家，暑假寒假又要回家，浪费掉好多时间，我说这是不珍惜生命啊。我给研究生上课时，每次节假日后第一堂课都要问他们一句话："时间到哪里去了？"问他们有几天在看书学习？我说七天都看书的人举手，没有一个人举手，四天、三天没人举手，连两天学习的人也没有，一天学习的也寥寥无几，把宝贵的时间消磨掉了。消磨时间就是消磨生命。时间可以带来知识，时间可以带来本领，时间可以带来财富，时间就是生命。这是生命和时间的关系。我之所以在工作、学习、科研中取得一些成绩和成果，是时间赐予我的。

（三）生命与健康的关系

人的生命质量高低以健康来衡量。一个人躺在床上，长期生病，需要照顾，这样的生命质量就不高。人的健康有三种：健康，亚健康，不健康。最好有健康的身体，能够自理，能够活动，能够学习，能够工作。亚健康是有一点小毛病，但能够自理。人老了以后有两个阶段：一是老年自理期，即不需要他人照顾的阶段；二是老年依赖期，即不能自理而需要他人照顾的阶段。老年自理期越长越好，老年依赖期越短越好，这样生命的价值就大了。有了健康的身体，才有精力去工作、学习、为社会服务。正因为我有一个好的身体，才能每天坚持用16小时来工作和学习。退休之后，我发现过去的老同学、老同事中不少人已经不能自理，生命垂危。而我的生命力仍比较旺盛，还在继续工作，还能发光发热，正是靠健康的身体。健康与生命是成正比的。越是健康的人生命越长，生命力越强。怎样才能有健康的身体？主要有三个要素：一是平时要坚持锻炼身体，二是要养成良好的生活习惯，三是要有良好的心态。有一个好的身体，不仅有助于提高个人的生命价值，而且有助于提高子女、家人的生命价值，有利于家庭和社会的和谐、健康发展。

（四）生命与人生观、价值观的关系

如何看待生命，是人生观、价值观的问题。前面讲的很多内容都属于人生观、价值观范畴。每个人拥有同样的时间、同样的精力,但用在什么方面,这就是由价值观决定的。比如假期到了,是用在备课、搞研究、做公益上,还是去探亲、去旅游,还是去打工、去挣钱,这就是价值观取向不一样。我认为用在工作学习上和自我发展上,更有价值。又如,有了多余的钱和财产,用于存银行、用于改善住房、用于旅游,还是用于做慈善公益事业,这就是价值观取向不一样。我认为用来帮助需要帮助的人,更有价值。在工作岗位上,是主动积极地工作,勇于担当、敢于负责,还是消极被动、不敢承担责任,这就是人生观决定的。我认为作为一个管理人员,应该在其位谋其政,全心全意为人民服务。我当校长时,牢固树立"校长就是要为学校发展,为官一任,造福一方"的理念,全身心投入学校管理工作中,我每天早上7点多钟骑自行车到学校,晚上八九点钟骑自行车离开学校。双休日和节假日几乎都在学校度过,感到很充实、很愉快、很有成就感。

现在我80岁了还能工作,还能为社会为人民做点有益的事情。我认为这样的生活才有价值,这是我的价值观决定的。所以人的生命与他的人生观和价值观有密切关系。树立正确的人生观和价值观,会使生命更有价值、更精彩。

四、生命的价值渊源——活明白了

(一)"活明白了"的起源

因为我做了点慈善,报刊媒体做了一些报道,说我"高尚、崇高"等等,这是对我的尊敬和鼓励,我还两次被评为上海市慈善之星,2018年又荣获中国慈善最高奖,即第十届中华慈善奖——被评为中华慈善楷模,全国一共28人,上海就我一人。这是对我做慈善的肯定。但说我"高尚、崇高",我却不敢接受,与真正高尚、崇高的人相比差距很大。前几年母校华东师大一位老教授孙老师,80多岁了,跟我在一起开会,他很激动地说:"你的事迹我看到了,你做得对,你做得好,你活明白了。"听了这句话我很兴奋,我说孙老师,你这句话讲得好,讲到我心里了,"活明白了",这几个字我接受。我做慈善,把300万元捐出去,把房子卖掉,都是经过认真考虑、慎重处理的,因为我活明白了。

我明白300万元是哪里来的,它不完全属于我个人,不完全是我个人辛勤劳动的结果。

马克思讲过，人是社会的人，人是社会关系的总和。是党和人民培养了我，具体来说，是学校的老师培养了我，没有老师我哪里来的知识，没有学生我哪能做老师，没有工人我哪有房子住，没有农民我哪有饭吃，这样就想明白了，多余的钱不完全属于我个人，而是属于社会的、属于人民的。想明白这点后就很高兴，于是用于做慈善，这就是活明白了。

此外，活明白的另一个方面，是我知道这个钱应该怎么用。别人问我最多的是：你为什么不把房子和钱给子女？我完全可以给子女，这是天经地义的，是人之常情，无可厚非。但我明白如何让多余的钱用在最重要、最有价值的地方。这些钱留给子女是锦上添花，因为他们已经有了稳定的工作，生活还过得去，要想过好日子，应靠自己奋斗。我们国家还有一些贫困地区、贫困的老百姓，他们更需要帮助，所以我把300万元包括现在把工资的一半以上拿出来捐助更需要帮助的人，这是雪中送炭，更有价值，可发挥更大的作用。如果给我子女的话，他们无非生活上再好一点，多吃两块红烧肉、多到外面旅游几次而已。但是我给那些贫困学生，他们是用在最需要的地方。我收到很多受助学生的来信，他们把钱用在给父母亲看病、给家人买衣服、帮助他们解决困难或者自己买学习用品上，都用在非常需要的方面，发挥了很大的作用，所以把多余的钱用于帮困助学更有价值。

另外从我个人来说，我是名老教育工作者、老党员，从教50多年，入党近60年，应该为传承中华文化传统多做些工作。中华文化传统对我们这一代人影响很大，乐善好施，助人为乐，"先天下之忧而忧，后天下之乐而乐"，"天下兴亡，匹夫有责"，这些都给我很深刻的教育。要继承中华美德不能只喊口号，而要落实到行动上。我父母就是很有慈悲之心的人。那时候家里很贫困，我发现每次有人到我们家来讨饭、讨粮食，母亲总是给人家一点，给我留下深刻印象。我记得解放前夕，我七八岁的时候，有一次邻村晚上发生火灾，我们村上的人看到以后，大家不约而同地拿着面盆、铁铲去救火，我也跟着他们去救火。那情景至今历历在目，这就是根深蒂固的文化传统，永远扎根心中，光彩夺目。

我明白作为一个教育工作者如何教育子女，应该给子女留下什么。我认为家长留给子女最重要的财富不是物质财富，而是精神财富，要教会他们怎样做人，做什么样的人，使他们懂得美好生活靠奋斗而来。物质财富很快就会挥霍殆尽，精神财富则是长期起作用的，并且能创造出物质财富。做慈善已经成为我生活中不可缺少的一部分,是一种带来乐趣的生活方式。现在全家人都参加了"阳光慈善"公益活动,其乐融融,生命的活力和价值更加灿烂。

我以前也是个贫困生,知道帮助他人的重要意义。20世纪60年代我在华东师大读书时,家里一分钱不给我。除吃饭免费外,靠3元钱的助学金维持日常生活。当时我没有棉衣棉裤,是学校补助我的,是解放军的旧棉衣棉裤。棉被没有,也是学校补助的,我感到很温暖,感到是党和人民的关怀,学知识、练本领的动力和积极性更大了。所以在困难的时候得到别人的帮助,不仅在物质上解了燃眉之急,而且在精神上也受到很大的鼓舞,对自己克服困难、战胜困难起了很大的作用。我现在经济条件好了,不能忘记那些经济困难、生活贫困的学生。

2013年我第一次到西部地区,在黄土高坡上,中午吃饭时,我看到小学生从书包里拿出窝窝头、馒头在啃,什么菜都没有,矿泉水、自来水都没有,井水也没有,只有下雨时从山上流下来的地窖水,很艰苦。我看了后眼睛湿润了,没想到现在还有这样一些贫困学生。我觉得自己有责任、有义务帮助他们、关心他们,他们也是生命体,都是我们的骨肉同胞。我们在东部地区,在上海,生活条件好多了。西部地区因地理环境不好,经济不够发达,但也是我们国家的一部分,而且是老解放区,过去为中国革命作出过很大贡献,凭什么我们生活那么好,他们那么差?关爱生命不能只关爱自己的、家人的生命,还应该关注每个人的生命,更要关注那些困难人群的生命。我们平时注意节约点就能够帮助他们。

我到目前为止,没有在飞机场吃过一顿饭,没有在火车上吃过饭,因为感到太贵了,舍不得,一想起那些山区农村的贫困学生就更舍不得吃。有一次,我从哈尔滨到上海,飞机误点四五个小时,我到候机室的餐馆一看,一碗面条68元,我估计还吃不饱,想来想去没买,而是到小卖部买了一包方便面,8元钱,吃得很饱,节省了60元,可以资助20个贫困生的营养午餐啦,这多有价值啊!心里很开心。

去年我参加一个旅游团到美国旅游,多数项目的费用包含在旅游费中,但有一些项目要另外付费。一天下午去看大峡谷,要乘直升机,每人250美元,很多人都去了,我也很想去看看这一世界著名的风景区,犹豫了一下,最后还是舍不得去。我想到250美元折合人民币2 000元,可用来资助600多个贫困学生的营养午餐,那多好啊。有人说我不去参观太可惜了,但我很开心,我认为把这个钱节省下来,能够帮助他人是最有价值的。

近些年来国家在脱贫工作方面投入了巨大的人力、财力和物力,我们应努力工作增强国家实力,包括为国家多交一点税,多帮助国家解决一点困难,让国家能够拿出更多钱来帮助贫困的人。我自从开展"阳光慈善"帮困助学公益活动以来,激励我要过勤俭的生活,不铺张浪费,从不浪费一粒米、一度电做起,从不将剩饭剩菜倒掉开始,多节省一点钱可用于帮助有困难的人。做慈善也激励我努力工作。我年近八十,身体尚好,仍坚持每天上班,从事教学和研究工作以及慈善公益活动。我从管理岗位退下后的15年来,继续带研究生,开设三门课,撰写文章100余篇,应邀到校外和全国各地讲学1 000余场,将所有的讲课费和书稿费全部捐给阳光慈善帮困助学项目。我感到自己活得很有价值。按规定,做慈善可以申请减税、免税,但我从未办理过。一是怕麻烦、怕浪费时间,二是我认为多交点税给国家,有利于国家的建设和发展,有助于做好脱贫工作。国家的税收也是用于社会发展和人民福利的,我多交一点税也是间接为社会、为人民作贡献。在我担任校长期间,我也不赞成搞所谓的"合理避税",该缴的税必须缴,国家利益至上。

很多人问我:你这样做慈善到底给你带来什么好处?我从来没有想到要为个人带来好处。慈善是不要回报的无私奉献。如果考虑回报就不叫慈善了。但是一定要说给我带来什么好处,也有两个方面:第一是我承诺了"全心全意为人民服务"的宗旨,并践行了这个宗旨,说到做到了,证明我是一个讲诚信的人,相信我的人多了,跟我一起做慈善的爱心人士也越来越多了。第二是给我带来了快乐和幸福。因为做慈善很开心。每个人都想生活得开心一点,快乐一点,幸福一点,身体好一点,这是大家的共同点。但开心、快乐、幸福、健康的取向不一样,有的人家里养条狗、养只猫还给宠物穿上衣服,到外面溜达,一天两次,感到很开心、很愉快;有的人买名牌、穿名牌很开心、很愉快;有的人吃一顿喜欢的美食大餐很开心、很愉快;有的人外出旅游很开心、很愉快,这都是不同的生活方式、不同的生活追求,是由每个人的人生观、价值观决定的。上面这些都不是我要追求的生活目标,我认为最开心、最愉快的是能够帮助他人,做个有益于社会和人民的人。

比如,每逢节假日我都邀请在校研究生到我家聚餐,我亲自动手做菜、做饭,大家吃得很开心,我就开心。哪个研究生有困难了,身体不好了,经我帮助后困难解决了,身体好了,我很开心。特别是我捐款帮困助学后,收到好多感谢信,讲述他们收到善款以后的心情,帮助他们解了燃眉之急,对他们的学习起了很大的作用。有些学生本来正处于困境之中,有点悲观失望,收到钱后,他们很高兴,激起了学习动力,对生活充满了希望,并表示要刻苦学习、努力成才,今后也要回报社会,我读了这些信后很开心。我们资助的贫困生中不少人已经考上大学了,提升了他们的生命价值,也提升了我们的生命价值,我非常开心。虽然我失去了一些财产,降低了物质上的享受,但是我为别人的成长,为别人生活质量、生命价值的提升,为社会发展作出了贡献,我得到了精神上的享受,非常开心。这都是做慈善以后的好处——快乐、幸福和健康。慈善是对健康的最好投资。

有人劝我,你已经进入耄耋之年,该好好休息了,何必这么劳累。我说做社会公益事业,做慈善事业,是有利身心健康的积极休息,闲在家里什么事也不做,对身体反而不利。人的生命是有限的,耄耋老人的有效生命所剩无几了。人生就像一张纸,画上100个格子,我已用完大部分格子,更要珍惜剩下不多的生命了。人的生命价值并非由寿命长短决定的,而是由对社会贡献大小决定的。10年前当我进入古稀之年、感到生命不多时,就倍加珍惜生命,抓紧时间多做一些有益于社会和人民的事,让余下的、不太多的生命更有价值,放出更艳丽的光彩。我现在仍然每天上班,每天有做不完的事,今年五一劳动节四天假日,我一天也没有休息,因为感到只能工作几年十几年了,所以要珍惜这个短暂的时间,多做点有益的、有意义的事情,使生命更有价值。尽管已是夕阳西下,但仍然阳光灿烂,让生命放射光芒。

五、生命教育应从家庭开始

(一) 家庭生命教育的举措

家庭是生命组合体。生命教育应从家庭开始,实际上家庭生命教育无时无刻不在,因为家庭是孩子的第一所学校,家长是孩子的第一位老师。每天的家庭生活、父母的言行,都在对子女进行生命教育,关键是有意识还是无意识的。无意识应变成有意识,首先家长应教育孩子树立一个正确的生命观。我认为家庭教育应从以下几个方面开展:

第一,家长要以身作则,身教重于言教。比如说家长要热爱生活,家庭成员要和睦相处,这对孩子影响很大。家长的修养,对人的礼仪言行,孩子都看在眼里、记在心里,有潜移默化的作用。家长不能打孩子。有的人说孩子是我的,他表现不好我就可以打。我认为打孩子是家长无能的表现,缺少文化、缺乏修养的表现,是野蛮行为,切不可取。但是可以惩罚孩子,比如说他喜欢到什么地方去玩、希望做一件什么事,家长可以要求他必须要完成自己交给他的任务,必须要改变他身上不好的行为习惯,做到了就答应他的要求,做不到就不答应,这就是一种惩罚、一种教育。包括孩子喜欢玩手机、玩游戏,家长和孩子要有契约关系,同意他玩多少时间,玩一刻钟还是半个小时。但要商定好:在玩好之前或之后,他要完成对应的任务,比如完成两道题目、做好作业等。这能让他形成一种诚信观念和制约机制,不能随心所欲,不能当孩子一吵一闹就满足他的要求,或者一吵一闹就打他一顿,这都不是正确的教育方法。家长要教会孩子做出规矩,构建必要的契约协议。家长和孩子都不能食言、不能失信。此外,劳动教育也很重要,家长要用自己爱劳动的习惯,用自己的劳动技能、劳动效果来教育孩子、影响孩子,带领孩子一起劳动,让他们独立从事一些力所能及的家务,这样会增强孩子热爱生活、热爱生命的观念。我的两个孩子从幼儿园、小学起就分工做家务,开展竞赛活动,不仅减轻了家长负担,更重要的是促进了他们健康成长。家长要爱孩子,但不能溺爱孩子,家长要尊重孩子,但不能无原则地放任孩子。

第二,对父母要有孝敬之心。家长要孝敬自己的父母,即孝敬孩子的爷爷奶奶、外公外婆,给孩子树立一个孝敬父母的榜样。家长如果不孝敬自己的长辈,怎么教育孩子孝敬自己?因此,家长必须孝敬父母长辈,照料好他们的生活,陪他们看病、带他们旅游等。我和我爱人是典型的"双60",即60年代大学毕业,每人每月工资60元。一家4口共120元,但我们始终坚持照料双方老人。最困难的时候每个月都寄15元给我父母,每次我带着女儿一起去邮局,告诉她给爷爷奶奶寄钱,因为他们很困难,让孩子们从小就懂得要有爱心。我现在做慈善,我儿子、女儿都参加,甚至孙子、外孙女都参加,把他们的压岁钱拿出来捐给贫困学生。因为自己这样做,他们就会跟着我去做,所以家长要为子女树立一个有孝心、有爱心的榜样。还有一个方面,自己要多做善事、多做好事,帮助周围的人,这对孩子有潜移默化的影响。我女儿每年生日及她女儿生日那天,都要为"阳光慈善"帮困助学捐款,这就是一种影响的结果。

第三,家庭的生命教育中反对饲养宠物。每个人对生活的喜爱是不一样的,关于养宠物,有的人很喜爱,有的人不喜爱,有的人很反对,应尊重各人不同的选择。多元化的社会可以有多元化的生活方式。有的老人在家很寂寞,养个宠物陪伴,增添了乐趣,很有必要。宠物也是生命体,只要养了就必须负责任。但我不主张养宠物,尤其在一个健全的家庭里,应把精力集中于关爱人的生命,而不是宠物的生命。因为一方面,人更值得关爱,养宠物要花很多钱,而这个钱可以资助贫困生,帮助需要帮助的人,他们是更重要的生命;另一方面,养宠物对个人的生命没有多大好处,不卫生,污染周围环境,所以我是反对养宠物的。我不允许我的子女养宠物。这是我家庭生命教育的内容之一。我主张年轻人和小孩子不要养宠物,要更多地关爱人的生命,帮助困难人群。有人说外面的流浪狗、流浪猫怪可怜的,我认为这不是我们的责任。我们没有必要承担抚养流浪狗、流浪猫的责任。我认为能够帮助一个贫困人、需要帮助的人,比帮助流浪狗、流浪猫更有价值。我们的责任是让一些贫困的人、需要帮助的人能够得到我们的关爱,我认为这样的生命才更加有意义。

(二)家庭幸福指数的要素

家庭是生命的共同体、生活的共同体,个人的生命状况决定了家庭的生命状况,包括父母和家庭其他成员的身体、学历、能力、工作状况、经济收入、住房等。这些将决定整个家庭的状况。但一个家庭幸福指数的高低,不仅仅取决于钱多钱少、房多房少,而是由多种因素构成的。我认为家庭幸福指数由五个要素构成。

一是住房条件。这是生活的基本保障,个人和家庭尊严的具体体现。不能安居,何以乐业?住房面积适当,人均建筑面积不低于25平方米,有独立的煤、卫,环境较好。

二是家庭成员的收入,除满足日常支出外,略有积余。人均年收入不低于7万元。

三是身体健康状况。人的身体健康状况分为健康、亚健康和不健康。家庭成员的身体全部属于健康的,幸福指数则高。

四是家庭和睦状况。家庭成员要互敬互爱、互相关心、互相尊重,要孝敬父母、关爱子女,共同构建和谐、和睦家庭。

五是奉献精神。一个真正幸福的家庭,不仅体现在物质生活上的幸福,小家庭的幸福,还体现在精神生活上的幸福,给他人幸福。每个人要有较高的境界和觉悟,要有责任感和事业心,努力做好本职工作,热心为社会、为他人服务,积极参加社会公益活动和慈善事业,乐善好施,助人为乐。

家庭幸福指数是否就这五个指标,如何量化,还需要进一步研究,或者叫生命指标,可以把这个课题研究下去,很有意义。

六、老年人发挥生命价值的思路

(一) 老年人的正确定位

一要正确地评估自己,正确地定位。首先,要服老,老了总是要退休的,不要因离开工作岗位而有失落感,因为这是人生必然的途径,要尊重现实,要转换角色,放平心态,尽快融入新的社会环境之中。

二要重新评估一下自己的特点是什么,有什么优势,能做什么事情。特别是身体比较好的人,可利用自己丰富的经历经验、一技之长,从事一些力所能及的事情,包括参加一些社会公益事业、志愿者活动等。

三要把休闲娱乐与学习结合起来。如找几个好朋友、老同事到老年大学去读书,弥补自己的不足。根据自己的兴趣爱好,到老年大学选择喜欢的课程,满足自己的要求,提升自己的文化素养。

四要经常与老同学、老同事、老朋友聚会,外出旅游,充实自己的退休生活。

五要为家庭承担一些责任。主动做点家务事,如照料孙辈、买菜做饭、打扫卫生、绿化环境等,为家人做点力所能及的事情,不要麻烦他们,为他们排忧解难。

(二) 老年人的生命观

老年阶段是生命的最后阶段。经过几十年的风雨沧桑和艰苦磨炼,形成了比较稳定、成熟的人生观和价值观。退休以后,大多数老年人的心态比较平和、淡定。没有工作的压力,没有名利是非之争,希望安度晚年,有一个稳定的生活环境。但也有一部分老年人认为自己老了,不在工作岗位上,有一种失落感和自卑感;还有一部分老年人因身体、经济或家庭关系方面存在一些问题,而情绪低落、烦躁。因此老年人也要树立正确的人生观、价值观,要多想些愉快的事、有成就的事,少想不愉快的事;多一点纵向比较,少一点横向比较,更不要攀比,知足常乐;不要对过去的事后悔、懊恼,往事一去不复返,悔恨防断肠。马克思说过,后悔过去不如奋斗未来。人老后如果身体尚好,还是多学习一些知识和技能,包括手机、电脑的使用,学会上网,学会使用支付宝、淘宝,要跟上形势,提高生活质量。可以多参加一些社会公益活动,这样可以充实和丰富自己的生活,可以给自己带来快乐和幸福,让生命更精彩、更有价值。

我将80岁了,我的人生观是:"无为何入世,入世有所为。"活着就要为社会、为人民多做点有益的事。什么是生命的价值?为社会、为人民作贡献才有价值。有些老年人牢骚蛮多,这个不满意,那个看不惯,多数是人生观、价值观出了问题,是思维方式出了问题。比如:怎样看待社会现实问题?应该跳出小我、从更高的视野看问题。我经常想,治理这么大一个国家很不容易,我们每个人都要为国家分忧,为国家的发展添砖加瓦,少一点指责和牢骚,客观地看待社会发展中的问题。衡量中国社会最根本的一点是看发展与否,人民生活水平是否提高了。答案是肯定的。中国变化非常大,不仅是上海,全国也是如此。有一次我到浙江丽水去,本来一整天才能到,现在几个小时就到了,一个又一个隧道,穿越高山峻岭,打通了许多山洞,很震撼。还有黄浦江大桥、隧道、地铁,这些都是在党和人民政府领导下的成就,这样高速度、高水平的发展非常了不起。有人对言论自由有不同看法,我认为现在是有言论自由的,但言论自由是有条件的,你讲有利于社会发展的话就有自由,反对共产党、反对社会主义当然不可以,包括骂人、诬陷、造谣当然不可以。有人对收入不满意,差距较大,这是历史遗留问题,的确存在分配不公。应该看到,近些年来党和政府不断采取积极措施,增加退休人员的收入。所以,老年人心态要平衡一点,我经常想,毕竟现在已经退休不工作了,能有一个稳定的收入很好了,这样一想就想开了。再想一想,那么大的一个国家,政府要管的事太多太多,国内还有不少贫困的地方需要发展。再想想解放以前的痛苦生活,现在已经非常好了。我们这代人习惯忆苦思甜,想到革命前辈为了我们的今天,连生命都牺牲了,我们还有什么不能丢弃的呢?这样一想就想开了。现在我们的衣食住行都不愁,知足了。我们老年人也要想一想自己的责任,不要光考虑个人得失。思维方式转换一下,心态就平衡了。

最后,我送给老年朋友六个字:别闲、别累、别气。一是别闲。人太闲了不好,要有点事情做。人的健康很重要的一个因素是忙,忙一点对身体有好处。我现在每天做家务,烧饭做菜都是自己来,还在从事教学、科研工作。老年人在家切勿闲着没事做。可以主动做些家务,包括种花、种草,帮助子女做点事情。参加一些社会公益活动,学习、娱乐、健身、旅游、聚会活动等。第二,别累。别太累了。要做力所能及的事,老年人做事、参加各种活动要量力而行,适可而止,把握好一个度。比如外出旅游、朋友聚会不宜太频繁,上网、打牌、看电视、玩游戏等必须适度。太累了必然会伤害身体。第三,别气。老年人容易生气,国家发生什么事情他就生气,把道听途说的事件信以为真,莫名其妙地生气。因此不了解实际情况,不要气。不要老回忆那些不开心的事,不要盲目攀比,不要管子女家中的事。多参加自己喜欢的活动,多与喜欢的人、有爱心的人交往,多做一些好事、善事、开心的事。

另外,老年人要有良好的生活习惯。摸索出适合自己身体状况的生活习惯、作息制度。比如我现在基本不锻炼身体了,不参加健身活动了。但是我每天上下班都步行,至少走六七千步,晚上看电视站着看,边看边活动身体,睡觉前梳梳头,起床前活动手脚,不抽烟,不酗酒,不吃保健品,吃饭不挑食,以蔬菜为主,这些已成为我的生活习惯、生活方式,因此有一个好的身体。

老龄阶段是人的一生中非常幸福的阶段,因为没有压力了,自由度大了,可按自己的需求、爱好安排时间了,可以做自己喜欢的事了,很充实,很开心,很有收获。我最大的爱好是学习和写作以及做社会公益事业。退休后的十多年来,主要从事教学、科研工作、阳光慈善帮困助学活动,指导和培养了20多位研究生,撰写和发表了100余篇文章,作了1 000多次讲座。由我发起的阳光慈善团队共资助了7 000多名贫困生和优秀生。我认为每个老年人都可以根据自己的实际情况、兴趣爱好和专特长,做一些力所能及的事情,继续为社会、为家庭、为他人作点贡献。做一个愉快的老人,健康的老人,充实的老人,有作为的老人。人的能力虽有大小,但只要有这种精神,生活就很充实,生命就更有价值。

七、关于加强生命教育学理论研究的一些建议

开展生命教育很有意义、很有价值。生命教育的内容、形式要拓宽一点,可以形成生命教育学研究系列,包括国外是如何开展生命教育的、是如

何对待老人的,老年人应该如何对待生命、如何开展临终关怀教育等,从幼儿园到小学、中学、大学应该如何开展生命教育,不同的工作岗位、不同的人群应该如何开展生命教育,以及生命教育成功、失败的案例,等等。研究者要把国内外有关生命方面的一些教材和文章搜索出来,然后列成几个提纲,开展专题研究,逐步形成一个生命教育学的理论体系、生命教育的体系,有哪些知识点要梳理清楚。生命理论的问题,包括生理学、社会学、心理学、教育学等各方面的知识,都和生命有关系,都是生命教育的内容。

(荣彬根据2019年的采访录音整理,经作者审阅修改)

在上海师范大学为盲人大学生颁发"校长特别奖"(左一为作者)

百岁教育家潘懋元的精神世界

一、潘懋元先生是我敬仰的老教育家

潘懋元先生长我20岁。今年正值他百岁华诞。我十分敬仰这位老教育家,他迄今仍在带研究生、在上课,在从事高等教育研究,在为我国教育事业的发展、人才的培养,辛勤耕耘,从未停息。今年2月10日上午,我从上海家中打电话给家居厦门的潘先生,向他致以期颐之年的祝福。我还没报名字,他就知道我是谁,他声音洪亮、思维敏捷,向我问好后立即嘱咐我,"现在是非常时期,不要出门,注意安全……"他总是时刻在关心他人。当我得悉他每天还在忙于审读研究生论文,还在看书学习时,感动不已,我无语了,眼睛湿润了!一位百岁老人,至今还在默默地工作、学习、奉献。这是一种什么精神?是什么力量在支撑着他?我一直在思索、在探索他的精神世界、精神动力。

我认识潘先生已整整40年了,从20世纪80年代初,我就跟随他开展高等教育研究,参加他编写的中国第一部《高等教育学》,参与中国高等教育学会筹建工作,参与创建全国高等教育学研究会工作。后来我又受聘于国家人文社科重点研究基地厦门大学高等教育发展研究中心学术委员会委员,几乎每年都有机会和潘先生一起参加学术研讨会和研究生论文答辩会,经常聆听他思想深邃、观点新颖的讲座、报告,亲眼看见、亲身感受他高尚的人格、大师的风范。

2008年,我写过《潘懋元教授与我国第一部〈高等教育学〉》一文,我在文中写道:"潘懋元教授是我步入高等教育研究领域的引领人,是我从事高等教育研究的导师。他为人正直,一身正气,豁达谦逊,待人热忱,思维敏捷,教育观念超前,一直激励着我,是我学习的楷模。"当时潘先生是88岁高龄,

12年过去了,这位"中国奇人、世界达人"仍然健康地、满腔热情地坚守在高等教育第一线。我深感12年前我对潘先生的评价不足以表达他的为人为学,不足以表达我对他的崇敬之情。所以,在庆贺潘先生百岁华诞之际,我很想写一篇"潘先生的精神世界"。但我深感没有深厚的功底和能力写好这篇文章,我想起了"借东风"的典故,即可以借用他人的智慧来撰写这篇文章。数十年来,潘先生培养了1 000多名研究生,直接指导的研究生近200名,师从潘先生的"高足"就更多了。我先后请教和咨询了教育部原副部长林蕙菁、教育部高教司司长吴岩、厦门大学原副校长邬大光、临沂大学原校长韩延明、汕头大学原副校长王伟廉、深圳市教育局副局长许建领、厦门大学教育研究院原院长刘海峰和现任院长别敦荣及著名学者张应强、周川、胡建华、卢晓中、余晓波、田建荣、王洪才等,建立了一个此文的雄厚实力的"后援团",每遇到什么问题就向他们求教。我首先向他们请教了同一个问题:请谈谈"我心目中的潘先生",并用最简练的语言表述出来,不超过100字。

潘先生的弟子们热情洋溢、发自内心的肺腑之言,深深感动了我,教育了我,不仅丰富了这篇文章的内容,而且还让我进一步了解到百岁老人潘先生的精神世界。正是潘先生的为人为学,才博得了每一个学生以及教育界同仁、社会各界人士、外国友人的至诚敬仰、高度评价。下面,就让我首先引用他的几位"高足"对潘先生的评价证明这一点。

林蕙菁说:"师从潘先生使我终身受益,他是我做人做事做学问的楷模。"吴岩用三句话评价潘先生:"对国家来讲,他是一位杰出的当代社会科学家;对教育来讲,他是一位享誉世界的当代教育家;对我本人来讲,他是影响我一生的经师人师恩师!"韩延明说:"潘先生是当之无愧的中国高教泰斗,是一位贡献卓著的人民教育家,他用热血浇铸文字,用心雨滋养学生,他心心念念的都是教育,他是一座奇崛的高等教育研究巅峰。"许建领说:"潘先生是大家、楷模,令人高山仰止。先生之学问、品性和精神,如高远明灯,引我辈前行,潘先生在每一位弟子心中,是神一般的存在,尤其对我来说,是影响我一生的大师,做先生的学生,受益终生。"

我仔细琢磨潘懋元弟子们的评述评论后,最终将潘先生的精神世界概括为四条:创建新学科、奋斗不息的精神;勇立潮头、与时俱进的精神;把事业当生命、无私奉献的精神;以学生为本、大爱无疆的精神。

二、创建新学科、奋斗不息的精神

潘先生是国内公认的、也是国际公认的中国高等教育学学科的奠基者和创始人,始终不渝地致力于高等教育学学科建设,为建立中国特色高等教育学孜孜不倦,锲而不舍,奉献出无限精力。早在20世纪50年代,潘先生就开始从事高等教育的教学和理论研究,编写了《高等学校教育学讲义》。他亲自授课,在教学中,不断充实教材内容,丰富教学理念,为高等教育学学科形成奠定了基础。但在当时的环境下,该学科没有发展的空间。1978年改革开放后,潘先生敏锐地看到教育的春天来了,当年5月,他在《厦门大学学报》发表了《必须开展高等教育的理论研究——建立高等教育学科刍议》一文。同年11月,《光明日报》摘要刊登了这篇文章,在高教界引起了热烈反响。从此便在中国拉开了系统地进行高等教育研究的序幕,潘懋元的名字也随之被高教界所熟知。

学科是相对独立的知识体系。如何通过高等教育理论研究推动高等教育学科建设,形成一门独立学科,并非一件轻而易举的事,而是相当艰难的。学科的社会创建,除了要有系统的理论建构外,还必须具备五个条件:一是有学会组织,二是有专门研究机构,三是有大学的学系,四是有图书资料中心,五是有专门出版社。但潘先生不怕困难,迎难而上。对此,王洪才谈道:"潘先生是勇者,勇者不惧,他敢于担当大任。"他运筹帷幄,精心设计,一方面潜心研究高等教育理论,从1981年就编写了我国第一部《高等教育学》大纲,组织了编写团队;另一方面积极筹建专门机构、学会和学系。1978年5月,他在厦门大学创建了我国第一个高等教育研究机构,接着又马不停蹄地帮助上海、北京、湖北、江苏等地高校建立了高等教育研究机构。1980年,由他发起并与华东师大校长刘佛年、上海市高教局副局长余力共同提出创建中国高等教育学会。经过三年努力,于1983年5月,中国高等教育学会正式成立。当时我代表上海市高教局参加了筹建工作,见证了潘先生是中国高等教育学会的发起人和实际操作者,从学会筹建计划书,到制定章程、大会报告,都是他组织起草的。他为了建立更多的高等教育研究机构和学会,到处奔走,投入了大量精力和时间。他说:"一花独放不是春,百花齐放春满园。"正是他具有的这种战略眼光以及辛勤的付出,在短短的十多年里,中国高等教育研究机构、高等教育学会(分会)、高等教育学专业,像雨后春笋一样破土而出，茁壮成长，为高等教育学学科建设铺平了道路，奠定了坚实基础。1992年中国高教学会有团体会员72多个、专业委员会32个，到2009年团体会员达到700多个、专业委员会50多个。如果没有这些铺垫工程，建立高等教育学学科是不可能的。

创建高等教育学科，最重要的是要有系统的、独立的理论体系，潘先生为此做了艰苦探索。首先，体现在他主持编写了我国第一部《高等教育学》。我有幸参加了这本书的编写工作，亲身体会到潘先生付出的艰辛劳动以及他的博大胸怀和渊博知识。这本书从开始编写就遇到了阻力，如教育界有人认为没有必要建立高等教育学，完全可以由教育学代替，这反映出当时"门户之见""文人相轻"很严重。潘先生以他多年来对高等教育研究的成果以及深厚的理论功底，据理力争，深刻分析了高等教育与普通教育的区别："高等教育是教育的一个特殊组成部分，具有矛盾的特殊性、特殊规律，比普通教育更复杂，不是普通教育一般原理所能直接解决的。"他列举了高等学校面临的10大问题，包括"高等教育事业与国民经济建设的关系、社会结构与高等教育事业发展的关系"等，他说这些问题是我国高等教育大发展、大提高后必然产生的，这就必须通过建立高等教育学学科来研究、探索和解决，普通教育学回答不了、解决不了这些问题。该书的初稿完成后，于1983年11月在华中工学院（现华中科技大学）召开了审稿会，由该校党委书记、著名教育家朱九思主持。潘先生吸取了专家们的修改意见，又着重阐述了几个重要问题，如高等教育学的研究范围、高等教育学的体系、内部规律与外部规律问题等。潘先生主编的中国第一本《高等教育学》的问世，标志中国高等教育学理论体系的建立、高等教育学学科地位的确立。在潘先生殚精竭虑的努力下，1983年国务院学位委员会正式把高等教育学列为教育学的二级学科。从此，高等教育学学科在中国诞生了，这不仅在中国教育史上而且在世界教育史上也是第一个。

潘先生当时已经63岁，到了退休年龄了，但他没有退休，而是继续为高等教育学学科发展倾尽全力、不断前行，帮助其他地区、其他高校建立和发展高等教育研究机构和高等教育学学科。1993年，他又创建了中国高教学会高等教育学专业委员会，担任了两任理事长，第三、第四届理事长由我担任，第五、第六届理事长由张应强教授担任。每年都召开一次研讨会，讨论和研究高等教育学相关问题，潘先生每次都参加，每次都发言，做主题报告，从60多岁到90多岁从未间断。凡是各地、各高校对高等教育研究、对高教改革发展中的相关问题,要请教潘先生的,他总是有求必应,亲历其境,悉心指导。他的足迹踏遍了中国大陆31个省市(自治区)和港澳台地区,他还应邀访问过欧美、亚太地区的10多个国家,将中国高等教育研究成果向国外推广,促进了中外高等教育学术交流。别敦荣说:"潘先生用毕生精力致力于建立高等教育学这门新学科,把高等教育学看作自己的生命,他是用生命在推动高等教育学的发展,维护高等教育学的地位。"邬大光说:"潘先生似乎就是一个为高等教育学而生的学者,在创建学科的进程中,他始终坚信学科的存在价值和生命力,他用自己的生命在维护和拯救高等教育学的生命。"

四十多年来,潘先生这棵高等教育学学科建设的常青树,绽放出艳丽奇葩,结出了丰富成果,对推动我国高等教育事业的发展,对高等教育人才的培养彰显出了强大的生命力。这是潘先生用自己的生命力推动高等教育学的生命力。正如周川所说:"就我师从潘先生三十多年的记忆所及,中国高等教育改革发展历程中的每一重要篇章,几乎都留下他思考的记录,留下他思考的成果。他实际上是把这样一种持之以恒的理论思考,当作自己的生活方式,也当作自己的生命方式和生命的组成部分,因而他能永葆学术青春而不知老之将至。潘先生用旺盛的生命力助长了高等教育学科的生命力,旺盛的学科生命力,又助长了潘先生的生命力。"

陶行知先生曾在《自勉并勉同志》一诗中写道:"人生天地间,各自有禀赋,为一大事来,做一大事去。"潘先生的最大禀赋就是创建中国的高等教育学科,他就是为这一大事而来并为此奋斗不止。潘先生的生命如同高等教育学科一样青春常在,熠熠生辉。

三、勇立潮头、与时俱进的精神

潘先生是位老而不老的"不老松"。"老"是指他的年龄老了,早就超过了古稀之年、耄耋之年,已进入期颐之年。但是他的头脑未老,心理未老,精神未老,他至今还身体矍铄、思想深邃、思维敏捷。直到2017年7月,97岁高龄的潘先生还到北京参加中国高等教育学会学术年会暨高等教育国际论坛并在会上做了精彩演讲。

四十多年来,他在高等教育理论方面,一直勇立潮头,以超前的思想起着引领作用,建立了中国特色高等教育理论体系。他系统地论述了高等教育学的历史、内容、原理、教学、科研、教师、学生。在中国高等教育研究方面的许多新的理念观点,都是潘先生最先提出来的。他最早提出高等教育的外部和内部规律,最早提出高等教育要主动迎接高新技术革命的冲击,最早提出高等教育要主动适应商品(市场)经济的冲击,最早提出中国高等教育大众化要"适度超前",最早提出高等教育多学科研究方法论,高等教育要走多样化的发展道路,要加强高等教育法制建设、重视高等教育公平发展,要大力发展和保护精英教育,要大力发展民办高等教育和应用型本科院校,等等。潘先生在高等教育理论研究方面的新颖观念及丰硕成果,有力地推动了我国高等教育的改革和发展,反过来又促进了高等教育理论的发展,同时也为教育主管部门制定教育规划、重大决策政策,发挥了重要的智囊作用。

老人,往往给人的印象是年迈、落后、保守,但是在高教界提到"潘老",总是给人以"有新思想、新见解、新观念的大师"的感受。每次召开全国性的高等教育研讨会、论坛,只要听说潘先生到会,人们便纷至沓来,专门去聆听他的报告。因为都有新的收获,都能从他那里寻找新的理念、新的研究成果来指导工作。对此,别敦荣说:"潘先生年龄虽大,但始终站在教育最前沿思考问题,有新观念、新思想,从不保守,每次开会、报告、讲话,都有新的内容、新的理念,给人以启迪和教育。"

在这方面我有切身的体会,我就是潘先生新教育理念的受益者。我先后在五所高校工作过,担任了十多年的行政管理工作。我就是经常从潘先生的教育理念中寻找答案,排除疑难,开展工作。印象最深的是,20世纪90年代中期,我在上师大担任校长期间,当时教育经费不足,学校办学十分困难,教师待遇不高,人心不稳。我根据潘先生提出的高等教育外部规律,即"教育必须与社会发展相适应","一方面教育要受一定社会的经济、政治、文化科学所制约;另一方面教育必须为一定社会的经济、政治、文化科学(的发展)服务",积极主张高校要在为社会服务中发展自己,要发展教育产业、建立教育市场。但正当我开始大力发展教育产业时,教育界刮起了一股"教育人本论"的片面观点。有人认为,教育是为培养人服务的,不是为社会服务的,"教育就是教育",教育必须与社会保持张力,保持距离,他们打着教育不能成为政治工具、经济工具的口号,反对教育为社会服务。我当时写了好几篇文章,如《关于建立教育市场的思考》《高等学校要走进市场才能走出困境》等,就受到不少人的批评,压力很大。难道我错了吗?我又认真学习了潘先生的教育理念。潘先生说:"在市场经济条件下,必须运用市场这个手段。"1993年潘先生在《求是》杂志上发文提出的"高等教育必须主动适应市场经济",解除了我的疑虑。我还当面向潘先生请教过,潘先生"高等教育不适应市场经济,难道还要适应计划经济吗?"这句话坚定了我"发展教育产业、建立教育市场"的信心。后来,我根据上海基础教育和人才市场的需求,充分利用学校丰富的教育资源,拓展中、小、幼师资培训市场,开发成人教育市场,发展大专自学考试辅导班,开设非学历大专课程班和研究生课程班,创办老年大学等,并运用市场机制、利用社会资源开发新校区,扩大办学规模,提高办学效益。当时,上师大每年发展教育产业的收入有2亿元,接近政府一年给予的教育拨款。经过七年的努力,学校办学条件改善了,教职工住房改善了,教师待遇提高了,队伍稳定了。1995年全校在校大学生为8 200人、研究生170人、夜大学学生950人、外国留学生150人,到2003年分别发展到了2.3万人、1 500人、1.5万人、500人,本科招生人数从每年1 000多人发展到6 000多人。七年时间里校园建筑面积也从20万平方米,发展到50万平方米,有1 000多户教职工搬进了新房。

以上这一事例也表明,理论一旦被掌握并应用到实践之中,便会产生巨大的物质力量,这些成果的取得,与潘先生先进的教育理念的影响和指导是分不开的。

之所以说潘先生是一棵老而不老的"不老松",是指他一直在思考问题、研究问题,而且观点超前。周川说:"潘先生给我印象最深刻的,就是有非凡的思考力,这是一种始终旺盛而敏锐的理论思考力,这种思考力来自他渊博的知识、扎实的理论功底。"

潘先生这棵勇立潮头的"不老松",不仅体现在理论观点上,而且运用于实践之中,解决现实问题。下面举一例证明。高等职业教育的快速发展,是我国高等教育发展和经济大发展的必然产物,但社会认可度不高。原因之一是教育主管部门把高职院校定位于专科层次,把高职与专科画等号,断绝了高职学生升本的梦想。于是不少学校用"专升本"的方式或"立交桥"的方式,虽然满足了一些学生升本的愿望,但也冲击了高等职业教育,使其难以办出特色,也不能稳定人心。针对这一严重的状况,潘先生于2005年提出高等职业教育"类型论"的观念,批评了高等教育"立交桥"方式并非高等教育大众化的最佳选择。他明确提出高等职业教育不是一种教育层次,而是教育类型,应建立高等职业教育体系。高职也应该有专科、本科、研究生教育,潘先生的高等教育"类型论",对稳定和推动高等职业教育起了重要作用。

对此,别敦荣说:"潘先生在中国高等教育学科发展的四十多年里,一直勇立潮头、率领学界同仁闯出一片广阔的天地,为高等教育屹立于世立下了不朽的功勋。"肖海涛说:"潘先生性格坚强、乐观、敢为天下先,闯出了一条高等教育研究新路,闯出一条'中国制造'新的高等教育学科。"

四十多年来,潘先生在高等教育研究领域,始终是勇立潮头,这源于他刻苦学习的精神。王伟廉说:"潘先生理念新颖、观点超前,来自他坚持不懈,持之以恒的学习、学习、再学习。"他从不落后,与时俱进,站立于时代前沿发表自己的真知灼见。这里再举一个我亲历的例子。我们生活在信息化时代和高科技时代,互联网+渗透到各个领域,智能机器人不仅广泛运用在工业、农业、国防等各个领域,而且运用到教育部门、中小学和高等学校。正当人们忙碌于智能化教学、推进教育现代化时,潘先生却站在时代前沿,发表自己与众不同的独特见解,引领我们前行。2017年在厦门大学高等教育发展研究中心举办的研讨会上,潘先生在主旨报告中提出一个震撼全场的新观念。他提出,高等教育既要培养自然人,还要培养机器人,使之成为专门人才,首次提出"机器人伦理学"观念。他说:机器人向智能方面发展需要伦理的制约,机器人的培养要用法律控制,要有伦理的制约。机器人同自然人共同生存在新的社会中,如何和谐相处还必须具有新的伦理道德以及生活能力。这需要通过设计者对"机器人"进行道德教育、情感教育、美育等,使之与自然人和谐共处,共同推动未来社会的发展。他强调指出,如何把机器人培养为未来人才,将是高等教育所面临的艰巨任务,但也开辟了广阔发展空间,需要各方面专家通力合作。这是一个全新领域,也是一个新问题。

活到老学到老的潘先生就是这样一位理念新颖、观念超前的教育学家,他将我国高等教育引向一个又一个新的领域。

四、把事业当生命,无私奉献的精神

潘先生一生最大的理想是做一名教师,最喜欢的职业是做教师。他从15岁当小学教师起,做了一辈子教师,成为一名优秀的教师、杰出的教师、全国教师楷模。他之所以如此出色并取得巨大成功,是由于他不仅把教师当作一般的工作、一般的职业,而是当作一生追求的事业,当作自己生命的组

成部分。习近平总书记说:"好教师心中要有国家和民族,要明确意识到肩负的国家使命和社会责任,而不能把教育岗位仅仅作为一个养家糊口的职业。有了为事业奋斗的志向,才能在老师这个岗位上,干得有滋味,干出好成绩。"潘先生就是有为国家、为民族、为社会的发展、为教育事业的发展而奋斗的志向。

数十年来,潘先生一直把教师职业当作事业、当作生命,他把全部精力、整个生命都献给了教育事业,正是他毫不利己、专门利人的无私奉献精神,促成他崇高的人格,成就他丰硕的成果。

其一,职业是有特定任务的。作为教师,完成教学、科研任务,上好课,教好学生,承担一定的科研项目,担当一定的社会兼职,完成领导交办的事情,经考核合格,组织满意,学生满意就很好了,就是一名称职的教师了。但事业却不局限于这些分内工作的完成,而是从国家利益、人民利益出发,从教育事业的改革和发展的高度出发,主动地去关注、担当,去努力学习,艰苦探索。长期以来,潘先生所从事的工作远远地超出了自己承担的任务,大多数是分外之事。如他创建中国特色高等教育学学科,建立高等教育学研究基地以及硕士点、博士点,创建中国高等教育学会、高等教育学研究会;他花了大量精力,付出了艰辛劳动,探索高等教育大众化途径,他关注和探索高等教育与政治、经济、文化的关系,高等教育的体制建设、质量保障,关注和探索中国民办教育的发展、高等职业教育的发展、中国高考制度的改革等等。如果仅把工作当职业,那么完成分内之事就满足了,万事大吉了,若遇到困难曲折就绕道而行或一推了之;但要把工作当作事业,就必须迎难而上,披荆斩棘,完成使命。正因为他把教育工作当作党和国家的事业,因此就把办好教育、育好人才这一党之大计、国之大计,看成是一个老共产党员、老教育工作者分内之事,是自己的使命和责任所在,必须倾其全力,为之奋斗。

其二,职业是有特定空间的。教师职业的空间在学校、院系、教研室(所),在这特定的教育空间里,完成特定的任务就可以了,而事业不局限于某一特定的空间。潘先生作为厦门大学副校长、教育研究所所长,本可以在厦门大学、在高教所完成本职工作就很好了,但他的足迹却踏遍了中国31个省市(自治区)和港澳台地区以及一些国家。因为高等教育事业是跨越学校、地域、跨越国家的,不可能局限于一所学校或一个地区所能完成的。比如创建高等教育学科,必须要有一个团队,要在多所高校试点,要建立全国性的学会。又如,高等教育的改革和发展,需要调研、交流、合作,那就不能局限在狭小的空间里。潘先生从黑龙江的黑河到海南岛的三亚,从长三角到珠三角,从云贵高原到青藏高原,从重点大学到地方高校和民办高校,不论哪个地区、哪所学校需要,他都义不容辞去指导工作,贡献出自己的智慧。潘先生96岁高龄时,还应邀到上海师范大学讲学,研究生们近距离地与这位仰慕已久的、学富五车、幽默睿智的高教泰斗在一起,欢声笑语,深受教育和鼓舞。潘先生数十年来,扎根中国大地,走遍大江南北,不辞辛苦,到处奔波,就是为事业在奋斗,发挥无私奉献精神。

其三,职业是有特定时间的。职业有固定的上下班时间,有固定的节假日,教师还有固定的寒暑假,而事业不局限于一定的时间。对于把事业当生命的潘先生来说,他工作的时间大大超越了规定的时间。数十年来,他只有上班时间,没有下班时间,没有节假日、双休日,他像珍惜生命一样珍惜时间,几乎把所有生命时间都用于教学、科研、培养学生和参加社会活动之中。他从20多岁一直奋斗到100岁,生命不息,奋斗不止。他珍惜时间就像珍惜生命一样,他从不把时间用于个人享乐上,而是花在他钟爱的教育事业上。他站在国家教育事业发展的战略高度,为国家培养优秀人才的高度,奉献出自己最宝贵的财富——时间。生命是用时间计量的,时间就是生命,他一心一意地把生命献给了党和国家的教育事业。如果把工作仅当作职业,斤斤计较上下班时间、退休的时间,到时就下班,到龄就退休,就可以回家休息、回家安度晚年了。而潘先生从青壮年到古稀之年、到耄耋之年都没有休息,直到100岁还坚持上班,坚持工作,以伟大的家国情怀、无私奉献的精神投身于教育事业。对此,胡建华说:"潘先生精神具体表现在崇高的事业心和强烈的责任心,潘先生不仅仅把职业当作工作,而是看作毕生奋斗的事业,为之奋斗。"

潘先生的责任心、事业心,不仅体现在创建高等教育学学科上、高等教育研究上,而且具体体现在努力上好每一节课上,体现在他对工作的高度热忱、高度负责。对此,朱乐平举了两个例子,我听了很受感动。2016年9月,厦门遭强台风肆虐,厦大校园一片狼藉,车辆不通,学生们劝潘先生不要来上课了。潘先生说:"不能耽误学生的学习,已经商定好的上课时间、地点,不得改动,必须按照原计划进行。"当他艰难地迈着蹒跚的步履准时到达教室时,在场学生无不动容,响起热烈的掌声。他就是这样把事业放在第一位,把工作放在第一位,把学生放在第一位。2018年夏天,潘先生98岁那年因病住院并动了手术,家人和学生们非常担忧,他却很淡定,很坚强,只要身体稍有好转,就抓紧时间学习工作。一般常人,包括年轻人,住院打点滴、动手术、做放疗等,情绪会十分沮丧、消沉,而这位"奔百"老人,在病榻上仍然在阅读教育方面的文章,审读教育部征询他意见的文件。每一个到医院去探望他的学生,看到这位身体瘦弱的导师有如此坚强的毅力和高度的社会责任感,都深受感动,不禁潸然泪下。

潘先生总是把握时局潮流,时刻关注我国高等教育政策的变化,体现出一位老教育家高度的使命感和事业心。当他发现教育主管部门出现偏差或有不同看法时,总是仗义执言,挺身而出,拨正方向。正如王洪才所说:"他是勇者,勇者不惧,他敢于担当,敢为天下先,敢于主持正义。"卢晓中也说:"潘先生的高度责任感和事业心,不仅体现在他对高等教育学科的创建和发展,而且体现在对国家高等教育重大政策的建言献策上。"

此外,潘先生还总是用事实说话,体现出他对我国教育事业高度的事业心和责任感,体现出他高瞻远瞩的战略眼光。例如,教育部在继1995年提出"211"工程、1999年提出"985"工程以后,2017年又提出加强"双一流"建设方案。全国有137所高校进入"重点高校""重点学科"建设的行列,这对于推动高等教育的发展起到了一定的激励作用,但也产生不同的反响和后果。被列入"双一流"的学校欢喜鼓舞;没有列入"双一流"的高校,有的"烧钱"花巨资"买人才""买学科",拼一流;有些没有希望进入"双一流"的高校,悲观失望,丧失信心;还有的学校内部相互指责,埋怨校领导无能。针对这一现状,潘先生从全国高等教育发展战略的高度出发,深刻地指出,我国目前有2 000多所高等学校,每所院校都应有其自身的特点和各自需要承担的任务,不应为了追求排名或头衔就放弃自己的特色,向统一的衡量标准看齐。他强烈呼吁应将"双一流"精神泛化到各类高校,让其各自争取属于自己的一流,从而达到高校多元化发展的目的,避免高校被逐渐"同化",丢失原本的特色。潘先生的这一呼吁,犹如给所有高校注射了"强心剂",激励每所高校从本校实际出发,本地实际出发,创办自己的一流,发展自己的特色。潘先生就是这样一位对党对国家和人民赤胆忠心,把职业作为终生奋斗的事业。虽然他并不在位,但始终在关注教育的变革和发展,始终在贡献自己的智慧。正是这种无私奉献精神,他博得了学界和社会的高度赞扬,在人们心中享有崇高威望。

五、以生为本，大爱无疆的精神

潘先生用他毕生精力创建中国特色高等教育学，投身于高等教育研究和实践，勇立潮头，与时俱进，把职业当事业、当生命，毫不为己，无私奉献，充分体现他爱党、爱国、爱人民、爱教育的家国情怀，他不忘初心和使命，为实现理想信念，奋斗不息，矢志不移。正是这种大爱精神，潘先生也由此赢得了教育界和全社会的崇高敬意。

潘先生是一位大爱无疆的人，他的大爱精神还体现在他对学生的爱、对教师的爱和对周围所有人的爱上，对此，韩延明说："潘先生的教育理念是以生为本，他热爱学生、心系学生、潜心培育学生，育学生成长和成熟，授学生知识和智慧，教学生成长和成人，引学生创业和创新。"他爱院如家，爱生如子，王伟廉对此谈道："潘先生爱院胜于爱家，爱生胜于爱子。"刘海峰也说："潘先生十分关爱学生，关心研究生的学习，对学生的作业或期末小论文都是一丝不苟地加以批改。"潘先生积极为学生创造良好的学术环境，每周六晚上在他家举行周末沙龙，二十多年从没有间断，让学生在轻松的氛围中获得各种信息。此外，他还创办了每周学术例会制度，即每周一上午不排课，留给学生、教师做学术报告，开展学术讨论，让学生在其中深受熏陶。

在撰写此文前我打电话给别敦荣，请他谈谈"你心目中的潘先生"。他脱口就说："潘先生对人太好了、太好了，不管什么人，只要找到他，有求必应，无论是不是他的学生，无论认识还是不认识，无论是硕士生还是博士生，都关爱备至。"对此，吴岩说："先生从教 85 年，教过的学生成千上万，每一位学生都从心底崇敬他，敬仰他，除了学问、学术外，更多的是朝夕相处的日子里，先生的人格和精神的光辉深深地感染着每一个人，感动着每一个人，也潜移默化地改变着每一个人。"卢晓中也说："潘先生的大爱包括对人，尤其是对学生的爱，不仅是生活上的关心，而是对人生的方方面面的关爱。每一个学生对潘先生都是有口皆碑，赞不绝口。"

潘先生对学生的爱可以从一些研究生的口述中得到证明。如西南交大的闫月勤说："在我心目中，潘先生是一位全方位育人的典范，他不仅是课堂育人，传播知识育人，不仅是以身作则，高风亮节，而且在日常生活中，对研究生高标准、严要求，随时纠正我们身上的不足和偏差。当年，我在厦门大学做博士论文时,工作量大,很艰苦,我就自费住在招待所里。先生知道以后,批评我不该搞特殊化,坚持要我搬到校外租房,并发动师弟师妹帮我租到房子,他亲自帮我准备好生活用品,严慈有加,我感动不已,深受教育。"从东北黑河市来厦门大学攻读博士的青年教师宋丽丽也感慨地说:"我虽然不是潘先生直接指导的博士生,但潘先生是爱生如子、最温暖的人。先生听说我来自东北黑河,关怀备至,问我生活习惯吗,表扬我跨越千里来南方求学不容易,嘱咐我南北温差大,要照顾好自己。先生在我心中,一直是教科书上才能看到的泰斗级人物,此刻对我如此关爱,句句话语暖入心扉。"宋丽丽回忆潘先生周末沙龙,激动不已,她滔滔不绝道:"先生家的沙龙活动,特色而温馨,每周六晚上7点半开始,师生间漫谈,邀游在学术前沿。我们在享受学术大餐的同时,还有各种特色美食品尝。先生总是让大家吃完再走,吃不完就让大家打包带走,还不忘叮咛我们一句:年轻人肚子饿得快,要多吃一些!每次都是饱享脑福和口福,依依不舍地离开先生家。参加先生家的沙龙成为我每周最幸福的事儿。"每年春节,潘先生都邀请留校学生到他家吃饭,共度除夕之夜,让大家感受家的温暖。他的学生们说:"先生家的晚餐是世界上最美味的食物,有家的味道。"

潘先生关爱学生的事例不胜枚举,去年我亲自经历了一件事。我熟悉的一位青年教师罗志敏博士,写了一本关于大学校友问题的专著,要我请潘先生给他写序。他说,让潘先生给他写序不好意思,为了减轻潘先生的负担,他起草了一个初稿,请潘先生修改后签上字。我抱着试试看的心理,把书稿和序的草稿,一并托人交给了潘先生。让我意想不到的是,潘先生不仅欣然答应,而且没有用那篇帮他拟好的草稿,亲自为罗博士的专著写了序。罗博士对此很激动:"潘先生这种对学界后辈的提携和关爱之情,让我感慨万分,终生难忘。不仅帮我的书稿写好了序,更重要的是教会了我做人做事的道理。"

潘先生大爱无疆的精神,感动了每一个人,感染了每一个人,温暖了每一个人。在厦门大学教育研究院形成了一个十分温馨的、团结和谐、积极向上的集体,激励每一个人奋发努力,成才成人,并且带到各自的工作岗位上,在全国各地开花结果。凡是潘先生弟子所在的地方,都折射出一种潘先生精神。对此,田建荣说:"潘先生把教书育人作为自己全部的生活,在他的启示下,形成了一个和谐融洽、师生有爱、互动频繁、教学相长、开拓进取的学术共同体。无论在教育教学、学术研究,还是日常生活中,潘先生始终是我们的学术灵魂,教育教学的伟大导师和日常生活最贴心的知心人。"他还说:"在厦门大学高教所,潘先生就像一个大家长一样,关心、呵护、指导、体恤每一个学生,在潘先生的影响下,厦大高教研究所形成的独特的氛围,是一种让人有归属感,永远不愿离去的家的味道,是许多毕业生已经离别多年后,却永远牵挂着的第二故乡的情怀。"

潘先生的大爱精神,还体现在他慷慨解囊、创建了潘懋元高等教育基金会以激励师生们在高教研究方面取得更多更好的成果。潘先生把他在汕头大学兼职和在日本广岛大学合作研究所得的酬金全部拿出来,后来又不断注入,个人的捐款达60多万元,共筹集有200多万元的基金。每年发放一次"懋元奖"奖教奖学金,旨在激励高等教育研究者秉承厦门大学"自强不息,止于至善"的校训精神,秉承潘先生几十年来积极倡导并率先垂范的"板凳甘坐十年冷,文章不写半句空"的学术精神和"敢为天下先"的创新精神。截至目前,已有120多位优秀师生获此殊荣。对此别敦荣谈道:"潘先生贡献突出,得到各种奖励无数。每获大奖,他总是把奖金全部拿出来拿给全院教职工,或捐给潘懋元奖教基金。他平时过着俭朴的生活,用节省下来的钱帮助贫困学生,奖励优秀学生。"

六、未竟的结语

以上四个方面的精神,并不足以反映潘先生整个精神世界,只能说反映他一部分精神世界。潘先生之所以数十年来,直到期颐百岁,始终在学习、研究、工作,他的生命一直在绽放光和热,这与他的纯洁的、崇高的精神世界在支撑着他密切相关。然而,精神再崇高,如果没有健康的身体,手不能写,脚不能走,整天躺在病床上,则不可能释放精神的能量。潘先生的精神世界之所以能大放光彩,与他有一个健康的身体密切相关。潘先生健康长寿的秘诀是什么?这也是我探索的内容。

科学证明,人的健康长寿,取决于三大因素:一是遗传基因,二是坚持锻炼,三是心态良好。潘先生的遗传基因我没有考证过,但后两条我亲有所见,亲有所闻。我每次跟他外出开会,都可以看到他早晨起床后坚持打太极拳,中午有休息片刻的习惯,从不暴饮暴食,起居很有规律。前几年,我请教过潘先生长寿诀窍是什么,他回答我两个字:动脑。我也请教过他的多位高足,潘先生健康长寿的秘诀在哪里,张艳辉总结道:"潘先生健康长寿有两大因素：一是多动脑。潘先生认为身体是受大脑指挥的，大脑运动比身体运动更重要。二是开朗的心态。潘先生有过坎坷曲折，夫人长期生病，"文革"期间下放劳动，工作中有压力，学科建设遇到阻力，但他始终开朗乐观，以坚忍不拔的精神面对现实，克服困难，从不消极忧愁。"肖海涛总结了潘先生健康长寿的因素有五条："一是精诚开拓赤诚守望的事业；二是持之以恒受益终身的锻炼；三是立足理论关照现实的思考；四是乐观平易开放通达的心态；五是热爱祖国积极进取的精神。"张应强也说："潘先生是一位视学术为生命的人，学术就是他的生命本质，不断开拓创新，学术常青，生命常青，这是他永葆青春的奥秘。"

美国科学家跟踪研究了1 500多位高寿者的秘诀，结论是"拥有良好的心态"。精神的力量和物质的力量是相辅相成的，相互转换的。潘先生强大的精神力量，浩瀚的精神世界，促成他成为健康的百岁老人，而健康的身体又促进他的精神世界得以绽放出灿烂的光芒。

（原载《中国高等教育评论》2020年第33卷）

与著名高等教育研究专家潘懋元教授（左）合影

我遇到过挫折和困扰

此文是2018年上海人民广播电台《都市夜归人》节目主持人叶杨(简称"叶")对我(简称"杨")的采访录音的文字稿。

叶: 他平易近人、一身正气、爱生敬业,担任校长时,人称"自行车校长""绿化校长""平民校长";而作为一名高等教育领域的专家学者,无论在职期间还是退休之后,他始终把教书育人、助人兴学当作一种责任、一种使命。他就是上海师范大学老校长杨德广。今晚我们就来听杨校长讲故事。

杨: 我是个老教育工作者,快80岁了,出生于江苏农村贫苦农民家里。生下来以前,我父母已经决定把我送走,因为家里养不活我。结果生下了双胞胎,还是龙凤胎。这样家里面更加承受不了,所以我父母准备把我们两个都送掉。后来我姐姐苦苦哀求,说把男孩留下,把女孩送掉,所以我那可怜的妹妹给我垫底了,被送掉了。因为家里非常贫穷,母亲身体很不好,我只能吃豆渣、米汤、豆芽汤。我出生不到100天,全家人从南京逃荒来到了江苏农村。到农村后,我七八岁就要下地劳动,到山上挖野菜、敲小石子,帮助家里维持生活。我经常听我父母讲,我们家命苦、命不好,但是我又不知道什么是命苦、命不好。解放以后,读了书之后,我才知道不是命苦、命不好,而是社会制度不好,"三座大山"不好。所以解放以后,我们这一代人高唱"没有共产党就没有新中国"是发自内心的,因为我们自己受到过"三座大山"的压迫。我母亲因积劳成疾,43岁就去世了。她去世之前跟我讲了一句话:"要争气,要有本事。"直到现在,这句话我还铭记在心中。怎么争气,怎么有本事?那时不叫梦想,叫目标。我母亲说了这句话之后,读小学时我就有了第一个梦——要到大城市读大学。因为读大学,就有知识、有本领。当时很清醒,要用知识和本领,改变家里的贫穷落后的面貌,为父母争气、争光。读中学后,受到系统的教育,认识到我们国家现在"一穷二白",我不能仅仅为了改变家庭,还要为改变我们国家"一穷二白"的面貌而发奋图强,不能仅为父母争气,还要为国家争气。在中学读书时,我对自己各方面都严格要求,我初中入团,高中入党。高中毕业考进全国重点大学——华东师范大学,实现了第一个梦想——"读书梦"。我的第二个梦是"图强梦"。我就读的中学和大学,思想教育工作都做得非常好,坚定了自己的理想和信念,尽管在"文化大革命"期间,我被批斗,下放到东北,但我也没有改变自己的理想信念。从入党的第一天起,我一直用九个字要求自己:全心全意为人民服务。五六十年代,党团组织和老师时常告诫我们,我们的国家现在"一穷二白",落后就要挨打,必须奋发图强。只有自己强才能国家强。有两件事情促进我奋发图强:一是从小学到中学,也就是抗美援朝时期,外国飞机经常在我们中国领空附近盘旋,侵犯我们中国的领空,老师讲到这些事非常激动:"为什么我们国家的领空,外国的飞机在盘旋、侵犯,就是因为贫穷落后。"有一次,陈毅外交部长作报告,说为什么我们在联合国没有地位、没有发言权,为什么外国的飞机在我们的领空盘旋,我们却打不下来,就是因为我们国家"一穷二白",我们国家缺少两个"弹"——原子弹和导弹,如果我们拥有了,就能把美国飞机打下来,就能在联合国有发言权。所以,那时候"发愤图强、学知识、练本领"就变成了一股学习动力。那时我的志向是做飞行员,要把美国的飞机打下来。初中阶段,要写我的理想、我的志愿之类的作文,我都是写要当飞行员。我出版的一本书叫《从农民儿子到大学校长》,这篇作文就放在里面。"图强梦"一直激励我前行。现在,我经常问大学生:"你们现在读书是为了什么,为什么而读书?"不少人回答不出。那时候的我们就是为了改变国家的"一穷二白"的面貌而勤奋努力。第二件事情,1960年8月28日,我从南京到上海来读大学,这是第一次乘火车,以前没有乘过火车。到华东师大后,发现中山北路公交车上背了个大橡皮袋,不知里面是什么东西。一问老师,才知道里面是液化气或煤气。当时中国没有汽油,美国封锁我们,苏联卡我们,大庆油田当时还没有开发出来,因而汽车背着沉重的包袱缓缓地在马路上行驶。当时我很气愤苏联和美国对我国的封锁,下决心要发愤图强,要学知识、练本领,要改变国家"一穷二白"的面貌。其中练本领包括锻炼身体。到大学毕业后,我身体素质很好。本来我身体很差的,因为家庭贫穷,奶水也没喝过,是忍饥挨饿长大的。读中学后,老师的一句话,"你们要健康地为祖国工作五十年,要锻炼身体",激励了我,听完老师的话,我当天下午就到操场开始锻炼身体了。我每天坚持两次长跑,早上一次,下午一次,跑了11年,所以身体就好了。在"图强梦"的驱动下,我在德智体美全面发展的道路上不断前进着,我图强梦的标准是:大学毕业+身体好。由于我身体很好,实现了为祖国健康地工作50年的目标。现在进入古稀之年,仍然能够上课、做慈善,与中学和大学的基础是分不开的。1965年我于华东师大毕业后,阴差阳错,留校担任校团委书记,当时是上海市高校最年轻的团委书记。一年后,"文化大革命"爆发,我作为团委书记,肯定是保党委的,所以我就被打倒了,下放到东北去劳动,"文革"后又回来了。当我留在华东师大工作后,我萌发了第三个梦,那就是努力做个教育家。我深感中国的教育理论大多数都是外国的,如夸美纽斯、赫尔巴特、洛克、杜威、凯洛夫等人的教育理论,我认为中国要有自己的教育理论,要把马克思主义教育理论和中国具体实际结合起来构建。我当时的目标就是要成为一个教育家,虽然实现不易,但至少要朝着这个目标去努力。后来我被下放到东北劳动,以为这个梦不可能实现了,然而"文化大革命"结束后,没想到我又回到了华东师大工作。从华东师大到上海市高教局、上海大学、再到上海师范大学,我当过上海市高教局的副局长、原上海大学校长。新上海大学成立后,著名科学家、教育家钱伟长任校长,我是常务副校长。1996年我到上海师大当校长,退下来之后,又到民办高校当校长,先后在五所高校工作过。要成为一名教育家,既要有教育实践,又要有教育理论。在教育实践上,我有丰富的经历和体验。另外,在高教研究方面,我出了40多本书,发表了600多篇文章,参加了潘懋元教授主编的中国第一本《高等教育学》的编写工作,2013年被中国高等教育学会评选为对中国高教研究有"重要贡献学者"之一(全国共30人),2017年被中国教育学会等七家单位评选为中国当代教育名家。有人认为我是教育家了,那我的第三个梦基本上算是实现了。第四个梦,就是退休以后怎么办?那就是我的第四个梦:我要做慈善。

叶:您一辈子高歌猛进,有没有沮丧和困扰的时候?

杨:不长,但也遇到过挫折和困扰。比如,"文化大革命"时,我被打倒了,"造反派"说我是"走资派""修正主义分子",我想不通,我怎么会是"走资派"呢？我是一心一意为社会主义、共产主义奋斗的人啊，一直以革命先烈为榜样。那时学习革命英雄事迹，历历在目。如"砍头不要紧，只要主义真，杀了夏明翰，还有后来人"，以及董存瑞舍身炸碉堡、黄继光舍身堵枪眼事迹等，印象极深。我立志要成为这样的英雄，我怎么会是"修正主义分子"呢？当时我想不通。后来就逐步想开了。"文化大革命"是一场闹剧，当时"造反派"中不少人平时表现很差，于是出来造反，把我批斗，让我游街。但他们动摇不了我的理想和信仰。还有不少事情，特别是做了校长以后，做好事却有人不理解也曾困扰过我。从我的内心来说，我真的是想为学校的发展多做好事、实事。校长，校长，就要为学校发展，而不考虑个人利益。这是长期来受党团组织和学校的教育、中华传统文化的熏陶以及家庭教育的结果，我没有个人任何私利的考虑，但有些人不理解、不相信。比如，1996年我到上师大后办了几件事：

第一件事是解决上师大教师的住房问题。我发现教师住房非常困难，当时上海市平均住房面积是7.3平方米，我们上师大教职工的平均住房面积只有6.8平方米。大学教师住在什么地方？我去家访过，不少人住在弹钢琴的琴房里。4～5平方米住一家人，13平方米的房子，分配给两对结婚户，中间隔了个三夹板，或者轮流住，一家人住一个星期。人们常说"教师是太阳底下最光辉的职业"，但我们的教师住在没有太阳的房子里面，这叫什么社会主义大学？！我眼睛湿润了。经过调研，我承诺，保证三年内解决上师大教师的住房问题，三年不解决，我辞职。我提出住房制度改革，即取消福利分房，上面要一点，学校出一点，个人缴一点，做"大蛋糕"，就解决问题了。然而当时的上海高校还没有实行这样的政策，主要采取福利分房，这样一来，不少人就很有意见，特别是那些排队排了五六年的教职工，正好这两年轮到他们福利分房了，就是你杨校长来了以后，把他们的福利分房弄没了。尽管只要每人拿出一两万、两三万元即可，但原本是可以不交钱的，因此很有意见。有的人跑到我的办公室指责我；有的人写告状信，说"上师大来了个新校长，名字叫杨德广，不顾我们教师死活，一来就取消福利分房"；有人背后攻击我，说我搞房改是为了自己捞房子，甚至写匿名信到市纪委说我捞了两套房子。我早就声明过我不要上师大1平方米的房子。我主张房改的目的，就是要解决学校教职工的住房问题，而不是为了解决我个人的住房问题。我是校长，更是一名党员，就是要全心全意为人民服务，如果连教职工的住房问题都解决不了,叫什么为人民服务？这是我的真实想法。我经常骑着自行车到处找房源、找关系,对此,多数人理解和支持我的做法,但总有少数人,不断地告状,不断地写匿名信,我曾经是有点想不通的。也有人劝我:"杨校长算了,下面很有意见,你不要做啦。"我说不能算了,我不是为了少数人,我是为了全校的人。这个时候是什么发挥作用了呢？就是刘少奇的《论共产党员的修养》。刘少奇说:"一个共产党员要全心全意为人民服务,要顾全大局,要忍辱负重,委曲求全。"我一想到这几句话,一想到自己是名党员,马上就振作起来,下定决心要把这件事做下去。经过三年的努力,上师大教师的住房问题解决了,1 000多户教职工搬进了新房。那时候房子便宜啊,2 000多元钱1平方米,最便宜的房子——"海上新村",我通过一个校友的关系,每平方米才1 700元,买了40多套。当时有的老师嫌弃房子不好,我就硬动员他们购买,后来证明凡是购买的都"发财"了,增值了二三十倍。所以,有时候也遇到一些困扰,但是自己要坚定,没有私心,就能坚持下去。

第二件事是解决上师大的环境问题。上师大还是很漂亮的,小桥流水,丹桂飘香,林荫大道,树木很多,但花草很少,上下水道不通畅。由于当时教育经费不足,改造校园能力有限。校园里杂草丛生,垃圾乱扔。外来人说上师大是"破落地主",我听了很不是滋味。经过调查研究与分析,我就做出了第二个承诺:保证三年内,把"破落地主"变成"花园单位",否则我辞职。当时我提出的目标,要将上师大变成"土不见天、绿树成荫,花不间断、四季飘香"的绿色校园。有人不相信,说我吹牛,我说我从来不会吹牛,我是有把握的。我做过调查研究,无非是解决两个问题:第一个是钱从哪里来？第二个是劳动力从哪里来？关于钱的问题,上级不可能拨款给学校搞绿化,我带头捐款,并发动全校捐款。我把自己一个月的工资捐出来。劳动力的问题,开展全校绿化校园义务劳动,连续三年,开展双休日轰轰烈烈的义务劳动,每次我都带头参加。全校师生员工踊跃报名参加。修路、植树、种草皮、搬掉垃圾山、填平低洼地,装了1 000多卡车的建筑垃圾和泥土才把学校的低洼地填平,然后再种上草皮。很多媒体很兴奋,说多少年没有看到的生动活泼的场面,在上师大看到了。1999年和2002年,上师大被评为上海市"花园单位"和"全国绿化四百佳"。为了绿化和美化校园,我既出钱又出力,但也有人非议和反对,做一件事真的不容易啊！有人说我搞绿化是为个人捞好处,也有人写匿名信,说我在"刮共产风",搞"一平二调"。有一次,有位副教授气呼呼地到我办公室抱怨:"杨校长,我们对你很有意见。"我询问缘由。他说:"你现在搞绿化,就是1958年的'共产风''一平二调'。"我想这封匿名信可能是他写的。我就请教他,何为"共产风""一平二调"? 他说:"你不通过教师的同意,就把我们教师节的钱不发给我们了,这不是刮'共产风'么? 动员大家捐款,不就是搞'一平二调'么?"我当即就明白了,当年教师节的钱的确没有发给大家,作为集体捐款搞绿化了,因为绿化没有启动资金,是应急之举。这里面有个小故事。有一次我走在路上,有几位教师开玩笑地对我说:"杨校长,考验你的时候到了。"我问"考验什么?"他们说:"下个月教师节,你准备给我们发多少钱呀?"我说:"教师节还要发钱? 我不知道啊,王校长走的时候没有交代过呀。"我又问他:"你们去年发了多少钱?"他们说去年每个人发了100元。所谓"考验"是指我今年能增加多少。后来我和财务处商量,打算增加50%,也就是每个人发150元。消息很快就传出去了,说"杨校长很小气,今年只发150元,干脆把我们当250算了",很有意见。我想多也不好,少也不好,总有人不满意,干脆就不发了。当时正愁搞绿化没有钱,不如把30万元集中起来投到绿化上,作为集体捐款搞绿化。于是我召开了座谈会,听取老同志及各方面的意见,大家都很赞成,他们说"100元钱对我们无所谓,你只要能把上师大的面貌改变,怎么做都可以"。我心中有底了,经校长办公会讨论通过,30万元教师节的钱没有发给大家。所以有些老师很有意见。实际上,第二年夏季发冷饮费时补给大家了,每人多发了150元。30万元绿化捐款发挥了很大作用,我们用这一举措去感动"上帝",结果真的奏效了,市教委、徐汇区和园林局领导对上师大捐款搞绿化、校长及教授带头捐款建设绿色校园很赞赏。第二年,市教委拨给了上师大40万元专项经费搞绿化,后来又拨款500多万元修建了运动场。其实政府就看你能不能做事,只要能做出事情,是愿意多投资的。学校的面貌就改变了。在搞校园环境建设中,除了有人说我刮"共产风"外,还有人写匿名信,说我为个人捞好处,为个人树碑立传。对于任何一件事有不同的看法是正常的,但说我搞绿化为人捞个人好处实在不理解,曾困扰过我。我说校园里"氧气足了,绿气浓了,负离子高了",大家都享受,又不是我一个人吸收的。这种情况下,我有时也会想,做好事值得不值得? 也有人劝我:"算了吧,不要做了。"后来一想,不能就算了。对我而言,我的信念就是要"全心全意为人民服务",毛主席讲的为人民服务要完全彻底,要毫不利己、专门利人,刘少奇讲的忍辱负重、委曲求全,激励我排除困扰,勇往直前。包括后来的奉贤校区开发。

1998年,市教委领导把我和书记叫去,说上海要大发展、要扩招,主要依靠两所学校:上海大学和上海师大。因为我们是地方院校,主要招收上海的学生。市政府给上海大学投资8个亿,而不给上师大经费。因为我们有一个奉贤校区大部分土地闲置在那里,要求我们解放思想、开动脑筋,利用新的机制,把奉贤校区开发出来。回来后,我一传达,反对声一片,许多人认为办学是政府的事情,政府给多少钱,我们办多少学,奉贤校区要开发,不给钱无法开发,不干。有些校领导也担心没有钱怎么发展。我据理力争必须开发奉贤校区。我认为不发展更加没有钱,发展了钱就来了。还有人说:"奉贤校区那么偏远,谁愿意去?"我说不把它建设好,人家当然不愿意去啊,只要建设好就愿意去。当时,我就提出"大学校长一要找市长,更要找市场"。不找市长,没有钱,不找市场,钱不多。所以我们可以通过找市场,把奉贤校区建设起来。当时也有不少议论困扰过我,对我的情绪是受了打击的。有人说我那么积极地开发奉贤校区,是因为要退休了,要给自己找条后路。当时我已经58岁了,"是找后路的时候了",不少人怀疑我开发奉贤校区的动机。所以又有人劝我:"杨校长算了,外面对你的意见很大,不要做了。"我深思过,首先我并非为自己找后路,问心无愧。这件事关系到上海教育事业发展问题,奉贤校区能不能开发,直接影响到上海今后的招生规模能不能扩大、能不能满足更多人上大学,我不能考虑个人的名义、他人的非议,要坚定不移地把事情做好。当时的党委书记林樟杰很支持我,事情就好办了。经过三年的努力,奉贤校区开发起来了。后来教育部部长带领一些高校的书记、校长到奉贤校区考察,他们说很震撼,赞扬了上师大,"政府没有投钱,却把学校办得那么好,在杭州湾畔建立了一个非常美丽的大学园区"。奉贤校区建好后我即退位了,没有在那里"留后路",被一所民办高校聘任当校长了。

叶:您开发奉贤校区怎么筹到这笔资金的?

杨:这个说起来就复杂了,我们采取了七条措施,包括贷款、置换、利用BT模式、利用企业的资金等。比如,我们本来有一所师专在卢湾区,置换成8 500万元,其中2 000万元投到奉贤校区。有些建筑项目,包括图书馆、教学大楼等,请外面单位出资,请外面单位来建设,若干年以后,逐步地将投资

(含一定的利息)再还给他们。另外,有八幢学生宿舍完全靠引进外面的建筑公司带资来建造,我们1分钱不投,建好后由他们收取8～10年的住宿费,作为投资的回收,现在已经回收了。在建设中,我们精打细算,降低成本,一分钱当二分钱用。由于学校信誉度高,市教委承担一部分贷款贴息,因此企业很积极、很乐意投资,银行很乐意贷款,这就是"诚信资本"的价值和作用。我们总共花了3亿多元就把奉贤校区建设起来了。本来该校区仅有学生1 700多人,现在已经有2万多人了。后来,许多家长都不希望学生到市区来读书,就打电话给我,说"我们孩子就在那边读下去算了"。我说不行,我们是"2＋2"教学模式,奉贤两年,市区两年。说明建设好了,还是能吸引人的,关键还是要解放思想,抓改革,抓发展。后来我每次到奉贤校区去,都有一种自豪感和成就感。

叶：谢谢您讲的精彩故事。

在去上海师范大学上班的路上

常溪萍是我人生的榜样

> 我于1960年至1965年在华东师范大学读书,毕业后留校工作,5年的大学生涯,在德智体美劳各方面都得到很大发展。华东师大良好的校风、教风、学风对我影响很大,尤其是常溪萍校长的高风亮节、全心全意为教育发展、为全校师生员工服务的精神深深感染了我、教育了我。我告诫自己将来要做个像常校长这样的人。三十年以后我担任了上海师范大学的校长,就是以常校长为榜样的。常校长的精神鼓舞我、指引我、教育我前行,让我像常校长那样以坚定的理想信念努力做好本职工作,关心全校师生员工的生活,推动教育事业发展。在华东师大5年的学习成长,为我以后的工作及从事慈善事业奠定了坚实基础。
>
> 本文根据2017年10月我在华东师范大学纪念常溪萍诞辰100周年大会上的发言整理成稿。

我于1960年9月至1979年5月,在华东师大度过了我人生最重要的20年时光。最初5年的本科教育,是我长知识、长身体及人生观、价值观形成和发展的重要阶段,为我以后50多年的工作、学习、生活奠定了坚实的基础。1965年毕业后,我留校工作,成为上海高校最年轻的团委书记,但好景不长,厄运随之而来,一年后遇到了"文化大革命",造反派把我打成"保守派""保常派""走资派"。1971年在"干部四个面向"运动中,我被下放到东北劳动。粉碎"四人帮"后的1977年又重新回到华东师大工作,1979年调到上海市高教局工作,后又调到上海大学、上海师范大学工作,一直在教育岗位上。转眼之间,已成为古稀之年的退休老人。

回眸往事，思绪萦绕，感慨万千，一言难尽。50多年来，在我的脑海里，华东师大给我留下了太多太多的记忆。华东师大有一个美丽的校园：宽敞整洁的林荫大道，如诗如画的夏雨岛，百花争艳的植物园，清澈涟漪的丽娃河。华东师大有一大批学术造诣精湛的教授，有宏伟壮观的教学楼。还有：白天龙腾虎跃的共青场，夜晚灯火通明的实验室，每周三晚上大礼堂里的学术报告，上海市"卫生绿化标兵"的红旗。这些都给我留下了深刻的印象。然而，华东师大给我留下的最深刻、对我一生作用最大的记忆，是常溪萍精神。50多年来，常溪萍精神一直在影响我、激励我，我一直以常溪萍为学习的榜样、人生的楷模。虽然在华东师大5年的学习期间，我很少接触到常溪萍，也没有直接交往过，但他的教诲、他的身影，他深入群众，一心一意为华师大的发展，为师生员工勤奋工作、无私奉献的精神，一直在群众中传颂着，人们都亲切地叫他"常校长"。实践证明，思想是可以辐射的，道德是能够熏陶的，感受是会穿透的。常校长的人格魅力，耳濡目染于每一个华师大人，深深印记在我的心中。我们华师大都为有这样一位"焦裕禄式的好干部"而感到自豪、感到幸运。正因为常溪萍以他崇高的品格、伟大的人格，在华师大人心中树立了一座高大的丰碑，所以当"文革"初期，政治流氓聂元梓窜到上海，要"打倒常溪萍"时，遭到华师大绝大多数师生员工的强烈抵制。一部华东师大的"文革"史，就是以激烈的"打常"和"保常"开场的，可谓是唇枪舌剑、针锋相对，保常派的力量远远超过造反派。但是由于"四人帮"反革命集团的操纵，尽管"保常"势力很强大，也未能挽救常溪萍同志被迫害致死的悲惨结局。

逝者如斯夫！历史的年轮终于将逆历史潮流而行的"四人帮"反革命集团和政治流氓们碾得粉碎，一大批像常溪萍这样被迫害、遭受不白之冤的好干部、好同志，终于昭然雪耻。但"文革"惨痛的教训不能忘记。我们今天纪念常溪萍，不仅仅是还常溪萍以清白，而是对"文革"的控诉和彻底否定，绝不能让这一历史悲剧在中国重演。我们今天纪念常溪萍，更重要的意义，是要弘扬常溪萍精神，这是华师大宝贵的精神财富、精神遗产，我们应倍加珍惜，弘扬光大，用常溪萍精神来教育我们的下一代。

什么是常溪萍精神？常溪萍精神不是空的，不是虚无缥缈的，而是实实在在的，是看得见、摸得着、学得到的。我把常溪萍精神概括为四句话：对共产主义信仰坚定不移的精神，对革命事业无限忠诚的精神，对工作和人民无私奉献的精神，对自己勤俭廉洁自律自强的精神。

自 1965 年我从华师大毕业,走上工作岗位后的 50 多年来,我一直以常校长为榜样,仿效常校长那样做事做人,在常溪萍精神激励下,努力工作,努力学习,取得了明显的成效,深深体会到"榜样的力量是无穷的"。1979 年因工作需要,我调离了母校华师大,但华师大良好的校风、常校长的优良作风,一直在影响我、激励我前进。我后来担任过上海市高教研究所所长、上海市高教局副局长、原上海大学校长、新上海大学常务副校长、上海师范大学校长、震旦职业学院院长,兼任中国高等教育学会副会长、全国高等教育学研究会理事长、上海市高教学会常务副会长、中国民办教育研究院副院长等,先后被授予上海市五四青年奖章、全国绿化先进个人、上海市首届教育功臣提名奖、上海市员工信得过的好领导、上海市社会主义精神文明建设十佳好人好事奖、第五届上海市慈善之星、全国十大新闻老人、全国离退休干部先进个人等。2014 年 11 月,在北京人民大会堂受到习近平总书记的接见。这些是工作方面的主要成绩。在学术方面,我是教育学二级教授、博士生导师,享受国务院特殊津贴的专家,30 多年来共承担省部级以上科研项目 10 多项,有 20 多项科研成果获省部级以上科研成果奖,出版专著(含主编)47 部,发表论文 500 多篇。

以上成绩的取得,要感谢我就读过的小学、中学、大学三所母校对我的教育和培养,更要感谢常校长的榜样作用、楷模作用,感谢常溪萍精神对我的鼓舞和激励。正是在常校长的影响下,我把"无为何入世,入世有所为"作为座右铭,我的做人的准则是:永远做一个有益社会和人民的人。退休以后,我坚持做慈善事业、公益事业、帮困助学工作,这一切都离不开常溪萍精神和常溪萍元素在我身上的作用。下面介绍一下我在上海师范大学当校长时,怎样以常溪萍为榜样开展工作的。

一、以常溪萍为榜样,建设绿色校园

1960 年 8 月,当我第一次步入华师大时,首先被美丽的华师大校园深深地吸引住了,校园内绿树成荫、鸟语花香、干净整洁。这是常校长苦心经营的结果。他说:"我们共产党人全心全意为人民服务,就必须为师生创造一个良好的生活环境。"为了搞好绿化,学校里专门设立了绿化科,干部的周四劳动,学生的学农劳动都安排一定的人力和时间搞绿化。校园内每一块地方都划了卫生包干区,由各单位包干。令人感动的是常校长身先士卒,以身

作则,自己也包干了一个垃圾箱,早晚各打扫一次。政教系二年级学生许世展平时很关注公共卫生,主动打扫走廊、盥洗室,常校长不仅树他为卫生标兵,还请文工团编排话剧"一代新风",大张旗鼓地宣传搞卫生的社会主义新风尚。在常校长身教言教的带领下,华师大成为风景优美的绿色校园,成为20世纪60年代上海市绿化卫生标兵单位。广大师生员工在这样的环境里学习、工作、生活,非常舒心。当时我想,如果一直能在这样的环境下工作该多好。没有想到,30年后我被调到上师大当校长,当时我就暗下决心,要以常校长为榜样,把上师大建成像华师大那样的绿色校园。

1996年6月的一天,当我来到上师大报到,察看了校园后,心里凉了半截,这里离绿色校园差距太大。上师大是一所地方高校,长期以来办学经费不足,学校地下水道堵塞,水电设施陈旧,一下雨就积水成潭,教学大楼、学生宿舍要"抗洪救灾"。校园内树木不少,但花木不多,草地很少,教学大楼、学生宿舍前后,到处是杂草丛生,垃圾乱倒。家属区违章搭建很多,有人戏称"上师大校园像破落地主"。我下定决心要把上师大建成绿色校园。首先学习常校长全心全意为人民服务的精神,他把改善学校环境,与"是不是真正为人民服务"紧密联系在一起。这使我认识到,为人民服务不能仅放在口头上,更不是口号,而是要落实到行动上。连校园环境也搞不好,谈什么为人民服务?在一个破烂不堪的、杂草丛生的环境里如何培育优秀人才?不能树木,何以树人?连学校的清洁卫生、树木花草也管不好,如何管人、育人!以常溪萍为榜样,就要像常溪萍那样,努力为上师大师生员工创造一个良好的学习环境、工作环境和生活环境。当时我提出三年把上师大建成"土不见天、绿树成荫,花不间断、四季飘香"的绿色校园,三年内把"破落地主"变成花园单位。有人说我在"吹牛",我说"我是华师大毕业的,不会吹牛"。建设绿色校园,有两大难关:钱和劳动力。在我建议下,采取了两大举措:一是发动大家捐款,我带头捐,每年至少捐出一个月的工资,三年全校师生捐款150万元;二是组织周末义务劳动,我带头参加。连续三年的双休日全校义务绿化劳动没有间断。媒体报道说"多少年没有见过的轰轰烈烈的义务劳动场面在上师大重现了"。当时,我在大会小会上宣传搞绿化的好处,亲自动员各单位捐款搞绿化,亲自组织并参加义务劳动,有人说我不务正业,说我大事不抓抓小事,还有人说"杨校长到园林局当局长蛮好"。非议很多,压力很大。我想到常校长说的创造一个良好的校园,就是全心全意为人民服务,再对比华师大美丽的校园,坚定了我抓绿化的决心和信心。经过三年的艰苦努力,上师大校园面貌发生了巨大变化。我模仿华师大,在全校建造了海棠园、桂花园、紫藤园等十个园区。为了把全校造成绿色校园,对家属区严重违章搭建,坚决全部拆除,阻力非常大,但我的决心更大。首先要求党员干部带头拆,骨干教师带头拆,对那些违章搭建难度大的关键性人物,我亲自登门去做说服工作。最后剩下几个"钉子户",经过多次反复做工作就是不肯拆,我亲自去找了徐汇区区长,依照法治程序最后强行拆掉。1999年,上师大被评为上海市花园单位,2000年被评为全国绿化四百佳。上海高校仅上师大获此殊荣,超过了我的母校华师大。为此,我本人还荣获"全国绿化奖章",大家都亲切地叫我"绿化校长"。由于上师大绿化环境好,成为上海市著名观光景点之一,成为多部电影、电视剧的拍摄基地,对提高上师大的知名度、增加生源,产生了积极影响。这一成绩的取得,要感谢母校华师大,感谢常溪萍校长。

二、以常溪萍为榜样,关心群众生活,解决住房困难

常溪萍是位"心中装有群众,唯独没有自己"的优秀干部。他为解救人民群众的疾苦,20岁时就参加了革命。在革命战争年代,他"指挥作战,多谋善断,智勇双全"。在险恶的战争环境里,他始终"密切联系群众,紧紧依靠群众,与群众同甘苦、共命运"。在他当专员的时候,部队粮食很紧张,但他首先考虑的是"让群众吃饱肚子","常专员一次次把军粮挪给群众"。他密切联系群众、关心群众疾苦的作风,从部队带到了地方。1954年常溪萍到华师大工作后,关心群众,联系群众,一心一意为学校谋发展,为群众谋利益的好作风是有口碑的。他每天上午会到教室和学生一起听课,或到系里参加教师的教学活动;午饭时到学生食堂吃饭,向学生了解学校情况,听取意见;下午是他开会、阅读文件、处理公务的时间,4点半后,他就到操场与学生、教师一起参加体育活动,打篮球;晚饭后,他会出现在学生宿舍、图书馆或实验室。5年里,我多次在学生宿舍和图书馆看到常校长的身影。周末,他经常去教师、职工家里串门、谈心,每周日,他都要召开不同类型、不同对象的座谈会,借以联系群众,了解学校情况,听取批评和建议。常校长为了教职工和学生的身体健康,打算建一个游泳池,由于没有经费,决定在丽娃河上建造,他带头跳入水中挖河泥,感动了全校师生员工,很快建好一个露天游泳池。在常校长倡导下,还建造了一个灯光球场。他要求各系在下午4点半以后,要把学生全部赶到操场上去锻炼身体。据他夫人陈波浪回忆,常校长在华师大工作了13年,每年春节、元旦都不在家里过,总是和教工、学生在一起过春节。总之,华师大的每一个地方,都留下了常校长的足迹,在教室、图书馆和实验室,在操场、宿舍和食堂,到处都能见到和蔼可亲的常校长,无论是老教授还是大学生,无论是教师、干部还是职工家属,无论是司机、门卫还是炊事员,都对常校长怀有深厚的感情。

我1996年到上师大当校长后,许多方面都模仿常校长的做法。我坚持每天到学生食堂吃饭,每个月到学生宿舍去看看,经常到教室里去听课,到图书馆、教学大楼转转,周末和节假日骑自行车到教职工家去访问。有一年春节期间,我与校办主任、人事处处长骑自行车访问了37户教职工家,媒体还专门作了报道。常校长说"我们要关心广大群众的疾苦",给我留下了深刻印象。新时期群众的疾苦是什么? 我到上师大后做了两个月的调研,发现广大教职工的温饱已不成问题,最大的困难和疾苦是住房太差。我想,关心群众疾苦,就要解决教职工的住房困难。当时上师大教职工住房人均仅6.8平方米(建筑面积),低于上海市人均住房7.3平方米。几十户教职工住在废弃的仅4~5平方米的琴房里,原来的集体宿舍每间仅13平方米,没有独用的煤卫,有的副教授一家三口住在里面,许多结婚户没有住房,一间房子给两家结婚户轮流住。我走访了三四十户教职工家,深深感到上师大教职工的住房太困难了! 人们都说"教师是太阳底下最光辉的事业",而我们的大学教师却住在没有阳光的房子里,这是多大的讽刺! 教职工不能安居,何以乐业? 我下决心要解决教职工住房困难,并立下"三年不解决教职工住房困难,我辞职"的军令状。我做了调研,走访了市教委和住房开发商,召开了多次教职工座谈会,寻找解决困难的途径。我建议取消福利分房,集资建房购房,即"向政府要一点,学校补一点,得房者个人拿一点"。但阻力很大,尤其是遭到那些已经排队多年即将可以享受福利分房的人的强烈反对,还有人造谣说我这样起劲抓住房是为了自己捞房子。也有人好心劝我不要这样起劲抓房改了,吃力不讨好。我顶住了重重压力,我说:"吃力不是为了讨好,而是为了解除教职工的住房困难。"我和分管校领导、后勤部门同志到处找房源、找土地、筹集资金,经过三年的努力,住房改革成功了。全校增加了4.7万平方米住房,1 400户教职工住进了新房,教授可享有住房面积110平方米,副教授和处长90平方米,讲师80平方米。这在当时上海高校中住房标准属于比较高的,有些名牌大学的教授很羡慕我们(他们仅75平方米),我说"你们靠牌子,我们靠房子"。

由于住房问题解决了,稳定了教职工队伍,调动了教职工的积极性,还引进了一批高水平的教授、博士,有力地推动了上师大教育事业的发展和教学质量的提高。我以常溪萍为榜样,把常校长"关心群众疾苦"的精神落实到行动上,产生了积极效果。

三、以常溪萍为榜样,严以律己,勤俭廉洁

常溪萍的一生是克己奉公、勤俭廉洁的一生,在革命战争年代如此,在和平环境里也是如此。在战火纷飞的年代,无论部队在行军中,还是到达驻地,他总是首先照顾好每一个人的生活和安全,从不考虑个人的安危。有一次,他患有严重的肺结核病,仍带病进山抢救伤员,寻找伤员,直到把伤员全部送到后方医院;严寒的冬天,他把自己的羊皮大衣脱下来送给养牛的饲养员,把自己仅有的一双力士球鞋送给踏三轮车的工人。他到华师大当党委书记兼副校长后,诸如这些先人后己、克己奉公的事迹举不胜举。下面列举我在华师大所见所闻的几件事。

三年自然灾害时期,常溪萍为给国家节省汽油,坚持不坐为他备好的轿车,出门开会都是骑自行车。他当了中共上海市教育卫生工作部部长后仍坚持骑自行车上下班。他从来不接受别人的礼物,不占公家的便宜。有一次,校办工厂给他送来一些大闸蟹,他立即送给了正在开会的干部们吃。组织上给他家装了一部电话,他专门做了一个小木箱,凡是非公事打电话,一律投5分钱硬币。他唯一的女儿从上海机械学校毕业,按规定可以留在上海工作,常校长坚决不肯,结果分配到湖北工作。还有一件我亲眼看见的事:1962年华师大发大水,不能行走,要乘船通行,学校里有几艘舢板船,有些身体不好的女同学上课、吃饭要坐小船往返,身为党委书记的常溪萍校长赤着脚蹚着水为同学们推船,一次次从学生宿舍推到教学楼、从教学楼推到食堂,同学们感动得热泪盈眶。常校长严以律己、清正廉洁的高尚品格,在群众中树立了一个真正的共产党员的高大形象,赢得了全校师生的爱戴,享有崇高的威信。

我到上师大当校长后,经常回想起常校长的所作所为,常校长的高大形

象时时呈现在我的脑海里。虽然我知道自己不可能达到他那样的境界和高度,但我决心用实际行动学习常校长,要当常溪萍那样严以律己、勤俭廉洁的校长,为此,我给自己"约法十章"。

第一,不要学校住房。到上师大后我花了很大精力解决教职工住房困难,新建新购近5万平方米住房,但我没有要1平方米,也没有要学校1分钱的补贴,虽然我的住房也没有达标,但我自己通过置换、贷款,解决了住房困难。

第二,不要专车接送。长期以来,我对校级领导、局级干部用公车接送上下班很不赞成。1991年7月我当高教局副局长时,局里专门为我配了轿车,我拒绝了,坚持骑自行车上下班,1996年6月到上师大报到后,校长办公室为我安排了专车、专职司机,我拒绝了。骑自行车上下班可以节约汽油,也可以锻炼身体。想到常校长这样的高干都骑自行车,我为什么不能骑自行车呢?上师大人亲切地称我是"平民校长""自行车校长",我听了很高兴。

第三,不公车私用。常校长对子女要求很严,平时不可以搭乘自己的车子,有时搭乘了,必须付汽油费。学校里的公车是为校领导公务活动用的,不是私人财产。我到上师大后,取消了专门为校领导服务的小车队,我坚持绝不用公车办私事。有一年我70岁的姐姐从南京来上海看望我,我没有用公车,而是用自行车从南站把她接到家里。2001年11月至2003年5月,妻子患癌症,一年半时间里,直到临终那一天,我都没有用过学校的车子。

第四,不拿兼职费。我担任一个中外合作项目的董事长,外方每年给我1万元的津贴,我全部上交。我兼任学报主编,年终给我报酬,我拒绝接受。为了开发奉贤校区,我校与企业合作成立了一个教育投资公司,我兼董事长,董事会要给我报酬、配一辆专车,我婉言拒绝了,而且从未报销过1分钱的开支。

第五,不拿加班费。我每天在学校工作、学习十多个小时,双休日、节假日大多数在学校,有时有关部门要给我算加班费,我一律拒绝。常校长从早到晚都忙于工作,走家串户,连续13年不在家过年,从来不计报酬、不拿加班费。当校长多做一点是应该的,校长的工资比较高,我认为应该包括加班费了。

第六,不参加旅游性会议和疗养。在我任职时期,全国性的各类高校联席会、协作会很多,各校轮流举办,往往是开会仅半天、一天,多数时间是旅游观光,我一概婉言拒绝参加这些会议,因为既浪费公款又浪费时间。以前,市里有关部门为了关心干部,每年都组织外出旅游疗养,我一般都找借口不参加。因为我身体很好,没有必要去疗养,我舍不得无故地花费时间和公款去旅游度假。

第七,不到外宾楼吃饭,我校外宾楼的客饭既经济实惠,又卫生方便,校领导和一般干部、教职员工都可以去吃。除了陪客人外,我每天坚持到学生食堂吃饭。一则可以了解伙食质量,二则可以从学生那里了解到许多现实情况。常校长就是一直在学生食堂吃饭的。

第八,出差不乘软卧。包括外单位邀请我去讲学,我都要求对方不要买软卧票。乘硬卧至少可以节省几百元,既节省钱,对自己身体也有好处,因为硬卧车厢比软卧车厢的空气好。我身体好,没有必要坐软卧,更不应该搞特殊化。

第九,不要他人代写文稿。我在上海市高教局和五所高校当领导时,我的所有的讲话稿、报告稿、发言稿,都由自己撰写,我从来不要别人代写,从来不念他人代写的稿子,即使是教代会上的报告,校庆大会上的报告,向教育部专家评估组的汇报,也都是我自己写。这样可以督促自己必须学习,必须深入了解情况,也可减轻办公室同志的负担,让他们下去多做点调查研究。学校里有些重要的上报文件、请示报告,也是我起草,既节省了别人的时间,又提高了办事效率。

第十,不利用职权为个人和亲属谋私利。我的为官之道,就是学习常校长"为官一任,服务一方"。当校长是一种责任和担当,绝不能为个人和家人谋私利。我没有因个人私事、家庭私事找过领导,没有因子女读书、就业而通路子、找后门。我有几次生病住院,妻子生病住院,也没有找过任何人,尽量不给组织上、不给他人添麻烦。不要让子女养成依赖父母的思想,而要靠自己的努力和奋斗。

以上"约法十章",实际上是常溪萍精神在我身上的辐射和穿透,既是我行为的准则,也是我前行中的保护神。2002年我被评选为"上海市群众信得过的好领导","约法十章"起了很大作用。

四、以常溪萍为榜样,永远做一个有益于社会和人民的人

常溪萍在学生时代,就有崇高的志向、远大的抱负,他积极参加抗日救

亡运动,20岁就参加革命,21岁加入中国共产党,立志为共产主义事业奋斗终身。即使在"文革"被迫害期间,仍然坚持共产主义信念。他的一生始终坚守"革命第一,工作第一,他人第一",始终把人民群众的利益放在第一位。记得在"三年自然灾害"期间,学校食堂粮食、蔬菜供应很紧张,他为了让我们大学生吃得好、吃得饱,千方百计地到外面采购副食品,而自己却非常节省。当时上级规定高干和高知每个月可以买两斤鸡蛋以补充营养,但他都送给生病的教师和学生了。他把自己的牛奶送给生病的职工家属,每个月6两肉票他全部上交。华师大有80亩的河浜,每年可以捕3万多斤新鲜鱼,常校长没有吃过一条,养猪场每年要杀上万头猪,常校长没有吃过一块肉,全部供给教职工和学生食堂了。

常溪萍是位大善人。据陈波浪回忆,常溪萍每年工资的大部分都拿出来支援有困难的亲友、工人和学生。为了救援灾区,他把自己唯一的一件呢大衣送给了灾区人民。

以常溪萍为榜样,就是要学习他全心全意为人民服务的精神,永远做一个有益于社会和人民的人,要像常溪萍那样活着,才有意义,才有价值。2010年,我70岁,进入了人生的古稀之年,当时想得最多的是如何度过我的下半辈子。我决定做一些力所能及的慈善公益事业,我打点了自己的财产,多年来我积蓄了100万元的书稿费和讲课费,本来就想捐出去的,捐给我读过书的小学、中学、大学三所母校,因为我的成长离不开母校的培育。但100万元太少,于是我又卖掉一套房子,共300万元,捐赠给三所母校各100万元,用于帮困助学,至今已帮助了一千多名学生。

2012年我又筹集了200万元,资助甘肃、四川西部地区贫困学生的营养午餐,至今已经有4 000多人次的学生得到帮助。

2013年又筹集了150万元重点资助西部地区32名优秀贫困生,采取"1对1"方式,从小学一直资助到大学毕业。在我的子女、亲友、学生及社会广大爱心人士支持下,我创建了阳光慈善专项基金,主要从事帮困助学和植树造林慈善公益事业。

2016年和2017年4~5月,我们阳光慈善基金组织了8次义务植树活动,在宝山、浦东、奉贤、青浦、崇明义务植树10万多株,8次义务植树我都参加了。我们阳光慈善帮困助学活动的下一个目标,是在我国西部地区10个省(区)各选1个贫困县设立"阳光优秀生"奖学金,主要奖励高中阶段贫困生中立志报考大学的优秀学生。为响应党中央和习主席"打一场脱贫攻坚仗"和"精准扶贫"的号召,做一点实实在在的公益事项。

现在我每年将退休工资的一半用于帮困助学、绿化造林的阳光慈善事业。

有人问我:你为什么不把钱留给子女?我说子女已经有稳定的工作和收入,把钱给他们是锦上添花,价值不大,而送给贫困学生是雪中送炭,使结余的钱发挥更大的价值。常溪萍精神告诉我们,人活着不能仅为个人和子女,而是要为广大人民群众,要始终把人民群众的疾苦放在第一位。无数革命先烈为了推翻三座大山,建设新中国,出生入死,前仆后继,献出了自己宝贵的生命。常校长一生为党为民,毫不利己专门为人,最后为捍卫真理献出了自己的生命。我捐出几百万元又算得了什么呢?我以前也是个贫困生,得到过组织上和热心人的帮助,现在生活好了,不能忘记还有需要帮助的人。

我的这些善举被媒体报道了,有人赞扬我"崇高""高尚",但我不敢苟同。前两年,母校一位老教授孙老师见到我,他称赞我"做得对",说了一句"你活明白了",这句话讲得太好了。我"活明白了",我明白这300万元并不完全属于我个人,因为人是社会的人,没有工人我就没有房子住,没有农民我就没有粮食吃,没有教师我就没有知识,没有学生我就当不了教师。我多余的钱应该属于社会和人民,我应该把这些钱还给社会和人民。还有人问我:你卖房搞慈善给你自己带来什么好处?我说没有想过这个问题。试问:革命先烈们,常溪萍等革命前辈们参加革命时考虑过给自己带来什么好处吗?没有。他们是在为共产主义信仰、为了革命事业奉献,而没有考虑自己能得到什么好处。同样,我搞慈善,从来没有考虑个人得到什么好处。如果一定要说对我个人带来什么好处:一是我用实际行动践行了一个共产党员全心全意为人民服务的宗旨,给我带来了宽慰和快乐;二是我能继续成为一个有益于社会和人民的人,给我带来了自豪和快乐;三是做慈善事业给我带来了好的心态和健康的身体。从善怡心,善者心怡,做慈善是对健康的投资,是身体最好的保健品和营养素。

以上是我以常溪萍为榜样,在常溪萍精神培育和激励下,结合自己的工作实践,如何做事做人的一些体会。我所取得的一点成绩,都离不开母校的培养,离不开常校长榜样的力量。在我人生的长河里,只剩下很短的一段,许多往事和记忆已被忘却,但常校长永远活在我心中,常溪萍精神永远照耀我前行。我要永远以常溪萍为人生榜样,永远做一个有益于社会和人民的共产党员。

上海师范大学徐汇校区校园一角

上海师范大学奉贤校区校园一角

与谢晋导演合作办影视学院

> 这是2013年撰写的悼念谢晋导演的文章,文中我回顾了跟他合作举办上海师范大学谢晋影视学院的过程,总结了谢晋的五种精神以及与他交往中的几件趣事。

谢晋导演已仙逝五年,然而他的音容笑貌、他对影视事业执着追求的精神,一直萦绕在我的脑海里。"人面不知何处去,桃花依旧笑春风。"早在学生时代,我就很崇敬谢晋导演,他拍摄的电影《女篮5号》《红色娘子军》《牧马人》《天云山传奇》等给我留下了深刻印象。他是我心目中的明星和偶像,但我从来不敢奢望能见到他,只能在荧屏和照片上目睹他的风采。没想到,20世纪90年代我与他成了合作办学的伙伴。1998年4月30日,《文汇报》报道:"著名导演谢晋日前与上海师范大学校长杨德广签约,双方将联合办学,培养未来明星。"

谢晋导演于1993年创办了"谢晋—恒通明星学校",在社会上影响很大并培养了一批年轻、有才华的演员,如赵薇、范冰冰、朱莉叶、金于宸等。

1997年12月初,华东师大教师史嘉秀打电话给我,说:"谢晋导演要来上师大拜访您。"我愣了一下,谢晋怎么会来拜访我呢?她说:"'谢晋—恒通明星学校'至今没有固定的校址,这几年一直在'打游击',多处搬迁,目前在市委党校里,也待不下去,要他们尽快搬走,市里有关领导建议谢导到上师大去找您。"后来史嘉秀老师两次来上师大具体介绍了谢导和"谢晋—恒通明星学校"的情况,我和校长助理项家祥接待了她,并在校长办公会上通报了这一情况,我主张"谢晋—恒通明星学校"搬到上师大来,由我校与谢晋合作办学,大家一致同意。

1998年初，史老师陪同谢导到上师大来商谈合作办学的具体事宜。他开门见山地说："1995年你在上大时，是你带了金老师来求我，今天是我带了史老师来求你了。"我回想起，我在新上海大学任常务副校长时曾经拜访过谢导。当时新上大要成立影视艺术技术学院。根据钱伟长校长的指示，各学院的院长应聘请本学科高水平的社会名流来兼任。时任常务副院长的金冠军老师建议聘任谢晋兼任院长，校长办公会上一致认为这是个好主意并要我出面去邀请谢导。于是我与金老师到岳阳路教育会堂找到了谢导，他很热情地接待了我们。我们说明了来意，请求他出任兼职院长。他听说要培养影视艺术方面的人才很高兴，接受了兼任院长的聘请。但他一再说："我只能在重大问题上，参加一些讨论，不可能有很多时间投入，我这里公司和学校的任务很重。"我说完全可以。在谢晋院长和金冠军常务副院长的领导下，上海大学影视艺术技术学院发展很快。

我对谢导说，您来求我不敢当，您有什么吩咐尽管说。我被他一番激情洋溢的话深深感染了。谢导声情并茂地说："为什么现在世界上有名的大牌演员都在外国，不在中国，我们中国为什么出不了大明星？中国是世界上人口最多的大国，但是出不了大明星，我作为一个老电影工作者心里一直不安，一直不服气，中国不是没有人才，不是没有好演员，问题在于缺乏系统教育和严格训练。我创办明星学校的目的就是要从小选好苗、育好苗，到十七八岁以后再选苗就来不及了，一定要选那些水灵灵的男孩、女孩……"我问他有什么具体打算和要求。他说："现在一是没有校舍，二是缺资金。我们办的影视公司，本想投资明星学校的，但运转得并不好，拿不出多少钱投入学校，我整天苦于筹措资金。没有固定的校舍，这是最大的问题。资金还可以想办法解决，校舍迫在眉睫。市委党校要我们尽快搬走，我找了市领导，他们推荐我来找你的，说你一定会支持的，而且上师大有艺术专业，可以互相学习、交流。"我说："我首先代表学校欢迎谢晋—恒通明星学校搬到上师大来，我们双方合作办学，资源共享，基础课和部分专业课可以由上师大的教师来上，表演艺术方面的课由明星学校的教师上，我们能够协助谢导在人才培养方面出份力是非常高兴和乐意的。"经协商，上师大先腾出几间房及两间专用教室，让明星学校先搬进来。1998年4月28日，谢晋—恒通明星学校正式搬入我校并举办了合作办学的揭牌仪式。市委常委、宣传部部长金炳华同志出席了签字仪式。当年9月招收一批非学历学生。谢导原来坚持只招收非学历学生,他说到了高中毕业就很难挑选好苗子了。我说可以两方面兼顾,如果仅招非学历学生,不招收学历文凭学生,学校是没有生命力和吸引力的。后来他同意招收有学历文凭学生,但坚持仍要招一部分年龄小的非学历学生,我同意。经双方协商,决定将谢晋—恒通明星学校更名为上海师范大学谢晋影视艺术学院,成为上师大的二级学院。谢晋担任院长,长期以来为明星学校发展作出重要贡献的史嘉秀老师年龄已大,健康状况不佳,仍担任院长助理,著名戏剧导演陈明正教授担任副院长。谢晋希望我在上师大物色一位懂艺术、会管理的老师担任常务副院长。我提议我校艺术学院副院长赵炳祥担当此任,主持日常工作。赵炳祥年轻有为,既有艺术修养,又有组织管理能力,事业心、责任心很强,谢晋与他接触后当即认可了。2000年3月30日,上海师范大学谢晋影视艺术学院正式成立,当年即招收具有大专文凭的考生。由于谢导和学院领导的辛勤工作,再加上充分利用上师大教育资源,该院越办越好,影响越来越大,生源充足,毕业生就业率很高。2002年9月,经批准升格为本科,成为一所"以本科教育人才为特色的艺术类学院"。现有4个全日制本科专业:表演、播音与主持艺术、广播电视编导、动画,在校生已达到700人,还招收硕士研究生。

非学历招生坚持到2007年,由于生源质量问题,从2008年停止,集中力量办好本科和研究生教育。

我在与谢晋导演多次接触中,被他的人格魅力所感动,他是位豪情满怀、热情奔放的人,非常豁达、开朗,他全身心地投入我国影视艺术事业,为影视业的发展、影视人才的培养鞠躬尽瘁、死而后已。我曾总结过谢晋身上有五种精神,即爱国主义精神、艰苦奋斗精神、顽强拼搏精神、探索创新精神、追求卓越精神。我多次劝他:你年事已高,多注意身体。他总是说自己身体很好,没问题的,然后就是滔滔不绝地介绍他最近要拍的戏、要做的事。他说他一年集中休息一次,这就是每年春节回家乡浙江上虞,住上一个多星期,电话线拔掉,不接待任何客人,蒙头大睡10天,把一年来的睡眠不足补回来。在我印象中,谢导酒量很大,有酒仙、酒神之称,每次吃饭时,都显现出酒量大、酒风好。为了劝他少喝一点、少抽一点,我对他说,有位伟人讲过,健身的秘诀是"动为纲、素经常、不吸烟、酒少量",他立即总结了抽烟的五大优越性,包括可以健脑、防止老年痴呆、清洁牙齿、增加国家税收等,然后幽默地说:"杨校长,我问你,是新鲜的猪肉耐用,还是烟熏过的猪肉耐用?"我不加思索地说:"当然是熏过的肉耐用,存放时间长。"他笑着说:"这就对了,我们抽烟人的肺是烟熏过的,比没有熏过的肺经久耐用。"说得我们哈哈大笑。他是位乐观主义者,我深知他工作压力、家庭压力、精神压力都很大,抽烟、喝酒也许正是一种减压的办法。他始终是事业第一、工作第一、他人第一,全然不关注自己的休息和健康。由于操劳过度,他于2008年10月18日不幸在家乡上虞去世,这是我国影视业的一个巨大损失,也是我们上师大的巨大损失。但他一手创办的上师大影视艺术学院会继承他的遗志,依托综合性大学的办学优势及人文环境,发扬原谢晋—恒通明星学校的办学传统,坚持"密集型训练、高起点教学、全方位培养、实践中提高"的办学特色,为创办一个全新观念的影视学院,培养一批广播影视新星和高素质的广播影视人才而开拓进取、勇往直前。这是对谢导的最好悼念。

谢晋导演永远活在我们的心中!

陪同著名导演谢晋(左三)和
著名演员秦怡(左二)考察上海师范大学(右一为作者)

给仙逝妻子的一封信

我的同学、挚友、贤妻郭淑麟于2003年5月不幸病逝,但她始终活在我心中,始终伴随着我,经常与我对话。这封信诉述了我对她的思念之情,汇报了她走后家庭的变化,汇报了我做慈善的情况。

淑麟:一别就是10多年!一直想给你写信,诉说我10多年来的生活、工作及家中情况。但提起笔来又不知从何说起,因为要说的话太多。我首先想说的是,我对你非常不满,你为什么这么早离我而去,把我丢在空荡荡的房子里。我知道你怕拖累我、怕拖累全家,但是我宁愿在病榻旁伺候你一辈子,宁愿每天推着轮椅陪伴你到公园里去呼吸新鲜空气。可惜你还是执意走了。你走了以后,我才知道什么叫孤独和寂寞,才知道孤独和寂寞的痛苦。刚开始,我很不习惯孤独和寂寞的生活,尤其到了节假日,屋内空无一人,万籁俱寂,连讲话的人也没有,偶尔身体不适时,更感到身旁无人的困惑和恐慌,更思念你生前对我无微不至的关怀和照顾。每天下班我总要拖延离开办公室的时间,每次出差不像别人有"归心似箭"之感,因为我已经没有"家"。你曾托梦要我再找一个伴,好照顾我,女儿和儿子也主张我找个伴,不少好心人也给我提起过、介绍过,我都婉言谢绝了。一是很难找到一个像你这样善解人意的人,像你这样了解我、体贴我、全身心支持我的人;二是怕带来不必要的矛盾,怕影响我后半生的人生目标。

我们俩自1960年相识、1965年恋爱、1968年结婚、2003年离别,40多年的友情、恋情、亲情,从相知相识、志同道合到心心相印、情投意合。回顾婚后30多年间,我们经历了10多年的经济拮据、生活贫困时期,由于你精打细算、勤俭持家,渡过了难关;史无前例的"文化大革命",我曾遭受批斗、下放到东北劳动,你不嫌不弃,两次冒着严寒来延边看望我,给了我力量和信心;"文革"后,我又遭到不公正的对待,坐了多年"冷板凳",你毫不介意,始终不移地支持我、安慰我;改革开放后,我走上了繁忙的管理工作岗位,你全力支持我,承担起全部家务,照料好两个孩子,帮我解除后顾之忧。30多年里,我每天早出晚归,几乎没有双休日和节假日,你从来没有怨言。你平时教学工作和行政工作也很繁忙,有时也不顺心,经常忙到深更半夜,清晨又要为全家赶做早饭。早饭后,匆匆忙忙赶去上班,经常利用双休日外出家访,你忍辱负重、默默无闻,既做好本职工作,又照顾好家庭。你是一个真正的优秀的共产党员、贤惠的妻子、伟大的母亲!每当我想起你那种无私奉献、克己奉公、助人为乐的精神,心中就涌动一股巨大力量,激励我努力工作、发奋向前。

淑麟:我先告诉你一个好消息,你一直惦记和关心的我们的第三代已经有啦,在你走后的第三年,女儿生了一个女儿,即我们的外孙女,小名叫嘻嘻,现在已经是中学生了,是个有礼貌、爱学习、自觉性很高的乖孩子。每天放学回家,主动做功课,然后弹一会儿钢琴。晚饭后继续做功课。一般到10点钟以后才能做完。她很喜欢英语,成绩很好,她说将来要当英语教师。全家人都很支持她的选择,相信她将来一定能成为一名优秀的人民教师。舞蹈和游泳是她的强项,体育成绩全优,身体很结实。女儿还在外贸公司当业务员,虽然收入不太高,但她很满足、幸福感很强。她是一个情商很高、豁达大度的人,生活得很愉快,对我、对全家人都非常关心,每年都组织几次全家人出游,20多人欢聚一堂,其乐融融,和谐温馨。女婿已经是大学教授、博士生导师了,除教学科研外,一有空就到画室绘画,已在国内外举办了多次个人画展。儿子、媳妇都在上海著名的"985"大学工作,为我们添了一个孙子,小名叫程程,读小学三年级了,聪明活泼,智商很高,是个足球迷,是"上港队"的铁杆粉丝。讲起足球娓娓道来,眉飞色舞,他将来想当一名球星,现在是世外小学足球队主力队员,我们都不支持他的选择,因为他体能不行。儿子也是教授、博导了,很有出息,在高教界小有名气。媳妇很勤劳、贤惠,对孙子的教育抓得很紧,程程的茁壮成长,她倾注了很大精力和心血,功不可没。我们的孙子是很幸运的,每天有外婆陪伴。外婆很有文化素养,殚精竭虑照料程程和女儿、女婿。你放心吧,我们的小家庭、大家庭都很幸福美满,都对我很关爱。

淑麟：这几年来,我做了一件很有意义、很有价值的事情。2010年,我迈入古稀之年时,决定将我积余的100万元书稿费、讲课费及卖掉一套多余的房子共300万元,捐赠给我就读的三所母校：江苏上坊小学、南京市九中、华东师范大学,用于资助部分贫困生和优秀生。我人生最重要的阶段：从少年到青年的17年是在三所母校度过的,使我成为德、智、体全面发展的学生,为后来的工作成长奠定了坚实基础。"滴水之恩,涌泉相报",我要永远回报三所母校的培育之恩。此举让媒体知道后被报道了出去,引起了不小的轰动。多数人都热情支持和赞扬我的这一举动,我被评为"上海市精神文明十佳好人好事""上海市慈善之星""全国十大新闻名人"等,被媒体和网民赞之为"高尚""崇高""伟大",但我不敢苟同,不予认可。唯有母校华师大一位老教授的话,我听了很舒心,他说："你做得好,你活明白了。"这句话太确切了。对,我活明白了！这方面你是楷模,你生前从不计较个人名利和得失,是活明白了。现在,我也活明白了。我明白这些多余的300万元不完全属于我个人,而是属于全社会的、人民的,其中也有你的功劳和贡献。没有工人、农民,不可能有我的今天,没有教师、学生,也不可能有我的今天。我明白,应将多余的钱回报社会、回报人民,资助贫困学生,做点"雪中送炭"的善事。如果将钱留给子女则是"锦上添花",价值不大。事先我征求过女儿和儿子的意见,他们表示完全支持和赞成,我感到十分欣慰和自豪。但也有些人对我的举动认为"不可思议""不可理解",还有少数人无端地非议,怀疑我的动机、目的,怀疑我300万元的来源,还有人说我"沽名钓誉"。我无言以对,也懒得去解释。我想只有你最了解我、最理解我、最支持我,可惜你不在我身旁,不能倾诉衷肠,诉说肺腑之言。有些外国人曾经说"中国人没有责任感""没有信仰、自私、冷酷,这是很可怕的"。我当时很气愤,斥责外国佬侮蔑中国人。现在看来真的被他们言中了,因为中国确有这样的人。我卖房捐款帮助贫困学生,只不过尽一点小小的社会责任,却被那些毫无社会责任感的人漠视和诘难,他们有钱不肯捐出来,反诬捐款者"动机不纯"。他们把钱花在吃喝玩乐上,反诬捐款者"沽名钓誉"。当今社会确实有些人没有信仰,他们不信鬼神,不信上帝,也不信"因果报应",更不信"马列"和"为人民服务",极其自私、自我,我很看不惯、看不起这些人。我是一个有信仰的人,我信仰的不是"佛祖"和"上帝",我信仰的是中国儒家的"仁义礼智信",信仰的是

"先天下之忧而忧,后天下之乐而乐",信仰共产党员"全心全意为人民服务"的宗旨。我的座右铭是"无为何入世,入世有所为"。人活着就要为社会的发展、人民的利益多做点有益的事。而那些没有信仰的人、自私冷酷的人,对我的这一信仰及信仰下的举动,是无法理解的,不理解也罢了,还要用阴暗的心理恶言伤人。一气之下我写了一首打油诗聊以自慰:"燕雀安知鸿鹄志,小人妄度君子心;慈善为民志不移,留下遗产孰可怜;身外财产源社会,回报人民理当然;为国分忧匹夫责,践行宗旨为理想。"我后半生的最大愿望就是多做一些教育慈善事业,在有生之年多资助一些贫困学生。人生的价值在于奉献! 10年来,我已在华师大资助了200多位、南京九中资助了300多位、上坊小学资助了2 000多位贫困生和优秀生。2012年9月,一位不愿透露姓名的企业家慷慨解囊,拿出200万元给我用"杨德广帮困基金"的名义,资助西部地区贫困学生营养午餐,我们专程去了甘肃环县、四川富阳县,每年资助600多位贫困生,五年资助了4 000多人。每当这些受助学生露出灿烂的笑脸时,我感到幸福和快乐。每年假期,收到一封封受助学生的来信时,我感到幸福和快乐。我创建的"阳光慈善之家"团队已有200多人参加,在西部地区12个省(区)设立"阳光优秀生"奖学金,每年资助300多名立志报考大学的高中生中的贫困优秀生,我将一半以上的退休金和全部讲课费、书稿费,用于帮困助学慈善公益事业。我想你一定会支持我的,会感到高兴和欣慰的。我多次在梦中得到你的点赞,心有灵犀一点通吧!

淑麟:现在你不必担心我寂寞和孤独了,我生活很充实、很有意义。我已完全适应一人生活,摸索出一套生活规律,我每天早上6:30起床,第一件事就是打开收音机听广播,中午、下午下班回来的第一件事也是打开收音机听听新闻和音乐,就不寂寞了。虽然我已退休多年,学校还返聘我培养研究生,每年给研究生开三门课。每天上午8点多到校,下午5点多下班,还经常应邀到外校、外地去讲学,参加学术会议。大多数双休日我是在办公室度过的,看书,看报,备课,写作,我一直沿着人生的四个目标——"立志、立德、立业、立言"前进。每天和青年学生在一起,自己也感到年轻了,每逢节假日我都邀请他们到家中小聚,我的烹饪水平大有提高,幸好当时向你学会了做饭做菜。学生们对我做的饭菜很认可,我很有成就感、很开心。我很喜欢做点家务,包括烧饭做菜,这是对脑力劳动的调剂,可活动手脚、转换大脑、增长智慧、提高厨艺。自己动手做的饭菜,倍感可口,倍加珍惜。

每天晚上我在女儿家吃饭。下午6点左右把饭菜拿到我的房里独自一个人吃,包括第二天中午的也拿好,10多年来我吃剩饭剩菜已习以为常。我从不倒剩饭剩菜,吃不完放在冰箱里,第二天、第三天热了再吃。这也是你的老习惯、老传统。在勤俭节约方面,你永远是我学习的榜样。

我现在主要从事慈善公益事业,资助西部地区贫困优秀生报考大学,为发展西部地区教育及人才培养,做点实事,校公关委还在我的办公室挂了"阳光育人工作室"牌子。我经常为青年教师和学生培训上课或讲座,抽空写一些有关教育方面的文章。退休后我和我的阳光慈善团队已经资助7 000多名贫困生和优秀生,力争四五年内达到1万名。退休后我外出讲学超过了1 000场,撰写和发表文章100余篇,累计发表文章600多篇,我的生活很充实,除了睡觉、吃饭在家中,其余大多数时间都是在办公室度过的,包括节假日。

不久前我去体检了,身体状况尚好,只是血糖偏高及中度前列腺炎,已经配了药,并无大碍。你尽管放心吧,我还能健康地工作好多年,了却你多做善事好事的夙愿。

要说的话很多,就此搁笔吧。祝你安息。

1995年与妻子郭淑麟合影

第三篇

慈 善 篇

资助贫困生是我的责任

> 我70岁时,决定将积余的100万元讲课费、书稿费以及卖掉一套房子共300万元捐赠给我就读过的小学、中学、大学三所母校,从事慈善公益事业,引起不小的反响和疑惑。此文阐述了我捐赠的缘由,也是对各种质疑的回应。

光阴荏苒,蓦回首,我已进入古稀之年。人老以后,经常要考虑两件事:一是怀旧,喜欢回忆往事;二是考虑如何度过余生。回顾70年来,我经历了苦难的童年、艰难的青年、磨难的十年、奋起的中年、不幸的老年和幸福的晚年几个阶段。

我出生在战火纷飞的抗日战争年代,由于战乱不止、民不聊生,我出生不久差一点因贫穷而失去生命。100天后全家因生活所迫从南京搬到农村,即江苏省江宁县上坊村。我在农村度过了苦难的童年生活。7岁起在上坊小学读书,当时学校只有三间教室,五六位教师,两个年级拼班上课,学习负担不重。我一面读书,一面劳动。为了生存和生活,我七八岁时就跟着母亲下地劳动,跟着哥哥上山砍柴、敲石子挣钱,帮家里做家务。全家人起早摸黑地为生存而劳碌,为生活而奔波,仍然过着吃不饱、穿不暖的穷日子。小学老师的敬业精神、关爱学生的精神,家乡农民勤劳朴实、热爱生活的精神,给我留下了深刻印象。家乡的水土养活了我,哺育我成长。新中国成立后的四年小学生活还是很愉快的、丰富多彩的,1952年我被选为上坊乡少先队副大队长,我在全校学生演讲比赛中荣获第六名。1953年我小学毕业,当年没考取初中,第二年(1954年)我考取了南京市第九中学。

我是抱着为父母争气、脱离农村苦难生活而去读中学的。南京市第九中学是省重点中学,有良好的校风、教风和学风,有一支高水平的教师队伍,有一批来自农村的生活俭朴、学习刻苦的同学。我在这里度过了宝贵的6年中学生活,受到了系统而良好的教育。初中一年级时我学习成绩并不好,经过努力,慢慢追了上去,到了初三,大多数课程成绩优秀。我在初中入了团,高中入了党。我一直担任学生干部,多次被评为三好学生、优秀学生干部、体育和文娱积极分子,1958年被授予南京市青年社会主义建设积极分子称号。在这里,我懂得了旧中国苦难深重的原因,认识到中国共产党的伟大和社会主义制度的优越性。我由刚解放时的强烈的翻身感,转变到建设社会主义新中国的责任感,从"为父母争气"转变到"为国家争气",树立了"学好本领建设祖国""学好本领为人民服务"的思想。

1960年,我考入了华东师范大学,来到中国最繁华的大都市上海,开始了五年的大学生活。风景如画的校园深深吸引着我、激励着我。华师大勤奋、俭朴、为人师表的校风,求知求真的浓厚的学术氛围,丰富多彩的课余活动,使我在德智体美各方面又有了进一步提高。

我从华师大毕业以后,留校担任团委书记,"文革"中被下放到东北劳动,"文革"后又回到华师大工作,以后因工作需要调到上海市高教局、上海大学、上海师范大学工作。先后担任过上海市高教局副局长、原上海大学校长、新上海大学常务副校长、上海师范大学校长。2003年退位,2007年退休。现在受聘担任上海震旦职业学院院长、中国民办教育研究院副院长,兼任中国高教学会副会长、全国高等教育学研究会理事长、上海市高教学会常务副会长等职。

我从1960年5月入党的那一天起,就下决心做一名"全心全意为人民服务"的合格的共产党员,我一直牢记毛泽东主席的"人的能力有大小,但总要有点精神",即全心全意为人民服务的精神,那就是一个高尚的人、一个有道德的人、一个有益于人民的人。从教45年来,立志、立德、立业、立言是我追求的目标。立志,就是志在为国家、为社会、为人民的利益而奋斗。孟子说过:"人若无志,与禽兽无异。"这句话给我很大震撼,人和禽兽的本质区别,就在于人有思想、有理想。立德,就是爱祖国、爱人民,要有高度的责任感和事业心。立业,就是敬业尽责、勤奋工作,勇于进取,事业有成。立言,就是勤于思考,勤于笔耕。学习和写作是我最大的业余爱好。我认为,总结工作中的经验教训,对教育的改革和发展发表一些看法,提出一些意见和建议,也算是对社会、为人民作点贡献。改革开放30多年来,我工作之余,几乎把所有业余时间都用于学习研究和写作,决心把十年"文革"造成的损失夺回来,奋起直追。先后出版了40多部著作(含主编),发表了480多篇文章。我承担了20多项科研项目,有10多项科研成果获得省部级以上优秀奖。我把"工作、学习、研究"三者紧密结合起来,相辅相成,相互促进。在工作之余,我还担任研究生培养等教学、科研工作,我指导了30多位博士生、硕士生。长期以来,工作、学习、教学、科研等,使我一直处在高负荷、高节奏状态。我坚持每天早上6点起床、晚上11点半睡觉,一天可利用16个小时。双休日(除出差外)、节假日的大部分时间在学习、工作、写作中度过。我感到很充实、很愉快、很有成就感。

回顾70年来的人生历程,尤其是从教45年来的教育生涯,我乃至我们这代人之所以取得了一些成绩和成果,主要有以下五个方面因素:一是中华民族优秀文化传统的熏陶;二是贫困的家庭和艰苦生活的磨炼;三是良好的学校教育、党团组织的培养;四是革命英烈、英雄模范人物的影响,如刘胡兰、白求恩、保尔·柯察金、董存瑞、黄继光、邱少云、雷锋等;五是个人的努力、奋斗以及健康的身体和心理素质。回顾往事,我感到宽慰的是,我没有因虚度年华而后悔,没有因碌碌无为而懊丧。尽管水平不高,能力有限,也有过错误和过失,但我尽责尽力了,为社会、为人民、为我国教育事业贡献了一份力量,取得了一些成绩,无悔无愧。

我从一个农民儿子成为大学教授、大学校长,现在已退位、退休,已度过人生的大半辈子。随着年事增高,我思考最多的是如何度过下半辈子,如何度过余生。我年逾70,不知道自己还能在这个世界上停留多久。我清理了自己的财产,有100万元的书稿费、讲课费,一直未动,还有一套多余的房子。我决定将房子卖掉,连同书稿费全部用来资助我就读过、培育我成长的三所母校:上坊小学、南京市第九中学、华东师范大学,主要是帮助部分贫困生和优秀生。我希望在有生之年,至少能资助1000名贫困生和优秀生。今年2月,我已与母校上坊小学、南京市第九中学的校长签约,从今年起每年各捐5万元,分别资助20名贫困生和优秀生,平均每人每年2500元。今年教师节前,我捐出100万元,在上海慈善基金会设立"德广教育基金",主要用于资助华师大的贫困生。每年用融资利息(5%),即5万元缴由华师大安排。我共拿出了300万元用于资助三所母校的贫困生,在社会上引起了不小的反响,大多数人都很理解和支持我并给予很大鼓励,但也有人不理解,甚至说不可思议。我说我这一举措是经过深思熟虑的。三所母校培育了我,我要永远感恩、永远回报、永远传承下去,发扬光大。

有人说,你要留点钱养老用。我认为人老了,花不了多少钱。因为不能大吃大喝,要吃得清淡点。我经常是2元钱面条吃三顿,我不抽烟、不喝酒,从来不到饭店、宾馆去吃饭,花费很少。生病有医保,也花不了多少钱,如果生了绝症,那就不必花钱了。有人说把钱留下给子女,我认为我的责任是把子女培养教育成人,以后的路由他们自己去走,目前女儿、儿子都有工作,都能自食其力,若要过更好的生活,不应靠父母,而要靠自己去努力、奋斗。我希望他们继承我的精神财富,而不是继承我的物质财富。卖房前,我征求了女儿、儿子的意见,他们表示完全理解,坚决支持。有人说,你有钱可以买幢别墅,改善一下居住条件,好好安度晚年。我认为住房够用即可,我已有一套二室二厅的住房,而且与子女住在一起,很方便,离工作单位又近。住在别墅里不利于接触社会,不利于与亲朋好友的交往,自我孤立,自我隔离,也不利于身体健康。有人建议我去旅游,每年去几个国家,趁身体好出去走走,每次也不过两三万元。我实在舍不得花钱去旅游,也舍不得把宝贵的时间花在旅游上。趁我现在身体还好,应为教育工作多做一点事,平时给研究生上上课,指导研究生论文,从事一些教学、研究以及社会工作,感到生活很充实,精神很愉快。

我非常感谢每一位关心我的人,他们的善心好意我领了。然而,人各有志,各有自己的价值取向和追求目标。

资助贫困学生是我义不容辞的社会责任。中华民族历来有"先天下之忧而忧,后天下之乐而乐"的美德。"天下兴亡,匹夫有责。"古人能做到的,现代人更应该做到。我国还不很富裕,国家不可能拿出更多的钱解决每个贫困学生的困难,国家要做的事很多。我作为老教育工作者,把积蓄的钱拿出来资助贫困学生,也是为国家分担困难,这正是我的社会责任。如果我的这点钱能帮助一部分贫困学生度过学习、生活困难,让他们安心学习、学有所成,能顺利毕业找一个合适的工作,将来为国家、为社会作出贡献,等于我间接地为国家、为社会作出了贡献,这对我是最大的宽慰。

资助贫困生是一个老贫困生的责任。我原来也是一个贫困生,中学6年是靠在上海当工人的哥哥每月寄10元钱给我,其中8.5元缴伙食费,每个月回农村家中一次,来回步行60多里,只能拿到1元钱。在华师大读书时,吃饭是免费的,每月3元钱的乙等助学金,是我生活费的全部来源。11年里,我没有买过一次水果和零食,一年四季冷水洗脸、洗澡,下雪天自来水冻结了就用雪洗脸,冬天没有棉裤就用破布条包着棉花裹在腿上防寒。为了坚持锻炼身体但又买不起跑鞋,经常赤脚在煤渣铺的跑道上长跑。我亲眼看见不少同学因生活所迫退学了。1960年8月28日,我背着一个旧麻袋,口袋里装了3元钱来到上海读大学。从农民的儿子,读完了大学,后来又当了大学教授、大学校长,现在经济条件好了,还有了积蓄。我能够有今天,是党和人民给的,我要回报社会、回报人民。但我财力有限,因此想到直接培养我的三所母校,为母校的贫困生、优秀生尽点微薄之力,起点雪中送炭的作用,是一个老贫困生应尽的责任。

资助贫困生是一个共产党员的责任。是党和新中国把我和我的全家从饥寒交迫中拯救了出来并把我培养成人,我是个有50年党龄的共产党员,我牢记党的宗旨是"全心全意为人民服务"。每当我想起许多无数的革命先烈为了推翻三座大山,为了人民的利益英勇奋战、前仆后继,献出了自己宝贵的生命时,激动不已。我今天捐出积余的房产和资金,与革命先烈们崇高的精神、献出宝贵的生命相比,又算得了什么?共产党员要时刻把党的利益、人民的利益放在第一位。现在社会上出现一些党员干部搞不正之风和腐败现象,在人民群众中产生了极坏的影响,他们是党内的败类,是蜕化变质分子,是与我们党的宗旨背道而驰的。我们广大共产党员要用实际行动维护党的荣誉,我捐出300万元资助贫困学生,为我们教育事业贡献一份力量,就是实践共产党员"全心全意为人民服务"的宗旨,永远做一个有益于社会、有益于人民的人。

我资助贫困生也是告慰九泉之下的夫人郭淑麟。她出生于上海贫民家庭,读大学时也是个贫困生。她一生勤劳、俭朴,从不浪费一分钱、一粒米、一滴水,她经常帮助有困难的教师、职工和学生,是位毫不利己、乐于助人的真正的共产党员,是我的榜样和楷模。我的成功,有她的功劳,我积余的资金中,有她的一份。我不能乱花这笔钱,而必须用到最有价值的地方。资助贫困生最符合她的心愿,也是对她最好的安慰和尊重。我相信,当她得悉我今天这一善举时,会含笑九泉的。

在现今世界上,在我们中华大地上,有许多慈善家,从比尔·盖茨、巴菲特,到邵逸夫、田家炳,再到陈光标、曹德旺等。田家炳先生为了资助大陆教育事业,卖掉家中所有房子,自己租房住。有位中学教师靠拾荒挣来的钱,资助了35名贫困学生。蹬三轮的老人白芳礼,从74岁到90岁,靠着一脚一脚地蹬三轮,挣下35万元人民币,捐助了天津300多名贫困学生,而他自己却过着乞丐一样的生活,每天中午总是两个馒头、一碗白开水。他每天早晨6点准时出车,要到晚上七八点钟才回家。有人问他为什么这样做,他说:"自己苦点累点没有关系,让每一个孩子都有钱到学校有书可以读。"多么伟大和崇高的精神啊!他辛苦了一辈子,把一切奉献给了社会。他94岁临终时,私有财产账单上是一个零。这些可歌可泣、感人泪下的善人善举一直在激励我、鞭策我。我十分敬佩他们的伟大人格、无私精神,我和他们相比算得了什么?

我能加入慈善事业,能为我的三所母校及西部地区的贫困生、优秀生贡献微薄之力,感到活得很有价值,很开心,我认为,把金钱浪费在吃喝玩乐中是耻辱的,把金钱留下不用而离开人间也是耻辱的。我希望有更多的经济条件较好的各界人士,为社会、为人民、为弱势群体、为贫困学生,慷慨解囊,献出一份爱心。我更希望受到过我资助的学弟学妹们走上工作岗位以后,每年也能为母校捐赠一点资金(每年总收入的1%),只要人人都献出一份爱,我们的社会将更和谐、更美好。

我的人生哲学是:"无为何入世,入世有所为。"一个人无所作为何必来到这个世界,来到这个世界就要有所作为,即为社会、为人民做点有益的事。每个人都向往和追求快乐和幸福的生活,我也在追求快乐和幸福。我认为奉献及看到了奉献后的成果就是快乐和幸福。多年来,我在上师大坚持每年为校园绿化捐款1 000元,每年新年后的第一件事就是为学校"爱心基金"和"教育发展基金"捐款。上海市教育慈善基金会成立时,我是第一个捐款人。国内发生重大灾害时,我都要捐款,每捐出一笔款,我都感到十分快乐和幸福。当我进入古稀之年之后,我在工作及教学、科研上还可以做点力所能及的事情,还有单位聘用我,邀请我去讲课、评审,这就是快乐和幸福。现在,我力所能及地搞点慈善事业,帮助部分贫困生、优秀生渡过困境,继续为社会作点贡献,我感到很快乐和幸福。三所母校及一部分学生接受了我的捐赠,满足了我的心愿,给了我快乐和幸福。因此,我要感谢母校和同学们带给我的快乐和幸福。同学们接受了我的捐赠,如果能为他们排忧解难,促进和激励他们努力学习、全面发展,我会感到快乐和幸福。将来他们能够用自己的知识和本领为社会、为人民作出贡献,我会感到快乐和幸福。如果受过我资助的学生中将来有人富裕了,能加入我的教育基金或自己建立慈善基金,能帮助更多的贫困生、优秀生与社会上的弱势群体,我会感到快乐和幸福。

我要感谢我的子女对我的善举的理解和全力支持,满足了我的心愿,是他们给了我快乐和幸福。最后我还要感谢新闻媒体的记者们,他们花了大量时间和精力无私地对我的小小善举做了宣传报道。我收到许多好心人的来电、发来的信息,他们热情洋溢的鼓励、赞扬、支持,给了我莫大的荣誉和安慰,给我带来了快乐和幸福。

2010 年捐赠母校华东师范大学 100 万元

我的慈善观

> 此文是在一次慈善伦理研讨会上的发言。慈善是一种爱,慈善是无私的奉献,慈善是人生观、价值观的现实体现。人生观是指人为什么活着,价值观是指人应该怎样活着。慈善是一种快乐和幸福的生活方式,慈善有物质方面的和精神方面的慈善,两者同样是崇高的。只要对社会、对人民献出一份真诚的爱心,就是慈善。慈善要用真诚的心做实实在在的事。慈善人要有良好的心理素质,要得到社会的理解和呵护。富人们要善待自己的财富,积极投入慈善事业当中。

非常感谢主办方邀请我参加"慈善伦理:中西对比高层学术论坛"。我想谈谈自己参与慈善工作的一些体验和感想,请在座的专家、学者批评指正。

2010年,当我步入古稀之年(70岁)时,我决定将自己多年来积余的100万元书稿费和讲课费及卖掉一套多余的房子共筹集的300万元人民币,分别捐给我曾经就读过的小学、中学、大学三所母校,用于帮助部分贫困生、优秀生渡过学习和生活中的困难。2012年,在一位不愿透露姓名的企业家的赞助下,又设立了200万元的"杨德广帮困基金",分别用于甘肃环县、四川富顺县部分小学生的营养午餐。我的这一小小善举,受到社会有关方面的好评和关注,先后荣获"上海市精神文明建设十佳好人好事""上海市慈善之星""全国十大新闻老人"等荣誉称号,"崇高""高尚"等各种赞美之声不绝于耳,频繁出现在报刊上、视频上、网络上,我还常常接到一些老同学、老同事的电话,夸奖我"不简单""了不起",对这些褒奖和鼓励我感到高兴和欣慰,但不敢认同。唯有我母校华师大的一位老教授的话我听了最舒心,他赞扬我"做得对,你活明白了"。太对了,"活明白了",这是最贴切的评语。我明白,我多余的300万元,不完全属于我个人,而是属于社会的、人民的;我明白,我能从一个农民的儿子,五六十年代的贫困生,成为大学教授、大学校长,成了"百万富翁",离不开工人、农民、老师的养育之恩和培育之恩;我明白,现在还有不少贫困生、困难人群需要帮助,我要用多余的钱财物捐助他们。我要在有生之年,尽自己所能,做点慈善工作,尽一个共产党员和老教育工作者的应尽之责。我没有实力成为慈善家,但我要做一个慈善人。

什么是慈善和慈善人?如何看待慈善和慈善人?

慈善是一种爱。慈善的人是有爱心的人。他们对国家、对社会、对人民有一颗强烈的爱心。当国家、社会、人民遇到困难时,他那颗炽热的爱心驱使他竭尽全力去施善,驱使他伸出援助之手。当汶川地震、芦山地震发生后,慈善人会感到震撼和不安,会立即千方百计地参与救助和支援,或主动捐款捐物,当爱心实现后,纠结的心情才会平静下来。当看到他人遇难、处于困境之中时,慈善人会毫不犹豫地去关心和帮助。爱心是慈善的动力。这次芦山地震的第二天,我就向社区和学校捐了两笔款,就是爱心的驱动。1996年,我调到上师大任校长时,看到许多教职工住房十分困难,我下定决心,克服重重阻力,三年内为1 000多户教职工改善住房条件,正是爱心的驱使。当我看到学校环境不好、杂草丛生、垃圾乱倒时,我顶着重重压力,发动全校教职工捐款、开展义务劳动,三年内把"破落地主"的校园建成上海市花园单位、全国绿化模范单位,正是爱心的驱使。我为三所母校的贫困学生设立帮困基金,为西部地区一部分贫困学生解决营养午餐问题,正是爱心的驱使。

慈善是无私的奉献。我赞同恩德勒先生的观点:"慈善是对人类社会福利和进步的无私关心。"慈善应强调"无私"。慈善就是将自己多余的钱财、节省下来的钱财,捐给社会和他人,不图任何回报,不仅不索取物质的回报,也不索取精神荣誉的回报。如果为了索取,则不是无私的奉献,不算是慈善,而是一种商品交换。我每到一处去捐款、从事慈善工作,都要与对方约法三章:不要迎送,不要宴请,不接受礼物。凡有关部门给我的奖励,我都捐出去继续用于慈善。如果我的善举能得到社会、媒体、受善者的认同和支持,那就是最好的回报。如果我的善举产生了良好的效果和效益,即有了

"善功",就是最好的回报。我希望我的善举能得到回应即可。每年我只要求受助单位给我一份受助学生的名单,证明捐赠的钱确实用于贫困学生身上了,这就是回应;能收到对方的捐赠证明,收到受助者的来信,这就是回应。

慈善是人生观、价值观的现实体现。人生观是指人为什么活着。我认为,人生在世,要为社会的发展、为人民的利益多做有益的事,做一个有益于社会和人民的人。"无为何入世,入世有所为。"如果人活着只是为了个人的享乐、家人的享乐,那就失去了人与动物的本质区别。孟子曾经说过:"人若无志,与禽兽何异?"这句话给我很大震撼!价值观是指人应该怎样活着。我认为,一个人能为社会、为人民作出有益的贡献,能把自己的金钱、精力、才智用在最能发挥作用的方面,是最有价值的。有人问我:你为什么不把300万元留给子女?我说那是"锦上添花",没有必要,也不利于他们的成长;把钱捐给贫困学生,解决他们的急需,是"雪中送炭"。"雪中送炭"比"锦上添花"更有价值。我是一名有50多年党龄的共产党员,我要始终坚持共产党员"全心全意为人民服务"的宗旨,坚守共产党员的人生观和价值观,我是为坚守党的宗旨和捍卫党的荣誉而做慈善。我是一名老教育工作者,我要坚守人民教师的"捧着一颗心来,不带半根草去"的人生观和价值观,我是为坚守和捍卫人类灵魂的工程师——教师的职责和荣誉而做慈善。

慈善是一种快乐和幸福的生活方式。每个人都在追求快乐和幸福,每个人都有自己的快乐观和幸福观。我认为,一个人不应把快乐和幸福定位于个人物质财富的多少和生活享乐的程度。我的快乐幸福观是:对社会、对人民的奉献及奉献后产生的效果。每当我看到受助学生那一张张灿烂的笑脸时,看到受助学生度过了困难能安心学习时,看到受助学生一封封热情洋溢的来信时,就感到快乐和幸福。每当我受到社会、媒体、同事、同学的肯定和赞扬时,我的善举被认可和接受时,心情很愉快,就感到快乐和幸福。每当看到有更多的人加入慈善行列时,看到更多有困难的人、贫困地区得到帮助时,就感到快乐和幸福。现在,我每年为三所母校的250多位学生帮困助学,每年为西部地区540名贫困学生解决了营养午餐问题,我感到快乐和幸福。每年元旦后上班的第一天,我做的第一件事就是为"爱心基金"和学校"发展基金"捐款;每年植树节前夕,我都要捐一笔绿化款;每逢节假日,我会把研究生邀请到家中来聚餐;我在担任校长期间,节假日总要抽时间骑自行车去看望一些教职工。这些已成为我生活中的一部分。凡别人有困难需要我帮助时,我都力尽所能,纳入我工作日程之中。我已习惯把捐赠、慈善、助人为乐,作为生活中的重要内容,为此感到很充实,感到快乐和幸福。

慈善体现在物质方面的慈善和精神方面的慈善。捐出自己的钱财物是物质方面的慈善,这是少数人才能做到的,因为这毕竟要有一定的经济实力。然而精神上的慈善是非物质性慈善,如对他人的关爱、理解、安慰、支持、帮助、鼓励、谦让等,都是一种不可缺少的慈善,这是人人都能做到的,是每天都可以做的。我认为在物质方面的慈善总是有限的,而在精神上的慈善是无限的。精神上的慈善是广义的慈善,比如努力做好本职工作、尽职尽力,也是慈善。我在上师大工作期间,努力解决教职工的住房困难,努力改变校园生态环境,大抓绿化建设,开发奉贤新校区,经常深入食堂、宿舍、教室、图书馆,经常走访教职工,努力帮助毕业生解决就业问题等,我认为这也是一种慈善。校长心中要始终装有学生,装有老师,努力为全校师生员工服务,这是最经常、最重要的慈善。

我们不仅要倡导物质上的慈善,也应该倡导精神上的慈善,精神上的慈善同样是崇高的。不要把慈善仅仅局限于捐赠钱财物上面。只要每个人都能对社会、对人民献出一份真诚的爱心,就是慈善。社会、媒体及广大民众积极支持、热情鼓励施善者,这就是慈善。施善者、受善者、助善者和谐相处,互相尊重,互相鼓励,我们的生活环境、我们的社会将会更美好。

慈善人要用真诚的心做实实在在的慈善事。做慈善有不同的方式,有的人比较高调、张扬,有的人要求获取一定的荣誉,有的人担心捐款被"截流"要亲自送到受助人手中,有的人情绪激动时慷慨激昂表白要捐款做慈善。我认为慈善人可以有不同的风格和方式,但最重要的是要有颗真诚的爱心,发自内心的爱心,要真正捐出自己的钱财物。我很敬佩陈光标,坚决支持他实实在在的慈善。他高调做慈善无可厚非,是一种风格,我们应该学习他热情慷慨的奉献精神。如果口头上承诺要捐赠而行动上不兑现,不能称之为善举,遭到媒体和世人的指责和"曝光"是理所当然的。如果把慈善作为追求名利的钓饵,则违背了"慈善是无私奉献"的宗旨。慈善人也要自律、自爱、自尊,切不可抱有个人目的,为个人捞取好处,慈善人要维护慈善的声誉和纯洁性。从事慈善的人切不可自恃高尚,切不可有优越感,看不起他人,嘲笑和贬低他人。慈善完全是自觉自愿的行为,切不可对不捐赠的人施加压力,不可把自己的观念、行为强加于人。应该看到,各人的情况是不同的,大多数人经济上并不宽裕。我平时做点慈善包括捐款,一般不声张,原因是不要让别人有压力。我不设立帮困基金会,也是不要让别人有压力。还应该看到,不要以为只有你自己在做慈善,实际上许多人不愿张扬而默默无闻地做了大量好人好事,以及精神上的慈善,也是值得称赞的。

  慈善人要有良好的心理素质。社会上大多数人对慈善者是尊敬的、支持的、热情鼓励的,但也有少数人由于种种原因对慈善抱着怀疑、非议甚至嫉妒心理。有些人不了解慈善人的动机和心理,凭自己的感觉和猜测,对慈善人的举动说三道四,这就需要加强沟通、宣传。比如有的人猜测我可能家庭关系不好,与子女不和,所以把钱捐出去了;有的人怀疑我300万元、两套房子的出处,这些都是正常的,当真相大白后误解就消除了。另外,现在确实有少数人自己从来不做慈善,唯恐别人做慈善贬低了自己,于是莫须有地诽谤慈善者"有个人目的",是"沽名钓誉",他们戴着墨镜看人,以阴暗的心理看人,总是把白的说成灰的、黑的,把阳光的东西看成阴暗和黑暗的东西。在多元化的、开放的社会里,对同一件事情有不同的价值判断是必然的,不足为怪。因此,慈善者和慈善家们要有心理承受能力和抗干扰能力,不为逸言退却,不被恶语击倒,要有清醒的头脑、坚定的信念,把慈善事业坚持到底,让慈善之心永放光芒。

  慈善人需要得到社会的理解和呵护。"人怕出名猪怕壮"。有些慈善人因做了善事被宣传报道成为公众人物后,容易遭到挑剔和攻击。他们身上可能有瑕疵,有不足之处,往往会被别人抓住不放并群起而攻之。但我们应该看到他们的本质和主流,我认为,"捐赠才是硬道理"。周中之教授说得好:"能把真金白银捐出去就是好样的。"谁能够慷慨地捐出自己劳动所得的钱财物就是了不起的,就值得赞扬,这就是本质和主流,而不应该对捐赠人求全责备。有的慈善家希望给他一个荣誉,给一张证书,这种要求并不为过,应该理解和支持,不应批评和指责。有些人一会儿批评这个慈善家,一会儿批评另一个慈善家,说什么慈善家多数都是假的,没有几个好人。这是非常片面的,是极不负责任的,是一种不正之风。我们应该构建良好的慈善环境,在全社会形成鼓励做善事、人人做善事、善人有善报的良好风气。媒体和社会要广泛宣传善人善事、好人好事,要旗帜鲜明地表明做善人善事光荣,无端挑剔、指责善人善事可耻,让雷锋精神永放光芒。社会上各种慈善机构为慈善事业做了大量有益工作,他们是施善者和受善者之间的桥梁,但确有少数慈善机构存在不足之处,如挪用慈善经费、信息不公开等。慈善机构必须由有慈善之心、大爱之心的人组成,必须有无私奉献、善施天下的精神。慈善机构要尊重捐赠人的意愿,及时把善款善物落实到受善人手中,并将处置结果和效果反馈给捐赠人。如果受善人能给施善人一个回应更好,即表示已收到善款或善物。前些年我曾为台湾地震捐过款,数月后收到台湾一户灾民写来的感谢信,我很欣慰,说明台湾的慈善机构工作很细致,把每一笔捐款都落实到每一位灾民身上,都给每一位捐赠人有回应,这样施善人就乐意捐赠了。

做好慈善工作,发展慈善事业,是推动社会文明、促进社会公平的必须,也是一项非常复杂、艰难的系统工程。因此,加强慈善伦理研究非常必要。列宁说过,没有革命的理论,就没有革命的实践。同样,没有科学先进的慈善理论,就没有发达完善的慈善事业。当前要研究的问题很多,比如:如何构建良好的慈善环境,慈善事业的必要性和重要性,慈善机构的组成和职能,慈善者的动机和心理,慈善伦理的内涵,中外慈善之比较,剖析慈善工作中存在的问题及对策等。通过慈善伦理的研究,可以更好地指导慈善实践活动的开展,推动我国慈善事业蓬勃健康地发展。

最后,我要呼吁那些富人们应善待自己的财产,你们的财产当然属于你们个人的,是你们的劳动所得,但应该看到,人是社会的人,任何个人不可能脱离这个社会而存在,任何人的一切所得都离不开社会,离不开社会人对你的贡献和给予。因此,把大笔金钱转移到国外,任意挥霍,仅供个人和家人享乐是不明智的。我认为,富人们应捐出多余的钱财物,或者拿出其中的一部分捐献给社会、回报给社会。你们的巨额财富中,不仅有社会、他人的贡献,还有分配不公的因素,不应该独享、独吞,更不能做为富不仁的事。捐赠和回报给社会,可以更好地推动社会发展,促进社会公平。社会发展了,个人和家人也会得到更好的发展。人与人的差距很大,但人与人有一个共同点,即总是要死的。应该在临终前处置好自己多余的财产,倘若在离世之前没有处理好自己多余的财产是一种悲哀,到了临终之时、九泉之下悔之晚矣。

以上就是我的慈善观,不当之处,请批评指正。

我为什么要做慈善

> 我母亲临终前的一句话"要争气,要有本事",激发了我的第一个梦:"读书梦"。为摆脱贫穷,摆脱受人欺压,立志到大城市去读书。读书后,目睹了我国"一穷二白"的状况,产生了奋发图强的"图强梦"。大学毕业后留校工作,产生了第三个梦:"教育家梦",立志把马克思主义理论与中国教育实践相结合,建立中国特色的教育理念和体系。2010年70岁时,决定在未来剩下不多的时间里从事慈善公益事业,做一个慈善家。这是我的第四个梦。我做慈善是尽一种社会责任、公民义务。做慈善产生了很好的社会效益,带动了一批爱心人士从事慈善公益活动,帮助贫困学生,受助者克服了物质上的困难,给了他们精神上的安慰和精神动力,给捐赠者带来了快乐和幸福,感受到捐赠的价值和自我价值,对促进社会形成良好风气起了积极作用。

做慈善是我一生中的第四个梦、也是最后一个梦。在我70多年的漫漫人生中,我的第一个梦想是"读书梦"。我出生在江苏农村一个贫苦农民家庭,从小过着饥寒交迫的生活。母亲因积劳成疾,43岁就离开人世,临终前她对我说:"儿呀,要争气,要有本事。"这句刻骨铭心的话,使我立下"要到大城市读大学"的梦想。这是我人生中的第一个梦。小学毕业后我没有考取中学,复习一年后考取了南京市第九中学,中学毕业后考取了华东师范大学,圆了我的读书梦。11年的中学、大学生活,不仅使我系统地学习了科学文化知识,而且改变了我的人生观、价值观,萌发了第二个梦——"图强梦"。20世纪五六十年代,正是我国处于"一穷二白"、奋发图强的时代,在学校老师教育下,我认识到旧中国贫穷落后的根源,认识到要奋发图强,努力改变我国"一穷二白"的落后状况,认识到来大城市读书不是为了改变个人的命运,不能仅为父母争气,而是要改变国家贫穷落后的状况,为国家争气,建设强大的新中国,因而产生了图强梦。为国家图强而奋斗,首先必须自己要强,决心努力学习,练好本领。11年的中学、大学生涯,一直沿着德智体美全面发展的道路前进。我小学入队、初中入团、高中入党,实现了读书梦和图强梦的目标,成为一个有理想、有一定文化知识、身体健康的大学毕业生。

大学毕业后,我被分配在华东师大工作,这时我又萌发了第三个梦——努力做一名教育家,把马克思主义理论与中国教育实践相结合。不幸的是,工作一年后"文化大革命"开始,我被批斗,被下放到东北劳动,梦想破灭了。打倒"四人帮"后,1977年我又回到华东师大工作,又重燃了"做教育家"梦想的欲望。在以后的三十多年里,我一直在教育岗位上,先后在上海市高教局及上海大学、上海师大等五所高校工作,成为大学教授、大学校长。在高等教育改革发展、高等教育研究等方面做了一些工作,取得了一些成绩,参加了中国第一部《高等教育学》的编写工作,出版了40多部专著(含主编),发表了500多篇文章,有20多项科研成果获省部级以上科研奖,成为享有国务院特殊津贴的专家,荣获"上海市首届教育功臣提名奖",2013年被中国高等教育学会授予"从事高等教育工作逾30年、高教研究有重要贡献学者"(全国共30人),实现了我的第三个梦想。

2010年,当我进入古稀之年时,突然感到人生短暂,下半辈子如何度过呢?我决定做慈善公益事业,做一个慈善家,这就是我的第四个梦,也是我人生最后的一个梦想。前面的三个梦:读书梦、图强梦、教育家梦,为第四个梦奠定了厚实的基础,包括精神上、身体上、物质上的基础。"读书梦"不仅使我有了知识,而且树立了正确的人生观、价值观;"图强梦"使我增长了才干,强壮了身体;"教育家梦"成就了我的教学、科研成果。也许是天道酬勤吧,使我有了做慈善的经济实力。我积余的书稿费、讲课费有100万元,卖掉一套房子有200万元,共300万元,全部捐给我就读过的三所母校:小学、中学、大学,每所学校100万元,设立"杨德广奖学金",主要用于资助学习努力的贫困生。从此开始了我的慈善公益事业,并且不断发展壮大,还成立了"阳光慈善专项基金"。我每年把自己退休金的一半以上拿出来做慈善。

有人问我:你为什么卖房做慈善?为什么投入那么多精力、那么多钱做慈善？我说是用实际行动实现我的人生的最后一个梦想。梦想就是人生的志向,人生追求的目标。有了崇高志向,有了明确目标,就有了强大动力,人生才有意义。有人问我：你为什么把做慈善作为人生的最后一个梦想？我说我是个退休老人,已不可能在工作中对社会对人民有所作为,但可以在做慈善中发挥余热。我之所以选择做慈善是多种动因促成的。

我确立做慈善的梦想,是为了传承中华民族优秀文化传统。中国自古就有慈善理念、慈善义举。如儒家的"仁爱""恻隐之心",道家的"积德",墨家的"兼爱",佛家的"慈悲为怀""众善奉行",以及"先天下之忧而忧,后天下之乐而乐","让饥者得食,寒者得衣","天下之人相爱","乐善好施,助人为乐"等。这些都是中华民族宝贵的精神财富。中华民族文化之所以能延续五千多年至今仍熠熠生辉,正是一代代人薪火传承、绵亘不断。作为炎黄子孙,必须继承中华优秀文化,包括优良的慈善传统,这是我做慈善的动因之一。

我确立做慈善的梦想,是为了传承革命先辈们的遗志。1840年中国沦为半殖民地以后,无数革命前辈和革命先烈,为了赶走外来侵略者,推翻"三座大山",英勇不屈,前仆后继,不畏强暴,不怕牺牲,献出了自己宝贵的生命。20世纪五六十年代,为了改变中国"一穷二白"的落后面貌,无数优秀青年、有志之士,到农村去,到边疆去,到祖国最需要的地方去,献出了自己宝贵的青春乃至生命。当时,举国上下,艰苦奋斗,奋发图强,形成了良好的社会风气、良好的精神面貌。作为享受革命先辈用鲜血和生命换来的胜利成果的后来人,必须继承先辈们、英烈们的革命遗志,把中华民族优秀的革命传统传承下去。然而,令人忧虑的是,由于"文革"的破坏,由于社会上部分腐败分子的不良行为,严重地毒化了社会环境和社会风尚,中华民族的一些优良传统被破坏了,愿意做慈善、助人为乐的社会风气被破坏了。我曾看到媒体上发布的信息,我国从事慈善的企业、团体和个人远远落后于世界发达国家和其他发展中国家。国内外有些别有用心的人,大肆炒作中国国内出现的腐败现象,乘机攻击中国共产党的领导和社会主义制度,否定为中华民族英勇奋斗的英雄模范人物,不择手段地抹黑中国、抹黑中国文化、抹黑中华民族精神。在他们看来,"先人后己"也是不可能的,"全心全意为人民服务"也是不可能的,董存瑞、黄继光、雷锋事迹是不存在的。他们恶意否定和抹黑伟大的中华民族精神,是企图用"冷文化"来摧垮中国特色的社会主义。还有一些人抓住我国出现的一些党员干部的腐败问题和社会上的不正之风,散布悲观失望的情绪。这场意识形态领域里的斗争十分激烈、尖锐。我认为,要取得这场斗争的胜利,必须弘扬中华民族精神,必须惩治腐败,净化社会风尚。中华文化优秀传统不能在我们这一代失传,中华英烈们的鲜血不能白流。我们必须继承和弘扬中华民族优秀传统和革命先烈们的遗志,但不能空喊继承口号、弘扬口号,而要付诸实际行动,从我做起,从行善做起,并带动更多的人一起来做。这是我做慈善的一个重要动因。

　　我做慈善,就是尽我微薄之力,团结更多的人共同来继承和弘扬中华民族优良传统,推进良好的社会风尚发扬光大。用实事来证明,我们中华民族就是具有乐施好善、助人为乐的传统,中华民族就是有克己为人、无私奉献的精神。从我做慈善公益事业6年多来的亲身感受,这些精神到处可见。慈善企业家单孟川先生得知我在做慈善后,慷慨解囊,拿出200万元捐赠给阳光慈善基金,用于资助西部地区贫困学生的营养午餐,并一再要求不留他的名字。上师大翁教授年过六旬,主动要求资助西部地区两位贫困学生,后来听说她身患癌症,我去她家劝说她不要资助了,由其他人代替,她执意不肯,恳切地说:我一定要在有生之年多做一些善事。在加拿大定居的张博士听说阳光慈善基金建立了,每年都汇款来资助5名贫困学生。还有一位长期居住日本的上师大校友杨女士,得知阳光慈善活动后,每年到上海探望母亲时都来捐赠帮困助学款和绿化造林款。我有好几位学生工作不久,经济条件并不好,还在还购房贷款,为了表示帮困助学的爱心,两个人合作资助一名贫困生。今年初,华东师大一位退休教师王老师找到我,她说她先生刚去世不久,留下100万元嘱咐家属用于做慈善,帮助有困难的人。王老师决定把100万元全部捐给我们阳光慈善基金,用于资助西部地区贫困学生,我劝她自己留一点下来养老,她坚决不肯,坚持全部用于帮困助学。我做慈善就是用我的行动及周围爱心者的行动,证明中华民族优良传统不仅存在,而且在不断传承、发扬光大,有爱心、有善心的人会越来越多,会遍及全社会,会影响全中国,会将一切腐败、自私、污浊、黑暗的东西荡涤出去。

　　我做慈善是为慈善者、爱心者搭建一个平台。做慈善完全是自觉自愿的行动,是受一个人的信仰、人生观、价值观驱使的。当人们认识到人活着应该为社会、为人民多作贡献,是自己的人生目的,是最有价值的时候;认识到"帮助需要帮助的人"是自己的人生目的,是最有价值的时候;认识到将多余的钱用到最需要、最能发挥作用的地方去,是最有价值的时候,就会自觉自愿地做慈善，主动积极地参加慈善公益活动。但他们最大的期盼是捐出去的钱要安全，确实用于受助人身上，而没有被挪用。这一要求是完全合情合理的，无论是企业捐赠的巨款，还是个人捐赠的小款，其目的都是"帮困"，能够让捐赠的钱真正产生效益，发挥作用。近几年来，我们每年到西部地区资助营养午餐，也是身带现金当场发放给贫困学生，正是为了安全、放心。于是在创建阳光慈善基金时，为确保捐款人的每一分钱都能用于帮困助学，我们采取了几条措施：一是实行"对接式"的帮困助学，凡捐款人捐赠的每一笔钱，都落实到具体的帮困对象身上；二是被帮对象收到捐赠的钱后，及时发信息给捐款人致谢；三是我们的工作人员全是义务劳动，不拿任何津贴、报酬；四是捐赠人的善款全部汇到上海师大教育发展基金会，列为阳光慈善专项基金，专款专用，百分之百用于慈善事业。因此，广大慈善者加入我们这一行列后很放心，我们是为他们提供一个安全可信的行善平台。这些慈善者平时省吃俭用，将多余的钱用来帮助他人，这种无私奉献的精神非常可贵，这是中华民族优良传统的再现和传承。现在已有多家企业、有100多位慈善者加入阳光慈善基金，目前还在不断扩大。虽然我们是一个很小的慈善机构，但遍及面很大，我们可以用滚雪球的方式，逐步将慈善队伍扩大。一个企业做慈善可以影响到几百人、上千人，一个人做慈善可以影响到一家人及周围的人，只要长期坚持下去，我们这个社会一定会有越来越多的人知道慈善，参加慈善，人人行善。

  我做慈善是为了改变单纯的物质慈善观，树立精神慈善观。我们阳光慈善基金不注重动员人们参加慈善，我们只是提供一个做慈善的平台。我认为做慈善不能仅局限于物质慈善，不要对他人产生任何压力。做慈善的方式多种多样，并不是捐财捐物才叫慈善。各人经济条件不一样，不能让人们在有压力的情况下、在力不能及的情况下捐款做慈善。慈善也不仅表现在物质上，更要表现在精神上、言语行为上。一个人的言善、眼善、面善，待人和颜悦色，面带笑容，对人热情、尊重，都是慈善。对遇到困难的人抱有同情心，慰问安抚，善言相劝，都是慈善。遇到路上有人问路，热情指路，在车上对有需要的人让座，不小心碰了别人说声"对不起"，被别人碰了说声"没关系"等，都是慈善。精神上做慈善是每个人能做到的，也是最重要的。

  我做慈善是为了"行善怡心、善者心怡"。做慈善最能凝聚人心，慈善团队是非常和谐友爱的团队，因为每个人想的是为他人、为帮困，是无私的奉献、不求个人的名利和回报。做慈善的人心情愉快、身心健康,他们为自己做了好事,能为社会、为他人贡献一点力量感到高兴、自豪。科学研究证明,做慈善的人,由于对他人有友爱之情,内心很温暖,可缓解压力和焦虑,增强身体免疫力。做慈善的人,参加一项资助活动后,萌发的爱心不断扩大、延展,会经常做慈善、不断做慈善,使做慈善成为生活习惯,使自己一直有良好的心态和健康的身体。做慈善会给自己带来快乐和精神享受。当我们的慈善者收到受助者的资助信息、信件时,非常开心。有些学生汇报了受助款是怎么用的,汇报了自己的学习、生活情况,大家有一种成就感,感到捐有所得、捐有所值,愿意继续捐赠,并影响了周围的人、家人一起参加阳光慈善活动。做慈善的人还带动了周围的人,带动了家人一起做慈善,久而久之,慈善队伍不断发展壮大,这对促进全社会的和谐必将起积极作用。

我做慈善,是为了帮助需要帮助的人。在任何一个社会和地区,总是有收入不均、贫富差异的,总会有一些遭受厄运、遇到灾难、生活困难的人群,需要帮助的人。我就是出生在一个贫苦农民的家中,我读书期间就是一个贫困生,曾经受到过好心人的帮助,我深知受助后的温暖和愉快。帮助了需要帮助的人,不仅在物质上起了助人作用,而且在精神上也起了助人作用,使他们感受到社会的温暖,感受到爱心人的关爱,感到有了希望,有了克服困难、战胜灾难的信心和决心。

我做慈善是一种社会责任、公民义务。我认为做慈善不是恩赐,更不能以救济者自居。由于我们的机遇较好,受到一方水土的恩泽和厚爱,因此有了多余的钱财,理应回报社会,捐赠给有困难的、有需要的人,让他们尽早摆脱困境,能安心学习、安心工作、安心生活,能有尊严地、体面地立足于社会。这是一个公民的社会责任和义务。应该看到,当这些受助者有了知识、有了本领、有了稳定的工作后,也能为社会、为人民作贡献,推动社会的发展。慈善不仅使他们摆脱了困难,而且对全社会稳定,包括对富人们的稳定生活、事业发展也会有重要贡献。因此,一方面是慈善者帮助了受助者,另一方面受助者也帮助了慈善者,做慈善是互惠互利、互相帮助。即使在刚开始的捐赠资助过程中,也会给慈善者带来快乐和幸福,因此不仅是受助者一方得益,捐赠者也是得益的。每年九十月份,我都要抽空到受助的母校,给学生们颁发奖学金,到西部地区给贫困学生发放营养午餐。当我看到同学们高兴的、发自内心的灿烂笑脸时,听到他们充满感激之情的热烈掌声时,我感到非常高兴。有些学生用受助的钱买了学习用品、买了自己最喜欢的书,有的学生用受助的钱帮助爸爸妈妈看了病,付了医药费,我感到非常高兴。每年假期,我们都会收到许多受助学生寄来的信、发来的信息,有的汇报了他们的学习情况、家庭情况,表达了受助后的感恩之情,有的表示一定要好好学习,将来工作后也要做一个慈善者,为社会、为他人多做一些有益的事。我感到非常高兴。

当我们承担社会责任做慈善公益事业时,会产生多种效应:一是能够帮助他们克服物质上的困难;二是给了他们精神安慰和精神动力;三是给捐赠者带来了快乐和幸福,看到了捐献后的价值和自我价值;四是对促进社会形成良好风气、和谐发展起了积极作用。

自2010年我做慈善公益活动六年多以来,我和我的团队已经资助贫困生中的优秀生1 500人次,资助西部地区贫困小学生营养午餐4 000多人次,义务植树10万多株,参加阳光慈善义务植树的人数超过1 000人。因此,做慈善公益事业,具有很强的广延性、辐射性、穿透性,深远的渗透力、影响力,是利国、利民、利他、利己的崇高事业。

在我有生之年,一定要坚持不懈地把阳光慈善事业做好、做大,为传承中华民族优秀文化传统,为广大慈善者提供献爱心的平台,为更多需要帮助的人提供帮助,为促进社会和谐发展贡献一份力量。

获得"阳光优秀生"奖学金的高中生们

我做慈善的动因和实践

人活着不能仅为自己和家人，还要为他人、为社会。人生的价值在于为社会、为他人作出贡献。我做慈善就是人生观、价值观的驱使。此外还有几个动因：一是为了继承和弘扬中华优良文化传统，二是为了继承和弘扬革命先辈们的优良传统，三是为广大做慈善的爱心人士搭建一个平台，四是为了帮助需要帮助的人，五是做慈善可以产生辐射效应。

慈善有物质性慈善和精神性慈善两类。我们通常讲的是物质性慈善，即把自己多余的钱物无偿地捐赠给需要帮助的人。慈善是一种不图回报的无私奉献。从国家和社会的视角来看，慈善是一个国家、一个社会文化素养的反映，文明程度的体现。慈善是伴随一个国家、社会法制的完善，道德水准的升华，人与社会、自然关系的和谐，而不断发展起来的。一个国家、一个社会从事慈善的个人和团体越多，越能体现一个国家人民的文明程度和良好的社会风貌。从个人的视角来看，慈善是一个人的人生观、价值观的反映。人生观是指人为什么活着、人活着为了什么。慈善者认为，人活着要为国家、为社会、为他人多作些贡献，做一个有利于、有益于、有助于他人的人，而不能做一个自私自利、唯利是图、独享其身的人。价值观是对人生的价值、多余财富价值的理念。慈善者认为，人生的价值是做个利国、利民、利他的人，而不是只顾个人和家庭的人。一个利他的人，才是最有价值的人。怎样才能让多余的钱最有价值？这就是金钱价值观。慈善者认为，把自己多余的钱物捐赠给需要的人，而不是存放在家中和银行里，才是最有价值的。

有人问我做慈善的动因，问我为什么把房子卖掉做慈善。这并非几句话就能讲完的。这是几十年来受教育的结果,是我的人生观和价值观决定的。人们常说:"教育改变命运","教育决定人生",我有切身的体会。我出生在旧社会一个贫苦农民家庭,从小过着吃不饱、穿不暖的生活,七八岁时就下地劳动、上山砍柴、挖野菜。父母亲经常说,我们家命不好,命苦,我听不懂什么叫命不好。但母亲临终前对我说过一句话"要争气,要有本事",刻骨铭心,永志莫忘。从此,我立志要到大城市去读书,摆脱农村苦难的生活,为父母争气。后来我考上了中学、大学。经过学校老师的教育,党团组织的教育,我的人生观发生了根本变化:从为改变个人命运、为父母争光,转变到为改变我们国家"一穷二白"的落后状况,为国家争光,立志奋发图强,努力学习,练好本领。教育使我明白了人生的目的和意义,给了我强大的动力。在十几年的学习生涯和50多年的工作生涯中,教育始终伴随着我、指引着我、激励着我。我受到过中华民族优秀文化传统的教育、革命传统的教育和英雄模范人物的先进思想、先进事迹的教育及共产党员"全心全意为人民服务"宗旨的教育,奠定了我的人生观和价值观,指引了我要怎样做人、做一个什么样的人。我可以问心无愧地说,在工作阶段,我努力了、尽力了。退休以后怎么办?仍然要不忘初心,决定全身心投入慈善公益事业,这并非心血来潮、一时激情,而是长期以来形成的人生观和价值观决定的。

我做慈善是多种因素促成的,有多种动因。有传统意识,有责任意识,也有忧患意识、使命意识。

第一,为了继承和弘扬中华民族优秀文化传统。中国自古以来就有慈善的理念、行为和传统。如儒家思想、佛教思想就是教人行善积德,讲因果报应。从劳苦大众到上层人士都知道要"多做好事、多行善","好人有好报","仁者寿"。中国一直是闻名于世的礼仪之邦。唐宋时期,中国不仅是世界上的经济大国,而且是礼仪大国、文明大国。但近些年来,中华民族"忠、孝、仁、爱"的优良传统在退化,原因有二:

一是由于"文革"的破坏,把优良传统打成"封建残余",成为除"四旧"的垃圾,认为讲孝道、做慈善是不讲阶级斗争,是阶级调和论,是宣扬"封资修",颠倒黑白,混淆是非,把人们的思想搞乱了,导致不少人不愿意施善、行善。二是由于近年来部分干部、当权者贪污受贿,严重腐败,导致有些人"看破红尘",信仰失却,不愿意施善、行善。如果不扭转这一状况,中华民族的优良传统将会断裂和丧失。我感到很揪心、很忧虑,我有责任用做善事的实际行为并带动更多的人,继承和弘扬中华民族的优良传统。我做慈善,就是尽我微薄之力,团结更多的人共同来继承和弘扬中华民族优良传统,推进良好的社会风尚发扬光大。用实事来证明,我们中华民族就是具有乐施好善、助人为乐的传统,中华民族就是有克己为人、无私奉献的精神。我做慈善就是用我的行动及周围爱心者的行动,证明中华民族优良传统不仅存在,而且在不断传承,发扬光大。有爱心、有善心的人会越来越多,会波及全社会,会影响全中国,会将一切腐败、自私、污浊、黑暗的东西荡涤出去。

第二,为了继承和弘扬革命先辈们的优良传统。1840年鸦片战争后,中国沦为半殖民地,帝国主义列强侵略中国、掠夺瓜分中国,从此中国陷于苦难的深渊之中。为了拯救中华民族,推翻"三座大山",无数革命先辈英勇奋斗,前仆后继,流血牺牲,尤其是中国共产党人,发扬了"一不怕苦、二不怕死"的不屈不挠的大无畏精神,用鲜血和生命推翻了压在中国人民头上的三座大山,建立了新中国。但党内也出现了一些背离党的宗旨、以权谋私的腐败分子,在人民群众中造成极坏影响,不少人对共产主义信仰、对党的领导和社会主义制度产生了怀疑和动摇,我感到很揪心、很忧虑,长此以往必将亡党亡国。所幸以习近平总书记为核心的党中央力挽狂澜、严惩腐败,形势有所好转。作为一名老党员,应该以实际行动支持习总书记和党中央反腐斗争,用做慈善、全心全意为人民服务的实际行动,来证明党内的腐败分子只是少数人,大多数党员干部和共产党员是好的、比较好的。我有责任维护和捍卫党的纯洁性,不能让优良的革命传统在我们这一代丢失,不能让革命先烈们的鲜血白流。

第三,为广大做慈善的爱心人士搭建一个平台。当我于2010年开始从事慈善公益活动后,我的学生、周围的亲朋好友以及社会上许多好心人,都要求跟我一起做慈善。当他们知道我做的是"对接式"慈善,即把所有善款直接送到受助者手上,非常信任我,纷纷加入我们阳光慈善之家。目前已有100多人加入,他们少则500元、1 000元,多则数千、数万元,有些企业单位捐了数十万、上百万元,目前已收到捐赠款500多万元。在行善过程中,我发现社会上还是好人多,愿意做慈善的人很多。不少人很想做慈善,但不知道将钱捐到哪里更放心、更有价值。我创建了阳光慈善基金(挂靠在上海师大教育发展基金会和上海市教育发展基金会),就是为他们创建一个安全、可靠、放心的做慈善的平台。几年来,除了我的学生和亲朋好友加入以外,来自企业界、文化界、教育界、宗教界的人士也不少,有很多感人事迹。

  翁敏华教授主动要求资助两位西部贫困生,她身患疾病,仍坚持每年捐资做慈善,每年元旦后上班的第一天,翁教授都要到学校为爱心基金捐款;上海应用技术大学张艳萍副校长不仅最早参加"一对一"帮困助学活动,又资助了五名阳光优秀生;姚拣华老师去年过生日时,她丈夫问她喜欢什么礼物,她说你资助几个贫困学生吧;教育学院硕士毕业生柳逸青把工作后第一个月的工资捐赠给阳光慈善基金;身在异国他乡的毕业研究生张炎炎、毛亚莉,每年都寄1万元给阳光慈善基金,资助阳光优秀生;身在日本的上师大校友杨健女士,每年回沪探亲都要来给阳光慈善基金捐款;华东师大校友王月美老师,把丈夫戴如山先生生前留下来的100万元善款捐给阳光慈善基金,设立"戴如山奖学金",每年10万元,用于奖励新疆和广西的阳光优秀生,她崇高的品德使学生们感动不已,深受教育;上海大学陶倩教授、上海电台叶杨主持人亲自带着孩子参加阳光慈善公益活动……在今年春季的义务植树活动中,许多家长带着孩子参加植树,并表示明年还要参加,认为这是亲子活动、教育子女的有效方式。有些企业和企业家也加入了我们的阳光慈善之家,为阳光慈善基金捐款:豪讯公司蔡文忠先生、商汤投资公司汤无杰先生和胜誉投资公司、丝路财团、创董会等。在植树造林活动中,茉荔绿化公司在今年五次义务植树中提供了10多万株优质廉价的竹柳。不久前,上海达盛球厂为西部地区中小学生捐赠了1 000多只篮球、排球、足球。

  第四,做慈善是为了帮助需要帮助的人。在任何一个国家和地区,都存在需要帮助的人,尤其像我国这么大的国家,由于自然条件不同、经济基础不同,加上不可预测的天灾、人祸等因素,贫困人群、需要帮助的人群还很多,每一个有条件的公民都有义务、有责任伸出援助之手,助上一臂之力。从2012年至今,我们连续五年去甘肃、四川等地为贫困学生捐赠营养午餐,我亲眼看见西部地区还有不少孩子的家庭经济很困难,中午只吃一个自己带来的馒头。学校在我们的帮助下建立了食堂,学生吃上了热饭热菜。

  有人认为"帮困扶贫"是政府的事情,与己无关。这种观点是不正确的。据我所知,各级政府在"帮困扶贫"方面投入了大量的人力、财力,承担了主要责任。作为一个公民也应担当一定的社会责任,做一些力所能及的慈善事业,不能全部推给政府。"帮困扶贫"工作就是继承和弘扬中华民族优良传统,又能改变社会风气,促进社会和谐,是利国利民利己的义举。还有人说,现在的干部那么腐败,我捐的钱会不会给他们贪污了,不愿做慈善。这种担心是可以理解的。过去的确存在善款被挪用、被贪污的事件,但近年来已经有了很大改观,绝大多数慈善组织都管理得很严、很好,确保了资金的安全,善款全部用在善事上。有些人本身缺乏善心善举,却找各种借口不愿意行善,实际上是缺乏爱心、缺乏责任担当。

回顾六年多来,受到过我们阳光慈善资助的学生越来越多。我每年资助三所母校的贫困生、优秀生有250多人,六年累计1 500多人次。每年资助西部地区贫困学生营养午餐800多人,五年累计资助了4 000多人次。今年有西部九个省市(自治区)及湖北夷陵共275名"阳光优秀生"获得阳光慈善专项基金提供的奖学金。累计有5 000多名受助学生亲身感受到阳光慈善的温暖。一人受益,阳光全家。我们做慈善不仅帮助受助者解决了困难,而且使他们感受到党和政府、感受到社会和集体对他们的关怀,产生了感激之情,对稳定他们的学习和生活,对促进社会和谐,都会产生积极作用。这些受助者将来有了工作后,经济条件好了,也会从事慈善事业,对整个社会的慈善工作都有巨大的辐射作用。星星之火,可以燎原!

第五,做慈善是受了我人生观、价值观的驱使。人为什么活着,人活着为什么?从年轻时代到现在,我经常思考这个问题。我的人生观是:"无为何入世,入世有所为。"人活着就要为社会、为人民多做一些有益的事,做一个有益于社会和人民的人,这样活着才有意义,这就是我的人生观。人活着能够为社会和人民做点有益的事,这样活着才有价值,这就是我的价值观。孟子说:"人若无志,与禽兽无异。"人活着如果只为自己、只为子女,那就如动物一样,禽兽一样。我是一个共产党员,"全心全意为人民服务"是共产党员的人生观和价值观。这不是用口号来证实,而是要用实际行动来证实、来承诺、来兑现的。做慈善就是我的实际行动。

我把自己积余的100万元书稿费以及卖掉一套房子的200万元共300万元,捐赠给我就读过的三所母校,此外我每年还将自己退休金的一半以上用于做慈善公益事业,感到人生很有意义、很有价值。有人说你为什么不把房子和钱留给子女,我说子女已经有了稳定的工作,留给他们是锦上添花,多余的钱发挥的价值不大,而捐助给贫困学生,则是雪中送炭,发挥的价值更大。有人说你已 70 多岁,为什么还在上课、还在搞慈善,好在家里休息了、出去玩玩了。这也是人生观和价值观的驱使。我认为自己身体还很好,还能从事教学、科研工作,还能够为做慈善发挥作用,就不要放弃,不能把可用的精力和资源浪费掉,要发扬"小车不倒尽管推"的精神,发扬"生命不息,服务不止,生命不息,奉献不止"的精神,永远做一个有益于社会和人民的人,这样的人生才永远有意义、有价值。

第六,做慈善可以产生辐射效应。有人认为中国那么大,贫困人群那么多,你们"小打小闹"做慈善有什么作用?六年多来,我体会到做慈善的作用不仅是能够帮助一些需要帮助的人,而且能够产生社会综合效应,比如聚集了一批又一批慈善爱心人士和企业家。我做慈善公益事业,亲身感受到慈善的辐射效应和凝聚力。

我们阳光慈善之家刚开始只有二三十人,现在已发展到 120 多人,还有多家企业。一人做慈善,带动全家做慈善,一个企业做慈善,带动全体员工做慈善,可以发挥辐射效应、滚雪球效应,做慈善的影响力越来越大,久而久之,慈善队伍不断发展壮大。这对促进全社会的和谐必将起积极作用。

我作为一个退下来的大学校长、局级干部,由于工作关系,有不少人脉资源、信息资源,也有一定的经济实力,因此可以开展慈善工作。如果说我的人生观、价值观,决定了我做慈善的必然性,那么我的人生经历、职业,使我做慈善有了可能性。由此我想到,全国像我这样的人有成千上万,有些人的人脉资源、信息资源比我多,经济实力比我强,影响力比我大,如果都能从事一些力所能及的慈善事业,我国的慈善队伍将源源不断、发展壮大。"众人拾柴火焰高!"我期盼做慈善的辐射效应、滚雪球效应能扩大到广大退休领导干部之中,让慈善队伍越来越壮大。

有人问我,怎样做好慈善公益事业?

我深深感到民间蕴藏着巨大的慈善公益事业的潜力,许多人都有慈善之心,都很想为需要帮助的人献出一份爱心,但有些人不知道怎么做,有些人不放心自己捐出的钱是否用于受助人身上。我体会到要在广大民众中开展好慈善公益事业,应把握好以下几点:

第一,要有明确的目标。慈善的范围很广,有助残、助幼、助老、助学,有救灾、救急,还有绿化造林、改造环境等。而慈善者、爱心者对慈善项目是有选择性的,有的只愿意助残,有的只愿意助学,有的只愿意植树,有的只愿意救灾。因此作为民间慈善组织要有自己明确的目标供人们选择。我们的阳光慈善之家主要是助学和绿化两项。即资助西部地区贫困生中的优秀学生,以高中学生为主,鼓励他们报考大学。我们认为扶贫帮困最重要的是帮助贫困地区发展教育、培养人才。

第二,慈善组织的发起者和团队负责人要起模范带头作用。发起者(包括理事会成员)要有大爱之心,要带头捐赠、无私奉献,才有号召力、凝聚力。2010年,我捐出100万元书稿费、讲课费以及卖掉一套房子的200万元共300万元用于帮困助学,在"一对一"助学行动中,我不仅自己认领一个贫困生,而且我的女儿、儿子、外孙女都参加。在参加绿化造林公益活动中,我率先自费购买6 000株树苗在盐碱地上试种,成功以后,我又捐出5万元开展义务植树活动。近年来,我将退休工资的一半用于慈善事业。副理事长向旭在阳光慈善专项基金建立之初,一次性捐款10万元,第二年又捐了3万元。理事会成员以及秘书处几位兼职人员都是义务劳动,不拿分文劳务费。对慈善者的捐款不提成任何管理费。由于我们自己带头全心全意投入帮困助学、植树造林,百分之百将善款用于受助者和慈善公益事业,博得广大慈善者的好评和支持。他们认为阳光慈善之家是真心实意地在做善事。王老师是上海一所名校的退休教师,她的丈夫去年去世了,留下100万元做慈善,王老师经多方联系、论证,最后选择捐给我们阳光慈善基金,用于资助西部地区优秀贫困生,她说:"你们的无私奉献精神感动了我,把钱交给你放心。"

第三,采取"对接式"慈善,增强透明度。从2012年至2016年,我们阳光慈善基金为甘肃、四川地区小学生资助营养午餐,为了确保贫困学生吃上营养午餐,我们每年9月份到当地把现金发放给每个学生。我们重点资助了西部地区35名贫困优秀生,名单由当地教育部门和学校审定,由我们发布信息,由爱心者自愿认领,即采取"一对一"助学行动,经费不必汇入阳光慈善基金,每位爱心者每年直接将资助金寄给受助的学生。从2015年开始,我们实施"阳光优秀生"计划,即在西部地区每个省区选择一个贫困县,各县评选出25名家庭经济困难、学习努力的优秀高中生,为"阳光优秀生",每人奖励2 000元奖学金。爱心人士和团体把奖学金汇到我们指定的账号上,然后为他们安排资助对象,并把钱汇到学校,由学校发给学生。当受助的阳光优秀生收到2000元奖学金后,会给捐赠者发致谢信息或致谢信。每位捐赠者都知道善款用在哪里了,很透明,很放心,也很有成就感。

第四,尊重捐助者。捐助者能够把多余的钱拿出来帮助他人,不图回报,这种高尚的品质值得敬重和弘扬。我们对每笔捐款都开具正规发票,并颁发"荣誉证书"。对企业、团体捐赠5万元以上、个人捐赠1万元以上的,征得他们同意,可冠名为阳光××奖学金、阳光××爱心林,这对提高企业的品牌和社会公信度有一定的作用,是对慈善爱心人士精神上的鼓励。我们尊重每一位爱心人士和捐助者,无论捐赠多少我们都表示欢迎。一个人对慈善公益事业的贡献,不是取决于捐赠钱财的多少,而是取决于有一颗真诚的心。我们并不刻意动员人们捐款和参加慈善行列,而是建立一个让人们自愿加入的平台。我们重在有慈善之心。我认为应该改变单纯的物质慈善观,树立精神慈善观。做慈善的方式多种多样,并不是捐财捐物才叫慈善。各人经济条件不一样,不能让人们在有压力的情况下、在力不能及的情况下捐款做慈善。慈善也不仅表现在物质上,而且表现在精神上、言语行为上。一个人的言善、眼善、面善,待人和颜悦色,面带笑容,对人热情、尊重,都是慈善。对遇到困难的人抱有同情心,慰问安抚,善言相劝,都是慈善。遇到路上有人问路,热情指路,在车上给有需要的人让座,不小心碰了别人说声"对不起",被别人碰了说声"没关系"等,都是慈善。精神上做慈善是每个人能做到的,也是最重要的,当他经济条件好转后,也会做物质慈善的。

第五,加强沟通与交流。我们专门建立了阳光帮困助学慈善之家微信群、阳光优秀生微信群,经常发布和交流实施帮困助学和植树造林的信息,对新增加成员表示欢迎,对爱心者及时点赞,及时回答爱心者提出的问题,让每个人有知情权、话语权。我们每年召开1~2次阳光慈善发展研讨会,一方面向全体慈善者通报情况,一方面交流做慈善的心得收获,商讨下一步如何开展慈善活动。我们还聘请了几位著名的书法家为形象大使,在会议期间及平时免费为大家书写墨宝。

有人问我,做慈善给你带来什么好处?

我说没有想过。我认为做慈善就是不求回报,不求从慈善中获取个人好处,否则就叫交换、经商。慈善就是帮助他人,是无私的奉献,是一个人的精神境界在行为上的反映。慈善追求的是为他而不是为己,利他而不是利己。慈善者从慈善行为中实现自我追求的境界和目标,而不是追求物质利益和物质回报。当然慈善者可以在行善中得到精神上的回报和享受。从善怡心,善者心怡;送人温暖,阳光自己。如果一定要说慈善给自己带来什么好处,回答是:带来了快乐和幸福。慈善的过程就是享受快乐和幸福的过程。每当我在手机中、电脑里得悉有人加入阳光慈善行列时,就感到快乐和幸福;每当财务部门告诉我今天又收到给阳光慈善基金捐款时,就感到快乐和幸福;每当我看到受助学生发自内心的喜悦、灿烂的笑脸时,就感到快乐和幸福;每当我收到受助学生从遥远的边疆寄来的一封封致谢信时,就感到快乐和幸福。

慈慈团队、爱心人士给我带来了快乐和幸福。六年来,我体会到做慈善最能凝聚人心,慈善团队是非常和谐友爱的团队,因为每个人想的是为他人、为帮困,不求个人的名利,更无名利之争。做慈善的人心情愉快、身心健康,他们为自己做了好事,能为社会、为他人贡献一点力量感到高兴、自豪。大家心往一处想,劲往一处使,就是多做善事、做好善事。我们的阳光慈善之家团队给我、给每个人都带来了快乐和幸福。科学研究证明,做慈善的人,由于对他人有友爱之情,内心很温暖,可缓解压力和焦虑,增强身体免疫力。做慈善的人,参加一项资助活动后,萌发的爱心不断扩大、延展,会经常做慈善、不断做慈善,使做慈善成为生活习惯,使自己一直有良好的心态和健康的身体。做慈善会给自己带来快乐和精神享受。当慈善者感受到帮助受助者克服了困难,增强了动力,有一种成就感、快乐感和幸福感。快乐和幸福是互相传递和感染的。团队里每位慈善者的快乐和幸福,也给我带来了快乐和幸福。我今年已经76岁,身体仍然很好,还在带研究生、上课、做科研,这就是做慈善公益事业给我带来的好处。

为什么做善事身体好?

人有了慈悲之心,就会变得宽容。人一宽容,气就不会淤滞;气不淤滞,血就通畅,所以,心宽一寸,病退一丈。

宽恕是一味良药,你在宽恕别人的同时,也就敞开了自己的心灵,此时,愤怒、怨恨和恐惧就会悄悄溜走,你的内心没有了淤滞,气血也就通畅了。

人有了慈悲之心,就会变得善良。人一善良,心就宁静。宁静之心能让人的身体远离喜、怒、忧、思、悲、恐、惊。善心犹如春雨,默默地滋润身体,它能让气变得温顺,让血变得通畅。

人有了慈悲之心,也就懂得了感恩。感恩是人的本性,是做人的基本品质。我们感谢天,感谢地,感谢父母,感谢食物,是他们给了我们生命,并使生命得以维持。

人一旦懂得感恩,心就会平和下来,因为感恩者知道人只不过是自然的一部分,我能够有今天,离不开自然、社会和他人。我们应该学会感恩、善待自然。

世界上最大的悲剧或不幸,就是不会知恩图报的人。心存感恩的人,才能收获更多的人生幸福和生活快乐,才能摒弃没有意义的怨天尤人。心存感恩的人,才会朝气蓬勃,豁达睿智,好运常在,远离烦恼。

只有充满博爱心、仁慈心、善良心、同情心,才能达到"人人爱我、我爱人人"的美好境界。人生在世,要学会分享给予,养成互爱互助行为。爱,就是给予,而不是索取。给予越多,人生就越丰富;奉献越多,生命才更有意义。

人的一生,无论成败,都会得到很多人的帮助:父母的养育,老师的教诲,配偶的关爱,朋友的帮助,大自然的恩赐,时代的赋予……我们成长的每一步,都有人指点;我们生活的每一天,都有人帮助。

正因为这样,我们才渡过一个个难关,一步步走向成功,创造并享受着美好的生活。尤其对于父母的养育之恩,我们应该用一生来报答。让"久病无孝子"成为过去,成为历史。

阳光慈善下一步的主要打算是什么?截至2016年12月,我们已完成为期5年的资助西部地区贫困学生的营养午餐的慈善任务,共资助200万元,有4 000多人次的学生受益。下一阶段主要是资助西部地区贫困高中学生中优秀生考大学。

我们阳光慈善的宗旨:帮困助学、阳光行善。主要在西部地区高中学生中设立"阳光优秀生"奖。奖励勤奋学习、励志图强、全面发展的优秀贫困学生。我们打算在西部12个省(区)各选一个贫困县,从在读高中贫困学生中各评选25名"阳光优秀生",每人一次奖励2 000元,可以连选连奖。每年奖励300名左右"阳光优秀生"。凡捐赠数额较大的单位和个人均可冠名为阳光××奖学金,并且让受助者知道捐赠者的名字,收到奖学金后即发信息致谢。设立"阳光优秀生"奖学金的目的,是帮助在读的高中生中贫困优秀生改善经济状况,激励他们报考大学。如果每年能为高校输送200多位大学生,10年后就是2 000多人,等于帮助西部地区经济社会的发展建立了一支骨干队伍。如果筹集的资金多,我们还打算资助在上海高校就读的来自西部地区的贫困学生,设立"阳光优秀生"奖,帮助他们顺利完成大学学业。这项工作打算先从上海师大实施,然后再推广到上海其他高校。让阳光慈善的暖流不仅涌入西部地区"阳光优秀生"之中,而且涌入在内地高校读书的西部地区"阳光优秀生"的心坎。我们希望有更多的爱心人士、慈善者,加入阳光慈善队伍。

参加华东师范大学"2018年德广励志奖学金颁奖典礼"

做一名"脱贫攻坚战"的战士

党中央号召打一场"脱贫攻坚战",以确保2020年全国所有贫困地区的贫困人口全部脱贫。我是一名老党员,不能袖手旁观、置之度外地做观察员、评论员,而要做战斗员,投入"精准扶贫"的行列。于是从2013年至2017年,一是集资200万元帮助甘肃、四川等西部地区解决贫困小学生的营养午餐,五年中有4 000多名学生受益;二是资助甘肃、四川30多名贫困优秀生,从小学一直资助到大学毕业;三是"绿化助学",组织8次义务植树活动,共种植10万多棵树苗;四是从物质扶贫转向教育扶贫、人才扶贫。在我国西部12个地区设立"阳光优秀生"奖学金,对高中生中立志报考大学的贫困学生,每人每年奖励2 000元,鼓励他们报考大学。越来越多的爱心人士、爱心企业加入了"脱贫攻坚战"队伍,一股股爱的暖流、爱的传递在神州大地涌动。

党的十八大以来,以习近平同志为核心的党中央吹响了打一场"脱贫攻坚战"的冲锋号,举国上下,众志成城,向贫困宣战,以确保2020年全国所有贫困地区的贫困人口全部脱贫,共同迈入全面小康社会。习总书记说:"消除贫困,改善民生,这是中国共产党的重要使命。"既然是一场"脱贫攻坚战"和党的使命,我作为一名老共产党员,不能袖手旁观当观察员,而要投入战斗做战斗员。

做战斗员,就要亲身投入"精准扶贫"行动。当时听说西部地区经济比较困难,小学生午餐质量较差,在慈善企业家单孟川先生帮助下,筹集了200万元,到甘肃、四川等地帮助贫困小学生解决营养午餐问题。2012年9月,当我第一次踏上黄土高坡时,中午看到小学生们啃着从书包里拿出来的馒头、窝窝头,喝着地窖水时,不禁眼睛湿润了。我们当场留下20万元,资助五所小学把食堂建起来,并签下了持续五年、每年资助20万元的协议。每年的9月,我们都去甘肃、四川,亲自把营养午餐发到学生手中。由于交通不便,每次下飞机后,还要乘七八小时汽车才能到达目的地,整个行程一万多里,身体是疲劳的,但心里是热乎乎的。第一年我还得了大面积肺炎,既然是"攻坚战"的战士,"轻伤不下火线",第二年继续前行。由于我们连续五年的资助,再加上当地政府的关心,两地的营养午餐解决得很好。2015年我们再去这些小学时,看到小学生们都吃上了热腾腾的两菜一汤以及白米饭、白馒头,喝上了可口清洁的自来水,心中有说不出的高兴。五年来,甘肃、四川两地有4 000多人次的学生享受到我们资助的营养午餐。2016年5月,我很荣幸地被甘肃省委、省政府授予甘肃省双联行动、精准扶贫"民心奖"。这是我参加"脱贫攻坚战"的第一个战役。

第二个战役是"帮困助学"。在实施营养午餐的行动中,我发现西部地区许多学生每天翻山越岭到学校读书,他们学习很刻苦,但考取高中、大学的不多。于是我们在甘肃、四川贫困生中各挑选16名优秀学生,由我们阳光慈善基金实施"一对一"重点资助,即由一名爱心人士资助一名贫困优秀生,从小学一直资助到大学毕业。受助学生读小学时,每年资助2 000元;读初中时,每年资助3 000元;读高中时,每年资助4 000元;读大学时,每年资助5 000元。我把32名小学生的信息带到上海时,很快被32位爱心人士"一抢而光",全部认领了。四年来,"一对一"帮困助学行动进行得很顺利,双方已结下了深厚友情。由于要求参加帮困助学的爱心人士越来越多,我们阳光慈善基金决定在西部地区10个省(区)全面开展帮困助学行动,以扩大"脱贫攻坚战"的范围和战果。重点资助西部地区高中学生中的贫困优秀生,设立"阳光优秀生"奖。对学习努力、成绩优良、立志报考大学的、家庭经济困难的优秀高中学生,每年奖励2 000元。为了体现公平,我们计划在西部地区10个省(区)全面展开,每地先选一个贫困县,评选出25名"阳光优秀生"予以奖励,激励他们考上大学,帮助西部地区尽快培养一批优秀人才。此计划得到西部地区教育部门、上海市对外协作办和阳光慈善爱心人士的支持。从2014年起,我们在甘肃、四川试点,2015年已经扩大到新疆、西藏、青海、广西、云南、贵州、湖北等地,设立了"阳光优秀生"奖学金,三年来共资助了

500多名,有的受助学生已经考上了大学。我们采取"对接"式的资助方式,即每一位爱心人士及每个企业捐的善款,都直接汇给受助中学和个人。受资助的优秀学生收到2000元奖学金后即发信息或写信致谢。捐赠者知道自己善款的去向并发挥了作用,很高心,很放心,也很有成就感和获得感。每位"阳光优秀生"获得的2000元奖学金是有限的,但他们得到的温暖和精神力量是无穷的。有的学生说:"这笔钱大大减轻了家庭的经济负担,我会好好学习,将来为祖国的繁荣贡献力量。"有的学生说:"你们的爱心,让我感受到社会的温暖,让我渴望学习的心灵备受感动,如沐春风。"许多受助贫困生表示,将来我也要做一个有爱心的慈善者,帮助需要帮助的人。他们怀着怡悦的心情进入大学,怀着感恩的心情走向社会。我们这点小小的资助,能激励他们努力学习、努力成才,将来能够为社会、为人民作出积极贡献,能够把爱心发扬光大,感到无比的欣慰,感到我们现在从事的阳光慈善公益活动,参与"脱贫攻坚战"是非常值得的。

第三个战役是"绿化助学"。为了拓展"脱贫攻坚战"的阵地,我们阳光慈善还开展了绿化植树活动。每次到西部地区,站在黄土高坡上,看到一望无际的荒山秃岭和茫茫沙漠时,心想如果能种上树披了绿装该多好啊。2014年,听朋友介绍,有种树叫竹柳,是速生植物,生命力强,既有经济价值(可以做木材、纸浆),又能在盐碱地上生长,产生的经济效益可以帮困助学。我说太好了,于是自费买了6000棵,送给奉贤地区三所大学,各种2000棵。如果成功了,将来可以扩大种植范围,可以种到西部地区去。果然第二年都成活了,枝繁叶茂,长势喜人。于是,2016年和2017年由我发起组织了八次义务植树活动,在宝山、青浦、奉贤、崇明等地共种植了10余万棵竹柳。八次义务植树我每次都参加了。记得有一次冒雨植树,别有情趣。我们踏着泥泞的土地,沐浴着蒙蒙细雨,呼吸着清新空气,心情十分舒畅。虽然全身被淋湿了,但想到我是参与"脱贫攻坚战"的战士,感到很自豪!经过两个多小时的战斗,原来荒芜的土地被2万株挺拔的树苗覆盖,远看宛如茫茫林海,令人心旷神怡。三个月后,我们重返种植地察看时,欣喜地发现,播下的林海已经成了绿海。每棵树上的青枝绿叶,绽放出诱人的清香,许多游人都在这里驻足留步,洗肺吸氧。由此我想到,什么是快乐和幸福?能够为社会、为他人做善事、好事,能够为社会和他人带来快乐和幸福,就是我最大的快乐和幸福。

五年来,我和"阳光慈善之家"团队的同事们,响应党中央、习总书记的号召,参与"脱贫攻坚战",在资助西部地区小学生营养午餐,帮困助学及绿化造林三个战役中取得了阶段性战果。至今共资助了4 000多人次的贫困生和优秀生,种植了10余万棵树苗。我们之所以取得了一些成绩,要归功于以习近平同志为核心的党中央的伟大战略部署和英明决策,归功于广大爱心人士的积极支持和热情参与、无私奉献。

五年来,我在从事慈善公益活动的过程中,目睹了我国"脱贫攻坚战"、精准扶贫取得的辉煌战绩。如甘肃省开展"联村联户、为民富民"行动,每年减贫100多万人,贫困发生率从四年前的20%以上,下降到2015年的13.9%。四川省农村贫困人口,从2012年的750万人减少到2016年的272万人,贫困发生率从11.5%降至4.35%。再从全国来看,2003年到2016年,已累计脱贫5 000多万人,贫困发生率从10.2%降至4.5%。

五年来,我在从事慈善公益活动的过程中,还亲身感受到我国社会风气越来越好了,主动热情参加社会公益活动的好心人越来越多了。从我们"阳光慈善之家"的发展壮大就可见一斑。五年前,跟我从事阳光慈善公益活动的仅20多人,现在已发展到120多人。当有人得知我们是在做"帮困助学""绿化造林"公益事业时,纷纷主动积极地加入进来,并动员自己的家人和亲朋好友一起参加。如面向西部地区小学生的营养午餐行动,就是一位企业家主动来找我的,捐了200万元并一再申明不要用他的名字。于是我们开展了从2012年到2016年资助西部地区小学生营养午餐行动。年过六旬的上师大翁教授,听说有"一对一"助学行动,主动要求资助西部地区两位贫困优秀学生。后来听说她身患癌症,我去她家劝说她不要资助了,她执意不肯,恳切地说,帮困助学是自己的责任,一定要在有生之年多做一些善事。每年新年上班第一天,她都要为校教育发展基金会捐款。在国外工作的我的学生张博士和毛博士,听说阳光慈善基金建立后,每年汇1万元用于资助五名贫困学生。长期在日本居住的校友杨女士,每次到上海探亲时都来捐赠帮困助学和绿化造林款。我有好几位毕业研究生工作后不久,经济条件并不好,还在还购房贷款,为了表达帮困助学的爱心,几个人联手资助一名贫困生。刚毕业走向工作岗位的小柳,把工作后第一个月的工资捐给阳光慈善基金。上海应用技术大学张副校长最早参加"一对一"帮困助学行动,后来又资助了五名阳光优秀生。上师大校友、上海商学院陈教授动员全家包括小外孙女都参加了阳光慈善公益活动。华东师大校友王老师,把丈夫戴如山先生生前留下的 100 万元善款捐给阳光慈善基金,设立"专项"奖学金,用于资助广西和云南的"阳光优秀生"。她说:"能为参加脱贫攻坚战贡献一份力量,感到很高兴、很荣幸。"在义务植树活动中,许多家长带着孩子参加植树,给全家带来了欢乐,认为这是亲子、育子的最好方式。还有许多企业,如豪讯公司、胜誉公司、丝路财团、茶恬园国际旅行社、生乐物业、盛达球厂等都慷慨解囊,加入"脱贫攻坚战"行列。动人事例举不胜举。

我深深感到,一股股爱的暖流、爱的传递,在神州大地涌动。我坚信,在以习近平同志为核心的党中央坚强领导下,在全国人民共同努力下,不久的将来,一定能打赢这场"脱贫攻坚战"!14 亿中国人将昂首挺胸、满怀豪情地迈入全面小康社会,屹立于世界民族之林!

参加教育慈善研讨会

雷锋精神指引我前行

> 我和雷锋是同时代人,雷锋是我终生学习的榜样。雷锋精神体现在五个方面:一是在理想信念上,有崇高的共产主义精神;二是在人生观上,有全心全意为人民服务的无私奉献精神;三是在学习上,有"挤"和"钻"的钉子精神;四是在工作中,有"干一行,爱一行,钻一行"的螺丝钉精神;五是在生活上,有勤俭节约、艰苦奋斗的精神。

我们这一代人从小学到大学受革命传统教育影响很深,十分崇拜英雄人物,一心想成为英雄人物。我曾后悔自己晚生二十年。并为此懊丧过、彷徨过,是雷锋精神改变了我的人生观,走出了困境,我认识到和平时期的英雄模范人物,似雷锋式的人物。要像雷锋那样做好人好事,一辈子做好人好事,永远做一个有益于社会和人民的人。雷锋是我学习的榜样,也是我做慈善事业的榜样和楷模。

每一个国家和民族都有英雄模范人物,都有人们学习、崇拜的偶像。他们是国家的丰碑、民族的脊梁、人民的榜样。

"榜样的力量是无穷的。"回忆我 70 多年来的成长道路,英雄模范人物起了巨大的作用。从小学到中学、大学,我就受到中华民族优良传统和革命传统的教育,从屈原、岳飞、史可发、文天祥,到杨靖宇、夏明翰、王若飞、吴运铎,到刘胡兰、董存瑞、黄继光,一个个鲜活的英雄形象展现在眼前,铭记在心中。他们伟大的爱国情怀,英勇不屈的坚强意志,为国捐躯的牺牲精神,使我激动不已,永志不忘,一直激励我奋发学习,不畏艰苦、勇往直前。我最喜欢的《革命烈士诗抄》中的诗句就是夏明翰的:"砍头不要紧,只要主义真,杀了夏明翰,还有后来人!"

中学和大学时,我牢记毛主席的教导:无数革命先烈在我们前面英勇牺牲了,让我们踏着他们的血迹奋勇前进吧!立志为社会主义、共产主义奋斗终身。当时,我一直后悔自己晚生20年,如果早生20年,自己就能投身于革命斗争的洪流之中,就能够成为革命英雄了。我遗憾过,后悔过。我非常敬仰、崇拜这些革命先烈。我认为他们是最高尚、最伟大的人,做人就是要做这样的人,才最有意义。正当我踌躇满志、后悔懊丧、感到生不逢时之际,1963年3月5日,毛主席发出了"向雷锋同志学习"的号召,全社会开展了大张旗鼓学雷锋的活动。当时我在华东师大读书,学校党团组织利用各种形式组织我们学习雷锋。读学雷锋的书,讲学雷锋的故事,唱学雷锋的歌曲,看学雷锋的电影,参观学雷锋纪念馆。

我被雷锋事迹、雷锋精神深深感动了。我和雷锋是同时代人。出身相同,都是贫苦农民家庭出身;年龄相同,都是生于1940年;党龄相同,都是1960年入党。感到非常亲切,非常贴近。深入开展学雷锋活动以后,雷锋成了我终生学习的榜样。雷锋的崇高理想,高尚品德,"毫不利己、专门利人"的无私奉献精神,给我留下极其深刻的印象。我们开展了"学雷锋见行动"的活动,同学们纷纷做好人好事,如主动把肉票、糖票等捐赠出来。记得在学雷锋活动中,每周日只要天气好,我就把同寝室上海同学的被子拿出去晒,傍晚前收回来;帮助其他同学把热水瓶泡满水;主动打扫卫生;每月节省3~4斤饭票送给年纪比我大的男同学。工作以后,我住在市区,每天骑自行车上下班,我经常提前十多分钟上班,路经中山北路桥时,帮人力车工人推车上桥。每帮助他人做一件好事,心里就感到很高兴、很舒坦。学雷锋活动改变了我的人生观、价值观,使我懂得了人为什么活着,应该怎样活着。使我醒悟了:新时期和平环境下的英雄模范,不再是夏明翰、黄继光式的人物。时势造英雄。现在已不是革命战争年代的时势,而是社会主义建设时代的时势,应该做雷锋式的英雄模范人物。

由于"文化大革命"的破坏,学雷锋活动一度黯然失色,甚至有人用种种语言和手段,歪曲、贬低、诋毁雷锋精神,这是时代的悲剧、民族的悲哀。"雷锋叔叔不见了。"广大人民群众,尤其是四五十年代出生的、受过雷锋精神熏陶的人,始终怀念雷锋,期盼雷锋重新回归社会,回到人们心中。

以习近平同志为核心的党中央,为实现中华民族伟大复兴的"中国梦",高度重视传承和弘扬中华民族优秀文化和革命传统文化,构建了社会主义核心价值观。习主席指出:"要把雷锋精神传播在祖国大地上。"雷锋精神是永恒的,是社会主义核心价值观的生动体现,是中华民族传统美德。雷锋精神在当代的延续和发展,是社会主义核心价值观的集中体现,是实现伟大复兴中国梦的强大精神动力。

雷锋永远是我们学习的榜样。我在学生时代以雷锋为榜样,体现在:努力学习、练好本领、坚持做好人好事;我走上工作岗位后以雷锋为榜样,体现在:尽责尽力、先人后己、一心为公、全心全意为人民服务;我退休以后以雷锋为榜样,体现在:坚持做好人好事,从事慈善公益活动。

50多年来,我一直以雷锋为榜样,雷锋精神一直在指引我前行。概而言之,雷锋精神主要体现在以下五个方面:

一是在理想信仰上,有崇高的共产主义精神。雷锋出生在旧中国,从小受苦受难,家破人亡,深受"三座大山"压榨。通过新旧社会对比,他懂得了没有共产党就没有新中国,要跟着共产党走社会主义、共产主义大道。他说:"是党给了我生命,哺育我长大成人,是党给了我幸福,是党给了我前进的力量,是党给了我一切。为了党,我愿洒尽鲜血,永不变心。我就是长着一个心眼,我一心向着党,向着社会主义,向着共产主义,坚决听党指挥,一辈子跟党走。"雷锋说:"我觉得一个革命者活着就应该把自己的毕生精力和整个生命贡献给人类解放事业和共产主义事业。我活着,只有一个目的,就是做一个对人民有用的人。"这是雷锋怀着对党深厚的感情,发自肺腑的心声,体现他坚定的共产主义信仰。我和雷锋是同时代的人,同样是出生在贫苦农民家庭,从小过着吃不饱、穿不暖的生活,七八岁时就下地劳动,上山砍柴,挖野菜。新中国建立后我才上了中学、大学,当上了大学教授、大学校长。几十年来,我对党的感情,对社会主义、共产主义信仰没有动摇过,即使在"文革"中被批斗,下放劳动,也没有动摇过。一个人有了坚定的理想信仰,明确的奋斗目标,就有了前进的方向和动力。我以雷锋为榜样,立志为共产主义理想而奋斗,永远做一个有益于社会和人民的人,成为我不断努力、奋勇前进的强大动力。我在工作岗位上以及在退休之后,之所以取得了一些成绩,就是学习雷锋永远"做一个对人民有用的人"。

二是在人生观上,有全心全意为人民服务的无私奉献的精神。雷锋是做好人好事的典范,全心全意为人民服务的典范。雷锋说:"活着就是为了使别人生活得更美好。"雷锋在日记里写道:"我今天听一位同志说:人活着是为了吃饭,我觉得这种说法不对,我们吃饭是为了活着,可活着不是为了吃饭。我活着是为了全心全意为人民服务,是为人类的解放事业、共产主义而奋斗。"雷锋的人生观就是为了共产主义事业、为了人民大众的利益。他还说过:"我觉得自己活着,就是为了使别人过得更美好。"雷锋不仅在本单位全心全意为人民服务,而且出差、回家探亲都做了大量好人好事。如有一次在火车站看到一位老太太背着一个大包袱上火车,他立马跑上前接过老太太的包袱,扶着她安全上车。雷锋做的好人好事数不清,而且做了好人好事不留名。他说:"一滴水只有融进了大海才不会干涸,一个人只有把有限的生命投入到无限的为人民服务之中,才能充分体现自身价值。"

雷锋认为只有全心全意为人民服务才有价值。他在日记中写道:"做一件好事并不难,难的是做一辈子的好事。"几十年来我以雷锋为榜样,一直秉承共产党员"全心全意为人民服务"的宗旨,永远做一个有益于社会和人民的人。我的人生格言是"无为何入世,入世有所为"。我在读书期间,努力学习,练好本领,奠定全心全意为人民服务的基础。我在工作期间努力工作,履行全心全意为人民服务的职责。1996 年到 2003 年,我担任上师大校长时,尽最大努力为学校发展服务,为全校师生员工服务。千方百计、全力以赴解决两大难题:教职工住房困难和校园环境问题。我立下军令状:三年内不解决我辞职。在大家共同努力下,两大难题都解决了。全校一千多名教职工搬进了新房,上师大校园从昔日的"破落地主"成为上海市花园单位、全国绿化 400 佳,1998 年后我还顶着压力开发了奉贤校区。我把全心全意为人民服务落实在行动上,在位的时候,以雷锋为榜样,努力为人民服务,也有机会、有条件为人民服务。退休以后怎么办?我认为仍然要学习和弘扬雷锋精神坚守全心全意为人民服务的誓言。从 2004 年起,每年元旦后第一个工作日为上师大爱心基金和教育发展基金捐款,每年植树节给学校绿化捐款。我 70 岁时,我决定把多年来积累的 100 万元书稿费和讲课费以及卖掉一套房子共 300 万元,捐赠给我就读过的小学、中学、大学三所母校,资助贫困学生;为了扩大慈善的范围,建立了阳光慈善专项基金,2012 年在社会爱心人士的帮助下,筹集了 200 万元,连续五年资助西部地区贫困生的营养午餐,受助学生已经有 4 000 多人次;2013 年筹集 150 万元,资助 32 名西部优秀贫困生,从小学一直资助到大学毕业;2014 年,在西部地区 12 个省(区)设立了"阳光优秀生"奖学金,每人每年奖励 2 000 元。现在已经有 200 多位爱心人士加入阳光慈善行列。2015 年我自费购买了 6 000 棵竹柳,赠送给奉贤地区三所高校,成活后于2016年和2017年在全市组织了八次大型义务植树活动,共种植10万株竹柳。近几年来,我将自己退休工资的一半以上用于阳光慈善事业。有人问我为什么要做慈善,我说动因很多,其中一个动因就是以雷锋为榜样,是雷锋精神激励我前行。我要像雷锋那样心中永远装有人民,一切为了人民,积极参加社会公益活动,从小事做起,从身边做起,多做好事,行善积德,助人为乐。

三是在学习上,有"挤"和"钻"的钉子精神。为了实现崇高的理想,做好本职工作,必须有理论武装,有科学文化知识。雷锋是一位勤奋好学的青年,尽管平时工作繁忙,他发扬了刻苦钻研的"钉子"精神。雷锋说,有些人说工作忙,没有时间学习。实际上,要学习,时间总是有的,问题是善不善于挤,愿不愿钻。一块好的木板,上面一个眼都没有,但钉子为什么钉进去呢?一个是挤劲,一个是钻劲。雷锋就是靠"挤"和"钻"两个字,用顽强的毅力、刻苦的精神,用马克思主义理论、科学文化知识,指导自己一生始终朝气蓬勃、意气风发向前进。在学雷锋的活动中,雷锋的"挤"和"钻"的学习精神对我启发很大,激励我刻苦地学习。在大学期间,我周末和假期很少外出,抓紧时间学习,读了许多马列著作和中外名著,为将来工作积累知识、奠定基础。工作以后,我像雷锋一样,珍惜每一分钟抓紧学习。改革开放30多年来,我每天早上6点钟起床,晚上11点半休息,一天工作、学习16个小时,取得了工作和教学科研双丰收。这些都是得益于雷锋的"钉子"精神。虽然我已进入古稀之年,但身体还好,一直坚持教学、科研工作,培养研究生工作,就是学习雷锋"一辈子做好事";我现在做慈善,将自己多余的钱用来帮助贫困学生和需要帮助的人,就是学习雷锋的"人活着,就是为了使别人过得更美好"。

四是在工作中,有"干一行,爱一行,钻一行"的螺丝钉精神。雷锋说:"一个人的作用,对于革命事业来说,就如一架机器上的一颗螺丝钉。螺丝钉虽小,其作用是不可估量的。我愿永远做一颗螺丝钉,不怕苦,不怕累;干一行,爱一行,钻一行。"建设社会主义、共产主义大厦,是一个个螺丝钉构建而成的,是一块块砖瓦堆砌而成的。只有每一个螺丝钉很牢固、每一块砖瓦很坚硬地固定在一定的位置上,大厦才不会动摇、不会垮塌。雷锋在每一个平凡的工作岗位上,以高度的责任感、事业心,爱岗敬业,脚踏实地,忘我工作,取得了不平凡的成绩,为社会主义建设发挥了光和热。我在50多年的工作生涯中,先后调动了十几个岗位。从大学一毕业组织上就要我改行从事教育管理工作。我总是以雷锋为榜样,服从党的安排,像雷锋那样"我是大厦一块砖,东西南北任党搬",干一行,爱一行,钻一行,把"工作、学习、研究"结合起来,努力做好本职工作,围绕工作努力学习,开展研究,再把研究成果指导工作。我坚持工作之余努力学习和研究,先后出版了40多部著作,发表了500多篇文章,对做好工作起到了指导和推动作用。

近10年来,我主要从事慈善公益活动,对我来说是一项新的工作,其中有理念、有政策、有管理方法。我本着"干一行,爱一行,钻一行"的精神,不断学习,不断探索,终于摸索出一套"对接式"的慈善公益事项的模式、方法,受到受助地区、受助者和广大爱心企业、爱心人士的支持和欢迎。因此我们阳光慈善团队越来越壮大,社会影响越来越大。

五是在生活上,有勤俭节约、艰苦奋斗的精神。雷锋说:"在工作上,要向积极性最高的同志看齐,在生活上,要向水平最低的同志看齐。"雷锋平时在生活上非常节俭,他穿的衣服、袜子都是补了又补。他说:"我们的国家还穷,穿破了的衣服补好了再穿,省下衣服(发的军装)交给国家,这样既节省国家开支,又发挥了艰苦奋斗、勤俭节约的优秀作风。"在雷锋勤俭节约精神鼓励下,我在读大学期间,生活也很节俭,破旧的衣服补了又补,冬天穿的是部队送来的旧棉衣棉裤,当时没感到寒碜,反而感到很光荣很自豪。以雷锋为榜样,我养成了勤俭节约的习惯,包括节约一粒米、一滴水、一度电。工作以后,我经济条件好转了,富裕了,但雷锋在生活上低标准、勤俭节约、艰苦奋斗的精神一直在影响着我。我从来不买名牌衣服和日用品,从来不去大饭店吃饭、请客,从来不养宠物,也不许子女养宠物。我立下的八字家训"勤俭、和善、自强、有为"中的第一条就是勤俭,坚持过简单俭朴生活,不仅为了节省钱,而且是一种生活方式和精神追求,有助于身心健康,有助于和周围的人建立良好和谐的关系。我在家经常是半斤面条吃三顿,剩饭剩菜从来不倒掉。在机场、火车站候机、候车时吃方便面,舍不得吃五六十元的饭菜。这都是受雷锋艰苦朴素精神的影响。

自我从事阳光慈善帮困助学活动以来,更加重视学习雷锋勤俭节约精神,把节省下来的钱用于帮助贫困学生。有几次外出乘飞机误点,到机场餐馆一看,每碗面条要68元,而且量少吃不饱,我舍不得买,就到超市买了一包8元钱的方便面,省下的60元可资助20个贫困生的营养午餐,我感到很开心。

习近平总书记说:"雷锋精神人人可学,奉献爱心处处可为,积小善为大善,善莫大焉。"只要我们每个人都以雷锋为榜样,学习和践行雷锋精神,我们的社会一定会更加美好,实现中华民族伟大复兴的中国梦一定会早日到来。

弘扬佛教文化　推进慈善事业

> 中国佛教文化是中国传统文化的重要组成部分,蕴含很深的慈善理念,儒家文化中的仁、义、礼、智、信,从佛教文化中都能得到印证。我国隋唐时期是佛教文化的鼎盛期,出现了"八宗竞秀"的盛况,中国佛教提出许多重要的伦理准则,是慈善事业的重要思想基础,"救济、劝善和化恶"是佛教服务社会的三大事业。强调"福慧双修""救人就苦,大慈大悲,救世救难"等"佛教的慈悲重在实惠,不须空言""佛教济世,即在慈善"。改革开放以来,我国佛教文化和慈善理念得到弘扬,赵朴初先生为此作出重要贡献。中国佛教慈善理念对我做慈善事业起了很大的促进作用。
>
> 此文根据我在赵朴初研究会2015年年会上的发言整理成稿。

中国佛教文化是中国传统文化的重要组成部分,内容丰富,博大精深。下面仅对中国传统文化、佛教文化中关于慈善的理念谈一些学习体会,介绍自己践行慈善理念的一些做法。

中国传统文化中有丰富的慈善思想,慈善是中国传统文化重要组成部分。中国传统文化中主流文化儒家思想以"仁"为内核,并以"仁爱"为中心,构筑起包括大同思想、民本思想在内的理论体系,成为中国慈善思想最主要的理论渊源。孔子主张"仁者爱人",认为"己所不欲,勿施于人";孟子有"恻隐"之心;道家讲"积德",主张"赏善罚恶、善恶报应";墨家主张"兼爱",要让"饥者得食,寒者得衣","天下之人相爱";佛家(佛教)主张"诸恶莫做,众善奉行",以"慈悲为怀",推崇"因果报应""普度众生,与乐拔苦",为中华传统文化中慈善伦理增添了新的内容。佛教文化中的慈善理念不仅系统、深邃,而且注重践行。

儒家文化中的仁、义、礼、智、信几个要素,从佛教文化中都能到印证。佛教中的"不杀生而仁,不偷盗而义,不邪淫而礼,不妄语而信,不饮酒而智",都是相对应的。佛教中的"自作自受、善有善报、恶有恶报"的道德理念与儒家思想也是一致的,而且更加具体,落实到行为之中,不是空泛其词。

慈善文化早在春秋战国时期已经萌发并深入人心,贯穿于中国几千年的文明发展史之中。

中国古代的隋唐时期是佛教文化的鼎盛期,出现了"八宗竞秀"的盛况,即大乘佛教的天台宗、三论宗、法相宗、华严宗、律宗、密宗(真言宗)、净土宗、禅宗等,形成了中国化(中国特色)的佛教,并传入朝鲜、日本、越南等国,佛教传播中心也从印度转移到了中国。

中国佛教提出许多重要的伦理准则,如众生平等、尊重包容、诸恶莫做、众善奉行、无缘大慈、同体大悲,不偷盗、不妄语、不邪淫等,对净化人的心灵、教人行善、调节人际关系、构建和谐家庭和和谐社会起了积极作用。佛教的慈悲、布施、报恩、因果观念是古代慈善事业的重要思想基础。

佛教是集社会公益性和生、老、病、死救助于一体的保障机构,对社会贡献巨大。中国佛教一贯有慈悲救世的优良传统。汉唐寺院的济贫、赈灾、医疗、戒条等善举,宋代的养老扶幼事业,元代的医疗救助事业,明清的民间慈善群体兴起等,都是中国佛教悠久深厚的慈善文化思想的体现。民国时代,就强调"慈善是佛教徒应尽的义务",推动了社会慈善工作。

清末民初,成立的现代佛教团体——佛教会,明确地将"救济、劝善和化恶"作为服务社会的三大事业,得到孙中山的肯定。后来相继成立的佛教协进会、维持佛教同盟会、中华佛教总会,都竞相将兴办慈善公益作为其主要事业之一。民国佛教界领袖太虚,在1912年、1913年提出要弘扬大乘佛教的"救世利他"精神,倡导寺产公有化和兴办慈善公益事业。1915年,他又强调佛教兴办慈善事业的重要意义,后来的佛教界领导人园瑛大师、谛闲大师,不仅竭力倡导佛教的慈善理念,还亲自兴办了宁波佛教孤儿院、泉州开元慈儿院、佛教义务学校,将举办慈善公益看作是振兴佛教必不可少的重要事业,这正是中国佛教慈善思想、现代传统形成的重要基础。针对有些人利用佛教而十分功利主义,圆瑛大师尖锐地指出:"如果对于人世间的一般贫苦孤儿,不发一念慈悲之心,设法施以救济,未免与佛教的宗旨大相违背。"

30年代,圆瑛大师的佛教慈善观念又有新的飞跃,将慈善事业看作佛教徒的修行和佛事(不要仅仅烧香、拜佛、打坐修行,而要做实实在在的慈善事业)。1931年全国16省遭受严重水灾,灾民5 000万人,圆瑛大师大力呼吁佛教徒积极救灾,并强调"救灾布施"是佛教徒修行的好机会。他说,我们的佛陀创立佛教,是以慈悲为宗旨,以救世为主义,众生的苦难,就是自己的苦难,必须尽力去救护,乃至舍生,也在所不惜。如释迦世尊曾割肉喂鹰,将身饲虎,又于饥荒之世以身化为摩羯大鱼,游于沙滩,以供众生之食而全其命,这完全是只顾利他而不顾及损己。因此,我等身为佛徒,不仅要学佛之理,更应当学佛之行,广行方便,饶益众生,这样才不愧为大乘佛子。今年的大水灾,饿殍遍野,若不急切救济,虽不死于水,亦必死于饥,我等自应依大乘佛教的教义,发菩提之心,运无缘大慈,以与灾民之乐,起同体大悲,而拔灾民之苦,施财施物,发大悲心。他说:"盖此事是我佛教徒修行的好机会。念佛参禅固是修行,而救灾布施亦是修行,菩萨所修六度,以布施为第一,我等平日受施于人,今日当大发施心,慨解钵囊,布施于灾民,庶不愧于心,不作于人,既为佛子,当作佛事。何者是佛事,救灾救民即是大佛事,望全国佛教徒,一致兴起,大作一番佛事,幸甚幸甚。"这番话非常深刻,非常明确,即每一个信佛的人应该参加慈善事业,仅烧香念佛、做佛事是不够的,救灾布施就是修行,救灾救民就是大佛事。

慈善事业是寺院经济的一部分。佛教慈善理念认为:"兴办慈善事业,既彰显佛陀入世的救世主义,又有益于人民生计和国家和平,以尽国民之义务。"

佛教慈善理念认为,大乘佛教的菩萨行,是先行财施以接触生活困苦,再行法施以解决生死大苦。佛教的菩萨修行六度时,先要修行布施,先行财施,解除他生活的痛苦,如果不能布施,就不能度众生;不能度众生,就不是真正的菩萨;而不修菩萨行,又怎么能成得了佛呢?佛教要奉行拔苦与乐、大悲救世的宗旨。

佛教慈善理念认为,菩萨要福慧双修,研究佛学也应兼办佛教慈善救济事业,弘扬佛法,方式多种多样,如禅修、念佛、讲经、办教育、做慈善等,要有慈善的实际行动,不要空口说白话。

1934春,毕业于武昌佛学院的法舫认为,佛教徒平日向人宣传,要弘法利生,利乐有情,救度众生,慈悲济世,宣扬佛教是救人救世、大慈大悲、救苦救难的,等等,这些论调,不过是取信世人,摄受众生。可是,多少年来,唯闻大唱佛教慈悲之声而不见事实,须知佛教所谓慈悲,重在实惠,不须空言,空言则为欺诳众生,欺诳众生即是欺诳三世诸佛。现在社会多能明白佛教慈悲之旨,今后佛徒不必空口说白话,应当以实际行动,使佛教的慈悲变成现实。正如同基督教的宣传,他们创办医院、学校,使博爱之旨实惠众生。我们虽然信仰不同,但是对其所举办的社会事业,不能不赞许。佛教教化人生以求福德和求智慧为两大目的,就是要福慧双修。"人生——在修学佛法的人生上,有福无慧则殆,福为痴福,有慧无福则罔,慧为干慧,故两者不可缺一,如鸟两翼,如人两手,亦如车之两轮也。是故人生福慧双修,方称正路。"

抗日战争时代,佛教界弘扬大乘救国精神和爱国爱教精神,积极加入抗战救国、救死扶伤的行列,许多地方成立了佛教抗战救护队。

针对有些人信佛仅仅为了个人解脱,佛教大师提出,要提倡积极的救世精神,不是只顾个人的解脱。"大乘佛教之精神,是建立于舍己利人的菩提心中,为人解脱,就是自己获得最大的解脱。释迦牟尼前生舍自身肉供他人食,正是舍身救人的光辉榜样。中国佛教,本身就是大乘。有些人把消极厌世、要远离社会,到庙里隐居,以示与世俗相区别,这种与社会隔离的理念不是佛教的本质。"中国佛教本来不是只顾个人解脱、与世隔绝的声闻小乘,实际上,佛教教化是以弘扬大乘精神为主导的。大乘佛教就是弘扬积极救世的利人精神,这一理念有力地推动了佛教慈善事业的大发展。

以往人们对佛教认识存在着严重曲解,以为佛教的唯一本旨,就是教人了生脱死(发心学佛),完全将慈善工作排斥在外。一些知名法师明确提出:"佛教基石,即在慈善。""佛教工作,虽佛教是了生脱死工作,而正是佛教徒弘法利生最紧要工作。"

1949年新中国成立后的一段时期里,由于受"左"的思想路线影响,我国佛教慈善事业一度受到挫折。改革开放以后,逐步发展起来。赵朴初先生就是一位杰出的慈善家。他的一生就是慈善救世的一生。他在救灾济贫、扶贫助学、关爱他人、服务社会等方面做了大量工作。1952年以后专门从事佛教工作,1953年5月担任中国佛教协会副会长兼秘书长。1980年担任中国佛教协会会长,还担任中国红十字会、中国红十字基金会会长,为我国慈善事业的发展作出重大贡献。赵朴初先生说:"'老吾老,慈其幼,养其孤'是中华民族的优秀传统,社会主义的本质就决定它是人道的社会制度。在社会主义国家,特别是社会主义初级阶段,更应该大力发展慈善事业。"他明确提出:"慈善工作是民政部门的工作,也是我们佛教界的工作,佛教的教义就是提倡扶贫济困,为善最乐。现在不少寺院经济条件好一些了,应该多做一些社会慈善工作,协助政府做残疾人和贫困人的工作,解除他们的痛苦,使他们获得幸福快乐。"据我所知,普明禅寺经常逢年过节都要去探望和慰问山村里的孤寡老人,为社会做了许多公益事业,继承了佛门的优良传统。

无论从中华传统文化,还是中国佛教文化来看,都离不开慈善两个字。慈善是来自人的心灵深处的一种情感,施助者(慈善者)参与慈善是出于一种对"怜悯、同情和慈爱"等道德认知而自愿做出的善举,是一种不图回报的无私奉献,慈善不是为了个人的功利,而是利他助人,慈善不要追问动机,参与就好,快乐就好。慈善意识,就是个体在面对需要帮助的人或事时,所表现出来的社会思想、伦理、情感、意志、知觉等各种观念形态的总和。为什么在信教、信佛的人中慈善者很多?因为他们有善心、有爱心,因为他们有慈善意识和慈善品质,所以乐善好施。佛教的"佛"就是觉悟的意思,佛教是教人有觉悟,佛教文化是培育人的道德自觉、精神自觉,教人要有"不为自己求安乐,但愿众生得离苦"的奉献精神,要树立"诸恶莫做,众善奉行"的道德观,"一切众生,悉皆平等"的平等观,佛教教义中的"缘起、因果、求智、从善、平等、慈爱、中道、圆融",是佛教教义的精髓。

在中国传统文化和佛教文化的感染下,我从 2010 年开始从事教育慈善公益事业。我将自己多年来积蓄的 100 万元书稿费、讲课费以及卖掉一套房子后共 300 万元,捐赠给我就读过书的小学、中学和大学三所母校,每年受助学生 250 多人;2012 年又筹集 200 万元资助西部地区贫困学生营养午餐,每年受助学生 600 多人。2013 年我又筹集了 150 万元,采取"一对一助学行动",重点资助西部地区 32 名优秀贫困生。我每年把退休工资的一半用来从事慈善公益事业。我认为慈善不仅有利于他人和社会,而且会给自己带来快乐和幸福,慈善是对健康的最好投资。我周围的许多亲朋好友、同事、学生得知这些善举后纷纷要求加入帮困助学的行列。于是我们建立了阳光慈善之家、阳光慈善专项基金,主要资助西部地区贫困学生和绿化造林。为广大慈善者塔建施善的平台,目前已有 100 多人加入。其中也有不少是信佛的爱心人士。他们热情参与、无私奉献的大爱精神,为我们阳光慈善事业增添了信心和力量。今年我们已成功地组织了五次义务植树活动,共种植树苗

10多万棵,为建设绿色中国和生态文明贡献了一份力量。在这里,我衷心感谢雁荡山普明禅寺住持正法法师、感谢上海市赵朴初研究会对阳光慈善的大力支持,感谢所有支持和参加阳光慈善的佛友们及社会各界人士。

在当今社会,佛教文化是弘扬正能量的。习近平主席、李克强总理对发扬佛教文化都有重要讲话。习主席说:"佛教同中国儒家文化和道家文化融合发展,最终形成了具有中国特色的佛教文化……中国人根据中华文化发展了佛教思想,形成了独特的佛教理论。"佛教文化、佛教慈善理念与当代中国社会主义核心价值观"富强、民主、文明、和谐"、"自由、平等、公正、法治"、"爱国、敬业、诚信、友善"是一脉相承的。如佛法中的依正不二、自利利他、自净其意、佛性平等、菩萨心行等种种智慧和精神,都可以从当代意义上加以解释,同时也要汲取当代社会的新元素,推动佛教文化的发展。

目前我国在慈善事业方面,与发达国家相比差距很大,与我国经济大国的地位很不适应。我们应该大力宣传和践行中国传统文化和佛教文化中的慈善理念,能够在中国大地上乃至全世界弘扬光大,让利国利民利己的慈善理念、慈善事业深入人心,遍及中华大地,有更多的企事业单位、团体、个人加入慈善事业队伍中来,为社会主义精神文明建设贡献一份力量。

考察西部地区小学,为孩子们解决"营养午餐"问题

富人们,请善用你们的财富

> 此文是2016年在上海师范大学慈善伦理研讨会上的发言稿。富人们如何处理手中多余的财富,需要智慧和眼光。我国自古以来,就有乐善好施的优良传统。富人们应有感恩之心和奉献精神,为社会和谐、发展作贡献。社会发展了,也会给富人们带来更大的发展。

据2011福布斯全球富豪排行榜显示,中国大陆有115人列入榜单,比去年的64人增加了51人,相对于2009年28人的入榜规模更是翻了两番。福布斯富豪排行榜上中国人入榜数的增加,标志着我国近年来经济的快速发展。自1978年改革开放以来,我国在邓小平理论指导下,坚持以经济建设为中心,经济和社会的发展取得了有目共睹的骄人成绩。越来越多的人在国家高速发展的经济浪潮中受益,成了百万、千万甚至是亿万富翁。

钱多了,怎么花?该花在哪里?貌似简单的问题,却值得好好思考。在财富积累的初期阶段,可能绝大部分人考虑的都是如何更好地提高生活的质量,这是无可厚非的。对美好的生活的憧憬激励着人们去拼搏,去奋斗,并给人们带来收获的甜蜜与幸福。然而当财富积累到了一定的阶段,当所拥有的财富远远超过生活所需时,如何处理手中的财富确实需要智慧和眼光。

有些人为什么会成为富翁、富豪?完全靠个人吗,还是归功于社会?马克思说过,人是社会的人。笔者认为,任何人的成功都不是脱离社会的结果。在社会中,人们获得生存、获得教育,在社会各方面的关爱下获得成长,成为一个有知识和本领的成熟个体。这是获取财富的先决条件。另外,在个人奋斗过程中,一个安稳的社会环境以及在此环境中生发的各样投资机会、发展机会,是人们获得财富的重要保障,而社会中的每一个人都为这个稳定的社会环境贡献着一己之力。没有数以亿计的农民的辛苦耕耘，人们最基本的生存权利都会受到威胁；没有建筑工人在烈日下的汗水，人们就得忍受风雨和烈日的袭击；没有起早摸黑的清洁工人，整座城市都会变成垃圾站，舒适宜人的生活环境就是一个幻影；没有教师们的辛勤耕耘，人们就不可能获得丰富的知识。在社会中，每个人都在为他人财富的积累作出贡献。由此可见，那些获得巨额财富的人，他们的聪明才智使他们更容易发现社会发展中存在的致富机会，他们的辛苦拼搏为他们的收获奠定了基础，然而社会却是他们成功的根本。有些人致富之后，往往把手中的财富单纯看作是自己辛苦拼搏的结果，而忽略了社会这一根本。这样一来，他们竭力把金钱和财富牢牢地拽在手中，并作为他们成功的标志。与之相反的是，也有不少富翁明智地选择了回报社会。比尔·盖茨和巴菲特是为全世界所熟知的例子。在中华大地上，有陈嘉庚、邵逸夫、田家炳，还有陈光标、曹德旺等等。他们将自己拥有的巨额财富反哺给社会，捐赠给慈善事业，这种高尚的品德和情操博得了世人和国人的崇敬和赞扬。

在现实社会中，另外一些富翁是如何处理自己财产的呢？4月21日《人民日报》的一篇调查报告显示，在接受调查的我国内地富人中，有近74%的人已完成投资移民或有投资移民考虑，其中约27%的人"已经完成了投资移民"，47%的人"在考虑投资移民"，这一行为在极富有的人群，如个人可投资资产在1亿元以上的群体中，表现尤为明显。如此庞大的富人移民队伍，不禁让人惊讶。如若这些移居国外者，是为了更好地发展，以获得更巨额的财富之后再回馈于我们国家，这将令人敬佩；如若就此携带着在国内获得的巨额财富，仅为个人享受投奔他国，则让人扼腕不止。与之相仿，也有一些留在国内的富豪，虽无投资移民打算，却选择吃喝玩乐、荒淫无度的生活，把所拥有的财富完全看作是自己私人所得、私人所有，他们尽情挥霍自己手中的财产，以示对财产的绝对支配权。他们全然忘记了所获得的财富，凝聚了我们社会中其他人的劳动汗水和心血，并非完全是个人的奋斗所得。失去回报社会的心而仅仅关注个人物质或感官享受是可悲的。作为一个善用财富的智者，不仅能在赢得财富的过程中为社会提供新的工作机会、新的科技成果和新的生活方式，同时他们在获得财富之后，也毫不犹豫地把一部分回报给社会，为构建一个更和谐、更安康、更富强的社会而服务。因为他们深知社会是他们成功的根本，是财富的真正源头，也是子孙后代成长生活的大环境。社会的发展需要一代接一代人的付出,我们今天能够在这么安定的社会中生活和发展,也正是基于前辈们对社会的无私奉献。如果一个人在拥有巨额财富之后,不关注与他的生存和发展休戚相关的社会,而仅仅关注由财富带来的享乐,那么财富很容易成为他的牢笼和地狱。他以为自己是金钱的主人,拥有支配自己金钱的权利,其实反而被金钱所掌控,屈膝膜拜自己手中的财富。

我国自古以来就有乐善好施的优良传统,能够尽己所能去帮助周围的人,是一件无比幸福的事情。中华文明能够延绵几千年至今,正是因为"天下兴亡,匹夫有责"的文化渗透在每一个社会成员的心中。把整个天下的兴衰和他人的幸福时刻放在心中,才能够激励一个人走得更远并引领社会的健康发展。同时,一个人人生价值的所在,就是为了更美好的社会奉献自己。如果在拥有巨额财富之后,仅仅追求个人享乐,并以此作为自己人生的奋斗目标和价值归属,是可耻的;如果把拥有的巨额财富未能安置好而离开人世,也是可耻的。从古至今,无数仁人志士为了中华民族的强盛和安康,艰苦奋斗一辈子,甚至献出自己宝贵的生命。对照他们,富人们该当何为?当今社会,在各行各业里有不少成功人士,他们常常也是回馈社会最多的人,因为他们时刻铭记着自己的一切都来源于社会,有些人称不上富人,更不是巨富,但他们始终有一颗感恩的心,有一种奉献精神。对照他们,富人们该当何为?如果我们每个人都有感恩的心和奉献精神,社会将更加和谐。富人们应该清醒地看到:更和谐的社会是他们以及他们的子孙取得更大成功的根本。

我国改革开放以来,虽然经济社会有了很大的发展和变化,成为世界第二经济大国,然而仍处于社会主义初级阶段,人均GDP仍排在世界100名之后,我国的科学技术仍很落后,还有许多人生活在贫困线以下。另外还有不少弱势群体和伤残人员需要关怀和扶助。再拿我国的教育来讲,由于过去的底子薄,要想在短期内满足更多人的教育需求,必须要有大量的投入。而国家在其他方面也要有大量投入,包括医疗、住宅、农业、交通、能源、环保等,因此不可能完全承担教育方面的全部需求,亟待有社会和民间的资金奉献于教育事业。如果大家都以主人翁的态度来面对社会的发展,秉持"有钱出钱,有力出力"的良好风尚和美德,我们的社会必将朝着更和谐和美好的方向发展。如何善用手中的财富?请富人们用睿智的眼光把所拥有的财富投入社会最需要的地方,为社会的发展和国家的富强贡献一己之力,而不要热衷于移民外国、不要沉湎于吃喝玩乐。社会发展了,也会给富人们带来更好的发展。

面对新冠疫情,我能做些什么?

> 2020年初,一场抗击"新冠肺炎病毒"的人民战争打响了。面临疫情,我不能无动于衷,必须投入这场战斗中去,我和我们阳光慈善团队行动起来,积极捐款赈灾,并帮助芝加哥爱国华人华侨购置了40万副手套和一批医疗物资驰援武汉抗灾第一线,中华儿女心连心,携手赈灾谱新曲。

2020年新年伊始,突如其来的新冠肺炎病毒,举国关注,揪人心肺。我们全家原打算今年到外地过春节的,由于疫情的暴发取消了。年三十晚上,女儿、儿子两家人到我这里吃了年夜饭,吃完饭就开始观看央视春晚。尽管节目精彩纷呈,十分热烈壮观,然而我情绪不高,兴致不浓,没有心情欣赏这场高潮迭起的演出,心里一直在想着武汉疫情现状如何、进展如何。广大医护人员冒着生命危险战斗在治病救人的第一线,整天和重症病人在一起多危险、多了不起啊!我十分忧心和揪心,心想我能做些什么。我不是医护人员,又是一个耄耋老人,远离武汉,真是鞭长莫及、爱莫能助啊!我一个晚上没有睡好,思来想去,突然想到"有钱出钱,有力出力"的老古话。对呀,我可以捐款,并发动我们阳光慈善团队一起捐款,为支援武汉抗灾作点贡献。年初一早晨起床后,我就给女儿打电话,我说要捐款,问她有什么渠道。女儿也是我们阳光慈善团队的一员。她说已经捐了,真是心有灵犀一点通啊!我很高兴,让她立即把捐款的网站发我。她即发给我武汉慈善基金会的一个捐款网站:慈善募捐——新型冠状病毒防控专项基金公益宝,网站上有捐10元、30元、50元等标记。我打开链接后,立即捐了1 000元,心里感到舒坦了一些,总算为灾区人民作了点贡献。我知道有爱心的善良人此时都想为灾区捐款捐物,于是把支援武汉赈灾捐款的网站发到阳光慈善群和阳光同学会群里,希望大家力所能及地伸出援助之手,几十元、上百元都可以,众人拾柴火焰高,捐款不在多少,有大爱之心就好。果然,广大爱心人士反响热烈,很多人都想捐款但找不到平台。有些人按我提供的网站汇了过去,但大多数人都不愿意汇,生怕这个网站是慈善中介机构,不放心,也有人不知道怎么操作,于是纷纷把钱汇到我手机上,25日一天内就有47位爱心人士捐款12 836元。此后每天从清晨到深夜,我的手机不断发出滴答声音。有几个晚上我几乎没有合眼,传来的是爱心和善款,带来的是兴奋和宽慰。我被广大爱心人士的善行义举而感动,我为阳光慈善团队的雷厉风行而自豪。10天左右就收到120多人的捐款,共计4万元。我分三次汇到上海市慈善基金会,请他们转交武汉赈灾第一线。

通过这次抗击新冠病毒行动,我深深感受到我们党、我们国家的伟大,人民群众的伟大!党的号召就是动员令,举国上下,万众一心,听从指挥,众志成城,投入抗灾防灾的人民战争。国难当天,匹夫有责,全国人民,心系疫区,我和我们阳光慈善团队能投入这场战斗,感到非常荣幸和自豪,也体现了我们这支团队的战斗力、凝聚力,体现了广大爱心人士的赤诚之心、慈善之举。在参与的群体中,有5岁的小葡萄张宸语小朋友,有年逾八旬的著名作家俞天白,有全家捐款的翁敏华、陈敏、邵瑜、姚栋华、杨颉、俞可等,有在校学生,有毕业不久的研究生和海外学子,有退休职工,有领导干部。上海大学前党委副书记杨慧如、上海戏剧学院前党委书记戴平、复旦大学医学院党委副书记张艳萍等都捐了款。我建议大家捐50元、100元,但多数人都超过了,封蓓女士坚持捐5 000元。她说:"现在武汉资源非常缺乏,别的忙我帮不上,多捐一点钱是应该的。"短短几句话,拳拳赤诚心。令我感动的是,我久别的大学同学冯泾贤、骆秀美、邹娥梅等人也汇来4 650元,他们一直想捐却不知捐到哪里,发现我们阳光慈善平台非常高兴。令我惊喜的是,我南京老家的亲戚和上海的亲戚,得悉我在搞赈灾捐款时,共有20多人纷纷捐来12 000多元。不少失联的亲友和同学,通过这次赈灾捐款行动,又相知相识了,这是心系疫区、心系灾民的大爱之心把大家重新连在一起了。最令我意外和惊喜的是,八年前我们阳光慈善资助过的西部地区贫困学生、三年前考取上海应用技术大学工程管理专业的曾超禄同学,也汇来赈灾善款。我说你还在读书,自己很困难就不要捐了。

她执意要捐,她说自己在外面兼职挣了一些钱,必须捐,这是自己的一点心意。她深情地说:"长期来我一直得到你们和周围爱心人士的帮助,我觉得这种爱心应该传递下去呀。我是四川人,当年汶川地震时也收到了全国各地的捐款,现在国家其他地方有困难,我们也应该出一份力。"说得多好啊,这就是爱的传承!

为了激励更多的人参与为武汉赈灾捐款行动,我把近日在家闲读《周易》的感言发在群里。

《周易》新释:"益用凶事,固有之也。"用现代语言可理解为:处境好、条件好的获益者要努力去做救灾灭凶的事情,这样才能保有和巩固自己的利益。说得多深刻、多有哲理啊!意即得益者不可只顾自己,漠视社会和他人遇到的凶灾。为此我们要善待、关爱、援助武汉及其他地区受灾的民众,切不可采取冷漠、歧视、甚至排斥,要向战斗在抗灾第一线的全体医护人员和工作人员学习,人人都献出一份爱,就会尽快灭凶消灾,赢得美好未来。多为社会和他人奉献,必定会给自己和家人带来美好和幸福。

《周易》里还有一句话感触很深:"积善之家,必有余庆;积不善之家,必有余殃。"即多做善事好事、积德行善的家庭,将来必然会带来值得庆贺的后福。而一直不行善、甚至行恶之家,必然会带来许多祸殃。社会上许多爱心人士不仅自己做慈善,而且带领子女、整个家人共同做慈善、献爱心,成为积善之家。必然会对孩子、对家庭带来快乐和幸福!而那些背离社会道德,不仅不做善事反而做坏事的人,必然会殃及家庭,严重的会家破人亡。我们所联系的不少困境家庭就是由于家长的行为不轨而造成的。因此我们要做积善之人,建积善之家。好人有好报,将来必有后福,必有余庆!各位爱心人士要坚信自己的选择是完全正确的,非常有意义的,我们要坚持下去,把阳光慈善帮困助学活动弘扬光大,越办越好!不少人看了这两句古训后点了赞,坚定了做慈善的信念。

每天都有不少爱心者捐款,我手机不停地发出"滴答"的声音,有时是深夜,有时是清晨。有人问我:你每天从早忙到晚,累不累呀?我说累得很充实、很开心。每一次响声传来的是爱心,看到的是善款,带给我的是兴奋,一点不感到疲劳。一笔笔捐款纷至沓来,一颗颗爱心飞向武汉,为夺取抗击新冠病毒的胜利,我们阳光慈善团队在行动,自己也成为这场人民战争中的一名战斗员,我感到十分欣慰和自豪,一切疲惫随之而散。跟战斗在疫情第一线的医护人员相比,更不感到累了。每天从电视、广播里传来一个个可歌可泣的故事,令我寝食不安,激动不已。如医护人员穿着沉重的防护服精心医治危重病人,汽车司机重返武汉义务开车,一线危险岗位全部换上共产党员,护士们连续五天五夜战斗在重病房,坚持不离岗,老院长患病坚守岗位,解放军战士冒着生命危险坚守在疫情最严重的地方……我经常流着眼泪收听、收看广播、电视,对比疫情第一线这些勇士们,我感到很愧疚、很渺小,也不觉得累了,总想多为灾区人民做些什么。

正当我焦虑踌躇时,为赈灾服务的机会来了。我接受了美国芝加哥爱国华人华侨汪兴无教授的委托,代他们购买了40万副手套和一批医疗用品运往武汉、孝感等疫情重地区。正是"中华儿女心连心,携手赈灾谱新曲"。

2月8日清晨5点多钟,窗外灰蒙蒙的,我正躺在床上做起床前的健身操时,手机里突然传来"嘟嘟"声,这么早有人发微信是很少有的,我急忙打开。在"高教局老同事"微信群里,看到汪兴无教授从美国发来的求援微信:"各位同事大家好,有件急事要麻烦大家。目前我在负责芝加哥华联会的捐款工作,我们已取得了一批捐款,想购买湖北疫区最需要的医疗设备送给重灾区。请告知目前什么是最可行的途径能买到疫区最需要的医疗设备?我们急需帮助。如哪位老同事能伸出援手,我们不胜感激。"汪兴无是80年代上海市高教局的年轻公务员,后来自费出国留学,因成绩优异留在大学任教,加入了美国籍。担任过大芝加哥地区华侨华人联合会主席,现任该组织的理事长,是著名的侨领。他一直心系祖国、热爱祖国,为促进中美友好交流、为中国的改革发展,做了大量工作。看到这条求助信息,我很感动、很感激。这些远在异国他乡的华人华侨时刻眷恋祖国,正当新冠肺炎病毒侵袭湖北武汉地区时,他们坐不住了,纷纷捐款,要驰援武汉赈灾第一线。太佩服他们了!我决定接受汪教授的委托,帮助他们寻找和购置急需医疗用品。这几天忙于阳光慈善团队的捐款已告一段落,正在考虑:面对疫情,我还能做些什么?我不能老待在家里无所事事。当前强调必须待在家里不出门是正确的。有人还发帖说:"为了打赢这场无硝烟的战争,我们的口号是:我睡觉我光荣!你乱跑是害虫!守在家里就是爱国,不出家门就是英雄!"虽是戏言,但不无道理。守在家里不出门、少出门,对防止病毒感染是必要的。但信息化时代,坐在家里也可以开展工作。前几天我没有出门,在我们阳光慈善群里筹集了4万元赈灾善款,就是坐在家里用手机操作的。我有信心接受汪教授的委托,完成这个光荣而又急迫的任务。一个小时后,即6点半左右,我回复汪教授:"谢谢兴无教授和华人华侨的大爱之心,我联系后即告诉您。"于是我和阳光慈善秘书处的同事立即在网上查找信息,了解武汉地区急需哪些医疗物品,并搜索到这些物品的厂家地址和联系人,当天下午便发给汪教授。最后他们确定第一批物品是购买40万副医用手套(合计人民币36万元),捐给武汉地区11家医院。紧接着我跟生产手套的厂家商量,可否先发货后付款。美方提出可将美元直接汇给厂家,但该厂没有外汇账号。我说你们先发货吧,我用房产证做抵押,保证对方在半个月内到款。厂家明确表示:我们认钱不认证,必须先付款后发货。这是厂方的规定,我理解他们的难处。但如果等美方把钱汇过来再兑换成人民币,肯定要延误这批物资运到抗灾第一线的时间。为了把40万副手套迅急运往武汉,为了了却芝加哥爱国华人华侨赈灾的迫切心愿,我只好求助于上海师大教育发展基金会。我们阳光慈善专项基金有100多万元存放在上海师大教育发展基金会,其中我本人捐赠了40多万元。我建议取出36万元作为垫付款,汇给生产手套的厂家,以解燃眉之急。待美方还款后即汇入阳光慈善专项基金。据了解,进入基金会的资金必须专款专用,不得挪作他用,否则今后审计时会遇到麻烦。我再三说明这是临时垫付,我愿以房产证做抵押,保证对方在半个月内还款。本着特殊时期、特事特办的原则,秘书长和财务主管同意取出36万元,于12日上午汇给了厂家。总算一块石头落地了。从13日起,40万副手套陆续运往武汉11家医院。汪教授和芝加哥华联得悉后十分高兴,一再表示感谢。我说:"应该感谢汪教授和芝加哥爱国华人华侨,你们身居国外,时刻牵挂着武汉疫情,慷慨解囊,捐款捐物。真是:拳拳赤子心,深深爱国情!"据我所知,汪教授为了购买支援湖北抗疫医疗物资常常只睡三四个小时,有几个晚上甚至彻夜未眠。但想到疫情地区的病人在煎熬,想到了医护人员在艰苦的战斗,看到了广大侨胞拳拳之心踊跃捐款,他咬咬牙就挺过来了。

第一批赈灾物资运出后,汪兴无教授又提出购买第二批物资,用于援助孝感地区的5家医院。我很感动,是什么力量驱使万里之外的华人华侨如此大爱之心。汪教授说出了他们的心声:"我们永远不会忘却祖国母亲在我们人生成长的道路上所施于我们的点点恩惠。当我们看到新冠病毒在肆虐祖国同胞,看到疫区人民和医务人员在前方受难,我们如果只图自己享福,则余生会不得安宁,会愧对我们中华祖先。"寥寥数语,是中华儿女的肺腑之言啊!我知道购置第二批物资会有很多困难,如货源、资金、运输等,但爱国华人华侨的赤诚之心再一次感动了我,于是我决定继续帮他们联系并落实。其中包括空气雾化消毒机5台、空气消毒液60瓶,合计人民币11.8万元,由上海纽丹医疗科技有限公司提供。同样必须先付款后发货。钱从哪里来?美方不可能先把货款付掉,必须由我们垫付后才能发货。我想再也不能去麻烦上师大教育发展基会了,于是我决定自己垫付。我查了一下建行卡里只有9万元,但工行卡里还有5万元,必须把工行卡里的钱转入建行卡。由于手机操作不了,我必须亲自到工商银行去办理。供货方提出,货源很紧缺,需要的单位很多,如果两天内不付款就给别人了。为了尽快把钱汇给供货公司,早日把赈灾物资运到湖北孝感,我必须在14日将11.8万元凑齐。本想请司机送我去工行的,考虑到他住家较远,爱人身体又不大好,而且疫情期间出门有一定风险,于是我决定自己去办理。13日我戴上口罩,走出家门,乘公交车和地铁,去寻找工商银行。地铁车厢里只有3个人,公交车上只有2个人,静悄悄的城市,静悄悄的车厢,体现出我们国家和人民战胜疫情的巨大凝聚力!

好几家工行不开门,吃了闭门羹。后来赶到田林路一家工行是开门营业的,但要排队两个小时,我静静地排着队等候。当儿子得悉我不在家中而在银行排队时,很不放心,问我在干什么。我说要汇4万元到建行卡里,急用,否则要耽误芝加哥华联赈灾物资及早运往湖北。他说:"你这样跑来跑去很不安全,你不要排队了,我来帮你解决。"他用车把我接回了家,立即从他银行卡里汇了4万元给我。我太高兴了。我的女儿和儿子都很支持我的慈善事业,我感到很幸运。14日上午,我即把货款汇给上海纽丹公司。所幸没有耽误付款时间,我太高兴了,一切疲劳、风险顿时消失了。当天下午公司就将第二批货发运到湖北孝感,赢得了防灾抗灾的宝贵时间。

汪教授一再向我致谢。我说:"天下华人一家亲,你们远隔万里,心系祖国,心系疫区,无私奉献,是你们炽热的爱心感动了我。我能为你们作点有益的事,能为赈灾灭灾作点贡献,非常荣幸,是我应尽的责任。"有人劝我,你年纪大了,该休息休息了。我想我是一名党员,任何时候都要把国家利益、人民利益放在第一位。现在国难当头、人民遭灾,我能整天坐在家里无所作为吗？每当我在媒体中看到无数医护人员穿戴着沉重的防护衣服在抢救危重病人时，看到一些医生、护士连续几天几夜不休息、躺在地上睡觉时，看到父母、子女送别亲人到抗灾第一线的动人场面时，看到广大解放军官兵奋勇前往湖北疫情最严重的地区时，看到最危险的岗位都换上共产党员时……我流泪了，我感到很愧疚，我的心仿佛被堵住了。我不能袖手旁观，无动于衷。天下兴旺，匹夫有责，国难当头，人人有责。我必须投入这场战斗中去。当4万元捐款汇出去后，当帮助芝加哥华联会购买的两批赈灾医疗物品运往灾区后，我的心情才有所好转，舒畅多了。这次以汪兴无教授为首的大芝加哥华联与我们阳光慈善团队联手，唱响了一曲动人的驰援武汉抗疫的凯歌。如同汪教授说的，正是身为炎黄子孙的责任感和人性的大爱，使我们联手成功！

2020年春节期间的抗疫救援行动被社会媒体报道

第四篇

学 术 篇

把政治思想工作做到教学领域中去

如何使学生的政治思想工作适应新时期总任务的需要,这是摆在我们面前的一个新课题。邓副主席指出:"我们的学校是为无产阶级培养人才的地方。"政治思想工作的着眼点,就是为实现社会主义四个现代化培养德智体全面发展的人才。学生在学校的主要任务是学习,大量的思想问题是从这里反映出来的。因此,怎样把政治思想工作深入到教学领域中去,使之在六分之六的时间中发挥作用,确保和促进学生的学习,是政治思想工作特别值得重视和研究的问题。我校从精简会议、改革政治活动的内容入手,把学生的党团组织生活、班级活动、形势教育、政治活动,每周集中安排在一个下午(两个小时左右)、一个晚上(一个半小时左右),总共不超过四小时。这样做,并不是降低政治工作的要求,而是要求进一步提高政治工作的水平和效率。我们主要注意解决三个方面的问题。

第一,要把政治思想工作深入到教学领域中去,政治工作干部就应该深入教学实际。蜻蜓点水似的下去转一圈就上来,是不可能发现问题、更不能解决问题的。政工干部应该有目的地、带着问题参加教学的全过程。在学习业务的同时做好工作。

数学系一位女学生听课很不专心,课后即找她谈心,原来是她们寝室的同学不团结,上课时她还在想这件事。政治指导员就与班干部共同做工作,帮助这个寝室的同学解决了纠纷,促进了团结,也促使这位学生能够专心学习。

化学系有位政治指导员听学生反映学习负担太重,他连续半个月与学生一起上数学、外语以及一些专业课,并且一起做作业。在比较全面地掌握了第一手材料以后,他一方面与教师交换意见,介绍这个年级学生的文化基础知识情况,另一方面又帮助学生注意掌握学习规律,增强克服困难的信心,邀请教师介绍学习方法。他既做教师的好参谋,又做学生的辅导员,受到教师与学生的欢迎。

生物系有位政治指导员听说有些学生比较骄傲,甚至看不起教师,他听了很吃惊,因为平时没有发现这一问题。后来,他深入实验室跟学生一起做实验,发现少数学习基础好的学生不重视实验,写实验报告很马虎,还有人遇到问题不愿请教青年教师。这位政治指导员抓住这些具体事例,在全年级进行反骄破满的教育,对学生触动较大,效果较好。

这说明,政治工作干部只有深入到教学第一线,才能更多地接触学生,掌握学生的思想情况,找到政治思想教育的内容。另一方面,又说明我们的政工干部必须学习业务、懂得业务,才能有更多的发言权,取得在业务领域中开展政治思想工作的主动权。

第二,把政治思想工作深入到教学领域中去,就要以学习为中心,积极开展促进学生学习的各种活动,及时帮助学生排除学习上的障碍。中文系有个班级,是粉碎"四人帮"以后不久招录的。开始时,有的学生学习很松弛。党支部针对这一情况,联系实际深入揭批"四人帮"散步的"读书无用论",并结合学习新时期的总任务,进行革命理想教育,使每个同学把今天的学习与实现四个现代化的宏伟目标联系起来。全班很快出现了浓厚的学习空气。今年9月份,这个班级被团市委和市教育局评为市先进集体。这个班级的变化启示我们,政治思想工作必须成为调动学生学习积极性的强大动力。要对学生进行革命理想教育,教育他们想四个现代化,为四个现代化而学,为四个现代化而干。大庆人说得好:"井无压力不出油,人无压力轻飘飘。"学生也要有一种压力。这就是通过政治思想工作,促使学生认识到时代赋予的历史重任,增强实现四个现代化的光荣感、责任感、紧迫感。

政治思想工作以学习为中心,还应该围绕教学,经常开展一些生动活泼的活动,促使学生更好地学习。这学期来,在党委领导下,我校学生党团组织和学生会广泛地在学生中组织了课外学习兴趣小组、学术讨论会、报告会;办了学习园地、学习专栏;用多种形式、宣传革命导师以及中外著名科学家刻苦学习的光辉事迹;组织观看科技电影;组织学习竞赛活动;召开学习经验交流会;邀请老教师介绍各学科在四个现代化中的重要地位,以及同世界先进水平的差距。同学们反映说:"这些活动很对我们的胃口,工作做到我们心坎上了。"

第三,把政治思想工作深入到教学领域中去,就要抓好两头。政工干部深入教学第一线,不是专门为了找问题、寻岔子,否则就会使教师、学生产生戒心,造成隔阂,发现问题、解决问题的工作是需要的,但更重要的是注意发现师生中为革命刻苦教、刻苦学的先进典型。化学系一位学生经常利用星期日带两个面包到上海图书馆度过紧张的一天,经过刻苦努力,不仅各门功课都取得了优异成绩,而且翻译了几十万字的日文资料。这些事迹在全校介绍后,使大家深受教育和鼓舞。原来有些在学习上困难较大、信心不足的学生也表示要向他们学习,迎头赶上去。两年来,我校每学期都评选一批"三好"学生和"三好"标兵。用榜样的力量带动其他同学前进,收到了很好的效果。

另一方面,要注意抓学习上比较后进的学生,对这些学生要逐个分析原因,区别情况,做好工作。这是比较艰苦的工作,必须花大力气去抓。一定要因人而异,既不能千篇一律地对待,更不能放任不管。抓好学习差的学生的转化工作,推广他们的经验,既是对其他差生的鼓舞,又是对学生好的学生的有力促进,对教学工作的大面积丰收会起到事半功倍的效果。

(原载《文汇报》1978年12月14日)

1990年出版国内第一部《大学德育论》

关于建立教育市场的思考

一

党的十四大确定了我国经济体制改革的目标是建立社会主义市场经济。从社会主义计划经济向社会主义市场经济转轨,是一个具有划时代意义的转轨,对我国经济乃至整个社会发展将会带来历史性的变化。长期以来,我们在计划管理体制下工作和生活。高等学校也是如此。从教育经费的来源,干部的安排,教师队伍的组成,专业设置、课程设置,以及招生、毕业生分配等,一切都是依靠国家,依靠政府,依靠计划。甚至办各类培训班、非学历教育,也必须层层申报。总之,学校对政府形成了"等、靠、要",政府对学校形成了"统、包、管"的思维定式和运行机制。这种做法在解放初期对集中有限的财力、人力和教育资源,培养国家急需的人才是有积极作用的,对学校领导和教师安于本职工作,不必为筹集经费而操心也是有积极意义的。然而,四十多年来,我国的经济、科技、文化及教育事业都有了较大的发展,人们的物质和文化生活水平都有了较大的提高,但国家仍旧靠统一计划来调配财力、人力资源;我国在所有制上的"一大二公"及计划经济体制不仅没有削弱,反而越来越强化,因而教育的国有化、计划性程度越来越高,严重地阻碍了我国经济的发展,教育事业的发展,导致教育不能适应和满足社会的需要。从学校内部来说,办学条件不好,教师待遇较低,大批教师流失,缺乏办学的活力和动力,办学效益不高,许多学校有潜力发挥不出来,有人才不能充分发挥作用。原因何在?有人认为是教育经费不足,国家投入太少,对教育不够重视。当然国家对教育投入不足是一个原因,但不是唯一原因。近几年来,国家对教育是很重视的,教育的投入也有较大幅度的增加,但为什么一直没有摆脱教育的困境,我认为根本原因是教育仍然停留在计划经济体制上,没有与市场经济接轨。

回顾15年来我国改革开放的历程,哪一个部门与市场经济接轨,就发展得快,效益就有较大的提高。如1978年以后,改革的春风最早吹到农村,取消了"一大二公"的人民公社,实行了联产承包责任制,将农村和乡镇企业推向市场,自由经营,农村很快搞活了,农民收入有了较大提高。1984年后,开始城市经济体制改革,重点是引导非国有制企业部门走向市场,允许发展个体、私人和三资企业,很快也活了,效益明显提高,职工待遇有较大幅度增加。1992年春邓小平同志南方谈话以后,开始把一部分国有企业推向市场,一直被捆住手脚的国有企业也开始活起来,效益有所提高,还有相当一部分国有企业尚未与市场接轨,仍停留在计划经济体制上,或正在从计划经济向市场经济转轨过程中,因而没有搞活,亏损严重。但随着社会主义市场经济体制的逐步建立和不断完善,国有企业全面走向市场后,必然会改变目前效益不高、亏损严重的状况。可以预料,下一步要将文化、教育部门推向市场,建立文化市场、教育市场。尤其是高等教育,要努力从计划经济向市场经济转轨,主动适应社会主义市场经济的发展,这是历史发展的必由之路,也是发展高等教育,摆脱教育困境的必由之路。

有人不同意"教育市场"之说。把"市场"当作贬义的、不好的东西,这正是长期以来受计划经济影响太深的结果。计划经济与市场经济的主要区别在于资源分配方式是由政府控制为主还是由市场调节为主。资源包括人力资源、物力资源、财力资源等。高等学校有创造人力资源、物力资源,创造新知识、新科技的功能。过去一切都纳入国家统包统配计划之中,不可能也不允许用市场手段进行配置。然而在当前发展和完善市场经济的状况下,国家不再像以前那样对学校统得过多,包得过多,必须通过市场调节,建立和发展教育市场,才能使教育产业走向市场,适应市场经济的需要,这是沟通学校与社会之间的重要渠道。

有人认为,"教育有自身的规律,不应该被动地适应经济规律","把教育推向市场,适应市场经济的需要是错误的"。显然,这种把教育规律与经济规律对立起来的看法是片面的。我们认为,教育有两个基本规律:一是教育的外部规律适应社会政治、经济发展的规律;二是教育自身内部的规律。这两个规律是相辅相成的,而不是相互对立的。教育的外部规律,是指教育要随着社会的发展而发展,随着社会的变化而变化,教育要为社会的发展服务。因为教育是社会的产物,是一种社会活动,教育事业是全社会的事业。在革命战争年代,教育要培养大批适应战争需要的"抗大式"的人才,他们既要有高度的觉悟,又要有做群众工作的本领、打仗的本领。在社会主义建设时期,教育要培养大批适应经济建设需要的人才。五六十年代,我国以发展重工业为主,教育要培养大批机械、电子、冶金等方面的人才。80年代,我国实行改革开放,教育要培养大批外向型人才。90年代,上海要向国际经济、金融、贸易三中心城市迈进,教育必须为培养"三中心"人才服务,尤其要大量培养五六十年代不曾有的管理、证券、房地产方面的人才。不同时期,对人才素质的要求也有所不同。五六十年代,我国实行计划经济体制,当时对培养出来的人主要要求是"听话""基础知识扎实"的知识型人才;而90年代,我国加快了改革开放的步伐,要建立社会主义市场经济,因此高等学校培养出来的人应具有开拓精神、创造能力,成为智能型、创造型人才。倘若教育不去主动适应社会的发展,仍停留在五六十年代的教育内容、教育方法、专业结构、人才模式上,就不可能满足现代社会的需要。由此可见,教育的外部规律是指教育要从社会的需要出发培养人才,培养出来的人才要能适应社会的需要,能够为社会服务。教育的外部规律并非指教育按经济规律办学,而是指要适应经济发展的需要。学校的办学过程必须遵循教育的内部规律。

教育的内部规律,是指教育过程中的教学规律、育人规律、传播知识的规律、学校管理规律、德育规律、体育规律等。具体地说,如教学内容安排上必须遵循先基础知识、专业基础知识,再专业知识的原则;教学过程中以教师为主导、学生为主体、教学相长的原则;教学方法上,以启发式、学导式为主的原则;德育过程中的情理相融,以情感人,以理服人,身教重于言教的原则;以及教书育人、服务育人、管理育人的原则;教学、科研、生产三结合的原则等。总之,学校在教育目标、教育内容、教育方式等方面都要遵循教育的内部规律,而又不能脱离教育的外部规律——主动适应社会的需要。

二

建立"教育市场"的前提,教育应是产业,能生产出商品。对此持反对态度的人更多。他们认为,高等学校历来就是事业单位,不是产业,教育的成果不是商品,不能到市场上去搞"等价交换"。这是一个很值得深入探讨的问题。

所谓事业单位,即不从事生产、不产出利润、不进行经济核算、一切经费开支由国家包下来的单位。在社会主义计划经济体制下,高等学校作为国家的办学机构,为国家培养干部的基地,全部由国家包下来,同国家机关一样,属于事业性质的单位,是理所当然的。但在市场经济体制下,高等学校已不再是单纯的事业单位,高等学校不仅仅是为国家培养干部,而是为社会各方面培养人才,高校经费的来源不再由国家包下来,而由国家、社会、学生个人(家长)等多渠道集资。高等学校可以面向社会、面向市场的需要,并充分利用自身的智力优势,培养各种人才,开展科学研究和社会服务,创造财富,产生利润,进行经济核算,效益分析,具备了产业的性质。因此,高等学校以及高等教育既具有事业的性质,又具有产业的性质。

既然高等教育是产业,就能生产出商品。商品的基本性质是有价值和价格,能够在社会市场进行等价交换。以前在计划经济体制下,高等教育全部由国家包下来,学校的一切"产品"、成果,也全部由国家统一调配,不计算价值和价格,也不参与流通领域的交换,所以不具有商品的性质。而在市场经济条件下,打破了国家统包统配的计划体制,高校的科技成果已成为商品,进入科技市场。对于高校毕业生能不能作为商品到人才市场去"交换",也有不同的看法。在我们社会主义国家,人民是国家的主人,不像资本主义是雇佣关系,因此,人不是商品,不是雇佣劳动者。但是人才,即人的知识、才能是有价值的,可作为商品,进入人才市场。在计划经济体制下,大学毕业生以及所有干部、科技人员、拿国家工资的劳动者,都是由国家统一调配的,不得自行流动,自主择业。但在市场经济体制下,资源的配置,包括人力资源,不再全部依靠国家计划,而是在政府宏观调控下,主要通过市场来进行调节。我不赞成教育的商品化,因为教育的功能是多方面的,教育的成果也是多方面的,不是一切功能、一切成果都是商品,而只能说部分功能、部分成果是商品,或者说可能转化为商品,具有商品的属性。

应该看到,社会是处在不断的发展和变化之中,高等教育也要随之发展和变化。从1978年党的十一届三中全会以来的15年,我国社会的政治、经济发生了重大的变革,即从"以阶级斗争为中心"转到"以经济建设为中心",从意识形态标准转到生产力标准,从计划经济转到市场经济。高等教育必须主动适应这一政治、经济上的重大变革。有些人一方面承认教育有其外部规律,即要适应社会政治、经济发展的规律,一方面又否定教育要适应市场经济发展的需要。在他们看来,教育只能适应计划经济,才符合教育规律,而教育要适应市场经济就会违背教育规律,显然这是思想没解放、观念没更新的表现。建立社会主义市场经济,这是我国社会当前最重大的政治、经济现状,如果教育不主动适应这一重大变革,还奢谈什么教育要面向社会、适应社会呢?

近几年来的实践证明,高等教育已不能再停留在国家计划经济的轨道上,必须冲破长期以来形成的计划管理模式。解放以后,我国实行的是"一大二公"和计划经济体制,因而教育的国有化、计划性程度极高,一切都纳入国家计划之中,这是适应当时社会的需要的。然而改革开放以来,随着社会的发展,经济的发展,各方面对人才需求量急剧增加,人们对知识的渴望、对教育的渴望日益高涨,高等教育完全依靠国有化和全计划性已越来越不适应,主要表现在以下四个方面。

(1) 社会上需要的各种类型、各种层次的人才成千上万种,国家不可能全部掌握,纳入计划。据了解,到 2000 年,上海专业技术人才总需求量为 146.6 万人,管理人才为 40.3 万人。到 2010 年,上海专业技术人才需求量为 172.5 万人,管理人才为 49.4 万人。而上海普通高校每年只能培养 3 万多名毕业生,就算有 2 万人留上海工作,10 年也只能补充 20 万名,远远满足不了社会的需求。

(2) 人们的需求是各种各样的,国家不可能制订一个满足所有人需求的计划。有的人想接受学历教育,有的人想获取单科证书,有的人想参加岗位培训,有的人想更新知识,有的人想在职学习,也有的人到学校学习是为了充实生活、老有所乐,这远非靠计划所能完成的。

(3) 近几年来,不少学校在计划经济控制下形成的一些专业已无人问津,报名的人寥寥无几,只得停办。对大多数大学毕业生国家已感到难以实行计划分配,许多用人单位及学生也不赞成"计划分配",只得改为"供需见面,双向选择"。以前在计划分配时每个学生都有一个分配方案,必须无条件地服从,用人单位必须无条件地接受,其结果导致相当部分毕业生学非所用,用非所学。

(4) 教育的国有化及全计划性,导致全部教育经费都依靠国家,而国家又不可能拿出巨额资金把高教经费包下来,许多高校的经费赤字严重,国家投资仅能满足二分之一到三分之二的需要,另外的二分之一到三分之一要依靠学校"创收"。由于教育经费超支,影响了教师队伍的稳定和教育事业的发展。由此可见,高等教育不能停留在计划体制下,必须实行计划与市场相结合,逐步形成与社会主义市场经济相适应的体制,有必要并有可能建立教育市场。

三

高等学校实际上是一个大的教育市场,并通过这一市场与社会、与市场经济接轨;教育市场包括知识市场、科技市场、信息市场、人才市场。

知识市场,是指高等学校开设的各种专业、课程、知识讲座等,即以传授知识为主体的教育活动。学生及社会上的人凡符合条件,经考核合格者,均可根据自己的需要有选择地学习。我们说高等学校是一种产业,主要指知识产业,是知识化集约型产业。学校里养育了大批有真才实学的教授、学者,他们通过各种教学环节,向学生传授知识和技能,实现知识价值的转移。学生可以在学校这一知识市场里选择自己所需要的知识,并支付一定的经费。因为高等教育是非义务教育,学生(或家长)应缴纳学杂费。不同类型的学校和专业,收费标准可有所区别,如重点大学、紧缺专业、热门课程收费高一些,有些基础学科、长线专业,可以少收费,甚至设奖学金。高等学校的知识市场应向全社会开放,学校将所能开设的专业、课程、各类培训班公布于社会,以便人们选择。在非学历教育方面,开放度应大一些。各类学校、专业及课程的"价格"也是不同的,如果有些专业、课程无人选择,说明社会上不需要,学校就会不断调整专业方向和课程结构。学生缴费读书,将特别关注教学质量。而不像计划体制下免费读书的学生不太关注教学质量。因此,如果教学质量不高,必然会引起缴费求学者的不满,从而有助于推动教学质量的提高。建立知识市场是主动的而不是被动的,学校应根据市场需要,努力创造条件,开设新的专业和课程。如上海当前最紧缺的10类人才,包括金融保险人才、房地产经营开发人才、涉外商务人才、涉外法律人才、高级财会人才、高新技术项目开发负责人等。高等学校应主动建立能培养10类人才的知识市场,以满足社会发展的需要。只有从满足社会和市场需要出发建立起来的知识市场,才有生命力。

科技市场,是指高等学校的科技成果应面向社会利市场的需要,实行有偿转让。学校应组织教师、科技人员到政府部门、企事业单位去接受科研课题。可以按地区或在校内建立高校科技市场。学校的科研成果出来后,向社会出售,供社会有关部门选择收购。学校应向社会公布自己的优势、专长、可承担的科研内容和现有科研成果,凡需要者,均可到高校科技市场上去挑选。高等学校蕴藏着巨大的科技潜力和科技市场。如上海市高教局五年来组织有关高校,投入上海市14项重要工业项目科技攻关,承接了全市三分之一以上的科技攻关任务。在上海市第五次工业科技攻关招标中,高校中标23项,占全部项目的42.6%。在市经委、市科委组织的第四次难题招标中,高校也中标23项,占全部项目的46%。上海高校科技直接面向市场需要,产生明显的社会效果和经济效益。如"飞航导弹运载器分离过程研究",已用于工程实际,经济效益达1 100万元;"预应用钢材松弛试验研究",已在铁道部、交通部、冶金部和北京、上海、天津等地广泛应用,1992年新增产值1.45亿元,经济效益1 834万元;上海交大将高科技伸向胜利油田,经过四年多的努力,研究出"胜利二号钻井平台",成为1992年全国十大科技成就之一;同济大学的"复合材料大口径管道",中国纺大的"细旦、超细旦丙纶长丝及制品",上海化专的"灭多威农药"等,都产生了很好的效益。近年来,上海高校的科技市场日益兴旺发达,仅承担的各类研究课题有800项,其中国家计委、国家科委、国家自然科学基金课题1 000余项,国务院其他部门课题700项,省市自治区课题1 100项,企事业单位委托课题2 770项。高校科技市场开发后,科研经费有了较大幅度增加。据上海38所理、工、医、农高校统计,1992年从各种渠道获得的科研总经费有2.76亿元,比1991年增长43%,其中企业委托高校开发项目增长更多,1992年经费达1.12亿元,1993年上海高校签订的四项合同金额约1亿元。但是高校科技市场尚未完全成熟,尤其是科研成果转让率并不高,如1992年上海高校共鉴定科技成果824项,但仅转让312项,占36%,可见高校科技市场还有待进一步开发。

信息市场,是指高等学校拥有的各种情报资料,各类咨询服务功能等。高等学校是人才荟萃、高科技集中、信息灵通的地方,除用于学校自身的教学、科研外,可以建立各种信息中心、情报资料中心以及咨询服务公司、"头脑"公司等,对社会开放,为全社会服务,形成信息市场。上海高校共有40多个科研机构,专、兼职科技人员有6万多人,全市高校还成立了软科学研究中心,充分发挥高校信息咨询、智囊、参谋部等方面的作用。该软科学中心已经聚集了具有承接区域和行业发展规划、发展战略、高校科技方针、政策,城市交通对策和系统仿真,城市综合灾害预测,可靠性工程等方面课题能力和高校研究网络。国家教委、国家科委及上海市各有关方面十分重视上海高校信息市场的作用,把许多重大课题交给他们研究、咨询。各高校从社会和市场需要出发,充分发挥自己的智力优势和信息优势,主动为社会服务,取得了很大成绩,先后完成了国家教委委托的"我国高校科技工作方针深化研究",上海市建委、市政工程局委托的"上海市城市道路交通现代化研究(1990—2020)","成都路高架工程施工期间交通对策研究",中国核动力研究设计院委托的"核动力可靠性工程数据库软件服务",上海市科委委托的"浦东新区现代化农业发展规划研究"。高校图书馆情报资料是建立信息市场的重要基地,每所大学都有一个或几个图书馆,藏书上百万册,还有国内外期刊报纸,是最丰富的人类知识宝库,可以发展信息产业,开展社会服务。如有的高校图书馆把分散的信息通过筛选、整理,为用户提供多层次需要的服务,有的高校利用自己的文献资源优势,加工二、三次文献提供给用户,还有的通过举办讲座,发布信息,组织信息交易会等为社会咨询服务。

  人才市场,就是高校毕业生就业市场。以前,高等学校的招生、毕业生分配都纳入国家计划,不可能形成市场。也就是说,作为教育资源主要组成部分的人才资源的配置,完全依靠指令性计划,这是与计划经济相适应的。但在市场经济体制下,人才资源的配置也将主要依靠市场调节,因而必须建立人才市场。尽管有人怀疑人才是不是商品,能不能提"人才市场",但实际上近几年来,人才市场已悄然兴起。上海市人才服务中心,上海市高校毕业生供需见面会,每次召开人才交流会时,都有上万人参加。许多人当场就签订了协议书或意向书,大大方便了毕业生就业和用人单位的选人。在"人才市场"上,虽不同于一般商品市场从事钱与物的"等价交换",但也是有条件的"交换"。需方的工作条件、工资待遇、住房情况,供方的文化水平(学历)、知识才能、可工作年限等,都是"交换"的条件。另外,高校向用人单位输送一个毕业生,收取一部分教育补偿费,也是一种"交换"条件。今后,高校招生就业体制将做进一步改革,人才市场也将不断完善。从总体来说,高校招生、就业必须在国家调控和指导下进行,实行三种招生、就业制度:一种是高校根据国家需要,招收公费生,主要由国家出钱,学生毕业后由国家安排到国有企业、机关、事业单位——国家市场工作;或者在人才市场上,由国有企业、机关、事业单位与公费生进行供需见面会、双向选择;一种是高校根据一部分用人单位需要,招收委培生,主要由委托单位出钱,学生毕业后到委培单位——定向市场工作;一种是学校根据社会和市场需要,招收自费生,主要由学生(家长)本人出钱,毕业后到社会、到人才市场——自由市场去寻找工作,他们可以预先到人才市场(如人才服务中心、高校毕业生就业指导中心)登记,供用人单位挑选。随着改革开放的深入发展,今后公费生将逐渐减少,委培生、自费生将逐渐增加,尤其是自费生将有更大的发展,以便更广泛地满足社会各方面对人才的需求,以便让大学毕业生在就业方面有更大的选择余地,充分发挥自己的专长。如果部分公费生、委培生不愿按原定的国家市场、定向市场去就业,而要像自费生一样到人才市场去就业,则必须按协议赔偿一定的教育费用,承担一定的责任。

四

建立教育市场的作用是多方面的:一是建立教育市场后,高等学校创造出来的人力资源、科技资源、物力资源、信息资源,可以通过市场手段进行合理配置,以满足社会需要,又促进了学校创造力的发展。教育市场是沟通学校与市场,学校与社会之间的重要渠道。二是建立教育市场后,社会上各方面可以根据自己的需求到教育市场上去选择,从根本上改变了高等学校部门所有制,一所学校只为一个部门、一个地区服务的狭隘观念。这样就能充分发挥高等学校的教育资源,大大提高办学效益,有力地推动教育事业的发展。三是建立教育市场后,教育的成果得到社会的广泛承认和回报,提高了教师的地位和待遇,是社会"尊重知识、尊重人才"的真正体现,使学校和教师真正看到了教育的价值,有助于激励广大教师更安心教育事业、热爱教育事业。四是建立教育市场后,学校要接受社会的选择、社会的监督,有助于教育面向社会、面向市场,有助于教育质量的提高。五是建立教育市场后,教育的部分成果成为商品,有偿转让出去,知识、信息、科学技术成了有价的财产,从而增加了教育经费,改变了单一依靠国家投资的渠道,这是高等学校摆脱困境的重要途径。

在我国经济体制从计划经济向市场经济转轨过程中,建立教育市场也有个渐进、完善的过程,应把握好以下几点:第一,要坚持教育为社会主义建设服务的思想,根据社会的需求发展教育产业,建立教育市场。但也不是盲目发展,应在国家宏观指导下,统筹考虑。不同类型的学校,要有所分工,形成特色,从不同的方面满足社会某些方面的需要。第二,要坚持党的教育方针,按教育规律办学,把教育质量放在第一位。建立教育市场要从学校现在的力量和条件出发,而不是市场需要什么,学校就办什么,必须量力而行,不能脱离实际。第三,要防止教育商品化,"一切向钱看"的倾向。教育的产品是多方面的,教育的功能也是多方面的,并非所有的产品和功能都是商品,都属于教育市场范畴。教育的政治功能,教育在传播社会主义精神文明方面的功能并非商品,教育有为社会义务性服务的一面。随着社会的发展,教育经费的增加,教育为社会主义服务的功能将不断扩大。第四,发展教育产业,建立教育市场,不等于层层搞创收,人人搞经营,学校必须以"育人"为中心,把主要精力放在教育上,确保水平高的骨干教师在教学、科研第一线,这样才能保证教育市场的质量。第五,学校的知识、人才、信息、科技等产业,需随着整个社会的市场经济的发展而发展,国家在宏观上进行直接和间接调控,以确保国家对人才、科技成果的需要。

(原载《中国高教研究》1994年第3期)

主编的《高等教育学概论》2010年由华东师范大学出版社出版

关于建立现代高等教育学的思考

教育作为一种社会实践活动是随着社会的发展而发展的,同时教育的发展又离不开教育理论的指导。改革开放以后,我国社会发生了重大变革,开始了从计划经济向社会主义市场经济的历史性转轨,世界性的高新技术革命、信息革命迅猛发展。新的历史时期对教育,包括高等教育的要求发生了根本性的变化。然而,笔者认为,我国高等教育的发展还没有走出计划经济的模式,办高等教育的指导思想仍然是计划经济下形成的传统教育思想。因此,要使我国高等教育适应现代社会和市场经济发展的要求,迫切需要建立现代高等教育学。本文拟对之加以探讨。

一、建立现代高等教育学的动因

1. 现代科学技术的迅速发展,对人才素质和高等教育提出了新的要求

高新技术的发展,信息高速公路的出现,把人类带入信息时代。在现代社会,自然科学、工程技术、人文和社会科学之间不再是割裂的,而是紧密联系的;越来越多的劳动者不再直接从事简单的物质生产,而是从事创造性的脑力劳动,在生产力发展中,人的智力和科学技术含量高达60%以上。因此,现代社会需要的高级专门人才,仅仅有一定的专门知识和技能已远远不够,而必须把理工与人文社会科学紧密结合起来,必须有复合型知识结构和创造能力。

现代社会对人才素质的高要求,就是对高等教育的高要求。现代高等教育除传授人类现成的文化科学知识外,更重要的是要创造能推动社会发展的新的文化科学知识,并且要加强对学生思维方法、综合运用知识的能力以及创造能力的训练。现代大学的一个重要任务是使学生学会学习。高等教育要跳出原有的专业教育模式,形成通才教育、专业教育、创造教育以及

人脑、电脑、网络的大教育系统,必须更加社会化,进行开放式教学。学生不仅从教师的传授中接受知识、培养能力,而且要直接从社会化的信息网络中接受知识、培养能力。在现代社会,科学技术已成为第一生产力,掌握和运用科学技术的人成为生产力中最关键的要素。高等教育不仅仅是灌输思想文化的阵地,而且是人才生产和再生产以及为社会提供高科技产品的特殊产业。而这些新的要求是传统的高等教育理论未曾解决的,因而,必须建立现代高等教育理论。

2. 社会主义市场经济的建立和发展,对人才素质和高等教育提出了新的要求

建立社会主义市场经济体制,是一个重大的历史性变革。在市场经济条件下,各种经济活动主要是通过市场,而不是政府进行;各种资源的配置不再以政府指令为主,而是以市场调节为主;企业生产经营要根据市场的需要和变化,以"销、供、产"为序来运行,企业具有独立的法人地位,成为独立的市场主体;政府的职能发生重大改变,主要通过法律起宏观调控和监督作用。与之相适应,在市场经济条件下,办教育的主体是学校,而不再是政府;政府只起宏观调控作用,授权大学面向社会自主办学。这就从根本上改变了计划经济下高等教育的领导体制和管理模式。但传统的高等教育学并没有确立高等学校的主体地位,更没有论述高等学校怎样主动面向社会、面向市场办学,所以必须建立现代高等教育学。

市场经济的主要特点还包括:市场经济的自主性、市场关系的平等性、市场活动的竞争性、市场发展的开放性等。市场经济条件下社会对人才素质的要求,与计划经济条件下社会对人才素质的要求有很大的不同。如必须有竞争能力、开拓精神,以适应激烈的市场竞争;必须有较高的思想觉悟和抗腐蚀能力,以抵御市场经济发展带来的消极因素;必须有复合型知识和自主学习的能力,以适应产品不断更新、人才流动的需要;必须有较强的协调能力、交际能力、应变能力,以适应复杂多变的社会环境;必须有高度的法制观念,养成知法、护法、守法、执法的习惯,以适应法制社会、法制经济的需要。因而大学在培养目标、教育内容、教育方法等方面都要有较大的变化。所以必须建立现代高等教育学来取代传统的高等教育理论。

3. 要解决当前高等教育面临的困惑和问题,必须建立现代高等教育学

改革开放以来,我国高等教育事业有了很大的发展,但也遇到不少问

题。如体制不顺、机制不活,政校不分,高校难于面向社会、面向市场自主办学;高等学校条块分割现象严重,教育资源浪费严重,学校和教师的潜力没有充分发挥出来;等等。要解决这些问题,高等教育必须摆脱计划经济的束缚,主动与市场经济相适应。然而,直到现在仍有许多人不赞成高等学校要适应市场经济,要走进市场。可见计划经济的影响,传统教育思想的影响根深蒂固。如有人担心高等教育适应市场经济,会"导致高等教育主体性的失落";还有人担心高等教育适应市场经济,将会与"文革"期间成为"政治工具"一样成为"经济工具",导致"自我迷失"。笔者认为,在这方面敲敲警钟是有必要的,应该认真吸取以前的教训,但决不能老是用传统的教育观念来看待现代教育。每个人都承认高等教育要适应社会的发展,而现代社会的一大特点就是实行市场经济,高等教育不与之适应,何以谈得上与社会相适应呢?高等教育如果脱离市场经济就是脱离现实社会,将寸步难行,永远也摆脱不了困境。所以,当前高等教育改革之所以步伐不大,难以深入,在于思想观念上的障碍还没有解决。建立现代高等教育学的现实意义即在于此。

二、计划经济体制下高等教育的特点

传统的高等教育理论是计划经济下高等教育实践活动的产物。因此,要建立现代高等教育学,就必须剖析计划经济下我国高等教育的特点和弊端。

1949年后我们全面学习苏联,建立了高度集中的计划经济体制,高等教育也实行了高度集中的管理体制。应该说,当时对高等学校进行集中管理是与计划经济体制相适应的,在特定历史条件下发挥了积极的作用。但把计划经济和中央集权当作社会主义的固有特征是错误的。此外,计划经济体制下的高等教育还有以下四个特点,用现在的眼光来看实际上是四个弊端。

1. 国有化的办学体制

计划经济下我国的教育由国家统包、统办,大学更是如此,完全依靠国家投资办学校,没有私立学校、民办学校,民间办学的积极性没有调动起来。因此,当高等教育需要大发展时,国家便不堪重负。即使年年增加投入,也无法满足需求。同时,有限的教育经费分散在千余所大学,每所学校所得很少,导致教师待遇不高,办学条件不好,影响了教师队伍的稳定和高等教育的质量。另外,高等教育由国家包下来,势必减少国家对义务教育的投入,影响基础教育的发展。

2. 条块分割的领导体制

我国高等教育主要有四种领导体制,且自成体系:一是国家教委的直属高等学校;二是中央各业务部门办的高等学校;三是地方政府办的高等学校;四是地方各业务部门办的高等学校,均实行垂直领导,分属各自的政府主管部门。这种按条块办学的体制,在计划经济条件下,曾经为培养各部门、各地区所急需的专门人才,发挥了积极的作用,但现在已越来越不适应形势发展的需要,主要问题是:(1)办学布局上条块分割,学校分布不合理。各部门、各地区办学仅从本部门、本地区的需要出发,导致高等学校过于集中在华东地区和沿海大城市。(2)自成体系、各自为政。只要各部门、各地区需要的专业就在自己管辖的大学内设置,国家难以控制,造成低水平重复。而本部门、本地区不需要的专业,即使有雄厚的基础也不能办,造成教育资源浪费,大学不能形成办学特色。(3)按部门、按行业办的大学,绝大多数具有单科性、行业性的特点,导致学生知识结构单一,到工作岗位后适应性差,后劲不足。

3. 高度集权的管理体制

高等学校管理权高度集中在政府,造成政校不分。政府主管部门在教育管理上有很大的权力,从招生计划、专业设置、课程结构、毕业生分配,到学校规划、编制、经费预算、教师职称评定、国际交往等,都由政府决定。学校办学自主权很小,一切都得依靠于、依赖于政府主管部门。总之,政府对学校是"统、包、管",学校对政府是"等、靠、要"。大学成了政府主管部门的附属单位,挫伤了学校办学、办教的积极性,妨碍了学校潜力的发挥。

4. 单一的培养模式

高等学校只为国家培养干部。由于是国家办大学,全部由国家投资,因此对大学生的培养全部纳入国家干部培养计划,大学毕业生全部分配到全民所有制单位。但社会各行各业都需要大量的各种规格、各种层次的人才,而大学仅培养国家干部,显然不能满足社会各方面的需求。

综上所述,在计划经济体制下形成的我国高等教育体制及运行机制,已不适应市场经济体制的需要,不适应培养高新科技人才的需要。传统的高等教育理论是为计划经济服务的。改革开放以来，尽管我国高等教育进行了一系列改革，但依然没有从根本上摆脱困境，主要原因是没有在思想观念上突破传统的高等教育模式，缺乏新的现代高等教育理论的指导。

三、建立现代高等教育学必须转变传统教育观念

要建立与现代社会和市场经济相适应的现代高等教育学，必须全面分析传统的教育观念，继承和发扬正确的观念，剔除已过时落后的观念，实现以下四个转变，树立现代教育观念。

1. 从按计划办学为主向按市场需要办学为主转变

在计划经济体制下，各方面资源的配置完全依靠政府指令性计划，在高等教育、人、社会三角形内是以计划为中介，由政府的计划来沟通的。在社会主义市场经济体制下，三者之间的关系由市场来沟通，通过市场运行。高等学校必须主动面向社会，主动走进市场进行调查研究、人才预测，根据社会和人才的需求来办学。高等学校培养的人才也不可能通过计划进入社会，毕业生必须通过市场，通过与用人单位供需见面、双向选择进入社会。所以，首先必须破除按计划办学的观念，树立按市场需要办学的观念。

2. 从依赖型向自主型转变

在计划经济体制下，各个部门要完成自己的经济发展计划和国家任务，只有自己办大学来培养人才，大学成为某一政府主管部门的附属单位，从人权、财权到教育权都由政府直接控制；在市场经济体制下，各级政府的职能将改变，中央部委及地方的厅、局将精简机构，主要进行宏观管理，不再办经济实体，不再有经费办学，大学将不再成为某一部委的附属单位，大学也不能依附于某一主管部门。在计划经济体制下，高等教育是国家的事业，由政府办学，主要培养国家干部；在市场经济体制下，高等教育是社会的事业，由大学面向全社会来办学，要为全社会培养各类人才。在计划经济体制下，高等学校主要为本部门、本系统培养人才服务；在市场经济体制下，高等学校要为社会各方面服务。因此，大学要成为直接面向社会、面向市场的相对独立的办学实体，就必须具有办学的自主性，必须实现从依赖型向自主型的转变。自主性是高等学校在市场经济下生存的必要条件，有了自主性，高校才能走出封闭的校园，走进社会和市场。

3. 从义务型教育向非义务型教育转变

在计划经济下,高等教育纳入国家人才培养计划,全部为国家培养干部,因此办学经费全部由国家负担,实行全义务教育;在市场经济下,高等学校不再仅为国家培养干部,而是面向全社会培养各种类型、各种层次的人才,因而没有必要全部实行义务教育。在计划经济下,大学毕业生必须服从国家统一分配,由国家全部出钱接受义务教育的学生理应服从国家统一分配;在市场经济下,国家分配计划很少,绝大多数大学生可以到人才市场自谋职业。在计划经济下,大学毕业生的工资待遇是由国家统一规定的,总的来说水准较低,正因为毕业后得到的回报不高,因此在学期间由国家义务教育是合情合理的;在市场经济下,大学毕业生的工资待遇有了明显提高,不同学校和专业的毕业生到不同的地区和单位去工作后,工资待遇不尽相同,有些毕业生可以获得相当高的收入,也就是说,毕业生工作后得到的回报比较高,因此也有可能取消义务教育。当然,实行非义务教育,并非对每个大学生都收取全额培养费。从整体上说,公立大学仍以国家投入为主,学生缴一部分培养费,一般占培养费的 1/3 左右。民办大学收费标准应该高一些,可占培养费的 3/4 左右,国家适当补贴一些。总之,高等教育要实现从义务型教育向非义务型教育的转变,高等学校要走国家、社会、企业、个人等多渠道集资办学的道路。在市场经济下,贫富差别将客观存在,为了确保部分家庭经济困难的学生安心学习,学校应设立奖学金,奖励优秀学生,并设立贷学金,资助经济困难的学生。

4. 从单一的事业型向事业、产业型相结合转变

在计划经济下,高等学校是事业单位,从经费的投入,到师资、管理人员的配备,从人才培养到科研成果,全由国家统包统配,因此高校显示不出产业的性质,也无须成为产业。但在当今现代社会里,科学技术已成为第一生产力,劳动者日益摆脱直接的物质生产过程,劳动者的素质在生产过程和社会发展中的地位日趋重要,从而使高等学校成为人才生产和再生产的产业部门,在经济发展中起着越来越重要的作用。高等学校只有成为产业才能适应现代社会和市场经济发展的需要。现代高等教育学就是要把高等学校既当作事业又当作产业来研究。可以预测,人才对经济增长的重要性,将导致高等教育成为 21 世纪的主导产业。在未来激烈竞争的国际大市场中,谁把握住从事人才生产和再生产的教育产业,谁就能取得胜利。

五、现代高等教育学的基本原理及框架

1. 现代高等教育的属性和本质

现代高等教育的属性具有双重性。现代高等教育的政策、法规、理论、观点、培养目标等具有较强的社会性和阶级性,属于上层建筑的范畴。现代高等教育直接培养在生产力中起决定作用的人才,并具有科研、为社会服务等功能,因此又属于生产力的范畴。传统的高等教育则主要属于上层建筑范畴。培养高级专门人才的社会活动乃是现代高等教育的本质。因为这是决定高等教育的性质、面貌和发展的根本所在,离开了培养高级专门人才就无所谓高等教育。现代高等教育学的逻辑起点是大学生,以育人为中心是高等学校最主要的任务。

2. 现代高等教育的基本规律

现代高等教育的基本关系由人、社会和高等教育三者构成。高等教育与人的关系,高等教育与社会的关系,人的发展与社会发展的关系,也就是教育的基本规律,即教育与人的发展、教育与社会发展、教育培养出来的人与社会发展相适应的规律。这是高等教育的外部规律,即高等教育与社会发展和需求相适应以及相互制约、相辅相成的规律,高等教育与人的发展和需求相适应以及相互制约、相辅相成的规律。高等教育还有其内部规律,即教育过程中的规律,如教学规律、德育规律、体育规律以及教师队伍建设、专业建设、课程建设的规律等。

3. 现代高等教育学是一门独立的学科

高等教育学能不能成为一门独立的学科,主要看它是否已成为特殊的研究对象。据此,高等教育学可以成为一门独立的学科,因为它与普通教育学有许多不同之处:(1)高等教育是培养高级专门人才的社会活动,是在普通教育的基础上更高层次的教育。高等教育学是研究高等教育活动的科学,研究怎样办高等教育、怎样办高等学校、怎样培养高级专门人才的科学,与普通教育有很大的区别。(2)高等教育是培养 17 岁以上的、身心发展趋于成熟的、具有高中毕业以上文化水平的青年。教育对象中还包括研究生、成人高等教育、职业高等教育中还包括成年人、老年人。普通教育的对象主要是 6~18 岁的少年和青少年。(3)高等教育是分学科、专业的教育,而不是像普通教育那样传授一般文化科学知识。高等教育的教学内容有基础教

种工具性的目的,只是从技术、功用、效率的层次,把人一变而为物,人的本体性的存在价值全被抹杀,使人成为受过良好教育、技术纯良的"现代机器人",成为"没有受过教育的专家"。

这是值得深思的。在现代高科技革命的推动下,社会生产力和商品经济突飞猛进地发展。人类创造了一个极为丰富的物质世界,并进而激起人们去追逐、适应,去认识、把握和发展外部的物质世界,家庭、学校、社会教育的主要内容和目标都是教会人"如何而生"的知识和本领。这当然是十分必要的,并且取得了明显效果。人类适应社会、推动经济发展的知识和能力在不断提高,但教育在使人们掌握现代科学技术、促进物质生活的极大丰富的同时,相对而言,却放松了对人自身的研究和教育,没有促进人的思想道德的发展。在丰富的物质生活面前,人的精神生活贫乏了。当代教育最大的失缺,就是没有着力于"为何而生"的教育,即人为什么而活着,活着为了什么?人如果没有正确的生活目的和人生观,必然会沉迷于物质享乐之中,人性为技术和物质所俘虏、所吞没。德国教育家鲍勒诺夫说过,人盲目地热衷于各种外在目的的追求,却忘记了关心自己的灵魂,忘记了"人是目的"的要义,忘记了人的自我教育的重要性。

二、教育就是要把失落的人找回来

针对"人不见了"这一状况,世界各国都十分重视加强对学生的成"人"教育,通过素质教育或通识教育、普通教育等来实现成"人"教育。有些学者提出,迎接 21 世纪,人类最大的使命就是要把失落的"人"找回来,教育人们懂得"人是什么""我是谁"。

为此,台湾学者提出了"全人教育"的观点。他们认为,教育过程是培养一个真正的人的过程。一个真正受过教育的"人",绝不仅仅只是一个技术精良的专家,而且在胸襟、气质以及价值判断等方面都有与众不同的独特表现。"全人教育"的核心在"人",目的在于了解人、认识人。教育人成"人",是教育的最高目的,也是教育的永恒属性。"全人教育"旨在培养一个完整的人,不仅有齐备的通识(知识、见识、器识)和谋生的技能,更重要的是有高尚的情操、健全的人格、完善的道德、社会责任感和宇宙眼光。这些观点揭示了教育的目标和本质。其实恩格斯对此早就有深刻的论述,他说:"人来源于动物界这一事实已经使人永远不能摆脱兽性。所以问题永远只能在于摆脱得多些或少些,在于兽性或人性的程度上的差异。"这种"摆脱"的多少、"差异"的大小,关键在于受教育的程度和效果。一个人如果脱离教育和实践,光靠外在的教育,也不能成为一个"人"。因而,必须把自我、教育、实践三者和谐地统一起来,缺一不可。

成"人"教育,既是中小学教育的任务,也是大学教育的任务,应贯穿于教育的全过程中。大学教育不能仅立足于培养"专门人才",而要教学生成为一个有用的人,即能正确认识社会并能为社会发展作出积极贡献的人。

三、西方人文教育的复归

怎样实施成"人"教育,怎样加强教育的育人功能,这是世界各国普遍关注的问题。

爱因斯坦曾说:"学校的目标始终应该是:青年人在离开学校时,是作为一个和谐的人,而不是作为一个专家。""用专业知识育人是不够的。通过专业教育,他可以成为一种有用的机器,但不能成为一个和谐发展的人。要使学生对价值有所理解并产生热忱的感情,那是最基本的。他必须获得对美和道德上的具有鲜明的辨别力。否则,他——连同他的专业知识——就更像一只受过很好训练的狗,而不像一个和谐发展的人。"但长期以来,高等教育只注重培养专门人才,削弱了教育陶冶人格的基本功能,也影响了教育自身的发展,使高等教育陷入了狭隘的实用主义之中。学校向学生传授知识和技能是必要的,是主要职能之一,但绝不是唯一的;如果放松了"为何而生"的教育,那么培养出来的人将成为知识和技术的奴隶。这种现象在西方世界已经引起了人们的关注。许多有识之士深刻地认识到,过分专门化的教育所产生的后果,不仅是知识的分裂,而且是人格的分裂和文化的分裂;不仅是一种深刻的教育危机,而且是一种真正的文化危机和社会危机。

如何解决这一问题?罗马俱乐部总裁的报告指出:"如果我们要求自己能在已经创建的新条件下生存下去,那么大踏步地提高文化素质是首要问题。"许多发达国家面对这一现状,十分重视学生的文化素质教育,在高等学校的课程设置上,出现了人文教育的复归,以人文教育为核心的普通教育课程重新受到高度重视。一位美国学者指出:"假如你接受了人文教育……你活着就将不只是停留在个人这一水准上,在许多重大事件面前,你就不会仅仅从个人的角度考虑这些问题,至少有时候你会把自己的命运(不管要怎样)看作为是用以说明人类的状况和命运的一个事例。"这已成为美国课程改革的一种指导思想。他们认为,教育的基本目的,是把一个在体力、智力、情感、伦理等方面的因素综合起来,使他成为一个完善的人。

因此,美国等一些发达国家,为了纠正专才教育存在的问题,展开了热烈讨论,并采取了一系列有效措施。早在1992年,美国的26名著名学者和教育界人士就在一份报告中批评美国大学轻视文科教育的倾向,尖锐指出不应使学生"为在大学毕业后得以谋取一份工作而学习,竟把全面提高自己和不断完善自己的远大目标抛在一旁"。美国全国高等教育研究会在一份报告中也提出,有必要让人们重新明确高等教育的标准,并在此基础上改造全部大学的课程设置,全面恢复文科教学在整个4年制大学课程中的中心地位。美国高校学生入学以后,第一、二学年通常不属任何院系,不分专业,全部学习普通教育课程。普通教育课程覆盖了人文科学、社会科学和自然科学等方面的内容。例如,哈佛大学在公共基础课中,要求全体学生都要学习"文学艺术""历史""社会哲学分析""外国语言文化""数学和自然科学"等5个领域的基础知识。如果算上选修课程中的一些课程,基础课可达课程总量的50%左右。斯坦福大学开设了8种科学文化课,包括西方文化、文学和艺术、哲学等,要求学生在8类课程中各选一门课。麻省理工学院也规定,主修理工科的学生,必须学习8门人文、艺术和社会科学课程,占学士学位课程总量的20%;主修文科的学生,必须学习占学士学位课程总量16.5%的自然科学课程。

在日本,有些学者批评日本的教育忽视人的精神、道德和情操,是"忽视另一半教育"。所以,许多教育专家提出科学教育人文化的观点,把加强人文社会科学作为面向21世纪高等教育改革的思路之一。日本理工大学均设公共基础科目,包括哲学、伦理学、心理学、法学、政治学等,共50学分,占总学分的40%左右。总之,许多国家从不同的角度、不同的立场出发,都把人文社会科学教育作为经济、社会发展,特别是维系社会价值观念的重要手段而提到显著位置。

四、我国高校应加强人文教育

"人不见了"的现代社会病,必须引起我们的高度重视。虽然我国高等学校对学生的思想教育和德育一直是比较重视的,也取得了一定的成绩,但还存在许多薄弱环节。尤其是在教学内容和课程体系方面,主要以培养"专门人才"为目标,以专业为中心设置课程,导致重专业知识,不重复合知识,重知识积累,不重知识结构,重平均发展,不重个性发展。不少用人单位对大学生的评价是:有知识,缺文化;有学问,缺修养;有理论,缺行动。所以,我国高等教育的改革必须吸取国际和国内的经验教训,在改革人才培养模式上下功夫,加强素质教育,着力于提高学生的全面素质,尤其是要加强人文素质教育。

开展人文素质教育,就是要将人类优秀的文化成果,包括伦理道德、哲学、历史、文学、艺术等,通过知识传授、环境熏陶,使之内化为学生的人格、气质、修养,成为人的相对稳定的内在品格。人文素质教育的主要目的,就是教会学生"何以做人""为何而生",包括如何处理人与自然、人与社会、人与人之间的关系,以及人自身的理性、情感、意志等方面的问题。

为此,高等学校在公共基础课中,应开设以人文社会科学为主要内容的文化素质修养课,以拓宽德育的内容。人文社会科学担负着弘扬中华民族优秀文化传统、介绍和借鉴国外优秀文化的重任,也是对学生进行思想道德、文化素质和文化品格教育的重要途径,能引导学生思考人生的目的、意义和价值,帮助他们形成正确的世界观、人生观和价值观。

根据我国高等学校的现状,应减少必修课,增加选修课,开设文化素质修养课。文化素质修养课可开设八种课程:(1)人文学科类:大学语文、应用文写作、中外文学赏析、古典诗词鉴赏与创作、中国古代礼仪文化、旅游礼仪学、西方哲学思想、西方文化概论等。(2)社会科学类:经济学概论、管理学概论、法学概论、公共关系学、社会调查与统计分析、政治学原理、青年学、心理咨询、社会学、社会科学概论、社会科学名著赏析。(3)自然科学类:高等数学、普通物理学、普通生物学、天体物理学、自然科学概论、科学学、现代科学技术史、环境科学概论、科学研究方法论等。(4)思想政治类:马克思主义名著研读、中华人民共和国国史研究、社会主义与资本主义比较研究、现代历史人物研究、当代海峡两岸关系研究、党章和党的基本知识、国际时事等。(5)语言类:第二外语——日、俄、德、法语等。(6)艺术类:音乐基础与欣赏、欧洲音乐欣赏、中国民乐、舞蹈与欣赏、戏剧与欣赏、交响乐欣赏、声乐提高班、电影艺术、书法基础、素描绘画等。(7)体育卫生类:大学生健康、武术气功保健、健美操、棋类、智力游戏等。(8)其他:学习学、劳技课、摄影技术、演讲与口才等。每个学生应从每类中各选一门课程,占总学分的10%左右,加上公共基础课中的政治理论课、思想教育课、外语等(占总学分的25%),以及任意选修课(占总学分的10%),这样基础课可占总学分的45%左右,人文素质课程便可得到加强。当然,更重要的在于各门课程的内容要融科学性、思想性、知识性于一体,并紧密联系社会实际和学生的思想状况,提高教学质量和教育效果。

(原载《高等教育研究》1997年第4期)

1987年在上海人民出版社出版
专著《论智能培养》

2000年在上海教育出版社出版
专著《大学生教育专论》

建立一主多元的高等教育办学模式

一、问题提出

解放后,我国仿效苏联的模式,建立了单一的国有化办学体制,由国家、地方政府包办高等教育。应该说,这种办学体制适应计划经济发展,培养了大量国家急需的人才,为我国社会主义建设作出了巨大的贡献。但现在,这种体制面临着重重矛盾,一方面,教育、经济的发展和人民生活水平的提高,迫切需要加快高等教育发展步伐,另一方面,单一的国有化办学体制又远远不能满足这些需要。这些矛盾在高等教育超常规发展的新形势下,显得尤为尖锐。我们认为,解决这一矛盾的关键在于,借鉴经济发展的经验,大胆进行教育制度的创新。改革开放以来,我国经济迅速发展的根本原因,是在坚持公有制经济主体地位的同时,大力发展非公有制经济。同样,在坚持国家和政府办学为主的同时,大力发展非公有制的办学模式,建立"一主多元"的办学模式,必将大大促进我国高等教育的发展。"一主"即以国家和地方政府办学为主,"多元"即社会各界共同参与,多种办学模式共同发展。"一主多元"的办学模式是党的十五大政治路线"以公有制为主体,多种经济成分共同发展"在教育领域的具体表现,是调动社会各方面的力量,支持办学,增强办学的活力和实力,从而满足社会经济发展和公民个体的需要。

二、建立一主多元办学模式的意义

一主多元是对我国传统高等教育发展模式的一次重大突破,对我国高等教育的发展将产生深远的影响,具有非常重要的意义。

1. 有利于拓宽教育投资渠道,减少国家投资压力

长期以来,人们习惯地认为,教育是国家、政府部门的事情,国家、政府

理所当然地应当包办各级各类教育,包括高等教育。几十年来,高等教育办学模式的"一元化"、筹资途径的"单渠道",一方面强化了这种错误的观念,另一方面又使国家财政背上了沉重的包袱。尽管这些年来国家加大了对教育的投入,但由于没有根本突破单一的国有化办学模式,有限的教育经费既要基础教育,又要高等教育,导致各类教育经费都很短缺,影响了教育的发展。如1998年,国家对教育经费的为2 900多亿元,1999年增加到3 300多亿元,增长率为14%,远远高于国民经济的增长率。但全国有公办高校学生413万人,成人高校学生306万人,普通高中在校生1 050万人,各类中等职业技术学校学生1 443万人,初中学生5 812万人,小学生1.4亿人。如此庞大的教育规模仅依靠国家投资无法维持,更无法发展。建立一主多元的办学模式,有助于改变人们的观念,使他们认识到,教育不仅是国家、政府的责任,也是公民个人、社会团体的责任,从而调动各方面的力量来发展高等教育。

2. 有利于扩大办学规模,满足人民群众和社会对各类教育的需要

受儒家文化的影响,国人历来有重视教育的优良传统,群众接受高等教育的需要非常强烈。但我国的现实国情是"穷国办大教育",如果完全由政府办学,高等教育就永远只能是少数精英的特权,高等教育的大众化就会变得遥遥无期,就不可能满足人民群众的教育需求。同时,由于社会化大生产的发展,职业种类越来越多,社会、个人的教育需求变得异常复杂,单一的国有化办学模式既不能满足多元经济发展的需要,又难以满足个人千差万别的教育需求。而多元办学可以增加教育供给方式的多样性,让群众有更多的机会选择学校和专业,从而满足人民的需要。

3. 有利于把竞争机制引入高等教育,促进教育质量和水平的提高

在单一的国有化办学模式下,高等教育全部由国家包办,教师由上级统一调配,经费由国家按计划下拨,毕业生不愁分配,学校之间缺乏竞争的压力,由此也缺少发展和改革的动力,不利于教育质量的提高。多元办学模式的出现,将对公办教育的垄断地位发起强有力的挑战,激励公立高校采取各种措施,进行教育改革,全面提高教育质量。随着人才市场的建立,公立学校、民办学校的毕业生都要到人才市场去竞争,公立高校的学生因为再也不是皇帝女儿不愁嫁,会更加努力地学习以适应激烈的竞争。总之,竞争可以调动公立高校和学生本人两个方面的积极性,从而提高公立高校的教育质量和水平。因此,多元办学模式的形成可以使多种类型的高等教育共存共

荣,互相竞争,互相促进,有利于教育整体水平的提高。

4. 有利于教育制度的创新

在计划经济体制下,高等教育办学形式比较单一,政府集办学者、投资者和管理者于一身,高校没有自主权,不能根据需要自主办学。公立高校由于经费来自国家,加上受计划经济的影响,学校机构庞大,冗员多,办事效率不高。相反,民力、高校、中外合作学校,较之公立高校具有更大的办学自主权,其中许多学校在体制上、运行机制上进行了制度创新,在机构设置上走精简高效的路子,成为教育改革、实验的"开路先锋"。这些非公立高校在教育实验中所取得的经验和教训,可以为公办高校教育改革提供非常有价值的、可资借鉴的参照系,对公立高校教育制度的创新也是一个促进。

三、一主多元办学模式的具体内容

1. 一主,即以国家、政府办学为主,以公立高校为主

这类学校俗称"公立高校",其投资主体是国家和各级地方政府。学校的经费来源主要是国家财政拨款,财政拨款应占其办学经费的三分之二,其余三分之一由学费、社会捐助等解决。学费应视不同专业而定,体现成本与收益相一致的原则,一般占培养费的四分之一至三分之一。公立高校以财政拨款为主,但也应该通过多种途径吸引各方投资。比如,国务院机构改革以后,国家部委一般都不直接办学,公立高校可以与有关部委合作,接受他们的委托,为其培养所需要的人才,以此来争取经费支持;还可以利用自己在知识、技术、人才等方面的优势,为企业技术改造和产品业升级提供服务,获得企业在经费上的支持。此外,公立高校还可以通过贷款,加快发展。如沈阳师范学院将原来分散的三个校园置换后,再贷款 1.5 个亿,建成了占地 1 200 多亩、可容纳 12 000 名学生、教学设施先进的现代化校园,大大改善了学校的硬件设施,为学校的进一步发展提供了广阔的空间。

2. 多元,即多种形式的办学

多元办学具体地说包括以下几种类型:

(1) 民有民办。民有民办是由私营企业、公民个人集资举办的学校,公民个人、社会团体,或其他社会经济组织在学校举办和运行过程中承担着资金筹集的责任。民有民办可以有三种模式:一是完全依靠捐款设立的民办高校,如上海杉达学院,完全是依靠董事长及董事会成员在香港地区的威

望,获得私人企业、公民个人的捐款后发展起来的;二是私人企业家投资设立的民办高校,如上海建桥学院,是由民营企业家投资购买土地,建设校舍后发展起来的;三是通过私人贷款设立的民办高校,如上海的东海学院,完全是先通过私人贷款,然后由学费逐年还贷,由小到大,逐渐发展起来的。近年来,民办高等教育机构已有1 200多所,但大量的是自考助学、职业培训,实施学历高等教育的很少,只有37所。与我国解放初期私立高校所占的比例(1949年,全国共有高校205所,其中公立124所,约占60%,私立61所,约占40%)以及世界各国私立高校所占比例相比较,实施学历教育的民办高校的比例太少,今后还应大力发展。

(2) 民有公助。民有公助学校是由民营企业、私营企业、公民个人集资举办的学校,其办学经费和运行经费主要由公民个人、社会团体,或其他社会经济组织承担,同时接受少量的财政拨款补助。目前我国绝大多数民办高校规模较小,由于没有政府的资助,处境艰难。如果用民有公助的形式扶持实施学历教育的民办高校,所费不多,却可以使他们较快地提高教育教学质量。从国际比较的角度看,各国对私立高校也给予一定的补贴。如1995年,美国私立大学政府拨款的比例为18%[1]。日本政府对私立大学的补助费总额占私立大学经常费的20%～30%[2]。参考美日两国的标准,我国可以生均培养费20%的比例补贴给有资格进行学历文凭教育的民办高校。

(3) 公立高校整体转制。即把由国家(部委、省级政府、中心城市)举办的公立高校,在国有教育资源所有制不变的前提下,通过资源重组,按照一定的法律程序,转制为自筹运营经费,面向社会自主办学、自我管理,有独立法人地位的国有民办高校。转制后学校在校内管理、经费使用、教学组织、人事分配等方面拥有较大的自主权。把部分国有高校转制为民营,可以扩大办学主体中"民"的部分,真正实现办学主体的多元化,这应该成为我国发展民办高等教育的主要途径。现在,有的地方已经开始转制试点,如上海的新侨学院,就是由原来上海市侨联所属的一所中专转制升格后形成的一所国有民办高校。浙江的万里学院,是由一所具有50年历史的公立高校——浙江农村技术师范专科学校转制而来的。转制高校的经费来源主要靠学

---

[1] 余向红、陈闻晋:《办学体制多元化——高等教育可持续发展的必然选择》,《煤炭高等教育》2000年第1期。

[2] 钟小红:《民办高等教育的比较分析及法律对策》,《观察与思考》1999年第9期。

费、社会集资及个人捐款等,政府适当拨款给予支持,占学校总经费的20%。

(4)公立高校部分转制。即选择一个学院或一个校区创办民办二级学院,这种民办二级学院以财政拨款之外的社会资源为主要经费来源,拥有较大的自主权和独立性。"国有民办"二级学院通过向学生全额收取成本(学费)来加速高等教育的发展,学校资产的增值全归国家所有,有利于促进学校发展和国有资产的保值增值。公立高校民办二级学院有两种形式:一是由普通高校原有二级学院转制而成;二是由民间集资或贷款创建附属于普通高校的民办二级学院。将一部分大学改制为民办大学或允许公立大学创办民办二级学院,有利于普通高校整合民间教育资源,扩大高等教育的规模。

(5)公民联办。公民联办是民办高校为了克服自身的先天不足,依托公立高校在社会认可度、师资、图书资料、教学设施等方面的优势,主动与公立高校联合办学,在互利互惠的基础上,促进自身发展的一种办学模式。如1985年成立的民办旭日服装职业学校,1987年与西北纺织学院联合办学,成立了西纺惠州分院,初步解决了师资、教育教学管理、人才培养档次等问题;1989年与惠州师专实行一体化联合办学后,又解决了学生的生活设施、图书资料、活动场地等问题。1999年,西纺惠州分院改名为西纺广东服装学院,实行董事会领导下的院长负责制,董事会由香港旭日集团、惠州市人民政府、惠州大学、西北纺织学院的代表组成;董事长由旭日集团董事长担任,院长由惠州大学派出,管理人员、教师由三方共同负责[①]。公民联办可以使两种不同性质的教育资源优势互补,既有利于克服民办高校的先天不足,又有利于促进公办高校的改革与发展,从而产生办学双方的双赢效应。对民办方来说,可以解决学校师资、大规模基建投入、社会公信度、教育教学管理等方面的问题,利用公办高校多年办学积累的经验与优势走上一条快速发展的道路。对于公办方来说,可以有效地利用学校内部资源,利用民办学校在体制、机制等方面的优势,为学校发展注入活力,加速学校改革的进程,使学校更有效地适应市场的需求。

(6)中外合作办学。中外合作办学是我国的大学与外国大学合作,双方共同承担教学、管理工作,通过引进国外的优秀教师和教材、先进的管理方法和教学方法,培养在素质、知识和能力诸方面具有竞争力的国际化人才。

---

① 陈优生:《公民联办是民办高等教育发展的有效形式》,《辽宁教育研究》2000年第8期。

通过合作办学,可以借鉴发达国家办学经验,在办学模式、课程设置、教学方法、质量保证手段等方面与国际先进水平接轨,而且学生的学历文凭可以得到国际上的认可。合作办学可以采取多种模式:一是由国外大学提供教材、师资和教育教学管理,学生在国内培养后,由国外大学授予学历文凭或学位,如80年代初期我国一些大学与国外大学合作举办的MBA教育。二是国内学历教育与国际专业资格教育相结合,学生学完规定课程后,经考试合格,在国内获得学历文凭或学位,同时可以获得国际专业资格证书,并可以向有关大学申报相应学位。如南京审计学院与英国特许公认会计师公会(ACCA)进行合作办学,学生在就读本科大学课程的同时攻读ACCA的14门课程,在完成基础阶段和证书阶段后,可向英国有关大学申请学士学位;通过专业阶段后,可获得英国总部颁发的ACCA毕业证书,并有资格申请硕士学位[1]。三是国内学历教育与国外职业资格证书相结合,学生完成学业后,在国内获得学历或学位,同时获得国外大学授予的职业资格证书或单科课程结业证书,但不能向国外有关大学申报学位。四是由国内大学招收非学历班学生后,由中方和合作方共同培养,学完全部课程,成绩合格,给予结业证书或单科合格证书。为了确保教育质量,维护我国高等教育的声誉,合作办学应以招收有学历文凭学生为主。

(7) 股份合作制办学。股份合作制办学是指以股份形式筹措教育经费,实行董事会领导下的校长负责制,由校长负责具体办学。股份制办学的最大优点是可以迅速集中大量资金,加快我国高等教育发展的步伐。股份合作制办学有两种形式:一种是多个投资人以股份形式联合出资设立的学校,这种形式的股份制学校属于民办的性质;另一种是以原公立学校的资产及转制后的过渡性投入作为国家投资,与国有企事业单位或民间投资共同作为股本金,前者属于公有性质,后者属于公民混合所有性质。最近,我国一些地方和高校已经进行或正在进行教育股份合作制的试点。如黑龙江东亚教育集团所属的东亚大学,由齐齐哈尔第一机床厂职工大学改制而成,有关方面最近启动的"以工龄置换产权"的教育股份制试点,将原机床厂员工的工龄全部买断后,根据工龄长短置换成若干货币,然后员工用这笔钱作为资

---

[1] 闻之、袁新文:《国际专业资格教育+高等学历教育:高教改革的有益尝试》,《光明日报》2000年5月17日。

金投资入股,成为东亚大学的股东。再如,由海南省政府、海南电视大学、海南农工贸股份有限公司共同出资设立的股份制海南职业技术学院,已在 2000 年 9 月正式开学。还有,上海师大正在准备将其奉贤校区转制后,进行股份合作制办学的试点。

(8) 国外(境外)团体、个人独资办学。即由外资单独举办的高等教育机构,其办学经费和运行经费完全由外资承担,学校与民办学校一样享有较大的自主权,但必须遵守我国的有关法律、法规和条例。我国加入 WTO 以后,随着世界经济一体化进程的加快,高等教育市场也必然走向开放,外资在我国投资独立办学或参与办学将成为不可阻挡的趋势。实际上,一些西方国家以经济活动为基础,以职业培训为主要形式,已经打开了我国高等教育市场的缺口。我国台湾地区的教育企业家王光亚先生独资在郑州办了一所民办二级学院——升达经贸管理学院,附属于郑州大学,实际上是相对独立,具有法人地位的办学实体。对于这类外资独资办学机构,要加强管理和监督。

四、建立一主多元办学模式要解决的几个问题

多元办学在我国虽已起步,但处在探索、发展过程中,还是一个新生事物,为了保证其健康发展,必须解决好以下七个方面的问题:

1. 观念问题

长期以来,我们对社会主义制度的认识并不全面。反映在教育领域,认为社会主义只能办国(公)立高等学校,把民办教育等同于私有制教育。有人担心,发展民办大学、合作办学,尤其是允许外国人独资在中国境内办学,会影响学校的性质,会丧失教育主权。我们认为这种担心是不必要的。因为学校的性质并不是取决于投资比重多少,而取决于国家能否有效地进行宏观指导和调控。《高等教育法》第十一条规定,高等学校应当面向社会,依法自主办学。依法自主办学意味着无论是公立大学、民办大学、中外合作办学,还是外资办学,都必须遵守有关法律法规,都必须坚持社会主义的办学方向,接受政府、社会的监督。既然如此,也就谈不上改变学校的性质,更谈不上丧失教育主权的问题。

2. 质量问题

有人担心实施多元办学,实现高等教育大众化之后,会导致教育质量的

滑坡,这种担心有一定的道理,但需要做进一步的分析。如果以精英教育的学术水平作为衡量教育质量的标准,大众化高等教育的质量无疑被认为是下降的。但正如巴黎世界高等教育大会所指出的:"高等教育质量是一个多层面的概念,要考虑其多样性,避免用一个尺度来衡量。"实际上,社会对高等教育的需求是多方面的,因而对高等教育质量的评价标准也应该是多样的。就像潘懋元先生所说:"在大众化阶段,除了一部分用原有标准来衡量教育质量外,还要提出另一种新的标准,凡是适应社会人才需要,适销对路就是高质量。"我们相信,只要加强管理,多元办学的质量是可以保证的。

3. 收费问题

高等教育具有部分排他性和竞争性,高等教育收益既有公共性,又有私人性,属于准公共产品。既然是准公共产品,国家也就没有必要把全部高等教育经费都包下来。既然个人可以从中获得收益,按照市场经济"谁受益,谁付费"的原则,要求个人分担高等教育成本也就理所当然了。不仅如此,在非公立高校中,由于财政支持力度不像公立高校那么大,甚至没有公共财政的资助,为了其生存和发展,应该允许其收取高学费,政府不宜过于干涉,作出硬性的规定,而应由市场来决定其学费标准是否合理。

4. 公平问题

有人认为教育应面向中低收入家庭,不能收费或不能高收费,收费高就是不公平。这些人认为,采取高收费政策会使贫困家庭的学生失去接受高层次、高质量教育的机会,有违教育公平原则,是我们社会主义制度所不能允许的。其实,收费与教育公平之间不是简单的函数关系,不能认为免费教育就是公平的,可以保障贫困阶层的受教育权利,而收费教育就是不公平的,会损害贫困阶层的受教育权利。有研究表明,实行免费上大学并由国家提供经济资助的政策,由少数人享用全体纳税人提供的珍贵的高等教育资源,从中受益最多的恰恰是富裕阶层,换言之,实施免费高等教育给贫困阶层带来的不是公平,而是更大的不公平。而实行成本分担,让家长和受教育者本人承担一定的教育费用,可以扩大教育规模,增加公民受教育的机会,从而最大限度地保证教育的公平。而且,我们可以通过制定统一的标准来保证选拔过程的公平性;可以制定政策来保护处境不利人群的受教育权利,如对少数民族学生给予政策上的倾斜,对家庭经济困难的学生提供各种形式的资助等,来保证公民受教育的平等权利。

5. 师资问题

没有一支结构合理、相对稳定的教师队伍,教育的质量就无法保证,学校的发展也就没有后劲。民办高校师资队伍主要来源是离退休教师,且以兼职为主。据1999年全国民办大学校长研讨会的一项调查表明,民办高校教师中有56%是60岁以上的离、退休人员,有近80%的民办高校没有专职教师或专职教师很少,相反,聘请兼职教师的却占97%[①]。这样的结构缺陷显而易见:一是队伍老化严重,现代教育意识差;二是教师与学生之间的年龄相差过大,不利于全面发展学生素质;三是队伍流动性大,缺乏凝聚力,易造成学校工作缺乏稳定性,既不利于质量的提高,也不利于民办高校创出自己的特色。

6. 政策问题

改革开放以来,完善办学体制,改革政府包揽办学的格局,逐步建立以政府办学为主,社会各界共同参与办学的新体制,一直是我国高等教育改革的一项重要内容。国家也制定了一系列政策鼓励多元办学,如1997年制定的《社会力量办学条例》,对社会力量办学确立了"积极鼓励,正确引导,大力支持,加强管理"的十六字方针。但由于种种原因,"十六字方针其实只贯彻了'加强管理'四个字,而且只是加强监管,并没有理智地、科学地管理"[②]。政策的不配套、不落实,使民办高校的发展步履艰难。因此,政府在明确发展民办高等教育的总方针之后,应制定具体的实施条例,对一些实际问题作出明确的规定,如对民办高校的申报手续、办学条件、收费标准、评估考核办法,对营利和非营利的界定,对民办高校在征用土地和减免建设配套费等方面能否享受与公立学校同样的优惠政策,对有学历文凭颁发权的民办高校政府是否给予适当的补贴,给予多大比例的补贴等,亟待做出解释,以促进民办高等教育的健康发展。

7. 管理问题

加强多元办学的管理主要表现在两个方面:一是在学校设立之初,对办学条件进行严格的审批,如要求学校有必备的办学资金和稳定的经费来源,有比较完善的组织机构和章程,有合格的师资条件,有符合规定标准的教学

---

① 张玉阶:《民办高教在教育振兴中肩负着重要使命——全国民办大学校长研讨会述评》,《教育发展研究》1999年第7期。

② 柯佑祥:《民办高等教育的发展研究》,《江苏高教》1999年第5期。

场所及设施。凡不符合条件的单位、团体或个人都不能获准设立高等教育机构。二是在高等教育机构设立之后,要加强学校的内部管理。第一,要加强办学过程中的质量检查,以确保教育质量,如果办学质量低劣或出现违法违纪行为,应给予严肃处理。第二,加强招生广告管理,禁止未经批准擅自刊登招生广告,以防有的学校广告言过其实,随便允诺又难以实现,在社会上造成不良的影响。第三,加强财务管理,防止乱收费、高收费、挪用办学经费、侵吞办学经费等损害学校合法权益的事情发生。

(原载《教育发展研究》2001年第2期)

与境外人士商讨国际化办学(左二为作者)

促进高等教育走内涵发展之路

我国科技实力之所以落后于发达国家,关键在于缺乏大师级人才和高科技人才。在 2000 年世界科技实力测评中,美国 100 分,日本 72 分,德国 54 分,中国仅 20 分。我国劳动力素质不高、科技落后,根源在教育的落后。

我国要把人口大国变为人才强国,把人力资源大国变成人力资本强国,必须靠发展教育,尤其要大力发展各种类型、各种层次的高等教育,尽快培养我国急需的高层次、高技能、复合型人才,实现高等教育大众化的目标,主要靠各类一般高校和民办高校。

我国要建立学习型城市、学习型社会,同样也主要靠各类一般高校和民办高校。党中央提出科教兴国、人才强国的战略方针,对加快我国社会主义现代化建设,全面建设小康社会,具有重要的意义。各类高校都应该为科教兴国、人才强国作出贡献。但目前在不少高校中存在盲目拔高、升级与攀比的现象,刚升大专就要升本科,刚升本科就要申办硕士研究生点,刚有硕士点又急忙申报博士点,一般高校与"211"高校比,"211"高校与"985"高校比,把主要精力花在"拔高""申高"上,忽视了学校的常规性、基础性工作,忽视了教风学风建设,忽视了教学质量的提高。建设小康大业需要各种类型、各种规格、各种层次的学校。党的十六大提出,我们要培养"数以亿计的高素质劳动者,数以千万计的专门人才和一大批拔尖创新人才"。这就必须依靠各种学校、所有学校,而绝不是少数学校所能完成的。

一、科教兴国,关键在于发展教育、培养人才

当前我国人才总量不足,人才结构不合理、劳动力素质不高,严重影响了社会经济的发展。欧美日的科学技术在经济发展中的贡献率占 70%~

80%以上,属集约型经济;而我国的经济发展主要依靠劳动力和资金的投入,科学技术的贡献率不到40%,属粗放型经济。差距在劳动力素质和科学技术上。我国劳动力素质不高、科技落后,根源在教育的落后。我国就业人口中,人均受教育年限仅8年左右,而发达国家在11~14年。我国高级技工仅占技术工人的3.5%,而发达国家占35%。因此,我国要把人口大国变为人才强国,把人力资源大国变成人力资本强国,必须靠发展教育,尤其要大力发展各种类型、各种层次的高等教育,尽快培养我国急需的高层次人才、高技能人才、复合型人才。我国高等教育从1999年扩招以来有了较大发展,但应清醒地看到,在世界上我们仍处落后地位。我国大学生入学率(含夜大学生)目前为17%,刚步入大众教育阶段的门槛,而美国大学生入学率高达82%,日本为80%,韩国为60%。这一状况与经济大国的地位很不相称。社会主义现代化建设必须依靠高等教育大众化,以确保强大的智力支撑和人才来源。从现实需要来看,我国大学生入学率达到25%~30%不算多,否则就不可能大幅度提高劳动生产率、提高经济发展中的科技含量。我国各类高等教育尤其是高等职业教育要大发展,大力培养高技术的蓝领工人、一线人才,这是全面提高劳动力素质的根本途径。

二、科教兴国,必须创建一批一流大学、一流学科

从国外情况看,80%的一流高级人才,都是毕业于少数的一流大学,可见创建一流大学的重要性。建设一流大学必须有一流的师资、设备、生源,一流的教风和学风,更要有一流的教育理念,包括树立正确的教育观、质量观、人才观。为了创建若干所一流大学及一流学科,必须采取强有力的措施:一是国家应加大对这些学校的投入力度,不要让他们为自身"温饱"问题发愁、奔波。二是学校领导和教师要全力以赴地投入创一流上去,切忌到处出击,分散力量。这类学校除国家加大投入外,应通过申报科研课题、承担国家科技攻关项目、发展科技产业等途径增加经费来源,而不要与一般院校、民办院校去争生源、争经费。三是要在高、精、尖上下功夫。一流大学并非是一流的规模,切勿把"浓茶"变成白开水。美国普林斯顿大学连续三年在美国高校排名榜上高居第一,该校规模并不大,本科生仅4 500人,硕士博士生1 800人,关键在于重视本科教育和基础研究。一流大学是最有创造力的大学,是培养创造性人才的大学,而不是最大的大学。

三、科教兴国,各类学校都大有作为

为了创建一流大学、重点大学,国家在经费等各方面给予倾斜是完全正确和必要的,作为一般院校应该理解和支持,而不应抱着"上面给多少钱我们办多少事"的消极态度。如前所述,事实上我国高等教育还很落后,导致科技水平和劳动力素质很低,因此各类高等教育都要在科教兴国、人才强国中发挥积极作用,这就要求我们转变计划经济下"等靠要"的思维方式。一般院校、各类院校都应振作精神,抓住教育发展的机遇,充分利用社会、市场的广阔空间。要找米下锅不能等米下锅,要主动面向社会、面向市场办学。我国教育市场非常之大,大学入学率要从目前的17%,扩大到30%,任重道远。扩招的任务,实现高等教育大众化的任务,不是落在重点大学、一流大学身上,而主要靠各类一般高校和民办高校。我国要建立学习型城市、学习型社会,同样也主要靠各类一般高校和民办高校。

四、科教兴国,应树立正确定位观和质量观

研究型大学主要是培养高层次、高水平的、有研究能力、创新能力的拔尖人才;教学型大学主要培养"宽口径、应用型"人才;职业技能型大学主要培养第一线的技术精英、实践能力强的人才。这些人才都是社会所需要的,各类学校都能有所作为,都能大有作为。因此各类高校必须正确定位,沿着既定的目标踏踏实实、一步一个脚印地前进。不要跟着别人转,不要跟着"排名榜"转。除了定位外,还存在质量观问题。在不少人心目中,研究型大学、高层次大学,有硕士点、博士点的大学,才算高质量、高水平大学,因而追求"大而全",瞄准名牌大学、重点大学,这显然是片面的。事实上,不同类型的工厂、企业都有各自的一流产品、优质产品;不同类型的大学,也有各自的一流专业、一流人才。研究型大学能创一流,职业技能型大学也能创一流,即培养出高素质的、能在第一线打攻坚战的、处理繁杂问题能力的人才。这就是质量观问题。中国没有清华、北大、复旦、交大这样创一流的大学是不行的,但只有清华、北大、复旦、交大而没有其他大学也是不行的。各类学校都应该走内涵发展之路,为国家的社会经济发展、为我国的人才培养、为科教兴国、人才强国贡献出力量。

(原载《文汇报》2004年7月15日)

关于德育的地位首位和到位之探讨

前几年,在我国一部分高等学校里,不同程度地存在着德育工作的"地位不高、队伍不稳、工作不力、效果不好"的问题。学校里德育的地位是随着学潮的波动而波动的,学潮一来,地位就提高了;学生一平静下来,地位就降低了,什么德育教师、政治辅导员,都可以不要了。所以有的人形容我们的政工干部是自行车的撑脚架,自行车正常运转时,撑脚架是不需要的;自行车一不运转了,撑脚架先撑一撑,再运转了,撑脚架又不需要了。还有人说政治思想工作是把伞,下雨时撑一撑,天晴时就不要了,就放到一边去了。

如1977年和1978年,高等学校较为平静,有些人就认为,现在没有什么思想政治工作可做,"搞好教学科研就是最好的思想政治工作","取消政治辅导员和政工干部"的呼声迭起。1980年,在部分高校出现"竞选风波"以后,人们在震惊中认识到思想政治工作的重要性,提出"要加强政工队伍建设"。1984年和1985年上半年,高校又呈现"太平无事"的局面,于是有人提出:精简政工机构,减少政工干部,思想政治工作业余化、兼职化等,导致有些学校的政工干部、政治辅导员走的走,散的散,上海一些高校称之为政工干部"胜利大逃亡"。1986年以后,思想政治工作又重视起来,开展了坚持四项基本原则、反对资产阶级自由化的教育,但刚刚有一个好的转机,由于当时党的主要领导人在指导思想上的错误,不久就草草收兵了,打算"加强政工队伍建设"的计划又搁浅了。1989年的"政治风波"后,人们在"痛定思痛"中深感削弱思想政治教育的危害性,各级领导采取了一系列有力措施加强学生思想政治工作。之所以出现这一状况,虽然有各种因素,但从教育内部机制看,是由于没有确立德育的独立地位。故此,要解决这个问题,除要整治社会大环境外,最主要的必须在教育内部确立德育的地位。长期以来,由于德育的地位未确定,没有把德育作为一门科学,因而导致德育工作(包括思想政治工作)时有时无,时高时低;导致从事德育工作的政工干部不安心工作,常常为自己的出路和前途担忧,而不是把德育工作作为自己的专业和终生职业看待。为什么智育和体育长期以来比较稳定,智育教师、体育教师比较安心呢?因为智育和体育有其独立地位,有完整的科学体系,不是可有可无,时有时无。

如何提高德育的地位,最根本的要解决思想上的模糊认识,克服削弱德育地位的模糊观点。解放以来,关于德育在学校教育中居于什么地位,一直是个有争议的问题,存在不少片面认识。下面列举对德育地位的九种观点,并作一些粗浅的剖析。

一是"突出论"。在60年代和"文革"中,有人提出"突出政治"的口号,把政治和政治思想工作放在"高于一切,大于一切,先于一切,优于一切,政治可以冲击一切"的地位,冲击了智育,冲击了学校正常的教学秩序。为了"突出政治",可以随意停课,随意取消一些课程,可以把广大教师、学生赶到农村、工厂去搞政治运动,去下放劳动,改造思想。显然,突出政治的实质,是突出"阶级斗争为纲",是"四人帮"一伙出于实现篡党夺权的目的,是"左"的思想路线的产物,违背了思想政治工作的客观规律。在"突出政治"的口号下,高等学校里政治运动一个接着一个,大批干部、教师、学生被整,被批判,尤其在史无前例的"文化大革命"中,达到了登峰造极的地步。"突出政治",不仅冲击了教育秩序,而且冲击了经济的发展,生产力的发展,给我国带来了灾难。打倒"四人帮"以后,全党全国人民进行了拨乱反正,批判并摒弃了"突出政治",因此,"突出论"已基本上没有市场。

二是"淡化论"。即有人提出在高等学校要淡化政治思想工作。10年来,"淡化论"在我国曾出现过三次高潮:第一次是打倒"四人帮"以后,有人以批判"突出政治"为由,说什么思想政治工作是"整人的工具",今后应减少思想政治工作,全盘否定解放后我党思想政治工作的经验和好的东西。还有人提出要取消高校政工机构,取消政治辅导员,从"突出政治"的极端,到"淡化政治"的另一极端。第二次是党的十三大提出社会主义初级阶段理论以后,有人认为,我国现在处于社会主义初级阶段,还不具备共产主义的经济基础,没有必要对学生进行共产主义思想教育,高等学校的德育要"降一格,放一码","要淡化其内容,削弱其功能"。第三次是当时有位领导人提出"改造思想政治工作"以后,有人进一步全面否定我国传统的思想政治工作,认为现在的思想政治工作不合潮流,是失败的,必须彻底改造,实际上是要取消思想政治工作。"淡化论"的实质是取消和削弱党的思想政治工作,是片面地吸取了过去的教训,消极地看待形势。应该看到,我们现在的思想政治工作,是为了调动人的积极性,更好地为社会主义建设服务,决不能拿"四人帮"时期的"政治",来否定我们今天的政治。的确,我国现在是社会主义初级阶段,不具备共产主义的经济基础,但不等于不能进行共产主义教育。共产主义思想教育,共产主义道德教育,包括对人们进行共产主义道德方面的要求,都是不可缺少的。当然,我们不能像过去那样要求每个人都成为共产主义战士。然而应该看到,在社会主义初级阶段,是以集体经济为主体的经济结构,人们的思想就应该适应以集体所有制为主体的集体主义思想。不仅如此,我们高等学校还要培养一批马克思主义者,否则我们就后继无人了。不进行马克思主义的教育,是与社会主义教育目标背道而驰的,是失败的教育。进行共产主义教育,与社会主义初级阶段并不矛盾。在封建社会里面,我们也有共产主义教育,许多革命先烈,就是接受共产主义教育,高举共产主义旗帜而前进的。他们一不怕苦,二不怕死,前赴后继,英勇顽强地战斗在第一线,献出了自己的生命,无愧于共产主义战士的称号。那时我国还是封建主义的经济基础!所以"淡化论"是站不住脚的。在现阶段否定对学生进行共产主义思想教育和共产主义的道德要求,更站不住脚。我们不能忘记社会主义国家办教育的根本目的,是培养和造就为社会主义事业而奋斗的德、智、体全面发展的合格人才。对大学生的要求,决不能"降一格、放一码",他们是继往开来的一代,是我国社会主义建设的未来的骨干。教育和帮助这一代人提高政治觉悟、思想理论水平和道德水准,并培养出一批马克思主义者,是关系到我们国家的生死存亡的大事。因此,一定要克服德育淡化论的消极观点,理直气壮地、有效地搞好德育工作。

三是侧重论。长期以来,在德育、智育、体育等育的关系上,一直没有摆正,时而重德育轻智育,时而重智育轻德育,时而提"德育第一",时而提"智育中心"。于是有人提出"侧重论",即主张根据需要来强调重点,要从实际出发,因地制宜,因时制宜。某一时期哪个环节薄弱,就先抓哪一个,德育放松时就把德育作为重点,智育放松时,就把智育放在首位,用不断调整重点的形式,来实现全面发展的教育。还有人提出,在不同的阶段,教育的侧重点不同。如刚开学时,在重大节日、纪念日之前,学生思想问题比较多,应侧重抓德育;在期中考试和学期考试之前,应侧重抓智育;在期中考试后,应侧重抓体育,用不断调整重点的形式,来实现全面发展的教育。显然,侧重论是在搞轮流"突出",轮流削弱。因为突出一育,必然削弱他育,所以在实施过程中,很难掌握重点和次点。侧重论,实际上是把德育、智育、体育三者割裂开来,否定了三者之间相辅相成、相互促进的关系,也否定了德育在整个教育中的主导作用,降低了德育的功能和地位。目前,虽主张侧重论的人不多,但在实际工作中确实存在这种做法,因而往往顾此失彼,影响了教育质量的全面提高。

四是并举论。即德育、智育、体育三者并举,三育一起抓,同时抓,不可有一偏废。有人形象地比喻为"三匹马拉一部车,同时前进"。"并举论"者认为,德育、智育、体育组成了学校教育体系,三者同等重要,同时需要,缺一不可,分不出重点、次点,也不能搞轮流侧重,必须并举,即把三育同时作用于学生身上,才能真正体现全面发展的教育,培养出全面发展的学生。至于德育的地位,即与智育、体育放在同等重要的地位,不可忽视的地位,持这一主张的人比较多。但有人不赞成"并举论",认为这是否认各种矛盾之间和每一矛盾双方之间有主次之分,不符合唯物辩证法的两点论,是均衡论或多中心论;还有人认为"三育并举"的实质,就是忽视德育的重要性。

五是渗透论。有人认为,学校德育是渗透到日常的智育、体育和管理之中,在各个领域都应贯穿德育工作,德育不能脱离智育、体育等单独存在。因为学生的思想问题总是反映在学习和日常生活之中,只有把德育工作渗透到这些领域之中,才能产生良好效果。渗透论的主张有一部分是正确的,即在智育、体育和管理工作中应注意做好学生的思想教育,但不能把所有德育任务完全依赖于这种"渗透"来解决。因为学生的政治思想、道德品质、心理活动等是受到社会的政治、经济、文化、理论等多种因素的影响,经常会产生各种各样的问题,不少问题是不可能在德育渗透于智育、体育和管理中所能解决的。何况,学校德育工作,不仅仅是为了解决学生的现实问题,而且更主要的是为了塑造社会主义事业的接班人,树立科学的世界观、人生观,提高认识世界、改造世界的能力。这就必须有计划、有组织、有目的地对学生进行政治思想和品德教育。企图用"渗透"来取代所有德育,取消德育的独立地位,是不现实的,是违背教育规律和青年学生成长规律的。

六是代替论。解放以后,尽管各级领导和学校强调德育的重要性,并取得很大成绩,但是从教育科学的角度看,从德育的全面含义看,存在着德育被"代替"的状况。一是被政治运动所代替。过去在"左"的思想路线下,尤其在10年"文革"中,把政治运动代替思想政治教育,并提出"以政治运动为中心""以阶级斗争为纲"。二是以教学科研代替思想政治教育。打倒"四人帮"后,党中央提出把工作重点转移到经济建设上来的正确方针,于是有人便提出,高等学校是以"教学科研为中心","搞好教学科研就是最大的政治,没有必要另搞一套思想政治工作"。三是用思想政治工作代替整个德育工作,窄化了德育的内容;也有人把德育作为思想政治教育的一部分,这是不妥当的。德育应包含政治教育、思想教育、品德教育、个性心理健康的培育,而高校德育是以政治思想教育为主干,但也要对学生进行品德教育和心理健康的培育。四是以"教书育人"代替学生思想政治教育。有人主张高校只要依靠广大业务课教师在教学过程中注意做好育人工作就可以了,企图把学校德育完全由业务课教师来承担,这是不现实,也是不可能的。因为要完成学校德育任务和解决学生的各种思想问题,尤其是一些"尖端"性问题,绝不是业务课教师所能胜任的,而必须有专门的德育教师队伍。五是以"活动"代替思想政治教育。有人提出,要寓思想政治教育于娱乐之中,并过分强调思想政治教育的趣味性、知识性,于是用看电影、搞沙龙、组织旅游、野餐等活动来代替思想政治教育。代替论的实质,是否定德育工作的独立存在,是取消学校思想政治教育。

　　七是从属论。即德育是从属于智育、体育的,是为智育、体育服务的。有人认为,学校思想政治教育总是与智育、体育紧密联系在一起的,而不是独立存在的,否则就成为空中楼阁。德育工作要贯穿于智育、体育之中,要保证智育、体育的完成。这些观点显然是不全面的。在他们看来,德育的功能仅仅是服务于智育和体育的,也就是说,智育和体育完成了就等于德育完成了。它否定了德育自身的特殊任务。在教育史上,这是典型的"智德论"和"智育中心论"的翻版,即以智育代德育,学校一切工作围绕智育开展。"智德论"观点很早就有了。古希腊哲学家苏格拉底就提出:"智者就是善者",认为有才能的人,有智慧的人,就是善良的人,高尚的人,这就是"智德论"。苏联教育家凯洛夫也是"智德论"的倡导者。他说:"学校在用知识武装新一代的同时,就形成了学生的世界观和道德面貌,培养了他们的共产主义行为。"这也是一种典型的"智德论",即以智育代德育。凯洛夫认为在传授知识的时候,学生的世界观和道德面貌就形成了,也就培养了他们的共产主义行为了。这就否定了德育的独立性,是不符合教育规律的。"德育从属论"在高等学校里,主要表现在"教学中心论"上。长期以来,高等学校"以教学为中心",这个口号在1977年提出来时对拨乱反正起了很大的作用。因为过去是以"阶级斗争为中心"、以"政治运动为中心",所以提出以教学为中心是思想上的拨乱反正,对提高教学质量,建立稳定的教学秩序,提高人的素质有积极意义。但是,严格地讲,从教育规律来看,以教学为中心是不符合教育规律的。事实上,以教学为中心提出以后,很快就有人提出以科研为中心,认为没有科研,教学质量就不能提高;没有科研,就没有教学的源泉,知识的源泉。故应以"教学、科研为中心",形成两中心论。两个中心本身就不通,任何事情只有一个中心。如果说哪项工作重要就成为中心,那么搞后勤的人说自己的后勤工作很重要,因为"兵马未到,粮草先行",没有后勤怎么行?后勤也应该为中心了。从事政治思想工作的同志说:"政治是统帅,是灵魂",应该以政治思想工作为中心。这样就出现了多中心、争中心、无中心。因此,高等学校以教学、科研为中心是不妥的,任何教育,其目的是培养人,只能以"育人为中心"。教学是为了育人,科研也要育人,后勤也要育人,思想工作更是为了育人。因此,应该以育人为中心,大家都为育人服务,不能把德育放在从属的地位。所以学校德育的独立性是教育的性质和特点所决定的,既不从属于智育,也不从属于体育。在实践中,我们不难发现,学生在学习、生活过程中,在成长过程中,会遇到来自各方面的困难和曲折,且不是智育本身所能解决的问题。这就需要德育、思想政治工作,去增强其毅力、韧性。有的学生生活目的、学习目的、责任感不明确,就需要在这方面进行思想政治教育,提高其觉悟。青年学生生活在纷繁复杂的对外开放的社会里,不可避免地要受到社会上各种不良的影响,包括西方思潮的侵蚀、商品经济中的消极方面的影响,都需要进行思想政治教育。尤其在现代社会里,在和平演变与反和平演变、颠覆与反颠覆这种严峻的斗争面前,学生有各种各样的思想认识问题。前几年我们收集了学生中最热点的143个问题,其中有些是很尖锐的。如有的学生讲:"马克思说,工人阶级绝对贫困化,我看现在资本主义国家工人阶级并不是绝对贫困,比我们社会主义国家工人的生活水平高多了。怎么叫绝对贫困化呢?""列宁说,帝国主义是资本主义腐朽的、垂死的、没落的阶段,可是帝国主义垂而不死,腐而不朽?"有的同学看了一些西方的书,说资本主义国家一些学者也认为马克思主义有好的方面,人家的观点比我们全面、客观。资产阶级学者宣传的"趋同论",在学生中也有市场。有的学生说,目前资本主义国家也搞一点计划经济,我们社会主义国家也在搞市场经济,你看这不是趋同了吗?资本主义向社会主义趋同,社会主义向资本主义趋同。还有托夫勒讲的,今后没有资本主义社会,也没有社会主义社会,而只有信息社会等。学生很容易接受这种观点。还有各种各样的观点,包括"多党制""私有制"等,不少学生讲得振振有词,有理有据。这些问题,一般业务课教师是回答不了的,必须有一支专门的、水平很高的德育教师队伍、政工干部,来对学生进行这方面的教育。譬如对萨特的"存在主义"、弗洛伊德的"泛性主义"、尼采的"唯意志论"等各种各样的思潮,我们业务教师是不太了解的,也没有必要让他们放弃搞教学、科研来钻研西方思潮。因而"从属论""代替论"是错误的,也是有害的,必须确立德育的独立地位,建立一支专门的队伍来解决学生这方面的问题,否则学生的思想问题解决不了。

八是取消论。有人认为,资本主义国家没有思想政治工作,没有政治理论课,照样培养出许多人才,因而我国也可以取消。还有人认为,目前我国的大环境不好,党内和社会上的不正之风盛行,六天教育不如一天的社会影响,思想政治教育是"瞎子点灯白费蜡",学校干脆只抓好智育就行了,思想教育到工作岗位再说,或者等社会风气根本好转、大环境治理好以后再说。这种由"悲观论"到"取消论",在高等学校不乏其人。这些观点对学校德育工作是十分有害的。那种认为资本主义国家没有德育是不符合事实的。从17世纪以来,资产阶级教育家一直认为,"德育先于智育"(夸美纽斯),"教育唯一的工作与全部工作可以总结在这概念之中——道德"(赫尔巴特),"教育主要是培养儿童的德性"(杜威)。资本主义国家不仅在学校里、课堂上对学生灌输资产阶级思想,而且利用现代化信息传播手段,如电台、影视、报刊等,利用一切时间和空间向学生灌输资产阶级思想。"取消论"和"悲观论"还表现在对德育的作用失去信心,主张用法治代替德育和德治,即"法德论"的观点。有人提出,高等学校设立派出所、公安处就可以了,凡是违纪犯法的由公安处、派出所过问,该抓的就抓,该拘留的拘留。这种"法德论"的观点显然是片面的。倘若如此,还要学校教育干什么?学校教育,就是要给学生以德育、德治,提高他们的思想水准和道德水准,增强他们的心智健康。

只有具备这样良好的基础,才能更好地遵守国家的法律。所谓法治,无非是制法、执法、守法,我们要学生执法和守法,如果他没有良好的思想道德基础是不行的,所以德育和德治是不可缺少的。还有人认为,现阶段高校德育(或思想政治工作)是"老办法不管用,新办法不会用,软办法不顶用,硬办法不敢用",感到无能为力,悲观失望,不愿干这种工作,认为是吃力不讨好。这种悲观论、无所作为论的观点,是站不住脚的。

第一,我们党历来高度重视思想政治工作,重视社会主义精神文明建设,而且积累了丰富的经验。这是我们国家的优势,是立国之本。通过这几次的学潮和政治风波,更加深了我们党和各级政府对加强德育工作的认识,一定会吸取过去的经验教训,抓好这一工作,我们应当增强对德育工作的信心。

第二,我们国家的社会大环境虽然存在不少问题,但主流是光明的、是好的,必须看到这一点。有些人一叶障目,把我们的社会看成一片漆黑,这不符合事实。现在确实还存在腐败现象,存在不正之风,而且有些地方很严重,但这决不能代表我们的整个社会面貌。应该看到我国社会的主流,尤其党的十三届四中全会以来,以江泽民同志为核心的党中央采取了一系列有力措施,社会面貌发生了很大变化。党的十三届四中全会特别提出要抓好四件大事,其中就包括认真抓好政治思想工作,惩治腐败,为我们搞好德育增强了信心。

第三,学校教育与社会影响比较,学校教育处在主动地位。学校有三大优势:一是有一支较高水平的教师队伍,对学生进行教育工作;二是有良好的育人环境,有利于学生健康成长;三是有组织、有计划、有目的地对学生施行教育,主动权在学校,我们可以采取"先入为主"的方法。如针对社会上的一些消极因素,主动地对学生进行这方面的教育,以克服消极因素的影响;我们可以抓住社会上一些光明的、先进的东西,用积极的社会环境影响学生。上海有几所高校,利用政治理论课和思想教育课组织学生到工厂去参观访问,学生很受教育。他们组织学生参观上海一个工厂,这个厂有七名厂领导干部。一位工人在座谈会上说:"我们厂七位领导数年如一日,每天坚持提前四十分钟上班,打扫厕所,打扫马路。"大学生一听,大吃一惊,说:"还有这种干部!"其实这种干部多得很,每天提早上班、推迟下班,但不一定是打扫厕所、打扫马路。学生很受感动,因为他们以前总认为我们一些干部都是以权谋私的,都是不干事情的。还有一个厂的副厂长是上海市劳动模范。他一家三口人住在9平方米的房子里面,两次分房子给他,他都让给和他一样困难或比他更困难的同志。学生听了又非常感动,改变了对干部形象的看法。说明我们利用社会中先进的东西对学生进行教育,便能提高学生的思想觉悟,增强学生的信心。可见,德育"悲观论"和德育"取消论",是站不住脚的。

九是首位论。江泽民同志在1989年国庆讲话中指出:"各级各类学校不仅要建立完备的文化知识传播体系,而且要把德育放在首位,确立正确的政治方向。"把德育的地位明确地提到"首位",是纠正长期以来重智育轻德育,端正学校办学方向,提高教育质量的根本保证。有人认为,把德育放在首位,就意味着德育第一、智能第二、体育第三。这种排名次的做法是片面的、形而上学的。"德育首位论",最根本的意义在于德育有了一定的地位,即独立的地位,首要的地位,否定和纠正了上述的"淡化论""渗透论""代替论""取消论"等德育无地位的观点和主张。"德育首位论"的实质,是指在整个教育中,在育人中,德育起主导作用、方向作用,以确保正确的政治方向,而不是说花最多的时间,投入最大的精力。在高等学校,德育、智育、体育三者相辅相成,相互促进。德育是主导,智育是主体,体育是物质基础。江泽民同志提出"把德育放在首位",有很强的现实性和针对性,是针对德育在各类学校地位不高,甚至无地位而说的。如有些高校德育存在队伍无编制,教学无课时,经费无保障,活动无场地,实践无基地的状况。因此,必须从各级领导开始,提高思想认识,采取有效措施,否则又会像以前那样,出现"说起来重要,做起来次要;风波到来重要,风波过后不要",以及"淡化论""代替论""取消论"的现象。

为了切实做到"把德育放在首位",克服当前高校在德育中存在的问题,应制定"德育首位"内容和标准。我认为它至少可以包括以下几方面:

(1) 在高校整体教育中,把德育放在首位。也就是说,要确立德育的独立地位,而不能把德育放在从属于智育、服从于智育的地位。当然,也要摆正智育、体育的地位。

(2) 在培养目标上,要把坚定正确的政治方向放在首位。即在办学方向上、学生培养上,必须坚持四项基本原则、坚持改革开放、坚持德智体全面发展的教育。

（3）教师在"教书育人"中，要把育人放在首位。也就是说，教师的职责不仅仅是传授知识，更主要的是在思想政治、道德修养、思维方式、治学精神等方面给学生以正确的导向，并做到为人师表、以身作则，发挥潜移默化的育人作用。

（4）在教师队伍建设上，要把德育教师队伍建设放在首位。德育教师队伍包括学生思想政治工作干部、政治理论课教师和思想教育课教师，要在编制、培训、设施、经费等方面给予保证。由于前几年德育教师队伍薄弱，因此当前在教师队伍建设上，就更要把德育教师队伍建设放在优先的位置。

（5）在学校各级领导干部、政工干部的选拔上，把政治思想素质放在首位。即把那些坚决贯彻党的路线、方针、政策、马列主义理论水平较高、有丰富工作经验的同志安排在领导岗位，因为这些干部的素质高低，直接关系到德育工作的成效。

（6）在对学生的考核选拔上，把政治标准放在首位。即在招生、评定三好学生、评定奖学金和毕业分配中，要把学生的政治思想素质放在首位，而不能仅看学习成绩和考试的分数。

如何把"德育放在首位"落到实处。应抓好以下几项工作：一要健全德育领导体制。学校要建立在党委领导下的党政合一的德育领导小组；二要建立一支专职德育教师队伍，从事学生辅导员工作，德育教学工作，研究工作和心理咨询工作；三要制订各类学校、不同年级学生的德育大纲及实施办法；四要制订学生的思想品德行为规范及德智体综合测评制度。

确立了德育的独立地位，明确了把德育放在首位，不能停留在理论上、口头上，更重要的是要落实到行动上，要贯彻到教育实践中去。为此，必须做到德育到位。

德育到位，就是把思想政治工作落到实处并做到学生身上。要切实把德育工作做好，提高德育的效应，不是单方面的、单向的到位，而必须是多方面的、多向的到位，包括领导到位、队伍到位、目标到位、阵地到位、内容到位、管理到位、政策到位等。

一要领导到位。高等学校德育能不能搞好，关键在于党政主要领导对德育的态度和实际行动；只有党委和校（院）长高度重视德育工作，并采取有力措施，才能确保德育到位。领导到位不是抽象的，而是有具体内容的，主要包括三方面：第一，领导到岗。即德育岗位要有主要领导分管或专管。如有5 000名学生以上的大学就应有1名党委副书记专管,1名副校长分管学生德育;5 000名学生以下的大学应有1名党委副书记用主要精力分管德育工作,学校要成立德育领导小组及职能处室主管全校德育工作。第二,认识到位。各级领导要从理论的高度上认识到德育放在首位、德育具有独立地位的不可替代性;认识到从国际、国内形势出发,加强德育的紧迫性;认识到实现培养目标和教育方针的要求,加强德育的必要性;认识到当前提高大学生素质,加强德育的紧迫性。第三,德育工作到位。各级领导在德育岗位上要尽责尽力,要在其位,谋其政,尽其责,出其力。领导要抓好全校德育的计划、组织、协调、师资培训及各项设施工作,党政会议上经常讨论研究德育工作,并抽出一定时间到第一线做德育工作,包括调查研究、开座谈会、讲课、做报告等。

二要队伍到位。高校必须有一支精干的德育教师队伍,专门从事德育工作。德育教师由学生政工干部、政治理论课教师、思想教育课教师组成,做到人人有岗位,人人要到位。德育教师必须有专门编制,否则就无人到位,师生比例以1∶60至70为宜。他们的主要职责是:教学工作、辅导员工作、研究工作。其中政工干部主要做辅导员工作,兼上思想教育课;政治理论课教师主要上马列主义理论课,并注意联系学生思想实际,兼做学生辅导员工作;思想教育课教师主要针对学生现实思想开设思想教育课或讲座,兼做学生辅导员工作。德育教师队伍应有较高的政治思想觉悟、马列主义理论水平,有较强的组织管理能力和独立工作能力,有高度的责任感和事业心,且要热爱教育事业和德育工作,立志以德育为自己的专业岗位和职业岗位,全心全意地做好德育工作。高校德育的专职队伍还必须与兼职队伍相结合,即广大业务课教师也要在德育中到位,积极发挥教书育人的作用,在教学过程中对学生进行思想教育,发挥教师的为人师表、身先士卒的作用。

三要目标到位。各类高校培养学生的目标应有明确的、具体的要求,防止那些抽象的、没有实际内容的、口号式的培养目标。要做到目标到位,首先在制定培养目标时要有正确和全面的依据,即依据社会主义初级阶段党的基本路线——"一个中心,两个基本点";依据社会主义高校的性质——坚持以马列主义为指导、全心全意为人民服务为宗旨;依据社会的需求——社会主义事业对各类人才素质的要求;依据各类学校及不同学科、专业的特点、性质;依据学生自身的特点。由此,德育目标应有共性、层次性和个性。

共性是指对各类大学生的共同要求,如每个学生必须具有爱国主义、集体主义和为人民服务的思想。层次性是指对素质不同、年级不同的学生制定不同的培养目标,一般可分为爱国主义、集体主义、社会主义三个层次。对少数素质较差、要求较低的学生,首先要培养他们具有爱国主义思想;对部分素质较好、对自己要求较高的学生,要努力提高他们的社会主义、共产主义觉悟,促使他们立志为社会主义和共产主义而奋斗,并从这些学生中努力培养一批马克思主义者。个性是指对不同类型的学校培养目标的差异性,如对医科学生的医德要求,对师范学生的师德要求,对财经类学生的商德要求等,各自有不同的特点,在德育中应有所区别。个性的另外一个含义是:培养目标要落实到每个人,要从学生自身个性特点出发,因人而异,因材施教,不要一刀切,一个模子。可见,对每所学校、每个专业、每个学生都要有明确的德育目标,即目标位于校,目标位于人。

四要阵地到位。高校对学生进行思想教育的阵地很多。如课堂、图书馆、广播台、实践环节、课余活动、校园文化以及实验室、食堂、寝室等。阵地到位,主要包含以下几方面内容:第一,要建立和健全社会主义高校德育的阵地,给予必要的经费、时间、设备、场地、编制等,尤其要把主阵地建设好,如政治理论课、思想教育课、实践环节、校园文化、图书馆、广播台等。第二,要用社会主义思想占领德育阵地,即社会主义思想到位。德育阵地必须成为宣传马列主义、社会主义的基地,成为对学生进行思想政治教育,激励学生奋发向上,促进他们德智体全面发展的基地,而不能让非无产阶级思想、资产阶级自由化思想占领这些阵地。当然这里并不排除向学生介绍一些西方思想和学术观点,但应该是有分析、有批判地介绍。凡是开设一门新的课程,尤其是政治性较强的课程,校系有关领导应事先听课,把握方向。第三,德育的各个阵地,要具有德育的功能,尽到德育的职责。如课堂教学,不仅是传播知识,而且要教书育人;社会实践,不仅是观赏祖国风光美景,而且要贯穿国情教育、思想教育;校园文化、广播、影视等,不仅是娱乐消遣、传播信息,而且要担负思想教育、陶冶情操的职能。做到分工协作,目标一致,以促进学生健康成长。

五要内容到位。德育的内容,包括政治理论课和思想教育课的教学内容、形势报告会内容、各种德育方面的社会实践、课余活动的内容、日常思想政治教育的内容等。内容到位,就是这些内容要有助于提高学生的政治觉悟、思想水平和道德修养，切实落实到学生身上，并能入耳、入脑，即德育内容位于学生耳脑之中。为此：第一，德育的内容必须符合党的基本路线和教育方针，坚持四项基本原则，而不能仅仅看开了多少德育课程，关键在于见效。第二，德育的内容要有一定的理论高度和理论深度。对大学生教育不能就事论事。他们思考问题、提出问题往往带有较浓的理论色彩，喜欢从理论上去寻找社会问题、人生问题的答案，因而应对学生进行马克思主义理论教育。但是进行理论教育时，要注意联系学生的思想实际，提高他们分析问题、解决问题的能力，而德育到位就是敢于和善于联系学生的现实思想。入耳是指能保证学生听进去，入脑就是能触及学生的思想，帮助学生解决头脑中的疑难问题。第三，要采取灌输与疏导相结合的方法。要使德育内容进入学生耳脑之中，应坚持灌输与疏导相结合。马克思主义理论、正确的思想观点，不可能在学生头脑中自发产生，需要进行必要的灌输，促使学生接受。但在方法上要注意疏导，采取生动活泼的、启发式的教育方法，增强德育的有效性。

六要管理到位。首先是德育管理到位。实施思想政治教育的管理工作，称之为德育管理。德育管理到位，主要包括三方面内容：第一，要制定必要的学生思想品德行为规范、学生守则、章程条例等，便于学校照章办事，也便于学生照章行事，从而成为他们的思想行为准则。第二，要采取切实可行的措施，执行检查这些规章制度，促使学生自觉地遵守校规校纪。第三，实行考核奖惩，对学生的思想行为道德、包括对学校制定的规章制度执行情况进行考核和综合测评，奖优罚差，弘扬正气，宣传先进，对表现差的学生给予批评直至处分、淘汰。其次，管理到位，还包括其他管理工作也要注意做学生思想教育工作，努力做到管理育人。不能认为德育仅是政工部门、德育教师的事，各部门都应确立"以育人为中心"的教育思想，学校各项管理工作都应负有一定的德育功能，并做到德育到位。

七要政策到位。要有正确的政策确保高校德育的顺利开展，政策具有导向的作用，离开了正确的政策，德育到位是难以做到的。政策到位包括四方面的内容：第一，要在政策法规上明确德育的独立地位，确立德育是一门科学，并给予必要的编制、课时、教材、经费等。第二，要在政策上明确德育教师、上德育课教师与其他教师享有同等待遇，明确从事学生思想政治工作的干部是德育教师的一个部分，并鼓励德育教师长期以德育为自己的专业和职业,以使他们稳定在德育岗位上,有助于积累经验、提高德育的质量。第三,要在政策上鼓励广大教师教书育人。无特殊情况,业务课教师都轮流担任班导师、班主任工作,并作为提职、晋升的必要条件。对教书育人和管理育人好的教师、干部要给予表扬和奖励。第四,要在政策上鼓励政治思想品德好的学生,在招生、毕业分配、学生素质测评中,在评定奖学金和优秀学生时,都要把德育放在首位,把学生的政治思想品德作为重要内容,并在量的测评中占据一定的权重。

如果各级领导和广大教师切实从以上七个方面做到德育的全方位到位,便能"把德育放在首位"落到实处,提高高校德育的有效性。

(原载《杨德广教育文选》,华东师范大学出版社2010年版)

2013年荣获中国高等教育学会颁发的
"从事高教工作逾30年高教研究有重要贡献学者"荣誉称号

我国应建立老年教育学

截至 2016 年,我国 60 岁以上的老年人口已达到 2.3 亿人,占全国人口总数的 16.7%。预计到 2020 年,全国老龄人口将达到 2.43 亿人,占全国人口总数的 17.8%,2050 年将达到 4.34 亿人,占全国总人口的 31.1%[①]。由于我国人口老龄化速度超前于现代化发展步伐,"未富先老""未备先老"的现状给老年工作、老年教育带来很大的压力和挑战。另一方面,全国约有 47% 的老年人没有上过学,具有小学、初中以上程度的老年人约占 46.2%。由于文化素养较低,这些老年人适应现代社会的能力较差,已成为知识经济时代的弱势群体,许多老年人也迫切希望得到继续学习的机会[②]。

由此可见,无论从个人、家庭,还是从社会、国家,都迫切需要加强老年教育。然而老年教育如何应对和适应 2 亿多不同类型、不同层次、不同需求的老年人?如何满足社会和国家发展的需要?如何培养能够从事老年教育的师资队伍和管理人员?都是十分紧迫的任务,也是十分庞大的教育系统工程,这就必须建立专门的老年教育学。

一、从老年教育的特殊性来看,必须建立老年教育学

教育学产生于教育。教育是指教育者向受教育者施加影响的社会实践活动。教育是行动,是活动,是实践;教育学是对教育现象、教育规律的探索、反思和深化。教育学是后生的,没有教育活动就没有教育学,教育学反过来又指导教育,将教育活动引向更加有序、合理、科学的发展轨道。教育学是教育发展的必然产物,没有教育学就没有教育的科学发展。教育是教

[①] 胡庆莲、宋晚生:《终身教育视阈下我国老年教育发展模式探究》,《山西广播电视大学学报》2016 年第 4 期。
[②] 杨万龙:《科教兴国之二》,中国影视出版社 2014 年版。

育学的研究对象,教育学是对教育实践活动、教育现象研究的结果。教育是客观存在的,在任何国家、任何社会、任何时候都有教育。但教育学不是任何地方都有的,也不是始终就有的。教育发展到一定程度就会产生教育学。当"教育需要研究自己"时,就会产生教育学。正像社会科学原来是一种社会现象,当它发展到"社会科学需要研究它自己"时,就产生了社会科学学。

教育是十分宽泛的社会实践活动,对社会发展和人的发展产生了巨大的作用,但教育学是伴随着教育的发展而不断发展起来的。教育活动在哪些方面有了突破性发展,教育学研究便会深入其中并产生新的教育学分支。最早的教育学分支只有"教育学原理""课程与教学论""教育史""比较教育学""学前教育学",而"高等教育学"直到20世纪80年代后才逐步被认可。高等教育已有上千年的历史,即使从世界第一所具有现代意义的大学即1158年的意大利波隆那大学算起,也有800多年的历史,但"高等教育学"一直没有产生,没有被认可。80年代初,许多人认为,"高等教育学"涵盖于普通教育学之中,不宜成为教育学下属的一级学科。中国高等教育学的创始人潘懋元教授坚持认为,高等教育是教育的特殊组成部分,具有矛盾的特殊性。高等教育有特殊规律,也有特殊问题,比普通教育更复杂,不是普通教育所能概括出来的,也不是一般原理所能解决的。他在1978年就提出,社会主义新中国的高等教育实践为建立新学科提供了丰富的材料,高等教育发展需要这样的新学科。高等教育学作为一门新学科,现在已经具备了需要与可能①。在潘懋元教授等一批高等教育学专家们的共同努力下,高等教育学终于成为一门教育学的分支学科。今天我们提出建立老年教育学,如同当年建立高等教育学一样,已具备必要性和可行性两方面条件。

教育学研究的问题主要有:教育的本质、目的、方法、制度,智育、德育、体育、美育的任务、内容、途径、方法,学生身心发展的特征和教师的职责、任务,学校的组织和装备、领导与管理等。教育学是一门基础学科,按教育类别和教育对象分,有幼儿教育学、普通教育学、高等教育学、成人教育学和特殊教育学。有人认为,老年教育学可以归入成人教育学之中,这是不现实的。成人教育的主要对象是在职的成年人,大多数人为五六十岁以下在职人员,他们一面工作,一面学习。而老年教育的对象是五六十岁以上的退休

---

① 潘懋元:《潘懋元高等教育文集》,新华出版社1991年版,第18页。

后老人。老年教育学应该与成人教育学并列,同属于教育学分支学科,有其自身的特殊性:第一,老年教育学是以老年教育为研究对象,研究老年教育的目的、任务、特点,探索老年教育的规律,也是培育从事老年教育的教师、管理人员的学科;第二,老年教育学研究的内容有老年教育的本质、性质和规律以及它同政治、经济、文化的关系,老年教育的结构和功能,老年学校的任务和职能,老年学校的专业建设、课程建设和教材建设以及教师队伍建设,老年学员的身心发展特征,老年学校的教育教学内容和方法,等等。

笔者之所以认为老年教育不宜列入成人教育,也不宜列入普通教育,是因为老年教育的研究对象本质上与成人教育、普通教育不同。本质是作为一种事物所具有的而其他事物不具有的属性,是事物间区别的根本标志,它不仅决定事物的性质,而且决定事物的表现内容,并通过这些内容表现该事物的本质属性。毛泽东在《矛盾论》中指出:"科学研究的任务,就是根据科学对象所具有的特殊的矛盾性。因此,对于某一现象的领域所特有的某一种矛盾的研究,就构成某一门科学的对象。"[①]如果按毛泽东确立学科对象的标准对老年教育学进行审视,则学科研究对象不仅体现老年教育学的一般性研究上,而且体现在老年教育学的特殊性方面,体现在老年教育学与普通教育学、高等教育学、成人教育学的区别之中。从本质上说,老年教育是教育活动的特殊形式,是从事老年教育的实践活动,具有与普通教育、其他教育完全不同的特殊矛盾性,这种特殊性具体表现在老年教育的"老年性""课程性""多样性"等方面。

老年教育的"老年性",是指教育对象都是五六十岁以上的老年人,他们的身心发展、学习需求、学习能力与青少年和成年人差距很大;"课程性"是指老年学校、老年大学的教学活动大多数是以课程教学、非学历教育为主,而不是以专业学习、学历教育为主;"多样性"则是指老年教育要面对多层次、多种需求的老年人,办学主体、办学形式、教学内容、教学方法等也呈现多样化。总之,老年教育不同于学前教育、普通教育、高等教育、成人教育,而是具有特殊的矛盾性,是特殊的教育,不宜归属于教育学下面的任何一个二级学科。因此,应把老年教育学单列为教育学下属独立的二级学科。

[①] 《毛泽东选集(第一卷)》,人民出版社1991年版,第309页。

二、从老年教育的重要性来看,必须建立老年教育学

在西方发达国家,由于较早进入老龄化,老龄化程度比较高,因此很早就关注老年教育,也由此逐步认识到老年教育的重要性:由老年人是"社会包袱"认识到老年人是社会财富;由老年教育的救济观、福利观、休闲观,上升到权利观、潜力观、发展观;由养老教育、休闲教育,到潜能开发教育、参与适应教育。1945年,美国就成立了老年学会。50年代,在美国社区学院成人教育中就有专门为老年人开设的课程。芝加哥大学和密歇根大学还开设了退休准备课程。1970年,密歇根大学教授霍华德·麦克拉斯基致力于老年学研究,在博士课程中也开设了老年教育学的研究课程。斯坦福大学等名校还专门设立"老年寄宿学校",为老年人住校学习提供方便。1976年1月,《老年教育学》杂志在美国创刊,标志着老年教育学学科已成为新的独立学科。从20世纪70年代起,其他国家学者也开始涉足老年教育学研究领域。1972年法国创立了第三年龄大学,目的是实施对老年人的终身教育计划,及开展老年教育的相关研究。1982年,英国剑桥大学成立了英国第一所第三年龄大学,为老年人提供了稳定的学习场所。

随着我国经济社会的发展、老龄化程度的提高,老年教育的重要性也越来越凸显出来。党的十九大提出,我国到2020年要全面建成小康社会,到2035年要基本实现社会主义现代化,到2050年即新中国成立100周年时,把我国建成富强民主文明和谐美丽的社会主义现代化强国,实现中华民族伟大复兴的中国梦。完成三阶段的战略任务,实现宏伟目标,当务之急是提高国民素质。老年人在构建和谐家庭、和谐社会中具有举足轻重的作用。目前,我国有65岁以上老人的家庭,占全国家庭户的比重超过20%。每位老人关联着一个或几个家庭,全国有2亿多老年人,若1个老年人关联4个人则关联着8亿多人。联合国第二届老龄问题世界大会通过的《政治宣言》提出:老年人的潜力是未来发展的强有力基础。发展老年教育,通过提高老年人的综合素质和参与能力,可以促进家庭和社会的和谐,助力国家发展、民族振兴。可以这样讲,办好老年教育是实现中华民族伟大复兴的社会基础。

有人认为,我国教育资源有限,应该用于青年教育、成人教育,若用于老年教育是"资源流失和浪费",这种看法是片面的。在建设中国特色社会主

义伟大事业中,我们不能忘记2亿多老年人曾经付出的艰辛劳动,在各自不同的岗位上作出的积极贡献。现在他们退休了,但多数人还有自理能力,身体健康,其中不少人迫切要求继续学习,要求弥补在岗位上时因忙于工作和事务而失去的学习机会。我们不能无视这些老年人的学习愿望,更不能把他们边缘化。在精英教育时代,教育资源比较稀缺,应把有限的教育资源用于九年义务教育和对青年人的教育、培养上,确保国家重点建设单位对人才的需求,这是必要的,也是不得已而为之。然而,在我国进入大众化教育后期的时代,教育资源有了巨大发展,现有普通高校2 596所,成人高校约284所,普通高中和中等职业学校各1万多所①,也由此很有潜力为老年教育服务。事实上,我国现有不少大中城市的中等学校为社区老年学校提供了资源,我国已有100多所普通高校举办了老年大学或老年大学分校。不少中小学及普通高校生源不足,完全可以拿出一定的教育资源用于老年教育。欧美发达国家的普通高校,包括一些名校都接收老年人入学,为什么我们就不可以呢?

正因为老年教育的重要性、紧迫性,正因为老年教育还存在不少问题,就需要加快建立老年教育学,专门研究老年教育现象,探索老年教育规律,改善和解决老年教育中存在的问题。有些人可能对建立老年教育学不赞成,甚至是不屑一顾。我建议他们认真思索和考查一下学前教育学和高等教育学创建前后的情况。当时也是有人激烈反对,但几十年的实践证明,学前教育学和高等教育学创建后,对学前教育和高等教育的健康发展发挥了重要作用。如果建立老年教育学,必将有力地推动我国老年教育事业的发展。

三、从老年人的身心特点来看,必须建立老年教育学

老年人与青年人和成年人相比,无论在生理上、心理上都发生了很大的变化,与青年人和成年人有很大的不同,由此也就必须采取特殊的教育教学方式,进而也就需要建立相应的学科——老年教育学。

其一,从老年人的生理特点来看,随着年龄的增长,人在生理上必然会出现规律性的变化,身体内部及各种器官组织会产生自动的"退行性"改变,个体对客体环境的各种适应能力也将下降。如人进入老年期,大脑的神经元数量将逐步减少;在心血管方面,心脏排血量将逐步减少;在呼吸系统方

---

① 教育部:《2016年教育发展统计公报》,http://www.moe.gov.cn/,2017-03-12。

面,肺功能将减退,肺活量减少;在消化系统方面,肠胃运动功能将明显减退,以及骨骼疏松、肾脏萎缩、免疫力下降等,将在老年人生理上不同程度地体现出来。由此可见,面对老年群体这一特殊教育对象,显然不能用普通教育学、成人教育学的原理施之于老年教育,必须建立专门的老年教育学。

其二,从老年人的一般心理特点来看,人老了以后,在心理特点上也会发生变化。如在认知层面,与青年人、成年人相比,老年人的视觉、听觉、嗅觉、味觉都有一定程度的退化;在情绪心理层面,老年人由于生理上的变化,社会角色和社会交往的变化,往往会在情绪、情感方面也会发生变化,尤其是在缺乏关爱、缺乏温暖、缺乏学习的情况下,正能量的情绪将减少,负能量的情绪将增加,容易产生失落感、孤独感、自卑感以及焦虑、抑郁、不安等情绪心理。相反,如果老年人处在一个良好的环境之中,得到关爱、温暖、教育,得到发展和自我价值的实现,则会增加正能量的情绪,增强自信心、上进心,对生活和人生充满了满足感、成就感和幸福感,也因此愿意把自己丰富的人生经历和智慧奉献给社会和他人。由此可见,开展老年教育十分必要,一方面可以为他们创造一个良好的生活环境、学习环境,增长他们的知识,开发他们的潜能,另一方面也可增强他们的正面情绪,克服负面情绪。老年教育学就是要研究如何针对老年人的身心特点和变化,有针对性地、有效地实施教育活动。

其三,从老年人的学习心理特点来看,老年人的记忆力、思维能力有所下降。但研究表明,人脑并非必然随着年龄的增长而衰退。实际上脑器官越用越灵,不用则废,即"用进废退"。年轻人若懒于用脑,智力会降低,老年人若勤于用脑,智力不降反增;另一方面,由于生理的变化,环境的变化,老年人往往存在自尊心较强、自信心不足、自主学习欲望较强、接受能力较弱,这就要求在学习上应放慢节奏,要少而精。面对老年人学习心理的特殊性,就不能运用常规的教育教学方式,而要创造适应老年人的教育模式、方法和内容。

如上所述,老年人群是区别于青年人、成年人的特殊人群,老年教育是针对特殊人群的特殊教育活动,老年教育学就是研究老年教育活动的科学。随着经济社会的发展,人民生活水平的提高,尤其在知识经济、高科技革命的时代,老年人对学习的需要越来越迫切,因此老年教育越来越不可或缺。教育的目的是推动社会可持续发展,推动人的全面发展。如果把针对青少年教育、成人教育的内容和方式用于老年教育,显然是不合适的。因此必须有相对独立的老年教育学,以满足老年人的自我需求,开发老年人的潜能,促进老年人的全面发展。

四、建立老年教育学的理论基础

任何一门学科的诞生和建立都有一定的理论基础作为支撑。理论来源于实践,又反过来指导实践。老年教育和老年教育学的理论正是来自长期以来的老年教育实践,并一直在指导、推动老年教育不断完善和发展,推动老年教育学的萌发和形成。

其一,权利理论,即关于受教育权的理论。公民受教育权是指公民所享有的并由国家保障实现的接受教育的权利,其内容包括教育机会权、受教育条件权和公正评价权三个方面。公民受教育权是社会发展进步的产物。最早的受教育权是局限于义务教育的权利,1948年联合国通过并发布了《老年人权宣言》,确定了"人人都有受教育的权利",突破了教育权利局限于义务教育阶段的观念。我国在1954年颁布的《宪法》中,明确规定"中华人民共和国公民有受教育的权利和义务"①。《中华人民共和国教育法》也规定,要建立"终身教育体系"。老年教育是终身教育最后的、必不可少的阶段。因此,政府和社会有责任保障老年人受教育的权利,老年人也有权利依法向政府和社会有关方面提出受教育的要求。

其二,需求理论。需求是每个人成长和发展的内在动力。美国人本主义心理学家马斯洛曾提出著名的人类需求层次理论,认为人由低级需求逐渐地向高级需求发展。在经济不发达、生活不富裕时期,人们主要追求生理需求、安全需求。当经济状况改善后,人们将追求社会需求、尊重需求和自我价值实现。尤其是大中城市的退休老人以及社会主义新农村的老人进入小康生活后,迫切要求能够进老年大学(学校)继续学习。被誉为"老年教育之父"的美国霍华德·麦克拉斯基教授认为老年学习者有五个需求,即应付的需求、表现的需求、贡献的需求、影响的需求、超越的需求。据调查,我国老年人在经济生活条件改善后,主要有健康需求、精神及文化需求、交友需求、亲情需求、社会参与需求。老年人的学习需求就是为了满足精神上的需

---

① 《中华人民共和国宪法》,中国法制出版社1999年版,第12页。

求,因此老年教育及老年教育学的不可或缺性,正是源于老年人的需求。

其三,终身教育理论。20世纪60年代,联合国教科文组织提出"人的一生就是受教育的一生""要建立学习化的社会"以及保证每个人"从摇篮到坟墓"的一生连续性的教育过程。终身教育理论主要观点有四点:一是终身性。打破了过去把人分为"学习阶段、工作阶段、退休阶段"的传统观点,树立终身学习的观点。二是全民性。在现代社会,每个人要学会生存,就要学会学习,就离不开终身教育。三是广泛性。终身教育贯穿于人的各个阶段,是全时空的教育,超越学校教育的局限。四是灵活性。任何需要学习的人,可以随时随地接受各种形式的教育,可以根据自己的特点和需求选择最适合自己的学习。终身教育理论对老年教育的发展产生了巨大作用,也是老年教育重要的理论依据。

其四,适应性理论。人与社会环境的适应是人的生存、生活和发展的基本条件。人的适应性是个人认知、控制和调节其行为以适应一个社会情境的能力,是指个体在自身努力或外界环境的作用下,形成符合社会生活条件和满足个体需求的某种心理、行为的过程。加强老年教育,有助于提高老年人的社会适应能力,提高老年人的社会适应性。老年人的社会适应性是多层次的,包括基本生活适应、人际关系适应、精神文化适应、个人发展适应等四个层次[1],体现了老年人从低层次适应到高层次适应。除了基本生活适应之外,其余三个层次的适应都需要通过教育和学习才能获得[2]。

五是积极老龄化理论。世界卫生组织将"积极老龄化"界定为"健康、参与、保障"。积极老龄化是指人到老年时,为了提高生活质量,使其拥有健康、参与和保障的机会,尽可能获得最佳的过程和结果,目的在于使他们认识到自己在一生中能够发挥自己在体力、智力、精神等方面的潜能,按自己的权利、需求、爱好、能力参与社会活动,并得到更多的保护、照料和保障。要践行"积极老龄化"策略,则必须加强老年教育,为老年人继续提供学习的机会,提高其生命质量,同时改变老年人被动养老,发挥老年人特殊的潜能和优势,激励他们参与社会服务,作出积极贡献。"积极老龄化"理论的提出,也使人们充分认识到老年人对社会的贡献,老年人可以再就业,可以发

---

[1] 陈勃:《人口老龄化背景下城市老年人的社会适应问题研究》,《社会科学》2006年第6期。
[2] 欧阳雪莲:《老年人社会适应性与主观幸福感的结构关系》,《心理新探》2009年第5期。

挥他们的积极作用。

五、老年教育学已具备学科建制的外在和内在条件

老年教育学之所以能够成为教育学的分支学科,因为它已符合学科社会建制的条件。美国社会学家沃勒斯坦认为,一门学科的社会建制大体上应包括五个部分:一是学会,这是群众性的组织,不仅包括专业人员,还要包括支持这门学科的人员;二是专业研究机构,它应在这门学科中起带头、协调、交流的作用;三是各大学的学系,这是培养这门学科人才的场所,为了实现教学与研究的结合,不仅要在大学建立专业和学系,而且要设立与之相联系的研究机构;四是图书资料中心,为教学研究工作服务,收集、储藏、流通学科的研究成果、有关的书籍、报刊及其他资料;五是学科的专门出版机构,包括专业刊物、丛书、教材和通俗读物。笔者认为,我国老年教育学已具备这五方面的条件①。

其一,学会。1982年3月,中国老龄协会成立,原名为"老龄问题世界大会中国委员会",1995年2月,改名为"中国老龄协会"。主要职责和任务是:对我国老龄事业发展的方针、政策、规划等重大问题和老龄工作中的问题,进行调查研究,提出建议;开展信息交流、咨询服务等与老年问题有关的社会活动,参与有关国际活动等。在中国老龄协会推动下,为了加强老年教育,1984年,中国老年教育协会成立,1988年2月,中国老年大学协会成立,这标志着全国各地老年大学、老年学校已经联结成一个体系,其职能是:组织校际间的经验交流、信息沟通、资料交流,培训老年教育工作者,组织科研和教研活动,开展国际间的经验与学术交流。从20世纪80年代以来,北京、上海等大城市都成立了老年教育协会,这些协会机构在老年教育方面做了大量工作,积累了丰富经验,为老年教育、老年教育学奠定了很好基础。

其二,专业研究机构。当前,中国老年教育协会、中国老年大学协会、各地老年教育协会都建立了老年教育理论研究中心,研究探索老年教育理论问题和实践问题,包括如何办老年教育,老年教育的目的、特点、内容、方法,老年教育教师队伍建设、管理模式、老年学员的特点等。中国老年大学协会组织了全国性课题组,对老年教育现代化、老年教育规范化、社区老年教育、

---

① 费孝通:《略论中国的社会学》,《高等教育研究》1993年第4期。

农村老年教育、老年教育学等若干问题进行研究,形成了五项重要成果,出版了五本学术专著。

其三,全国已有各类老年学校 5.97 万所,在校学生 677 万人,有百余所普通高校举办老年大学或老年大学分校。与此同时,有 60 多所职业学院开设了养老服务相关专业,在校学生逾万人,建立了养老服务人才培养培训体系。此外,老年远程教育也有很大发展。目前参加远程老年教育的学员有 220 万多人。上海开放大学、江苏开放大学已启动老年高等教育学历教育试点。上海老年大学与上海开放大学合作,开设了 4 个专业的学历班,包括钢琴独奏、声乐、体育保健、摄影摄像。已有 64 人经考试合格后获得国家承认的大专毕业文凭,为老年学历教育开设了先河。

其四,各老年大学都有专门的老年教育图书资料中心。老年教育方面的教材、专著陆续出版,说明老年教育学已经存在。1990 年,熊必俊、郑亚丽编著的《老年学与老龄问题》由科技文献出版社出版,对老年教育与老年教育学进行了阐述,是我国较早提出"老年教育学"概念的专著。天津华龄出版社于 1994 年出版了《老年教育学》,山东人民出版社于 2004 年出版了《老年教育概论》,南京出版社同年出版了《老年教育学学理探索》。北京大学老龄问题研究中心于 2008 年编写出版了"老年学书系",明确提出"老年教育学是在老年学和教育学发展的基础上诞生的,是老年学和教育学的分支学科,是研究培养老年人生存与发展能力及其规律的科学",这是我国较早给老年教育学下的定义。中国社会出版社 2009 年出版了《老年教育学》,黄河出版传媒集团 2012 年出版了《中国老年教育学若干问题研究》①。上海市终身教育研究会于 2014 年编写了一套"老年教育理论丛书"(叶忠海教授任总主编),包括《老年教育学》《老年教育管理学》《老年教育心理学》《老年教育经济学》《海外老年教育》等。这些理论研究成果为解决老年教育学教材提供了方便,也标志中国老年教育学研究取得了很大成绩,进入新的发展阶段。

其五,学科出版机构。全国已有专门的《老年教育》杂志,由中国老年大学协会和山东老年大学主办。截至 2014 年,已出版了 460 多期。另外,上海等地都有关于老年教育研究的杂志,对交流老年教育经验、探索老年教育规律、推动老年教育发展起了重要作用。上海市老年教育"十二五"规划已编

---

① 陆剑杰:《论我国老年教育的治本之策》,《老年教育》2014 年第 6 期。

撰一批适合老年学习者需求的教材和课程,共 100 本。首批"上海市老年教育普及教材"共 58 本已正式出版,可供老年学校选用,以满足老年人不同层次的需求。2014 年,上海市终身教育研究会组织编写的"老年教育理论丛书"一套五本由同济大学出版社出版。2016 年人民教育出版社出版了一套"全国老年教育师资培训教材",包括老年教育学、老年心理学、老年教育教学论等。这些研究成果为老年教育学的学科建设奠定了较好的基础。

从内在条件看,发达国家从 20 世纪 40 年代起,我国则从 20 世纪 80 年代起,都开展了针对老年教育的理论和应用研究,形成了较为系统的老年教育体系,涌现出许多老年教育理论,包括关注个体的内在动力的生命理论以及"选择—优化—补偿"理论等,从而推动了老年教育的发展[①]。目前,国内外一些学者用教育学、老年学、社会学、心理学、伦理学等多个学科的视角研究老年教育学。我国从 2009 年董之鹰主编的第一本《老年教育学》专著问世,至今已有二三十本有关老年教育的专著,发表的论文也有数千篇,涉及老年教育的目的、原则、内容、模式,老年人的身心特征、学习和教育规律等方面。

其一,关于老年教育的功能。老年教育,一是为了满足老年人的自我需求,包括社交、尊重的需求、自我价值的需求;二是促进老年人全面质量的提高,包括使他们的智力、体力、才能、素养等各方面得到提高和发展,可以更好地融入家庭和社会,为家庭和谐、社会稳定作出贡献;三是开发老年人的潜能,发挥他们的积极作用,老年教育可以把老年人的"余热"和潜能挖掘出来,提高他们的生命质量和生存价值,能继续服务社会;四是促进社会的和谐发展,老年人是家庭和社会的长者,通过教育不断提升他们的全面素质,可以在家庭和社会上发挥积极作用,有利于促进社会和谐和可持续发展。老年教育学就是要研究如何更好地发挥老年教育的功能,更好地满足老年人的需求,促进老年人健康发展。

其二,关于老年教育学的研究对象。老年教育学以老年教育为研究对象,研究和探索老年教育的性质、目标、特点、规律,老年人的身心特点,不同类别、层次的老年人对教育、学习的需求;研究和探索老年教育的体制、形式、途径、方法;研究和探索如何培养老年工作人才、老年教育的教师等。

---

① 李洁:《老年教育理论的反思与重构——基于西方现代老龄化理论视角》,《开放教育研究》2015 年第 6 期。

其三,关于老年教育的主要特征。老年教育学产生于老年教育。老年教育,顾名思义,一是姓"老",二是姓"教"。姓"老",就是必须从老年人的身心特点和个人需求出发办教育,强调教育的差异性,关注"精神养老",实施宽松的愉快教育、无压力教育,让老年人在教育中获得快乐、修身养性。姓"教",就是教育性。按教育规律办教育,给老年人一定的知识和技能。在教育过程中要将人文素养、社会主义核心价值观贯穿其中,全面提高老年人的素养。

其四,关于老年教育的体制。一是办学主体上以党政部门为主导,面向全社会,各系统举办老年学校、老年大学、老年培训;二是教育体系上形成了省(区)、地(市)、区(县)、乡(镇、街道)、村(社区)五级老年教育(大学、学校)组成的教育体系;三是教育类型和层次上,根据不同类别、不同层次的老年人,有针对性地实施不同的教育,即满足所有老年人在教育方面的需求;四是教学模式上,采取讲课、报告、培训、学校教育多种类型,以课程教学、非学历教育为主,并辅以学历教育。

其五,关于老年教育的主要内容。从老年人的特点和需求出发,老年教育不是以专业教育、学历教育为主,而是从课程教育、非学历教育为主,其教育内容也就比较宽泛:一是退休教育,为即将退休的职工提供退休准备教育,帮助他们做好退休的心理准备,科学合理地规划退休生活。二是娱乐健身、陶冶情操方面的教育。三是养生保健方面的教育。四是知识技能方面的教育,以生活知识和技能为主。如学习防范人身和财产危险、自我保护,为有参与社会需要的老年人提供后职业教育。五是生死教育。死是每个人无可逃避的归宿,到了老年期每个人都要面对疾患、病痛、死亡,以及由此带来的心理焦虑、情绪低落、精神绝望等方面的问题,生死教育可以帮助老年人理性对待老年期的病痛和死亡。目前,高校老年大学的课程主要包括以下13个专业大类:摄影、旅游、保健、武术、文史、科技、工艺、戏曲、舞蹈、外语、书画、音乐、时政等。

如上所述,无论在外部条件还是在内部条件方面,我国老年教育学的建立都有了较好的基础。

六、建立老年教育学的构想

老年教育主要指退休后老年人教育实践活动,本质是提高老年人生命和生活质量,使老年人活得更加健康、更加快乐、更加精彩,并进一步为家庭和社会发挥积极作用。而老年教育学就是研究老年教育实践活动的科学，是一门独立的学科，为此建议将老年教育学列入教育学的一个分支学科。

何谓学科？学科与科学有不同的内涵。科学泛指研究客观事物规律的体系和学问，而学科是指相对独立的知识体系。我国高等教育有13个学科门类，包括哲学、经济学、法学、教育学、文学、历史学、理学、工学、医学、军事学、管理学、艺术学等。教育学编号为04，下面有教育学、心理学、体育学三个一级学科，教育学下属又有10个2级学科，即教育学原理、课程与教学论、教育史、比较教育学、学前教育学、高等教育学、成人教育学、职业技术教育学、特殊教育学、教育技术学。老年教育学可列为第11个二级学科，编号040111。作为老年教育学学科的知识体系，主要包括：老年教育与老年教育学（内涵、历史进程），老年教育的重要性和必要性，老年教育的目的、目标、功能，老年教育的指导思想和理论基础，老年教育对象的身心特点，老年教育的教学特点、内容和方式方法，老年教育教师的职责和素养，老年教育机构的体制和管理，等等。

当前我国有一百多所高校举办了老年大学，但却没有老年教育学专业。为此建议首先可在我国有条件的高等师范院校设立"老年教育学"学科（专业），主要培养从事老年教育方面的管理人员和教师。目前全国各大中小城市有老年学校、老年大学等教育机构6万多所，社区、乡镇村级老年学校5万多所。这些办学机构的管理人员和教师都是从其他行业转过来的，缺乏专门训练，迫切需要大量的高素质、专业化的管理人员和教师[1]，因此开设老年教育学专业十分必要。

老年教育学是在老年教育长期实践、探索的基础上形成的一个相对独立的教育学二级学科，在我国虽然已有40多年的历史，并取得了比较丰富的办学经验和一系列研究成果，但要成为一门成熟的、社会公认的学科，还需要不断努力。既要进一步加强老年教育实践，办好各级各类老年学校，又要加强理论研究。

今后，作为老年教育学学科建设，还需要从以下几方面深入探讨和研究：一是关于老年教育基本理论研究，包括老年教育的本质属性、基本特征、定性定位、功能作用、结构体系、基本规律等；二是关于老年教育的对象研究，包括老年学员的身心特征、学习需求、认知水平、基本素养、群体结构等；三是关于老年教育的教学实践研究，包括老年教育的教学原则、方式方法、教学模式、课

---

[1] 杨德广：《普通高校的继续教育应着力发展老年教育》，《终身教育研究》2017年第6期。

程设置等;四是关于老年教育人才培养问题的研究,包括如何培养高素质的老年教育的师资队伍和管理队伍,如何提高各级各类老年学校的教学质量;五是关于老年教育的体制、政策和管理工作研究,包括从政府部门的宏观管理体制和制度、学校内部的管理体制和制度、管理人员及师资队伍建设等①。

任何一门学科的建立,总是从"实践—研究—再实践—再研究"的漫长过程中,从不成熟到逐步成熟,从不完善到逐步完善。教育学的二级学科"学前教育学"和"高等教育学"无不经历了这一过程,至今在推动教育发展和人才培养中发挥了巨大作用。笔者坚信,教育主管部门一旦批准和设立"老年教育学"学科(专业),不久的将来,一定会对我国的老年教育事业的发展、对老年教育人才、老年工作人才的培养,产生积极作用和明显效果,将改变当前老年教育和老年工作人才严重匮乏的状况,以适应两亿多老年人对教育的需求。

(原载《教育研究》2018年第6期)

76岁时主编的《老年教育学》在
人民教育出版社出版(2016年)

---

① 杨德广:《老年教育学》,人民教育出版社2016年版,第5—6页。

对中国"三过"教育现状的分析及对策探索

新中国建立以来,尤其是改革开放30多年来,中国教育事业有了巨大发展,取得了举世瞩目的成绩,有力地支持并推动了经济社会的快速发展,不断满足各行各业及广大人民群众的需求。然而也要看到,和先进国家相比、和中国经济大国地位相比、和构建自主创新型国家的战略目标相比,用现代先进的教育理念来审视,中国的教育现状还很不理想,还存在不少严重问题:如传统守旧的教育理念根深蒂固,应试教育愈演愈烈、素质教育难以落实,严重影响了儿童和青少年的身心健康。高等学校质量堪忧,难以培养大师级人才、教育体制机制不活等。具体表现在我国当今教育存在严重的"三过"现象,即学前教育"过早",基础教育"过度",高等教育"过量"。"三过"教育问题不解决,中国的孩子和中小学生就不能从繁重的课业学习中解放出来,素质教育就不可能真正落实,自主创新型的高等学校难以建成。本文试图对"三过"教育的现状作一剖析,寻找其缘由,并借鉴外国经验,运用现代教育理念,立足中国现实,探索如何破解"三过"教育的对策。

一、中国"三过"教育现状

1. 学前教育过早

学前教育是指3~6岁的幼儿教育。处在幼儿期的孩子,生理和心理都不成熟,大脑也处在发育过程中,不适合进行认知教育。但从网络上得悉,中国有90%的家长认为应对学前的孩子进行认知教育。许多家长教孩子1岁认字、3岁学外语。据调查,不少地区有85%的3~6岁的孩子参加各种培训班。早教是必要的,但绝不能是"小学化"教育。学前教育应以养成教育、能力培育、良好的行为习惯的培育为主。然而在一些"教育商人"的鼓动下,不少家长误以为早教就是让孩子尽早学习,让孩子读、写、算,让孩子画画、写毛笔字、学乐器,有的孩子连中国话还不大会说,家长就把他们送到培训机构去学英语和唐诗宋词,这就是"教育暴力"。孩子们在"暴力"逼迫下,只好去学他们既不懂又不愿意学习的东西。年幼无知的孩子被关在家里、关在学习室里学语、数、外,完全违背了孩子爱玩爱闹的天性,也违背了教育规律。当人的身心发展、认知能力没有达到一定成熟度时,强迫他们去学习知识,不仅达不到开发智力的效果,反而会产生对学习的厌恶和恐惧,失去对学习的兴趣,为今后的学习埋下隐患。

学前教育过早,不仅来自家长,还来自幼儿园。有些幼儿园为了迎合家长的需要,为了提高"知名度",为了自身的经济利益,在幼儿园开设各种特色班,提前将小学的内容灌输给学龄前儿童,导致幼儿教育"小学化"。家长看到别人的孩子都在学,生怕自己的孩子落后,纷纷报名去参加特色班、培训班。一位幼儿园园长说:"近20年的从业经验,让我越来越知道,让幼儿园孩子学小学的知识,对孩子是一种摧残,但是这两年我却是越来越顶不住来自各方的压力了。"因为幼儿园如果不搞语数外的认知教育,不搞特色班,孩子就考不进名牌小学,幼儿园的入园率就不高,就要失去竞争力。入园儿童少了,将直接影响教职工的收入。

学前教育过早严重影响了孩子的睡眠和身体健康。医学专家认为学龄前儿童科学的睡眠时间应该是10~12个小时,由于各种"教育暴力"的侵袭,孩子们睡眠时间严重不足。中华医学会2011年对60个各类幼儿园720名学前儿童睡眠时间进行抽样调查,发现65%的儿童由于学习任务过重,每天睡眠时间不足9小时。孩子睡眠不足,严重影响了身心健康。

学前教育过早,严重影响了孩子的智力开发。有位家长反映,她的女儿从小非常聪明,3岁多就会加减算术,4岁就会背好多唐诗,还会说简单的英语,小提琴拉得也很好,周围的人都夸她是"小天才"。但进了幼儿园大班就变"笨"了,家长怀疑女儿智商有问题。请教了儿童教育专家,原来这是"习得性愚蠢"。美国幼儿教育学家莉莲·凯茨研究发现,过早教育并不必然会促进孩子的智力发展。当过度的学习让孩子感到压力太大,无法承受时,将丧失对学习的信心,导致"越学越笨"①。

---

① 杨德广:《教育新视野新理念》,上海教育出版社2007年版,第17页。

学前教育过早,严重影响了小学的正常教育,不仅不能提高小学教育的质量,反而增添了麻烦。据一些小学教师反映,有的孩子在学前就把小学一年级的知识都学过了,结果上课时就不认真听讲了,缺乏学习兴趣和新鲜感。过早教育还会导致一些错误或不良习惯,如拼音不准确、写字姿势不对、笔画顺序不对,小学老师要费很多精力来纠正,有的已经改不过来了。

2. 基础教育过度

基础教育是指小学教育、初中教育和高中教育。长期以来,中国基础教育以"分数论英雄",以"分数论成败"。小升初,初升高,高中升大学,是"人生三大关",每个学生都要在考场上身经百战,竭力拼搏,取得高分,才能过关。在中国,要进好的大学,必须进好的高中;要进好的高中,必须进好的初中;要进好的初中,必须进好的小学。要进这些好学校,唯一的途径是通过考试取得高分,因此考试分数成为主导教育的指挥棒。从学校到教师,从家长到学生,把追求分数作为学习的最高目标、最大动力。德智体美劳五育只剩下智育一育。智育主要又是与升学考试相关的课程。获取高分最简单的办法就是搞题海战术,逼着学生整天在上课、作业、考试中度过。许多学校把学生当作考试机器,尤其是到了毕业阶段,各种各样的考试接连不断,开学有摸底考,接着是周考、月考、期中考、期末考、模拟考等。升学考试之前有一诊考、二诊考、三诊考,还要外加各种课外项目考试。难怪有人说,中国的儿童少年、青年学生的人生就是考试人生。有位高中毕业生的家长估计过,他的儿子从小学到中学所做过的作业、试卷和各种教辅材料、教材、参考书累计有 1 吨重!还有一位家长披露,他的女儿在高三学年总共做的习题超过 2 万道,以每道题平均用 5 分钟计算,一年做题就花掉了两千多个小时。有些农村的学校,规定学生早上 6 点钟必须到校上自习,迟到就得挨打。有人感叹道:"中国的中小学生是全世界活得最累的中小学生。"早在 2005 年,就有三位教育工作者上书国务院领导,大声疾呼:"学生真苦,教师真累,民族未来真的很危险,我们再也不忍心看到中小学生,特别是中学生在中考、高考恶性竞争的漩涡中痛苦地挣扎,再也不忍心看到基础教育漠视人的特点,在严重偏离国家教育目标的轨道上越走越远。"[①]七年过去了,过度教育问题并未解决。

过度教育一是来自学校。每位教师都期望自己所教的学生取得好成

---

① 劳达:《学生真苦,教师真累,民族未来真的很危险》,《党建文江》2005 年第 10 期。

绩,不仅课堂上抓得紧,而且抢占"副课"时间(非升学考试课程),抢占学生的课余时间。有的学校公开提出"副课要为主课让路"。有的教师认为抓住上课时间就是抓住分数,在这方面不能心慈手软,否则时间就被别的教师抓去了。在抓上课时间和考分上,教师与教师之间展开了激烈竞争,学校与学校之间展开了激烈竞争。不少学校除了正常的上课外,还给学生补课。每天补,周末补,假期补,补课时老师还要再布置作业。学生为了完成作业,有时要熬夜到凌晨1点多。有些学校搞集中营式的教育,把学生圈养在学校里,搞"精细化耕作"。有的学校还贴出醒目的标语:"生时何必多睡,死后自然长眠";"要想以后活得像个人,高三必须活得不像人";"拼一载春秋,得一生无悔"①。"教育暴力"何其严重!

过度教育二是来自家庭。许多家长不断给孩子加压,逼着他们参加各种辅导班、培训班,有位小学四年级学生的家长是这样安排孩子周末学习的:上午8点到11点,奥数班;下午1点到3点,去少年宫参加机器人培训班;4点到6点,到新东方学"新概念英语";晚饭后做学校布置的作业。有些学生,一天要学习15个小时以上。南京有一个小学五年级女生,考了44种证书,在北京,一些小升初学生的推荐材料厚达120多页②。从学生到教师到家长都非常辛苦、非常累,最后产生了什么呢?高分,仅此而已。中国许多学生十几年呕心沥血"被教育"的结果,是"不会提问题","我没有想法"。清华大学物理学教授"呼吁全社会救救这些只会考试的孩子们","除了考试,他们不会推理,不敢提问题,不愿动手"③。老师上课只会灌输知识,把学生当水桶,老师拿着水管往学生脑袋里灌。

基础教育过度,即小学、中学阶段的"教育暴力",导致了严重的后果,后患无穷。

一是学生睡眠不足,体质下降。据调查,由于学生课业负担过重,超过70%的中小学生均存在睡眠不足的情况,与美国、意大利、瑞士等国家同龄儿童相比,中国小学生、初中生平均每日睡眠时间少40到50分钟。到了高中阶段,这个差距扩大到1小时以上④。白天有"困倦感"的初中生超过了一

---

① 寒露:《不逼自己一下,不知道自己有多优秀》,《重庆晨报》2012年5月14日。
② 杨东平:《给孩子避风港还是第二战场》,《中国青年报》2012年5月1日。
③ 孙振伟:《现在的孩子身体最差》,《生命时报》2007年5月8日。
④ 张晓晶:《济南两初中抽查:16.6%孩子感到活着没意思》,《新华每日电讯》2005年9月12日。

半,高中生中 90% 以上都有"困倦感"。这既影响了学习效率,又影响了身体健康。有一项调查报告显示,2011 年考进清华大学自主招生的合格者,他们都是中学的尖子学生,由于长期以来的过度教育,大部分人的健康状况欠佳,有 60% 的学生在体育测验中不及格,没有一个学生达到优秀。这种身体状况,今后何以完成繁重的学习任务,将来何以承担繁重的工作,何以成为拔尖的创新人才。据调查,当今青少年的体质,包括肺活量、速度、力量,还不如 30 年前的青少年。据北京市教委开展的青少年形体测评结果,八成青少年体形不良,走路时探颈、驼背、窝肩的比率高达 46.1%;肥胖学生不断增加;患近视眼的学生明显增多,初中生为 60%,高中生为 76%,大学生高达 83%;64% 的学生没有体育锻炼习惯。许多学生外表形象不错,却是"外强中干"的体质。有人把现在的青少年体质概括为"硬、软、笨":硬,即关节硬;软,即肌肉软;笨,即活动少造成动作不灵活。

二是学生厌学情绪严重。中国的孩子从幼儿园开始就要学习,直到小学、初中、高中,学习负担越来越重,压力越来越大,厌学情绪也越来越严重。人的一生有不同的阶段,人的成长包括对知识的吸取、能力的培养,应是循序渐进的。儿童时代应该是玩的时代,在玩的过程中长身体、长知识,形成良好的行为习惯。小学阶段应该一半玩,一半学习,快乐成长。初中阶段是生理心理发展变化最快的阶段,要特别关注他们的身心健康,加强品德修养培养,引导他们学会做人,学会学习。到了高中、大学阶段,进入成熟阶段,要引导他们努力学习,全面发展,同时要加强人生观、价值观的教育。然而中国的过早教育、过度教育,在孩子不该学习的时候拼命强迫他们学习,导致不少学生对学习厌烦、厌倦,产生对学习的无能感,失去学习的兴趣和自信心。据济南两所初中抽取 1 667 名学生进行调查,"有厌学情绪"的占 36%,感到"活着没意思"的占 16.6%①。某地曾经有一个调查组到中学去调研,其中对学生的问卷调查中有一项:"你当前最大的愿望是什么?"有好几个学生竟然写:"我现在最大的愿望是把学校炸掉。""我最大的愿望是希望老师统统生病在家,不要来上课。"反映出学生严重的厌学情绪。在美国,幼儿园不实施认知教育,孩子们只是玩,小学生也很轻松、自由,对学习要求不高,但进入高中、大学阶段,学生学习很努力。在中国,由于从幼儿园到小

---

① 柏木钉:《大学生为什么不会提问》,《人民日报》2012 年 5 月 28 日。

学、中学学习过早、过度,因此考上大学后,许多学生对学习松懈了、厌倦了,学习动力不足了。我与我的研究生曾对上海4所民办高校的800名学生进行了调查,发现有62.3%的学生对学习不感兴趣,有33.3%的学生表示"学习劲头不足",32.6%的学生表示与中学相比"学习劲头变小了",有15.4%的学生表示对学习"越来越没有劲"。

三是学生思维能力下降。思维能力包括想象能力、判断能力、批判能力,这是创新人才必须具备的重要素质。但中国基础教育阶段的过度教育,学生们从早到晚被繁重的学习压得喘不过气来,作业和应试占据了他们的全部时间和大脑空间,根本没有拓展知识的时间,没有发展自己兴趣爱好的时间,没有想象、怀疑、好奇的时间。据一家国际评估组织对世界21个国家的学生所作的调查发现,中国中学生的创造力在所有参加调查的国家中排名倒数第五。在中学生中,认为自己有好奇心和想象力的只占4.7%。科学证明,没有好奇心和想象力的人是不可能成为拔尖创新人才的。据调查,我国千名高考状元走上工作岗位后无一顶尖人才,这正是过度教育的结果。高考状元在校读书时把全部精力和时间用于功课学习上,头脑里装满了课本知识,老师上课只顾向学生灌输知识,讲解标准答案。由于从幼儿园到大学都是填鸭式教育,所以我们的小学生、中学生、大学生不会提问题,最会说的是"是",而不是"不"或者"为什么"。从家长到教师平时都最喜欢听话的、循规蹈矩的乖孩子、乖学生。然而,据心理学家研究,大凡创新人才,从小就有奇异性思维,有的人在班级中不太合群,不太受人欢迎,不太听家长和老师的话,他们喜欢独立思考问题,有个人独特的见解。而中国的过度教育,以"分数论英雄"的考试制度,不允许学生发展独立思考能力,不鼓励学生的个性发展。

四是暴力反抗加剧。过度教育反映在学生身上,就是暴力教育,暴力教育往往会导致暴力反抗。从逼着学,到厌学,到拒绝学。在全国各地,以暴抗暴的案例不胜枚举,触目惊心。郑州某名校的一个"优等生",因为母亲对他的要求过严,压力太大,不堪忍受,残暴杀母。重庆巫山一个15岁的中学生,其父望子成龙心切,天天逼着他抓紧学习。为防止儿子偷懒,他经常搬个凳子坐在旁边监督做作业。孩子忍受不了自己从早到晚的过度学习,忍受不了父亲巨大的压力,一天趁其在凳子打盹睡觉时,对他连捅两刀,父亲当场死亡。广东有个高三学生,因长期高负荷的学习变得孤僻内向,心理扭曲、变态,动辄烦躁、暴躁,在父亲的压力下,突然挥刀向父亲连捅带砍30多刀,最后残忍地把父亲的头剁了下来。云南昆明学生贾明喜爱文学,是个文弱的17岁的高三学生,在作文大赛上得过银奖,但他母亲不让他喜爱文学,认为这样会影响高考,没有前途。一天晚上,母亲看儿子又在埋头写作,不复习功课,一怒之下,撕碎他花费七个月写成的作品,还殴打他。"母亲莫名的专横、暴躁使我无法摆脱。"贾明就这样残忍地把母亲杀死了。

五是学生人文素质缺失。中国的基础教育是以追求高分为目标,而不是以追求学生的全面发展为目标。许多学校不惜一切代价提高学生的考分。从小学到中学,为了获得高分,从周一到周日,没完没了地上课、做作业、考试,占据了学生所有的时间和空间。学校把学生当作提高成绩的机器,当作为学校争名逐利的工具,教育的基本目的被严重扭曲,他们不是以育人为本,而是以育分为本。教育本是诲人教育,而现在成了"毁人教育",学生的全面发展丧失了,人文素养下降了。中学生不尊重父母,不尊重师长,从不做家务的大有人在。有些学生心中只有自己,没有他人,自私、冷漠,没有明确的生活目的,不知道人为什么活着,应该怎样活着,价值观念模糊。他们整天被关在课堂里,关在书房里,听老师讲课,听父母唠叨,做作业、解习题,很少接触社会,过着衣来伸手、饭来张口的生活。家长除了要他们看书、做功课、拿高分之外,别无所求。把这些稚嫩的花朵封闭在温室里呵护成长,不经阳光雨露,不经风吹雨打,导致很多孩子缺乏坚强的意志和毅力,心理脆弱,不能吃苦,不能吃亏,经不住挫折,受不了磨炼,自我管理能力和控制能力较差,一旦遇到不顺心的事,遇到矛盾,就束手无策或失去理智。

六是增加了家长的经济负担。为了购买教辅资料、参加各种培训班,找家教,导致家长不堪重负。据中国青少年研究中心对北京、广州等8个直辖市、省会城市的5 000余名中学生家庭的调查发现,有76%的家庭为子女支付课外培训或辅导的费用,平均一年3 820.2元,最高金额为8万多元。有81.4%的家庭为孩子补语文、数学、外语等主课。学校教育之外的教育支出,如补课费、各种培训班费,每年每户平均为6 031.4元,占家庭平均教育支出(8 773.9元)的68.7%,其中63.3%为课外培训班费用(含家教)①。有的学

---

① 张明:《课外补习费成家庭教育支出重头》,《光明日报》2012年2月27日。

生一学期补课费超过10万元。苏州一位高三学生的家长,选择了当地一家名气大的"一对一"个性化辅导机构,按照所谓"量身订制"的学习方案,又配备三门学科"最强的师资",每课时费用是200元,每天9节课共1800元。三四个月下来费用共达10多万元。

3. 高等教育过量

自1999年高等学校扩招后,中国高校在校生人数迅猛增长。从1998年的643万人,毛入学率为6.4%,发展到2002年的1513万人,毛入学率为15%,发展到2011年的3167万人,毛入学率为26.9%。1999年到2006年的高校扩招对长期来我国高等教育发展缓慢是一大突破,在较短时间内跨越式地进入了高等教育大众化阶段,对我国经济社会的发展提供了有力的智力支撑,但是由于宏观调控不力,在扩招过程中,存在较大的盲目性,导致过量发展,影响了教育教学质量的提高。

一是招生数增长过量。"文革"十年,中国高等教育遭到严重破坏,"文革"后发展仍然缓慢,如1980年,高校招生数为28万人,至1998年仅发展到108万人,18年招生数增长2.9倍,不能适应社会经济发展和人民群众的需求。1999年扩招后,增长速度又过快,招生数过量。如1999年全国招生数为159.7万人,比上一年增长47%。2000年招生数为220.6万人,比上一年增长38.2%。2011年,全国普通高等教育本专科共招生682万人,与1998年相比,增长5倍,后12年的增速远远超过前18年的增速,大大超过了国民经济增长的速度,而国家对教育的投入增长缓慢,财政性教育经费,一直徘徊在占全国国民生产总值(GDP)的3%左右。由于招生数增长过量,导致高校校均人数膨胀过量,20世纪90年代,中国高校校均学生为两三千人,扩招后迅速发展到逾万人。如1994年全国本科院校校均学生数为3418万人,1999年发展到5275人,2002年达到10454人,突破了万人规模。目前中国在校生超过1万人规模的大学有654所,超过3万人规模的大学有32所①,而美国高校校均学生仅3000人,日本高校校均人数仅2000人。一所学校人数太多,对管理工作带来很大的困难,许多高校由于学生过量,分几个校区,教师上课每天往返上百公里,影响了教师的健康和教育质量的提高。

大学过量发展,出现了规模与投入、规模与结构、规模与就业的矛盾,也

---

① 谢焕忠:《中国教育统计年鉴2010》,人民教育出版社2011年版。

导致一些不合格的学生、对上大学准备不足或不准备上大学的学生进了大学。有些地区高等教育毛入学率已超过40%,不少原本读中专、技校的学生也勉为其难地进了大学,入学后学习很困难,信心不足,动力不足,"松、散、懒"现象严重。新华网2012年4月25日报道,据调查,有43%的大学生日均阅读时间低于1小时,48%的大学生日均上网时间超过4小时,有11%的大学生几乎不读书。据一份民调显示:34.7%的受访大学生"后悔上大学",51.5%的受访大学生认为"自己在大学里没有学到什么有用的东西",20.6%的人不想上大学,但"不上大学没面子"①。目前,大学生、研究生中学习动力不足的现象很普遍,原因之一:学前教育过早,小学和中学教育过度,导致对学习的厌倦;原因之二:大学教育过量,据考察,一般情况下,毛入学率在15%以下时,高校学生管理处于最佳状况,学生的学习积极性高;毛入学率达到15%~30%时,高等学校学生管理处于较佳状况,学生的学习积极性比较高;毛入学率超过30%时,高等学校学生管理处于较难管理状况,有1/4左右的学生学习积极性不高;毛入学率超过50%时,高等学校学生处于高难度管理状况,有1/3左右的学生学习积极性不高,因此大批不合格的、不想读大学的学生进入了大学。

二是研究生发展过量。研究生教育是高等教育的最高阶段,目标是培养具有坚实基础理论,系统的专门知识,并有一定研究能力的高级专门人才。国家对具有硕士学位的研究生要求是"具有从事科学研究工作或独立担负专门技术工作的能力";对具有博士学位研究生的要求是"具有独立从事科学研究工作的能力,在科学或专门技术上作出创造性的成果"。对研究生主要采取单个式的培养,一位导师每年最多指导2~3名研究生,但高校扩招以来,中国研究生教育也存在过量发展的状况。1980年中国研究生招生人数为3 616人,1998年为7.25万人,18年增长19倍,到2011年,研究生招生人数发展到56万人,又比1998年增长6.7倍,2011年比1980年增长153倍,远远超过本专科发展速度,超过国民经济发展速度。许多重点大学在校研究生逾万人,如吉林大学有1.9万多人,北京大学、四川大学、华中科技大学有1.8万多人。我国347所高校具有招收博士生资格,占全国普通高校的14.7%。2011年,中国大学博士点出现"井喷"现象,81所高校新增博士点

---

① 王胜军:《民调显示34.7%的受访者后悔上大学》,《中国青年报》2011年8月14日。

1 019个。有的大学一次新增博士点60个。而美国仅有6.6%的高校可授予博士学位,很少有超过1万研究生的大学,如哈佛大学在校研究生数6 700人,耶鲁大学6 000多人,斯坦福大学8 037人,普林斯顿大学1 800人,加州理工大学1 208人。美国大多数高校每年授予博士学位人数仅三四百人,而中国许多重点大学每年有上千名博士生毕业,由于招收研究生过量,因此研究生教育质量堪忧。有些高校"批量生产博士生",举办博士生班,一个导师带数十名研究生,有些高校招"官员博士""老板博士",这些人很少来上课,往往由秘书代听课、代做作业、代写论文,实际上是"混文凭博士"。还有些导师招"近亲博士",只招自己的或本校的硕士毕业生,对于外校硕士生采取排斥态度,导致"近亲繁殖",缺乏创新性。有些导师招"打工博士",不是立足于培养人才,而是让博士生为自己搜集资料,做实验,完成课题,师生关系沦变为雇佣关系。

一所高校研究生人数过量,一位导师指导的研究生过量,则难以提高研究生教育质量。不少学校对研究生进口把关不严,教育管理很松,毕业率很高,并没有在"坚实的基础理论,系统的专门知识"上下功夫,也没有在"独立从事科学研究","创造性"成果上去要求、培养研究生,导致这些过量生产出来的研究生,毕业后不能胜任科研工作和实践工作,不受用人单位欢迎,就业困难,或学非所用,高学历低就业,对国家,对个人都是一种严重浪费。

三是研究型大学过量。1998年5月,党中央提出要建设"若干所具有世界先进水平的一流大学",后来称之为"985工程"大学,即研究型大学,自主创新型大学,主要培养拔尖创新型人才。原定建设"若干所",顾名思义最多不超过10所,还是符合我国国情的。但后来在申报、审批过程中,远远超过了"若干所",发展到了39所,加上部委属的"985工程"大学,共45所,显然是过多了,这是因为没有定出严格的、科学的"研究型"大学的标准,没有严格评审。中国没有必要也没有实力办这么多研究型大学、世界一流大学。创建一所高水平的研究型一流大学,绝非投资几十亿就够了,而是要投几百亿、几千亿元,让这些大学有实力到全世界招收最优秀的人才,购置最先进的仪器设备。中国的大学之所以难以培养出大师级人才,就在于缺乏大师级教授和科研人员,缺乏先进的设备,缺乏足够的教育投入。过量的"一流大学",不能确保"一流大学"的建设,更难以建成。如列入"985工程"大学的每所高校,国家仅投入3亿元,地方政府配套3亿元,共6亿元岂能建成一流大学!

四是公办高校过量。尽管中国已跨越式地进入高等教育大众化阶段，但毛入学率仅为26.9%，而美国为82%，日本为80%，英国为63%，韩国为85%，中等收入国家毛入学率平均为43%。从整体而言，我国高校及在校大学生数量并不算多，落后于发达国家和中等收入国家，但20世纪90年代的扩招速度过快，增长过量，专业结构失衡。另外，公办高等教育发展过量，对民办高校的支持力度不大。截至2011年，我国普通公办高校有1 711所，在校生1 803万人，民办高校698所，在校生505万人，民办高校占高校总数的28.9%，民办高校学生占高校学生总数的21.8%，无论与发达地区国家还是与发展中国家相比，我国民办高校的规模均较小。美国有2 600多所私立高校，占全国高校总数的60.8%，菲律宾、泰国等东南亚国家的私立学校占全国高校总数的70%以上。我国公办高校过量，反映中国高等教育对国家的依赖性过大，利用民间资本投入高等教育力度不大。有人把教育发展的期望寄托在增加教育经费的投入上，这是不现实的。中国这么大，要解决的问题很多，不可能将大量资金投入到教育尤其是高等教育中，中国今年的教育经费好不容易实现了占GDP的4%，但主要用于基础教育，高等教育的经费不可能超过总教育经费的20%。按国民生产总值40万亿人民币计，4%投入教育，总共1.6万亿元，按20%的比例拨给高等学校，每年共计3 200亿元，每所公办普通高校仅能分到1 900多万元。即使将财政性教育经费增加到占GDP的6%，每所公办高校也只有2 400万元。随着物价指数的上涨，培养一个大学生的成本也在不断提高，如果每年按人均1.2万元计，一年高等教育经费至少要4 800亿元，这是国家力不能及的。目前，国家给公办高校的经费只占各校实际支出的1/3，这正是公办高校过量造成的。而民办高校几乎得不到国家的财政性补贴，这也是不正常的，因为民办高校也是为社会培养人才，理应得到政府的适当扶持，如补贴20%的办学经费。然而，连公办高校的经费尚且不足，哪有财力支持民办高校，不少民办高校面临严重的经费短缺危机，政府再不扶持就很难维持和生存了。

二、导致"三过"教育的主要原因

1. 以"分数论成败"的升学考试制度，是"三过"教育的推手

中国各级升学考试制度，都是以考试分数的高低决定是否录取，一分也不能差。从幼儿园到高中，每所学校都以追逐分数为目标，教育被异化了。

教育原本是促进人的素质的提高,然而教育被退化为教学,教学被退化为教书,教书被退化为传授知识,传授知识又被退化为考试分数。从学校到教师,从家长到学生为了追求高分,能升入好的学校,都投入应试教育大比拼中,正是各级升学考的沉重压力,导致过早教育、过度教育全覆盖于我国的整个基础教育阶段。

中国政府有关部门为了鼓励有专特长学生的"一技之长",实行了"星级考"制度,凡是在文艺、体育、学科等方面有专特长的学生,经过考试获得星级考证书,或在全国、国际大赛中获奖的学生,升学时可以加分,这一政策应该说对开发学生潜能、选拔有专特长学生,改变"一考定终身"有积极意义。但在实践过程中被严重扭曲了,许多学校、家长为了加分,拼命去培养学生的"专特长"和"兴趣",把他们送到各种各样的"兴趣班""特色班",目的是获得一纸证书,升学时可以加分,并非是学生的真正兴趣和专特长。这样不仅没有减轻学生的负担,反而导致过早教育、过度教育加剧,导致无数幼儿园孩子、小学生及中学生疲于奔命地参加各式各样的培训班。许多参加过培训并获得过奖牌的优胜者后来并无建树。如我国从1985年开始参加国际奥林匹克数学竞赛起,已获得15次团体第一名、100多块奖牌,但20多年过去了,这些金牌选手后来真正成材的寥寥无几[①],因为他们参加奥数竞赛的目的就是获奖、加分、上好的学校,而并非对数学有浓厚的兴趣。而且过早教育、过度学习、过度训练,容易产生疲惫感、厌学感,一旦拿到奖牌、证书,加分上了大学,认为目的已经达到,学习动力也没有了。这些被强化训练出来的奥数奖牌获得者充其量是解题高手、考试机器,不可能成为数学大师。还有一例,2009年上海市教委依据教育部有关文件要求,对"艺术特长生"的加分减少了一半,即有些"特长生"不再加分。于是,许多家长不再让孩子参加相关的培训班了,即使对艺术真正有兴趣的孩子也不再参加课余艺术活动了。可见他们不是为发展兴趣,而是为加分而来。各类"星级考"在上海实施了18年,吸引了50多万青少年学生报名参加考试,但"星级考"加分政策取消后,报名人数也明显减少了。但有些学校仍要求考生有其他证书,于是又把家长和孩子吸引到其他的培训班去了。可见,"以分数论成败"的升学考试制度是"三过"教育的推手。

---

① 张小叶:《"禁令赛"又怎能扑灭"考证热"》,《文化报》2012年3月29日。

2. 教辅资料泛滥,严重加剧了学生的学习负担

中国各类学校都有比较完善、系统的教材,从小学到高中的教材已修改多次,有一定的深度、广度和难度。教师如果真正教好课本知识,学生如果真正学好课本知识已经很好了。回顾我们20世纪五六十年代的学习情况,当时只有教科书,没有任何教辅资料,不也学得蛮好吗?现在的教材比20世纪五六十年代既深又宽,为什么还要发那么多教辅资料呢?根本原因由于考试内容超出了教材内容,必须看教辅资料,必须到培训班补课,受苦的是学生。而出版社、教育商人和学校是既得利益者。现在从小学开始,每门课都有教辅资料,还有一本《学习评价》、一本《练习册》,语文、数学、英语就有6本教辅资料,再加上课本后面的练习题以及本子上的作业,语文还要写生字生词句子,每天写一篇日记,每周写一篇作文,还要背课文,两种教辅资料学生都得做,教师都得改。另外,教辅读物是恢复高考以后出现的,从活页练习开始,发展到参考书,再发展到教辅报纸、期刊。有些不法之徒为牟取暴利,不择手段打入教辅市场,通过给回扣等办法向学校兜售教辅资料。有些学校教师鼓励学生去购买、订阅这些教辅资料,说什么"不读会跟不上的"。

为了遏制教辅资料泛滥,减轻学生负担,政府有关部门多次下禁限令,结果是屡禁不止。2001年,国家新闻出版总署与教育部颁布了《中小学生教辅教材管理办法》,明确规定:"禁止将一切形式的教辅材料编入《中小学教学用书目录》。"2010年,教育部及国务院纠风办等部门发布《关于2010年治理教育乱收费,规范教育收费工作的实施意见》中,明确提出了"进一步加强管理中小学教辅材料泛滥问题",严格规范中小学教辅材料出版、印刷和发行秩序,明确教辅材料出版、印刷和发行市场的准入门槛、管理重点、企业责任和处罚措施。2012年初,教育部、新闻出版总署、国家发展改革委员会、国务院纠风办联合发布《关于加强中小学教辅材料使用管理工作的通知》,其目的是规范中小学教辅材料的使用,具体目标有两个,一是为了切实减轻中小学学生过重的课业负担,二是为了减轻学生家长的经济负担。尽管政府部门三令五申,但效果不大,这些文件并没有遏制住教辅资料泛滥问题,没有达到减轻学生负担的作用。许多学校照样在发教辅资料,出版社照样在印发教辅资料。实际上,只要教辅资料是教师课堂教学的必要参考书,只要对升学考试有作用,就禁止不了,学生的繁重负担就不会减轻、政府的每次禁令等于一张废纸。有关部门为何不下令禁止考试内容不得超过教材范

围,是否在保护既得利益?

3. 以年利为目的的培训机构诱惑家长和学生,为"三过"教育推波助澜

为迎合学校应试教育的需求,迎合家长"开发孩子智力"的需求,迎合学生"提高考试成绩"的需要,社会上五花八门的培训机构充斥各个角落,各种兴趣班多如牛毛。为了诱惑广大家长和学生,有些培训机构还炮制了一些伪培训理论,他们打着某西方国家"科研成果"的旗号,以小白鼠、小白兔试验的数据,鼓吹早教的必要性,强化训练的必要性,荒唐地提出"捕捉婴幼儿敏感期":"通过对0~6岁各年龄阶段孩子的实证案例研究,家庭早期教育投入越大,他们在20~60岁的成就就越大,给家长的回报就越多。""最好的教育是早期的教育,0~3岁是早教的黄金时代","所以最好从新生儿期开始教育"。有的培训机构蛊惑人心地说:"为孩子花钱是小事,耽误了孩子的前途是大事。"在当今社会升学竞争、就业竞争激烈的环境下,不少家长为了让孩子先人一步、胜人一筹,上当受骗,心甘情愿地将大笔大笔的钱投入培训之中。正是家长们的功利主义心态,助长了培训机构越办越火。据了解,我国仅早教市场的学费收入每年高达一千多亿元,举办者从中牟取暴利,而最终受害的是我们的孩子和学生。实际上,大多数幼儿园孩子和小学生不是自愿参加"兴趣"班的,而是由父母做主,硬把他们拉进"兴趣班"的,是"被兴趣"的,必将导致对学习的厌烦,把真正的兴趣湮没了。

我国的各种教育培训机构是世界上最多最滥的,到底是谁批准的? 其中有教育主管部门,更多的是工商行政管理部门,审批部门并没有认真"审"就批准登记,既不审查、核实申报机构的资质,又不跟踪调查它们的培训状况,对那些虚假广告、欺诈行为,导致不良后果的培训机构不闻不问,听之任之。因此,如果说泛滥的培训机构是诱惑家长、学生,导致"三过"教育的祸源地,那么政府主管部门则是这些害人祸源的保护伞,有不可推脱的责任。

4. 起跑线理论和精英思维误导家长

"不要让孩子输在起跑线上",主要是一些培训机构用来忽悠家长掏钱的口号。他们打着"专家观点""西方理论"的幌子,诱骗家长把孩子送去培训,有些独生子女家长,为了孩子的"前途",不惜代价也要让孩子不输在起跑线上,家长成了应试教育的帮凶[①]。他们认为,我们挣的钱就是为了孩子

---

① 杨东平:《给孩子避风港还是第二战场》,《中国青年报》2012年5月1日。

的,家中只有一个孩子,一定要培养好;有些家长看到别人已把孩子送去培训,唯恐落后、唯恐输在起跑线上,不得不送去。有些家长自己文化程度不高,于是拼命地要把孩子培养好,让他们进好的中学,将来考上好大学,为了考上好大学,从小就不能输在起跑线上。这些家长没有自己的主见和方向感,看到别家的孩子学什么,社会上流行什么,就让孩子学什么,目的是"不让孩子输在起跑线上"。许多家长患有育儿焦虑症,操之过急,拔苗助长,对子女提出各种各样不切实际的高标准。由于社会竞争激烈,有些家长对育儿失败的恐惧症更严重,于是对孩子施加教育暴力。有些家长望子成龙,望女成凤心切,一定要把孩子培养成精英、尖子,每次考试都要进前几名,要赢在起跑线上。实际上,在现实生活中,能成为精英、尖子的只是人群中的百分之五左右,而且考试尖子不等于尖端人才,实践证明,绝大多数考试尖子都没有成为尖端人才。在我国各地出现的形形色色的强迫式教育,"虎妈狼爸式"的惩罚教育,都是育儿焦虑症的具体表现。有些家长从育儿焦虑症到育儿恐惧症,最终导致教育暴力行为。

5. 现行的考核制度逼迫学校实施过度教育

中国中小学生课业负担过重为什么减不下来?为什么愈演愈烈?为什么素质教育不能落实?关键在于政府主管部门和学校的考核制度发生了严重的偏差,即以考分论优劣,不是以素质教育论优劣,谁的"应试"能力强、"应试"水平高就是优秀,而"应试"能力、"应试"水平的具体体现和考核标准就是考分。政府主管部门考核学校的教育质量,是以每门课统考成绩为依据,以这所学校有多少学生考进重点学校、名牌学校为依据。层层搞评比,主要比考试成绩和升学率,区县与区县比,乡镇与乡镇比,学校与学校比,并且要排名,不仅排总名次,还要排各门主课平均分的名次。从区县教育局局长到乡镇教育科长压力很大。为了本区县、本乡镇的名誉,于是区县教育局、乡镇教育科向学校校长施压,在本区县、本乡镇内,给各学校每门主课平均分排名。为了学校的名誉和生存,校长则向教师施压,在校内开展残酷的考核评比活动,同一年级各班考试成绩评比,同一门课之间考试成绩评比,排出班级名次,任课教师名次。教师的职称、晋级、评优、奖金、旅游、休养等都与考试成绩挂钩。为了生存,为了名誉,教师不得不把压力转嫁到学生身上,千方百计逼迫学生努力学习,提高考试成绩。于是就滥发辅导资料,加大课外作业的力度,鼓励学生到外面参加培训班,请家教,以提高本门课的考试成绩。还有一招,就是占领副课的课时,为主课补课。每一位主课教师都处在被考核的高压下,因此都期盼自己任教的学生考出好成绩,天天逼着学生在高负荷下学习,如写作业错一个字要罚抄十遍、百遍,错一道题要罚做十道题、一百道题。每次考完后,要在全班公布每个学生的考试成绩,按名次读下来,有些学生坐在下面听老师公布成绩时,紧张得如坐针毡、浑身发抖、手脚冰凉。我曾经问过一些教师:为什么对学生这样残酷?回答是:不这样成绩怎么上得去?我怎么向校长交代?我问过一些校长:为什么要按考分排名?回答是:不这样学校在全区的排名怎么上得去?我也问过一些教育局局长:为什么要在学校之间排名?回答是:不这样我们在全市的排名怎么上得去?以学生考分为标准的层层考核制度,最大受害者就是学生。残酷的过度教育是残酷的考核制度造成的。我们口口声声说全面发展、素质教育,但最后仅以学习成绩、考试分数作为衡量学生、教师、学校的唯一标准,而且要张榜公布、排列名次。正是这种考核制度和办法,从上而下的高压,导致过度教育愈演愈烈。

6. 高校等级制度及招生考试制度是过度教育的祸源

从表面看,过早教育、过度教育是为了追求高分,追求进重点大学,那么为什么要追求进重点大学?这是中国的高校等级制度、分配制度造成的。进了重点大学,声望高,待遇高。我国高校等级分明,学生高考要按高校的不同等级填报志愿,有一本、二本、三本、专科之分;有"985大学""211大学"、专科院校、民办院校之分;学生毕业后到社会就业,用人单位按高校等级招聘,有不少单位只招"985大学""211大学"的毕业生;更有甚者,我国现有的高校是按行政等级划分的,"985大学"是副部级,本科院校是正厅级,专科院校是副厅级,民办高校无级别;"985大学"有全国人大代表和全国政协委员名额,省部级干部乘飞机有专门的绿色通道,厅局级干部配有专车。在权力、地位、名誉、利益的驱动和诱惑下,家长们都期望孩子进名牌重点大学,因为考进重点大学就是"优等生",考进三本、大专的就是"差生"。中学都期望有更多的学生考上重点大学和一本高校,因为这意味着"质量高",一般高校都期望自己能进入高等级大学行列,于是不断扩容、膨胀。

中国封建等级制度拖了中国经济社会发展的后腿,延误了中国工业化、现代化的进程。然而,封建等级制至今还深深侵蚀着教育这块土地,导致教育改革步履维艰,应试教育无法摆脱。"人往高处走,水往低处流。"等级制度的存在,分配差距的存在,必然导致人们往等级高、待遇高的地方流。高校等级制诱导学生把考取重点大学作为高考的唯一奋斗目标,对其他高校不屑一顾,有些考生已录取二本或一本,宁愿放弃,进复读班,也要来年重考。他们关注的不是对口的、喜爱的专业,而是等级高的大学。教育本应是"实现人类平等的伟大工具",然而我国的教育却等级森严,把学校、学生、毕业生分成三六九等,导致全社会对名校、重点学校趋之若鹜。而进名校,重点学校的唯一标准是考分,而且"一分不能差",这是对文件上写的、报刊上登的、口头上喊的"全面发展教育""提高学生全面素质"的极大讽刺。校长、家长、学生都明白,"全面发展再好,差一分也进不了大学,全面发展再差,多一分就可进大学"。我国高考制度长期来坚持以分取人,一次高考分数决定学生终身,埋没了许多有发展潜能、有个性、有创造力的学生。"一分不能差"的录取制度美其名曰"分数面前人人平等",貌似公平、公正,实际上在引导广大学生、家长、学校乃至全社会只关注考分、拼命追求高分,丢掉了全面素质教育。而真正能进入名牌大学、重点大学的学生只占考生总数的百分之十几,百分之八十以上的学生是在陪考。从幼儿园、小学开始,就要全力以赴地追求高分,确保"一分不能差",损害了广大学生的身心健康和全面发展,这种为了少数考试尖子学生的公平,而扼杀广大学生全面素质提升的考试制度叫公平和平等吗?这正是多年来我国"口头上素质教育轰轰烈烈,行动上应试教育扎扎实实"的根源。

7. 人才市场的"高消费"是"三过教育"的催化剂

在多元化的社会里,有多种多样、成千上万种的行业需要多种多样、成千上万种的人才。各单位、各部门也需要各种类型、各种层次的人才。如一个企业、工厂,有总工程师、工程师、设计人员、技术人员、一线管理人员、操作工人,还需要有开发人才、推广人才、营销人才等。对各类人才的知识结构、素质、能力等要求是不一样的,对学历要求也是不一样的。高学历人才从事白领阶层的工作,较高学历的人才从事灰领阶层的工作,中等学历和低学历人才从事蓝领阶层的工作,而灰领、蓝领从业人员占大多数。如果让高学历的人才从事蓝领阶层的工作是不合适的,一是难以胜任,二是不够安心。而我国有些地区和部门在招聘人才时,过分追求高学历,他们不是从实际工作需要出发,而是从统计报表的需要出发,以显示本单位有多少博士、硕士,以此来提高自身的地位和声望。于是人才市场上出现了"博硕多多益善,本科等等再看,大专看都不看,中专靠一边站"①。高学历化导致高学历低就业,人才严重浪费,导致一部分人就业困难,原本由中专、职校毕业生承担的工作,现在由大专毕业生,甚至研究生来做。另一方面,有些粗放型、劳动密集型的工种无人问津,因为大专毕业生,甚至中专毕业生看不上眼,他们自以为自己是"知识分子"了,对这些工作不屑一顾,只好让外地农民工、打工妹来顶替。高学历化刺激了学生、家长拼命要求上大学,提高学历层次,否则将来找不到工作。因而,高学历化也刺激了高等教育激烈扩张。人才市场应按工作岗位的性质、特点招聘相对合适的人才,由于我国没有必要的法规,任何部门和岗位都可以随意招聘高学历人才。原来属于中专职校毕业生的岗位被大学生、研究生挤占了,导致初中毕业生不愿报考中专职校,严重干扰和削弱了中等职业教育。原来属于高职高专毕业生的岗位被本科生、研究生挤占了,导致高中毕业生毕业后不愿报考高职高专,严重干扰和削弱了高等职业教育。

人才市场的"高消费"、高学历化近些年来愈演愈烈,这是由于相互攀比,没有制约机制造成的。据我所知,外国在各部门招聘员工时,对不同岗位有不同的学历要求,不可高聘低用,不同学历层次的人才,工资薪酬是不一样的,不可高聘低酬。从我国实际情况看,各部门人才需求是有不同学历层次要求的。早在 2002 年,国家劳动和社会保障部公布了全国 89 个城市劳动力市场供求状况信息。从需求看,要求高中文化程度的占总需求的41.9%,要求大专以上文化程度的占总需求的 22.5%,要求初中及以下文化程度的占总需求 35.6%②。这一数据虽然是 10 年前的调查结果,但大致反映了社会各部门对劳动力文化程度构成的需求。从全国来说,现今社会对高中阶段文化程度的劳动力需求即中专、中职毕业生,仍然占较大比例。当然,北京、上海等大城市对大专及以上文化程度的人才需求比例要高一些。

三、解决"三过"教育的对策探索

综上所述,中国的学前教育过早,基础教育过度,高等教育过量,严重影响了儿童和青少年学生的身心健康,严重影响了基础教育和高等教育的质

---

① 钟青:《"高学历运动"严重浪费人才》,《中国教育报》2006 年 7 月 24 日。
② 刘声:《私营个体企业用人多,高中文化程度需求大》,《中国青年报》2003 年 3 月 26 日。

量,凸显了中国在教育理念、教育体制、教育制度、教育政策、教育内容和教育方法等方面存在的严重问题。能不能解决？如何解决？笔者认为,只要从政府主管部门到广大教育工作者齐心努力、更新观念、解放思想、深化改革、借鉴外国成功经验,是能够找到破解"三过"教育的答案和途径的。

1. 提高认识、更新观念

首先必须认识到我国现行的"三过"教育带来的极大危害,若不改变,将严重损害儿童和青少年的身心健康,应试教育将愈演愈烈,素质教育不可能真正实现,长此以往,必将危及我国"科教兴国""人才强国"战略目标的实现,危及我国经济社会的健康发展。家长、教师和学校应切实遵循不同阶段儿童和青少年学生的身心特点和发展规律,遵循不同阶段教育的特点和发展规律,切实保护儿童和青少年的身心健康,丢掉伪起跑线理论和片面的精英思维观念,家长要降低对孩子的过高期望,丢掉功利主义、利己主义以及浮躁、急躁情绪,不要把学生当作考试机器和御用工具,而要把他们当作人来培养,要以人为本,育人为本,培养出健康的人,快乐的人,有发展潜力的人,不要把教育退化为追求分数,要让教育回归教育,坚持德智体美全面发展教育。

"不要输在起跑线上"的实质,是想赢在起跑线上。然而,人生不是"百米赛跑",人生是漫长的,远远超过百米、万米、"马拉松",如果把人生当作"百米赛跑",即使赢在起跑线上,把力气耗尽了,必将没有后劲去跑完漫长的人生之路。爱因斯坦4岁才开始说话,读小学时数学很糟糕,大学阶段学习成绩并不好,差一点被学校退学,从小学到大学的"起跑线"都输了,落在别人后面很远。然而他在大学毕业后漫长的人生里,却慢慢地勤奋起了,靠勤奋学习、勤奋思考、刻苦钻研,成为20世纪最伟大的科学家。现在许多家长逼迫孩子以"百米冲刺"的速度高强度地学习,以赢在起跑线上,这种建立在损害孩子身心健康基础上的"赢家",是基于牺牲孩子全面素质提高为代价的"赢家",赢了考分,输了素质,是注定要失败的。没有一个运动员能以百米竞赛的起跑速度跑完"马拉松"全程,过早过度的教育,可能会换来短期内孩子的出众和高分,但后面跟随的是长期的厌学情绪、抵触情绪,学习动力不足,身心素质下降。犹如一张永远绷紧的弓,必将很快失去它的张力。

2. 应尽快制定学前教育法,保护儿童身心健康

应规定在幼儿园期间不得进行小学化的认知教育,不得将语文、数学、

外语之类的教学纳入幼儿园。"幼升小"应一律就近入学,不得进行任何形式的入学考试。德国的经验值得我国借鉴,在德国,幼儿园学习班是被禁止的,孩子在幼儿园期间不允许教授专业知识,社会上也没有类似的培训班,上小学的孩子不能学习额外的课程,德国的教师认为,孩子的智力被过度开发并不是一件好事情,因为必须给孩子的大脑留下想象空间,过多的知识会使孩子的大脑变成计算机的硬盘,长此下去,孩子的大脑就慢慢地变成了储存器,不会主动思考了。德国教育家认为,孩子在上学前的"唯一任务"就是快乐成长,因为孩子的天性是玩耍,所以要做符合孩子天性的事情,而不应该违背孩子的成长规律,可以对孩子进行社会常识教育,如不允许暴力,不大声说话等,教孩子的动手能力,培养孩子的情商,特别是领导力①。幼儿园应该以玩为中心,让孩子们在玩的过程中增强体质、增长知识、提高能力,养成良好的行为习惯,快乐地成长,要尊重孩子的意愿,不要强迫他们去学不愿学的东西。要从孩子的兴趣爱好和实际情况出发,让孩子体验成功的快乐,当孩子获得成功,体验到快乐时,大脑里会释放出一种叫"脑内吗啡"的物质,这种物质会驱使孩子去重复这一体验。德国学前教育的做法和理念值得我国学习。全球著名心理学家,脑神经科学迪金森教授认为,开发孩子潜能的最好方法是让几个孩子在一起玩,这样可以促进神经突触之间的连接,提高连接密度,从而促进孩子大脑的发展,增加孩子的知识和技能②。

3. 小学阶段应安排一半左右的时间让学生玩、做游戏

6~12岁的小学生生理、心理尚未成熟,承受不了繁重的学习压力,因此在校时应该一半时间学习,一半时间玩,实施动态的教育教学活动,包括每天有体育课、游戏课,增加音乐课、美术课、讲故事课时间,每学期组织2~3次校外参观活动。加拿大的经验值得我国借鉴。加拿大的小学教育是一种富有乐趣、开发潜能、全面发展、丰富童年的教育方式。加拿大的小学并不灌输多少知识,重要的是通过语言艺术课和阅读,让孩子从小养成读书的习惯,培养独立学习的能力。在学习中激发创新思维和实践能力。其教育紧密伴随着艺术和体育,迎合孩子的天性,培养团队精神和竞争意识,充分展示才华。孩子们没有沉重的学习负担,边学边玩,在讲故事当中学习语言,

---

① 杨佩昌:《德国为何禁止幼儿园学习班》,《教育文摘周报》2012年2月29日。
② 纪闻:《专家称早教更重要的是家长学习》,《羊城晚报》2012年3月3日。

在旧货买卖中学习数学,在天文馆里学习天文,在食物品尝会上学习营养成分。他们经常去拥抱大自然,有时到海边出游,有时在山地露营,有时爬到山顶观看落日,有时在星空下开篝火晚会。他们没有考试的紧张,没有升学的压力,没有老师的苛求,没有家长的奢望。对孩子们来说,学校是他们上学的地方,也是他们玩的地方,学得有乐趣,越有乐趣越愿意学[①]。加拿大教育的人本精神,即教育的目的不是将人培养成工具,而是人如何通过教育完善并实现自我价值。加拿大小学教育经验值得我们学习。小学阶段应以强身健体,培养良好的品德和行为习惯为主。我国小学阶段的教材与国外的同年级教材相比难度较大,不应再安排教辅材料,课外练习,让学生把课本知识真正掌握好就可以了。小学一至三年级学生,主要应在校内完成课堂作业,带回家的作业不应超过一小时。小学四、五年级的学生,回家作业控制在两小时左右。小学生的作业,一律以课本知识为主,测验、考试内容也必须以课本知识为主,不得超越课堂教学内容,这样就可以杜绝各种教辅材料、课外练习。学校和教师不得要求家长、学生购买课本之外的参考书籍,更不得考参考书籍中的内容。只要把教学内容,考试内容严格限制在教科书内,就能切实减轻学生负担,家长就没有必要送孩子参加各种培训班、辅导班。当小学教育内容严格控制在课本上、课堂上后,市场上泛滥的教辅资料及培训机构就会被大大控制,就会逐渐退出市场。

4. 要尽快实现义务教育均衡化

初中教育与小学教育均属义务教育阶段,国家应加大投入,不断优化教育资源,尽早实现均衡化。小学、初中阶段的过度教育、教育暴力,源于教育发展的不均衡,大家都想挤进好学校,而好学校不多,远远满足不了需求,导致拼分大战,择校大战。因此,政府应为广大学生提供公平的优质教育,确保每个适龄学生都能入学,都能进好学校,小学进初中一律实行就近入学。如果真正实现义务教育均衡化,就不会出现择校现象,不必进行入学考试。这将把广大小学生从考试和分数的桎梏中解放出来。初中阶段是人的一生中生理、心理发展的关键期,正处在长身体时期,正处在思想品德、人生观、价值观形成过程中,学校要把育人健身放在第一位,课本知识学习不宜太重。在教学安排上应有三分之一左右为活动课,包括每天有体育课、课外活

[①] 《小学就应该这样上》,"中新社"2012年2月14日。

动、兴趣小组活动,每年有2～3次跨地参观考察活动,以培养学生的团队精神、组织活动能力及人际交往能力。初中阶段的家庭作业,每天不得超过3小时,家庭作业的内容应以教科书上的内容为主,不应再购买、发放教科书以外的参考书、教辅资料。初中阶段的各种测验、考试,都以教材上的内容为主,不得超越课堂教学范畴,这样学生就不必参加校外培训班,不必找课外参考资料。不得占据副课的课时为所谓的主课让路,严禁利用晚上和双休日的时间补课,要开展丰富多彩的课余活动,下午至少安排一小时课余活动时间。要组织学生自由参加体育文艺活动、各种兴趣小组活动,让广大学生的专特长、个人潜能都能得到发展。要做好初中阶段后的分流工作。可以参照德国的分流方法,把中学分为文理学校、职业学校、普通学校、特殊学校(为有学习障碍的学生设置)。建议把我国的高中阶段分为理工高中、职业高中、文科高中、普通高中、特殊学校五类,初中学生可按五类高中分流。对要求进理工科高中的学生进行入学考试并参考平时的学习成绩和在校表现,其他4类高中,不必入学考试,根据初中学业水平考试成绩及平时表现,经学校审批合格即可,这样可以把大多数初中学生从应试教育中解脱出来,他们不必为升学考试而追求分数,不必在中考前挑灯夜战,不必多数人去陪少数人考试。取消多数初中生的中考,有利于学校对他们加强全面素质提高的教育,发展个性,开发潜能,为他们提供合适的教育。对部分初中毕业生进不了高中阶段或不愿进高中学习的,应尊重他们的意愿和选择,安排他们到有关职业培训机构参加岗位培训,获得岗位合格证书后,到人才市场去应聘适当的工作。

5. 高中阶段实行分类分流教育

随着经济社会的发展,人民生活水平的提高,高中阶段的学生将占学龄学生的90％以上,大多数高中毕业生都想进大学深造,因此对理工高中、文科高中、职业高中、普通高中制定明确的培养目标,都有进大学的机会。如理工类高中,今后主要瞄准综合型、理工型大学及专业,文科类高中,今后主要瞄准文科型大学及专业,职业类高中,今后主要瞄准职业技术型大学及专业,普通高中,主要瞄准一般普通高校及相关专业。高中阶段属于基础教育阶段,应加强学生全面发展教育,注重提高学生的全面素质,要在育人——"如何做人,做一个什么样的人"上下功夫,帮助学生树立正确的道德观、人生观、价值观,引导学生学好每门课程,积极参加课外活动及社会公益活动。

中日韩美四国高中比较研究结果显示,课余时间中国高中生多用于补习功课,日本高中生多用于发展文艺方面的素质,韩国高中生热衷于参加志愿活动,美国高中生更多去打工。可见,中国高中生看重的是成绩,而美国高中生更重视生存、独立、合作等综合能力,日本高中生尤其喜欢文体活动,韩国高中生注重公益活动①。反映出中国高中教育的弱点。我国应将学生高中阶段的学业水平考试成绩、平时表现、参加各项活动的情况作为升大学的依据,高中二年级结束时,进行一次综合测试,凡符合上大学条件的继续文化课学习,为上大学做准备,凡不符合上大学条件的,在最后一年对他们加强职业教育,参加岗位职业培训,高中毕业后即可走上相应的工作岗位。

6. 应改革中国现行的高考招生制度

随着高等教育大众化的发展,高等教育资源的丰富,今后大多数高中毕业生不必参加统一的高考,主要凭高中阶段学业水平考(会考)成绩和平时表现,即可申请入学,我国现有2 300多所普通高校,重点大学即"985"大学、"211"大学、老本科大学等,只有300多所,可实行联考或单独考等入学考试,严格入学条件。对其余2 000所左右的高校不必举行统一高考,不同学校可以制定不同的入学标准。如有的高校可规定,中学七门学业水平会考成绩,全部达到B(含B)即可入学,有的高校规定,有2A1B即可入学,有的可规定全部达到C(含C)即可入学。

中国不少地区高等教育毛入学率已在30%以上,建议这些地区的高职高专院校、民办高校及一部分普通本科高校,采取"注册入学"的方式招录学生,不举行考试,而是根据学校专业特点及培养目标要求,制定报名录取条件,接受考生申请,各校准入条件可以不同,考生只要符合招生报名条件,均可报名,实行注册入学。注册入学可以将60%~70%的考生解放出来,主要看他们的学业会考成绩和平时表现,这样有助于中学因材施教,开展素质教育,不必把大量时间花在应付考试,追逐分数上。建议逐步推行"招考分离"制度。高中阶段学生可以到考试机构申请参加学业水平测试,包括语文、数学、外语、物理、化学、政治、历史、地理、生物等,可参加多次测试,取最高成绩。不同高校不同专业可设定不同的录取科目及其分数线,学生可以根据自己的成绩申报相应的高校,就像考"托福"和"雅思"一样,达到什么分数线

---

① 孙宏艳:《中国高中生为何课余爱补课》,《中国教育报》2012年4月18日。

就可以申报哪些高校。这样可以分散学习压力,避免过度教育、过度学习。

导致学前教育过早,基础教育过度的直接原因是高考指挥棒,每个人都要追求高分才能考上大学,实际上是把百分之百的考生都赶到竞争激烈的考场上,明明知道大多数考生考不上重点大学,也逼迫他们去拼搏,最后只能进二本、三本或专科,以失败者进入高校,情绪低落,精神不振,学习积极性不高。实行注册入学,招考分离后,大多数考生不必参加统考,可自由选择适合自己的学校和专业,是以求学者、胜利者的心态进入高校的,学习积极性较高。更重要的是他们平时不必为追求高分而过度地学习,有助于全面素质的提高,有助于发展自己的潜能和专特长。

7. 高校应实行"宽进严出"制和淘汰制

实行"招考分离""注册入学"制以后,高等教育过量问题不仅不会收缩,反而将进一步膨胀。高等教育大众化以来,我国大多数高校实际上已实行宽进政策,而且也是宽出的政策,即"宽进宽出",导致高等教育过量。许多不合格的大学生也能混到一张毕业文凭。为了解决这一问题,必须实行"宽进严出"制度。为体现教育公平,人人平等,允许符合条件者报考大学,但进校后必须严格管理,严格要求,不能让不合格的学生获得大学文凭。为此,要制定严格的考核制度、淘汰制度,越是"宽进"的学校,考核应越严,淘汰率应越高。如注册入学的高校,淘汰率不应低于30%。实行"严出"政策,可确保高等教育的质量,维护高等教育的权威性和声誉,对学习动力不足、学习不努力的学生起到制约作用、激励作用。为此,我国可以借鉴外国的经验。美国高校是典型的"宽进严出"模式,高等教育毛入学率高达80%,但能够毕业的仅为50%~60%。法国一般大学均免试入学,但入学后考核很严格,淘汰率达40%。韩国在大学招生时,就多招30%,而在毕业时,至少有30%的淘汰率。国外高校的学生就是靠制度、机制约束自己、激励自己,没有辅导员、班主任管束,其中淘汰制发挥了很大作用。我国高校目前有10万名管理学生的辅导员、班主任队伍,仍然管不胜管,仍然对有些学生没有效果。因此,必须建立淘汰制,实施"宽进严出",让那些不愿学习、不合格的大学生自动离开学校。

实行"宽进严出",可有效控制毛入学率膨胀、高等教育过量发展。从中国目前经济发展的状况、国民素质的状况出发,高等教育毛入学率应该适度,不宜过高,有些人不愿意上大学,不具备上大学的条件就不要勉为其难,强人所难。各人的兴趣爱好、专特长和价值取向是不一样的,上大学并非每个人唯一的选择和出路,如果无限制地提高毛入学率,不愿上大学的人、害怕上大学的人也进来了,学习效果并不好,管理也非常困难,也不利于建造合理的劳动力结构,总得有一部分低学历人员从事粗放型的劳动。据悉,我国台湾地区正在反思,由于高等教育过量,导致有些最基层、最不可缺少的劳动岗位无人应聘,大学毕业生们自视高贵,不愿意到第一线做工人、农民。由此可见,高等教育毛入学率并非越高越好。但是,在高等教育大众化时期,不可能限制学生报考高校,为了体现教育公平,即机会公平和过程公平,应给每个人提供上大学的机会。但进大学后,都必须按大学的培养过程严格要求,合格者方能毕业,不合格者不予毕业。如果对入学后的学生要求不严,对不合格的学生也给予毕业,一方面有损高校质量和权威,另一方面有失教育公平。因此高等教育大众化后,"宽进宽出"模式不宜再延续下去,应由"宽进严出"取而代之。

8. 必须取消高校等级制,改革现行考核制和分配不公平制

当今,为什么家长、学生都要拼命地追求高分?目的是为了追求重点学校。为什么要追求重点学校?因为中国的高校是分等级的,名牌大学、重点大学,地位高、声望高、待遇好、毕业生出路好,其他高校及其毕业生往往要受到歧视。因此,必须取消高校等级制,给每所大学、每个大学生以平等的地位。高等学校等级制已直接侵蚀着我国的基础教育,是应试教育的祸源。从幼儿园、小学起,家长们就瞄准重点学校。但考不上高分,就进不了重点大学,地位、待遇就上不去,就前途莫测。我曾考察过美国、德国、澳大利亚等国的教育,他们也有重点大学、名牌大学,但不是政府敕封的,也不像我国这样分成等级,而是社会公认的。各类大学是平等的,有各自的特点。毕业生走向社会后,都能各得其所,收入差距没有我国这么大。招生时不限制考生报考哪些大学,没有一本、二本、专科之分,也不按学校划录取分数线,一个考生可报考多所高校,高校有自主录取权,各校各专业录取标准不一样,都不是单纯由考分决定。我国现行的考试招生制度,不是选优,不是选合适的学生,而仅仅是选高分学生,这与发达国家大相径庭。一些发达国家的大学招生时,非常重视学生的全面素质,而不是单纯由考分决定。一是看学生日常的学习成绩,二是由教师和组织的推荐,三是参加社会活动的情况等,都将是大学招生录取时的主要依据。如美国不少一流大学注重录取多才多

艺和拥有特殊课外活动的学生,并不追求分数,有的考生差几十分,上百分也被录取,许多名列前茅的学生却被淘汰了。不少名校拒收高分考生司空见惯,他们重视学生的全面素质和个性。这些做法值得我国借鉴。

取消高校等级制,包括取消把学生分成等级,取消先按名校、一本、二本,再三本、专科的顺序填报志愿,取消按"平行志愿"填报志愿。把高校及学生分成三六九等,导致"名校垄断高分者,高分者统统进名校"。于是,在社会上造成的印象是优秀生都进了名校,未进名校的都是非优秀生。许多学生的心理受到了严重挫伤。实际上,将优秀生(高分考生)全部放在少数几所名牌大学,并不利于人才的培养和成长,应把他们分散到最合适的大学和专业去学习。社会调查表明,大多数著名企业家、管理专家、杰出人才,并非都毕业于重点大学、名牌大学。如美国企业 500 强的 CEO(首席执行官)仅有 10% 毕业于著名的"常青藤"大学,有 10% 的人没有读完大学;80% 的人毕业于一般大学。无独有偶,据调查,中国 100 名有成就的青年企业家,也是仅有 10% 毕业于重点大学、名牌大学,10% 仅是小学到高中文化水平,而 80% 来自一般高校。

取消高校等级制、学生等级制,铲除封建等级的残遗,势在必行。任何大学都是平等的,各类大学毕业生、中专、职校毕业生都应有出路。不要把学校、更不能把人分为高低贵贱,每一个公民都享有平等就业的权利,享有合理的报酬。应制定维护公民权益的科学合理的工资分配政策。在美国,有些铺地板、贴墙纸的装修工人,有些出租车司机,他们的收入比美国大学教授的工资还高。在德国,职业学校毕业生的收入比名牌大学毕业生的工资还高。发达国家的价格体系、工资收入按市场经济的规律运行,政府不予干预,民众不必千方百计挤大学这座"独木桥"。我国人为的等级制,责任在政府相关政策及分配制度发生了偏差,政府应采取有效措施予以解决。

要改革对学校的考核制度和政策。不应以考试分数的高低来判断一所学校的优劣、一个教师的优劣。应取消导致残酷竞争的排名榜,政府教育主管部门不得考查学校考试成绩,学校不得考查教师所在班级的考试成绩,教师不得公布学生的考试成绩。芬兰共和国的人口仅 5 000 万人,但其经济、科技很发达,综合竞争力名列世界各国前茅,原因是拥有世界一流的教育。其中政府发挥了重要作用,如教师准入制度严格;教师社会地位高,小学和中学教师工资是公务员的一倍,大学教师则为两倍;强大的财政支持,教育经费占 GDP 的 6.31%(2005 年),芬兰教育从小学到大学全部免费;芬兰政府规定,上中学前学校不举行考试,上大学前才进行水平鉴定考试;公平对待每所学校,教育部从不为学校排名,他们认为"教育的首要目的,是作为一种社会平等的工具","给孩子最好和最公平的教育,就是给他最好的人生,基于此我们的教育不比较、不评分、不排名次,我们相信,我们的老师和学校都一样好,排名次的意义何在? 如果对我们的学校和我们的教师连最基本的信任都没有,那还谈什么教育?"①

政府对学校考核过多过滥,不利于学校自主办学,不利于学校办出特色。尤其是把考试成绩作为考核学校、考核教师的重要依据,必然把他们引导到拼命追求分数、对学生施压、过度教育的歧途上。政府应为学校多提供服务,多提供优质办学资源。必要的监督、考核是不可少的,但应该从教风、学风、校风等方面考核。美国高等教育成功的秘诀之一,就是联邦政府发挥有限的作用,不干预学校的具体事务②。

综上所述,中国教育中的"学前教育过早、基础教育过度、高等教育过量"的"三过"问题,严重影响了学龄前孩子和青少年学生的身心健康,影响了素质教育的实施和教育质量的提高,应通过转变观念,深化改革,吸收国外先进经验,采取切实措施加以解决,只要全社会形成共识,共同努力,"三过"难题是能够破解的。

(原载《上海师范大学学报(哲学社会科学版)》2012 年第 5 期)

---

① 达明:《高等教育为何牛?》,《中国青年》2012 年第 3 期。
② 殷洲:《美国高等教育成功秘诀》,《参考消息》2005 年 9 月 16 日。

高等教育"适应论"是历史的误区吗
——与展立新、陈学飞商榷

《北京大学教育评论》2013年第1期上发表了展立新和陈学飞的长篇文章《理性的视角：走出高等教育"适应论"的历史误区》（以下称"理文"）。这篇文章的主旨是否定潘懋元关于高等教育"两个规律"的理论，否定高等教育要适应社会政治、经济发展需求的"适应论"，作者认为"高等教育适应论是一种无奈的历史选择"，导致两大失误：一是"颠倒了认知理性与各种实践理性的关系，使国内高等教育难于走上正常发展的轨道"，二是"不惜压制其他实践理性的发展，以至于在高等教育的各种目标之间、不同的目标之间与手段之间，造成了极大的矛盾和冲突"。因此"突破与超越适应论，是现阶段我国高等教育发展和社会发展的必然要求"。"理文"在竭力否定和贬低高等教育"两个规律"理论和"适应论"的同时，鼎力推崇和提倡所谓的"认知理性"，认为高等教育要摆脱"适应论"的思想束缚，必须"回归认知理性，建设完善的学术市场"，认为"高等教育本质上是发展认知理性的事业""高等教育追求的核心目标应该是认知理性的发展"。笔者对"理文"中的这些观点不敢苟同。我认为，高等教育的"适应论"是经济社会变革和发展的必然，是高等教育生存和发展的必然，对推动经济社会和高等教育事业的发展起了重大作用，而不是什么"历史误区"。高等教育的"两个规律"理论是符合高等教育实际情况的。"理文"用哲学上的一个普通概念"认知理性"来否定和取代高等教育"适应论"和"两个规律"论，甚至提高到是高等教育的"本质"和"核心"是不适当的。本文从三方面与"理文"商榷。

一、剖析"理文"对高等教育"适应论"的否定和批判

展立新和陈学飞在"理文"中否定和批判"适应论"，主要有以下几个

观点：

第一，"理文"认为，"'适应论'颠倒了认识理性与各种实践理性的关系，试图用工具理性、政治理性和传统的实践理性等取代认知理性在教学和科研中的核心地位，使国内高等教育难于走上正常发展的轨道"。作者一口气罗列了从认知理性到实践理性等好几个概念。何谓认知理性？在《辞海》中查不到这个词。实际上，认知理性属于哲学的范畴，是一种思维方式，"以理性的认知功能统摄理性的本体论意义，便构成认知理性"①。认知理性离不开认知对象和认知目的。认知对象包括实践和人，认知理性的根本目的是寻求真理。不能把认知理性与实践理性混淆起来，并不适当地抬高认知理性。实践永远是第一性的，认识是第二性的。理性认识依赖于感性认识。《实践论》告诉我们："如果以为理性认识可以不从感性认识得来，他就是一个唯心论者。哲学史上有所谓'唯理论'一派，就是只承认理性的实在性，不承认经验的实在性，以为只有理性靠得住，而感觉的经验是靠不住的，这一派的错误在于颠倒了事实。"②不适当地抬高认知理性，正是"唯理派"的观点。

高等教育"适应论"是指高等教育应根据社会的需求办学，高等教育的内容和人才培养要适应社会各方面的发展和变化，这与"认知理性"是两个完全不同的范畴。"认知理性"作为一种思维方式和"对认知活动的合理性所做出的价值承诺"③，不可能"在教学和科研中占据核心地位"，更不存在"理文"所说的"由于缺少了认知理性的核心地位，导致国内高等教育难于走上正常发展的轨道"。恰恰相反，由于"理文"混淆"适应论"和"认知理性"的关系，导致否认"适应论"的必然性和必要性，认为"高等教育本质上是发展认知理性的事业"。认知理性明明是一种思维方式，怎么成了事业呢？"理文"犯了颠倒事实的错误。

第二，"理文"认为，"适应论"在选择某种实践理性为主导的时候，"又不惜压制其他各种实践性的发展，以至于在高等教育各种目标之间，不同的目

---

① 王元成：《哲学理性的类型转换——从认知理性到后认知理性》，《社会科学战线》2001年第1期。
② 毛泽东：《毛泽东选集》，人民出版社1968年版，第267页。
③ 展立新、陈学飞：《理性的视角：走出高等教育"适应论"的历史误区》，《北京大学教育评论》2013年第1期。

标与手段之间,造成了极大的矛盾和冲突"。这种现象在某一历史阶段曾经有过,但不是"适应论"之过,而是由当时的政治经济状况、当权者的状况决定的,不是哪一所大学或整个教育系统能够改变的。如20世纪二三十年代、法西斯当权时期,我国"文革"时期,教育发生过严重失误,是当权者造成的。但我们通常讲的高等教育"适应论",主要指在通常情况下大学要适应社会发展的需求,适应社会对人才培养的需求。大学要用自身的智力资源,并充分挖掘潜力,为社会发展服务,为培养人才服务。为此,大学要走校企合作、校校合作的道路,要协同培养人才,协同攻克科技难关。"适应论"是指多样化、多方面的"适应",不是单方面的适应,因此各方面要加强合作,互补互助,不存在"造成了极大的矛盾和冲突"。我国有三千余所各类高校,有研究型大学、教学型大学、职业技能型大学,各类高校有着不同的培养目标、不同的培养模式和手段,以满足社会各行各业的需求。当然可能会产生一些资源利用上、学校利益上的矛盾,但这不是"适应论"之过;相反"适应论"将促进各方面的合作和协同,也不存在"造成了极大的矛盾和冲突"。

第三,"理文"认为,"适应论"颠倒了主要矛盾与次要矛盾的关系,即"把实践理性当作矛盾的主要方面,而把认知理性完全当作矛盾的次要方面来对待"。《矛盾论》告诉我们:"在复杂的事物的发展过程中,有许多的矛盾存在,其中必有一种是主要的矛盾。由于它的存在和发展,规定或影响着其他矛盾的存在和发展。主要矛盾在事物发展中起着领导的、决定的作用,其他则处于次要矛盾","因此,研究任何过程,如果是存在着两个以上矛盾的复杂过程的话,就要用全力找出它的主要矛盾。捉住了这个主要矛盾,一切问题就迎刃而解了。"①由此可知,实践性与认知理性不是同一事物发展过程中许多矛盾中的一对矛盾,两者之间不存在主要矛盾与次要矛盾的问题。"适应论"与"认知理性"之间也不是一对矛盾,不存在于同一事物的发展过程,也不存在主要矛盾和次要矛盾的问题。"适应论"是指高等教育与社会的关系,包括与社会政治、社会经济、社会文化、社会生态等方面的关系以及高等学校与当权者的关系。矛盾的主要方面,即起决定作用的,一般在社会和当权者。当然在不同时期,主要矛盾的具体内容和表现是不同的。如政治运动时期,社会政治成了矛盾的主要方面;强调经济大发展时,社会经济成了矛盾的主要方

---

① 毛泽东:《毛泽东选集》,人民出版社1968年版,第295—297页。

面。并非由于"适应论"而导致颠倒了主要矛盾和次要矛盾的关系。

第四,"理文"认为,"适应论"导致大学的知识生产功能的边缘化。因为"适应论"使"认知理性的核心价值难以得到应有的尊重,学术自由和学术自治无法得到充分的保障,大学的知识生产功能只能处于某种边缘化的地位"。笔者不赞同"理文"中提出认知理性是高等教育的"核心价值",是高等教育追求的"核心目标"。怎么能把认识论中的思维方式作为高等教育核心价值加以尊重呢?笔者也不认同"适应论"导致"大学的知识生产功能的边缘化"。20世纪八九十年代,教育界曾经争论过高等教育要不要适应市场经济发展的需要,多数学者主张应该主动适应,认为在现代社会里,在知识经济社会里,高等教育已成为生产知识的产业。知识的生产、知识的积累、知识的更新与知识的创新都依靠教育,尤其是高等教育。高等教育又是生产高科技的产业、生产人力资本的产业①。正是"适应论"的观点,重视和推动了大学的知识生产功能的发挥,主张高等教育从社会边缘走向社会中心。而当时也有些人反对"适应论",认为"教育就是教育","强调适应性会导致教育自身的迷失",要"教育游离于社会政治、经济之外,不要进入社会的中心","要教育与社会保持距离"。由此可见,是弃"适应论"者要将大学的知识生产功能边缘化,"适应论"者则主张大学的知识生产功能从社会的边缘走向社会的中心。

"适应论"影响到学术自由吗?在高度集权的计划经济时期,在"左"的思想路线主导时期,只强调高等教育与社会政治、经济相适应,使学校的学术自由和学术自治得不到应有的保障。那是由当时的环境造成的,是当权者的责任,而不是"适应论"的过错。在当今改革开放、市场经济时代,高等教育"适应论"必须体现在建立现代大学制度、实行学术自由等方面。近年来在这些方面已有进步和成效,并非阻碍学术自由。

第五,"理文"认为,"适应论"带有"只见关系不见人"的特征,"从而忽视了人才资源在诸多经济和社会资源中的第一重要性问题。甚至会在学校服务社会的过程中采取削足适履的错误做法"。这是不符合实际的。"适应论"的主要观念之一就是高等教育要适应社会政治经济的发展对各类人才的需求,十分重视人的培养和作用,要培养适应各行各业所需要的人才、全

---

① 杨德广编著:《现代教育理念专论》,人民教育出版社2004年,第238—240页。

面发展的人才,不存在"只见关系不见人"的问题。"适应论"强调高等教育是生产人力资本的产业,就是把人力资源作为生产力中的第一要素,在经济发展中起决定性作用。由知识和科学技术内化为人力资本的价值比金钱资本的价值大,而人力资本的形成以及大小取决于教育的水平、教育的投入,发展教育事业是培养人力资本的源泉。以前阶级斗争为纲时期,曾发生过只强调教育为政治服务,在经济运动时期,只强调教育为经济服务,忽视了教育的育人功能,没有把人才作为社会发展的第一资源,甚至发生"削足适履"的错误,那是行政权力过度干预教育导致的对"适应论"的扭曲。我们不能因为在非常时期出现的失误和偏差,完全否定和舍弃"适应论"。改革开放三十多年来,在当代知识经济时期,高等教育要适应社会的发展,越来越重视把人才培养放在第一位。从国家教育部到各高等院校,都强调"以人为本","高等教育的根本任务是培养人才",实施"创新人才培养工程",要制定大学章程,扩大学术权力,学术自由也有了很大进步,这一切都说明"适应论"并非"只见关系不见人"。

第六,"理文"认为,"适应论"剥夺了高等教育发展的自主权,使高等教育自身的发展规律得不到充分的体现。如上所述,在非常时期,教育的"适应论"被扭曲了。由于过分强调教育为政治服务、为经济服务,出现了这样那样的问题,但这不是"适应论"本身的过错,不能以此来否定"适应论"。要使高等教育规模以及毕业生达到"相适应"的状态,是好事并非坏事,有利于发挥高校自主权去努力实现,而不会剥夺自主权。难道"不适应"会有助于高校自主权吗?近些年来,高校的办学自主权得到了较大的发展,按教育规律办学也越来越受到重视,这些是在"适应论"的推动下得以实现的。高等教育要真正做到适应社会发展的需要,培养出来的毕业生要适应社会需求,必须充分发挥大学的主动性和积极性。大学要主动深入社会和市场做调查研究,不断深化教育教学改革,提高质量,办出特色,使培养出来的人才、从事的科研项目适应社会的需求。要适应,必须主动;只有主动,才能适应。因此,"适应论"不仅不会剥夺高校的自主权,而且要求高校必须拥有高度的自主权,打破计划体制下学校对政府的"等、靠、要"和学校对政府的依附性,建立起"政府宏观管理、市场自动调节、社会力量积极参与、学校依法自主办学的新体制"。如许多高校为适应社会和市场对人才的需求,主动搞产、学、研合作办学,主动找米下锅,开展协同培养、订单培养。随着改革开放的不断深入、市场经济的不断完善、政府职能的转变,高等学校必须不断扩大自主权,才能适应社会发展的要求。

二、高等教育的"适应论"是历史的必然而非历史的误区

纵观世界高等学校职能的演变和发展、高等教育的本身特征、高等教育的发展历史以及我国的教育方针,可以清晰地看到高等教育的"适应性"是历史的必然,而非历史的误区。

第一,从高等学校职能的演变和发展看"适应论"的必然性。

人们公认高等学校具有三大职能,即教学、科研、为社会服务,这正是高等教育不断适应社会需求的结果。近代大学诞生于中世纪的欧洲,在中世纪黑暗时期,由于封建主义的残暴统治与反动的神权相结合,僧侣垄断文化教育,学校附设在教堂,学校管理奉行禁欲主义,对学生进行残酷的体罚。当时学生的利益和教师的利益都得不到保障,为了对抗反动没落的宗教势力,维护学生和教师的安全和切身利益,于是模仿手工业行会建立了大学机构。大学(university)原意是"组合"。当时的大学有两种类型:一是由学生主管校务的学生大学,二是由教师主管校务的先生大学。可见,大学的产生就是为了适应当时的环境和学生、教师的生存。中世纪大学的崛起打破了教会垄断教育的局面,大学是具有较大独立性的学术团体,是传授知识的机构,从事教学,培养人才,这是大学的第一个职能。随着欧洲文艺复兴运动、宗教改革运动、工业革命的发展,仅仅以传授知识为主的象牙塔式大学受到了严重冲击。18世纪末和19世纪初欧美国家爆发了新大学运动,大学的职能发生了巨大的变化。在德国的洪堡、费希特等人文主义者的倡导下,为解决德国传统大学的危机,创立了作为现代大学理想的柏林大学,在高等教育教学职能之外,又发展了研究职能。洪堡提出:"大学的任务应是科学研究与教学相统一,既传授知识,又从事科学研究,大学应以教学科研并重,国家可以从科学发展中获利,国家也要给大学提供必要的经费和物质条件。"柏林大学是世界上最早将教学与研究的职能结合起来的大学,从而成为"引起世人羡慕,详尽研究和效仿的对象"[①]。由此奠定了大学的第二职能,给大学带来了新的生机。大学的第三个职能是由美国威斯康星大学校长范海斯提

---

① 贺国庆编著:《德国和美国大学发达史》,人民教育出版社1998年版,第80页。

出的。威斯康星大学建立于1848年,是美国赠地大学的典范,为了更好地适应社会发展的需要,1904年范海斯校长提出"威斯康星计划",将为社会服务作为大学的任务和职能。美国学者布鲁贝克评价过:"在20世纪早期,威斯康星大学最彻底地实现了与美国州立大学相关的一个重要理想,这就是为民主社会所有需要提供服务的理想。"①

大学的第四个职能是"文化传承创新"。这是2011年胡锦涛在清华大学百年校庆大会上提出来的,是顺应社会变化和需求提出来的。由于人类社会已发展到知识经济时代,随着物质生活的丰富,精神文化的作用越来越大;由于我国已进入全面建设小康生活阶段,要实现中华民族的伟大复兴,精神文明的作用也日益凸显出来。为此,必须继承和弘扬中华民族的优秀文化传统,并且不断发展和创新。在这新的历史时期,作为最高学府的大学,是人才荟萃之地,是探究高深学问的殿堂,是新知识、新文化、新思想的增长点,应义不容辞地担当起中华民族复兴的使命,以高度的文化自觉,主动承担起文化传承和创新的社会责任和历史使命,这是新的历史时期赋予大学的新任务,也就是大学的第四职能。

高等学校四个职能的演变和发展,体现了大学不断适应社会变化发展的需求。如果大学只停留在第一职能、第二职能,不适应社会发展和变化的需求,必将不受社会欢迎,不可能生存和发展;而只有与时俱进,不断拓展自己的职能,主动适应社会的发展和变化,大学才能生存和发展,永远充满生机和活力。

第二,从教育本质问题的争论看"适应论"的必然性。

"理文"认为,"高等教育本质属于认知活动发展的领域","认知理性可以远离政治理性而存在和发展","对认知理性来说,其发展本质上并不存在'适应'或者'不适应'谁的问题"。什么是教育的本质?教育的本质是指教育的内在要素之间的根本联系,是教育作为一种社会实践活动区别于其他社会活动的根本特征,高等教育的本质不是"认知活动"而是培养人的实践活动。"理文"把认知理性当作高等教育的本质,认为"高等教育追求的核心目标应该是认知理性的发展",背离了唯物主义的物质第一性、认识第二性的基本观点,犯了"唯理论"的错误,是一种主观唯心主义的思维。

关于教育的本质属性,教育理论界有过多次争论,主要有两种观点,一

---

① 贺国庆编著:《德国和美国大学发达史》,人民教育出版社1998年版,第80页。

种是个人本位论,一种是社会本位论,但两者都没有离开"适应论"。前者强调高等教育要适应个人的发展,满足个人的需求;后者强调高等教育要适应社会的发展,满足社会的需求。"理文"提出的本位论即"认知理性",是"超越"个人本位和社会本位而"创造"出来的新名词。

"个人本位"主张要根据个人发展的需求来确定教育目的和进行教育活动。最早提出这一观点的是古希腊的智者。他们否定一切社会制度的权威,反对社会的束缚,强调个人的自由权利,主张教育的根本目的不在于谋求国家的利益和社会的发展,而在于发展人的个性和造就个人,个人的价值高于社会价值。"个人本位论"在一定的历史时期是有其积极意义的,如中世纪的欧洲,神权高于一切,教会垄断教育,人性受到压制和摧残,在文艺复兴运动及人文主义推动下,18世纪个人本位论教育在西欧盛行,强调重视"人的教育",人人都是自由平等的。卢梭、斯宾塞、罗素、夸美纽斯等著名学者都是倡导个人本位教育理论的代表人物,都认为教育就是对人的培养,人是教育的第一要素,也是教育的核心所在,因此,一切教育活动都应该围绕着人展开,教育必须以人的存在为前提,个人的发展是高于一切的,教育必须根据个人的发展来实施。总之,个人本位论认为教育的本质是培养人,应适应人的发展,而不是"理文"说的教育的本质是"认知活动",教育"不适应任何一种外部对象",显然也包括人,即教育不应适应人的需求,这种"只见认知不见人"的观点,是与唯物主义相悖的。

"社会本位论"认为,人是社会动物,不是孤立存在的,个人的一切发展都依赖于社会,教育的目的在于使个人适应社会活动,使人社会化,使人成为公民,为社会作贡献。教育的过程就是把社会的价值观或集体意识强加于个人,把学生从不具有社会特征的人改造成具有社会需求的个人品质的"社会的新人"。因此,教育除了社会目的以外,并无其他的目的,而教育的结果也只能以其社会的功能来估量。"社会本位论"的代表人物,法国早期社会学家涂尔干主张:"教育在于使青年社会化——在我国每一个人之中,造成社会的我,这便是教育的目的。"在不同的历史阶段,教育社会本位论的培养目标和教育目的是不同的,古希腊斯巴达教育的目的是通过严格的军事体育训练,把斯巴达人子弟培养成国家需要的骁勇善战的勇士,男孩满7岁必须到兵营式的国立教育接受军训;欧洲中世纪天主教会要求培养主教和僧侣;封建领主们要求培养维护封建统治的骑士;到了资本主义社会,由于大工业生产发展和追求利润的需求,教育的目的是培养各类实科人才以及高层次人才。新中国成立以后,我国教育的目的是"培养德智体全面发展的社会主义建设者和接班人"。"文革"期间,由于受"左"的思想路线的影响,教育成了为无产阶级政治服务的工具,要培养"阶级斗争的勇士""反修防修的战士"。

"个人本位论"者往往抓住"社会本位"中出现的这些问题,诘难他们把教育当成为政治服务、为经济服务的工具,使教育失去了自我。他们讲的"自我"是指培养人。作为统治者、当权者来说,往往更强调教育的社会本位,让教育为巩固自己的政权服务。实践证明,正确的当权者执行的是正确的路线,把教育引向正确的发展方向,推动了社会的发展;错误的当权者执行的是错误路线,把教育引向错误的发展方向,阻碍了社会的发展。由此可见,教育的正确与错误不完全取决于教育自身,也不取决于教育的"适应论",而取决于统治者、当权者的正确与错误。因此,不能以教育在短时期内、非常时期内出现的问题,来否定教育的"适应论"。"理文"中提出高等教育要远离"政治理性","高等教育不必去适应任何一种外部对象",那就是说,高等教育既不为政治服务,又不为经济服务,只为"认知理性"服务。这是不符合客观现实、自古以来行不通的。辩证唯物主义认为,教育的个人本位论与社会本位是互相关联的,不是割裂的,而是可以统一的。教育是为了培养人,为人的发展服务,但培养什么样的人,要符合社会的需求,培养社会的人。教育是为社会服务,必须通过培养人来实现为社会服务的目的,因此两者是相辅相成的,不是对立的。两者的最大共同点就是教育的适应性,或者适应社会,或者适应人,而不是"理文"中说的高等教育"并不存在'适应'或者'不适应'谁的问题"。美国著名哲学家布鲁贝克在《高等教育哲学》中论述道:"高等教育的两种哲学——认识论的和政治论的交替地在美国的高等学府中占据统治地位,两者在美国的大学里并存,分别起作用。但工业革命后,由于研究性大学提供的知识在工业生产发展中产生了奇迹,结果,政治论的高等教育哲学与认识论的高等教育哲学并驾齐驱,甚至压倒了认识论的哲学。"[①]"理文"中坚持认为教育不适应任何外部对象,只适应认知,违背了教育哲学逻辑。

第三,从高等教育发展史的视角看"适应论"的必然性。

---

① [美]约翰·布鲁贝克著,王承绪等译:《高等教育哲学》,浙江教育出版社2002年版,第14—17页。

一部高等教育发展史,就是高等教育不断适应社会发展变化的历史,其中有主动适应、被动适应,也有被逼适应;有积极的适应,也有消极的适应;有正面的适应,也有负面的适应。早在中世纪中期,欧洲的骑士教育只招收皇家贵族子弟,培养维护封建制度的治术人才和武装力量,强迫学生学习上流社会的礼仪和骑马、击剑、游泳、投枪等军事征战技术,养成忠君爱国、效忠于世俗封建主义的品质。中世纪后期,由于十字军东侵,拜占庭文化传遍欧洲,促进了欧洲的发展,原有的教会学校已不能满足社会的需要,于是产生了中世纪大学。巴黎大学、牛津大学、剑桥大学等就是当时诞生的,是适应当时社会发展需求的产物。

美国高等教育发展史,最体现"适应论"的必然性。美国南北战争后经济发展很快,迫切需要各类人才,尤其是技术人才。于是1862年、1890年两次颁布《莫里尔法》,联邦政府赠地办大学,给每一名国会议员拨地三万英亩,用于建立农业机械学院,即赠地大学,明确规定以教授农业和机械技术知识为主,设有农业、工程、兽医和其他技术科目。全国先后拨地1 100万英亩,建立赠地学院69所,有力地推动了美国高等职业技术教育的发展,推动了美国农业及整个经济社会的发展。著名的麻省理工学院、康奈尔学院、威斯康星大学就是在此基础上发展起来的。1957年苏联第一颗人造卫星上天,给美国震动很大,举国上下一片哗然,为什么在航天事业上美国落后于苏联了?究其原因是美国教育落后、人才落后。于是1958年8月22日颁布了《国防教育法》,其目的为了国家的安全,需要最大限度地发展男女青年的智慧和技术。为了应对当前的危机,需要利用特别而恰当的教育机会,强调要加强科学、数学、外国语教育,"以满足国家的迫切需求"。他们把高等教育的发展视作关系国家安危乃至生死存亡的一个关键因素。《国防教育法》的颁布和实施,有力地推动了美国高等教育的发展和社会经济的发展。1958年美国高校在校生仅322万人,高等教育入学率为21.2%;19年后即1968年高校在校生翻了一番,达到692万人,入学率为30.4%。近些年来,美国历届总统上任后都提出要做"教育总统",认识到要确保美国的经济在世界领先,必须办好教育培养好人才,保持教育的领先。新中国建立后的高等教育发展史,也反映了"适应论"的必然性。改革开放以来,我国经济每年以10%以上的速度递增,但直到20世纪90年代,高等教育发展仍然比较缓慢,1998年高校在校生仅642万人,高等教育入学率为9.8%,比世界平均水平还低,跟不上经济发展的步伐,导致许多部门和行业人才紧缺。为了适应经济社会的快速发展,自1999年后,我国实行扩招,跨越式地进入高等教育大众化。2012年在校大学生总量达3 100万人,入学率为26.9%,较好地满足了社会对人才的需求,但拔尖创新人才以及技能性人才仍然严重不足。于是国家又实施了"985工程""211工程",加大对职业教育投入,其目的是让教育更好地适应社会的需求。由此可见,高等教育是在不断适应社会发展中向前发展。适应,既满足社会对教育的需求,又是教育发展的动力。

高等教育的适应论,不是"无奈的历史选择",而是历史的必然。如果按"理文"中所说的高等教育要"突破与超越"适应论,是不现实的,必将陷入困境,不可能生存和发展。现实社会不需要无所作为、不为"任何外部对象服务"的大学存在。实际上现实社会中也不存在这样的大学,从北京大学、清华大学到一般高职高专院校,全国所有的大学都在积极地、主动地为适应社会发展的需求、人民群众的需要而努力办学。

第四,从国家教育方针的视角看"适应论"的必然性。

任何一个国家办教育的根本目的都是为国家利益服务,为统治阶级和当权者利益服务。我国的教育方针是:教育必须为社会主义现代化建设服务,为人民服务,必须与生产劳动和社会实践相结合,培养德智体美全面发展的社会主义建设者和接班人。党的十八大报告提出,教育是民族振兴和社会进步的基石,要努力办好人民满意的教育。这就是国家对教育的基本要求。我国高等教育要坚持"两为""两个结合"的社会主义办学方向,坚持"四有""四育"的社会主义培养目标。这就是新时期高等教育的适应论。高等教育的发展决定着科教兴国、人才强国战略的实施程度,决定着国家高层次人才的水平,是国家人力资本的核心。高等教育是推动国家生产力发展的强大动力,是国家意识形态的重要阵地,必须适应国家政治、经济、文化的发展,主动为国家政治、经济、文化的发展服务。大学不可能"超越"和"脱离"现实社会而独立存在,大学本身就是社会发展的产物,在不断适应社会、服务社会中向前发展。大学之所以诞生和生存下来,并得以发展,是因为国家需要、社会需要、人民需要。"大学不是独立于国家之外的党派,它是国家的一部分,就像国会大厦是国家的一部分。"[①]"社会需要是大学存在的唯一

---

① [美]劳伦斯·维赛著,栾鸾译:《美国现代大学的崛起》,北京大学出版社2011年版,第10页。

理由,离开了社会需要,失去了社会支持,大学的发生和发展将无从谈起,大学就会成为无源之水,无本之木,无基之塔。大学与社会之间的这样一种关系,自然决定了大学对社会必须承担的一种责任。"①因此,大学必须有强烈的国家意识、社会意识、人民意识,不仅要主动适应,而且要主动担当、主动服务,这是国家的教育方针决定的。

有人认为,如果教育与国家,与政治、经济关系太密切,便会成为政治的工具、经济的工具。他们列举欧洲与日本的法西斯教育、中国"文革"中的阶级斗争教育,否定教育的"适应性"。20世纪20年代,德国、意大利和日本沦为法西斯专政时期,在独裁政府的统治下,全面推行法西斯主义、国家主义教育。当时德国的教育纲领是"种族、战争、元首和宗教",意大利的教育纲领是"信仰、服从、打仗",日本的教育强调"武士道精神"和"效忠天皇",宣传和灌输狭隘的种族主义理论和军国主义思想,取消教育中一切民主、自由的内容,加强军事训练和奴化思想教育。我国在"文革"期间,把教育当作无产阶级专政的工具,大中小学都停课"闹革命",向学生灌输"愚忠"思想和"造反有理"的阶级斗争哲学。但这些仅是历史长河中出现的一段波折和灾难,是当权者的过错,不能以此为由,要教育脱离和超越社会政治。俗话说:"皮之不存,毛将焉附?"把这句话反过来说,即"皮之既存,毛焉不附?"毛始终是依附在皮上的,不可能脱离和超越。从整体而言,在漫长的历史长河中,教育"适应论"是积极的、健康的,推动了社会的发展。如19世纪初叶,普法两国争霸于欧洲,1906年爆发了普法战争,结果普鲁士大败,只得割地求和,签订城下之盟,普鲁士处于危难之中。当时普鲁士哲学家费希特等人挺身而出,倡导国民教育,以拯救国家危亡,提出了国家主义的教育目标,认为教育必须为国家的富强和民族的振兴服务,教育的目的就是要培养国民的荣誉感和民族自豪感,国家的利益高于一切。经过60年的生聚教训,终于在1870年战胜了法国,于1871年建立了统一的德意志帝国。日本遭受到两次世界大战的灾难,为何在惨败中能重新崛起? 教育发挥了重要作用。正如前首相福田赳夫所说:"我国是资源小国,经历诸多考验,得以在短期内建成今日之日本,其原因在于国民教育水平和教育普及的高度","人才是我国的财富,教育是国家的根本"。二战以后,日本制定了《教育基本法》《学校教育

---

① 眭依凡:《论大学的观念理性》,《高等教育研究》2013年第1期。

法》《产业教育振兴法》《理科教育振兴法》,迅速提高了日本的教育水平,培养了大批各类人才。我国台湾地区在20世纪50年代后经济的崛起,教育也起了重要作用。蒋介石败退到台湾后反思:"这次大陆失败何以会悲惨至此呢?最重要而又最值得研究的是教育问题。"他说:"政治、军事等项的失败,其影响无非是一面和一时的,只有教育的失败,则其影响将涉及于整个民族。"[1]因此,国民党到了台湾以后十分重视教育事业,实施了一系列改革措施,如实施九年义务教育,增加教育投入,加强教师队伍建设,鼓励出国留学,重视职业技术教育,推行"建教合作"等。由于台湾教育事业发达,为提高劳动力素质、经济振兴作出了巨大贡献。由此可见,大学要适应社会的发展和变化,在世界各国各地都是如此。国家办大学的根本目的就是为国家服务,为社会服务,为统治阶级服务。当然可以主动地适应和服务,此外还应对社会起引领作用,用自己的智慧、智力、理念去影响国家,影响统治者,引领社会向健康正确的方向发展。这是更高水平、更高层次的"适应论"。

三、潘懋元"两个规律论"和"适应论"的内涵

展立新和陈学飞的主要观点是:"高等教育'适应论'是一种无奈的历史选择",因此"必须突破和超越",必须批判和抛弃,并且用"认知理性"取代"适应论"和潘懋元的"两个规律论"。关于"适应论"问题,笔者已做了阐述。本节主要论述潘懋元的"两个规律论"和"适应论"的内涵,进一步与"理文"商榷。

"理文"用很大篇幅否定高等教育适应计划、适应商品、适应市场,认为适应论"忽略了知识生产功能的特殊重要性","否认了知识生产与物质生产的差别"。"理文"指出,高等教育"适应论"的核心理论是所谓的教育的"外部规律"与"内部规律"关系的理论,批评潘懋元的"适应论"理论"只强调高等教育对经济活动的单方面适应,而忽略了高等教育自身的特点和要求",认为"该理论没有抓住高等教育活动的本质特征","是从经济基础和上层建筑关系中推导出来的理论",并用"颠倒""压制""思想束缚"等词语全盘否定"适应论"和"两个规律论"。这些偏颇的观点,表明"理文"的作者看问题的视角发生了偏差,也没有全面把握潘懋元关于"两个规律论"的内涵。

---

[1] 杨德广、王一鸣编著:《世界教育兴起与教育改革》,同济大学出版社1990年版。

第一,"两个规律论"的提出。潘懋元提出"两个规律论"和"教育适应论"是有一个过程的,是逐步完善的,并非是空穴来风"推导"出来的。

1980年,潘懋元在湖南大学讲学时,正式提出教育的两条基本规律:一条是教育外部关系的基本规律,即经济、政治、文化系统之间相互关系的规律,简称教育的外部规律,即"社会主义教育必须通过培养全面发展的人,为社会主义的政治、经济发展,生产力的发展服务";一条是教育内部关系基本规律,即教育内部各个因素或子系统之间的相互关系规律,简称教育内部基本规律,即"社会主义教育必须通过德育、智育、体育培养全面发展的人"。这两条基本规律于1983年写入潘懋元主编的我国第一部《高等教育学》,即"教育同政治、经济的本质的、必然的联系和关系,是制约教育外部关系的规律,是教育的基本规律之一";我国社会主义的教育目的,即培养学生德智体美全面发展,反映了社会主义教育的内部关系的基本规律。笔者参加了第一部《高等教育学》的编写工作。1983年11月在华中工学院(现华中科技大学)召开的《高等教育学》初稿听取意见的会上,就有人质疑"教育的外部规律提法不妥",理由是规律系指事物内部的必然联系,外部只有关系,没有规律。后来也有一些著名学者撰文认为"说什么'教育的外部规律',是不确切的"。潘懋元坚持不懈地探索两个基本规律,后来从列宁的《哲学笔记》中找到了理论根据。列宁说:"规律就是关系,本质的内部关系及本质与本质之间的关系。"潘懋元认为,前者指的是事物的内在的必然联系,后者则是指这一事物与另一事物之间内在的必然联系。因此,教育与这些外部世界的必然联系,就构成了教育外部关系的规律。用最简练的语言表述教育外部关系规律,就是"教育必须与社会发展相适应"。

潘懋元为什么要积极探索教育必须与社会发展相适应的外部关系规律?用他的话说,"这是被客观需要逼出来的"。他说,1958年以后,我国在经济领域等方面出现了大量违反客观规律办事的现象,结果受到规律的惩罚。因此必须运用辩证唯物主义的理论武器,透过事物的现象把握事物内在的本质,就比较容易抓住本质的规律性的东西。党的十一届三中全会指出,要"按照客观经济规律办事"。潘懋元认为,为此首先要认识客观规律,经济如此,教育也如此。我们教育理论工作者有责任去探索、去揭示。虽然潘懋元于20世纪80年代初就提出了两个规律,但他申明:"认识规律是很难的,表述规律更困难。社会的规律是随着社会的发展而发展的。规律是无穷无尽的,探讨规律也是无穷无尽的。"他说,提出这样的规律,是为了满足大家的合理的要求,"只是属于探讨性的,很肤浅、很不全面的"。几十年来,潘懋元一直在孜孜不倦地探索教育的规律,表述教育的规律,用教育规律指导教育实践。

第二,"两个规律"的表述。

经过不断探索和修改完善,潘懋元对"两个规律"作了明晰的表述。关于外部规律,他说:"教育的外部关系规律是指教育与经济、政治、文化的关系",即"教育必须与社会发展相适应"。"适应包含两个方面意义:一方面教育要受一定社会的经济、政治、科学文化所制约;另一方面教育必须为一定社会的经济、政治、科学文化服务。"简而言之,教育的外部关系规律是:"教育必须受一定社会的经济、政治、科学文化所制约,并为一定社会的经济、政治、科学文化服务。"关于内部规律,潘懋元说:"教育系统区别于其他社会系统的特点是人的培养,而社会主义教育就其目的来说,是培养全面发展的人。"因此,教育的内部规律是:"社会主义教育必须培养全面发展的人,或者说,社会主义教育必须通过德育、智育、体育培养全面发展的人。"

由上可知,潘懋元的"适应论"并非像"理文"中说的"没有抓住高等教育的本质活动"。问题在于:高等教育的本质活动是什么?"理文"认为高等教育的本质"首先应该符合的是认知活动合理化",潘懋元认为"是培养全面发展的人才"的社会实践。显然前者是站不住脚、不切实际的,违背了高等教育的基本功能,因为高等教育的根本任务是培养人才。纽曼在《大学的理想》一书中说道,大学的真正使命是"培养良好的社会公民"。《中华人民共和国教育法》总则规定,教育应"培养德智体全面发展的社会主义事业的建设者和接班人"。古今中外,任何一个国家都是把"培养人才"作为教育的核心和本质。潘懋元在阐述外部规律时,强调教育要通过培养人来为社会服务;在阐述内部规律时,强调教育要培养全面发展的人。因此,"两个规律"论是符合教育实践和教育客观现实的,是"认知理性"取代不了的。

第三,教育外部规律的内涵潘懋元在总结教育的外部关系规律过程中,提出教育受三方面的制约并为三方面服务:

一是教育受政治制约并为政治服务。教育具有鲜明的阶级性,在不同的阶级社会,教育为不同的阶级和群体服务。在奴隶社会,教育是为奴隶主阶级服务的;在封建社会,教育是为封建主、地主阶级服务的;在资本主义社会,教育是为资产阶级和私有经济服务的;社会主义社会的教育,"要受无产阶级专政的制约,要受四项基本原则所制约"。教育为政治服务,包括对青年一代进行道德教育,以维护统治阶级利益,维护社会秩序。在我国,必须坚持社会主义意识形态,用社会主义核心价值观来教育学生。"理文"把认知理性作为高等教育的核心,认为高等教育"可以远离政治理性而存在和发展"是行不通的。如果教育脱离了政治,就会失去正确的办学方向。潘懋元认为:"我们的社会主义教育要坚持'四项基本原则',不允许教育摆脱无产阶级政治的制约,改变社会主义的方向。"[1]

二是教育受经济发展制约并为经济服务。邓小平说,经济是基础,经济的发展必然会带动教育的发展,"更重要的是整个教育事业必须同国民经济发展的要求相适应"[2]。潘懋元认为教育发展的规模与速度必须与国家经济发展的状况相适应。"要受经济发展的速度与水平所制约",不能太快,也不能太慢。他列举了1958年"大跃进"时,教育的发展贪多求快,想摆脱经济的制约,结果是大起大落。因此想要教育不受经济的制约行不通。另一方面,教育要主动为经济建设服务。教育是劳动力再生产的手段,使人获得一定的知识和劳动技能。潘懋元提出,高等学校要克服传统教育思想影响,直接为社会主义经济建设服务。高等学校通过为社会服务而取得一定的经济收入,用以改善学校办学条件和教职工生活福利,是可以理解的[3]。

三是教育受科学文化发展制约并为科学文化服务。邓小平十分重视科学技术,提出"科学技术是第一生产力"的论点。没有现代科学技术,就不可能建设现代化国家。他总结世界发达国家经济发展的成功经验,认为关键在于科学技术。他说,中国必须发展自己的高科技,在世界高科技领域占有一席之地。如何实现?中国如何在科学技术上赶超世界先进水平?基础在教育。"不但要提高高等教育的质量,而且首先要提高中小学教育的质量。"[4]潘懋元认为:教育要为科学文化服务。"教育最基本的任务就是传递人类所积累的科学文化知识。"教育是发展人类科学文化的基本途径。另一方面,教育内容要受到科学文化发展的制约,在师资、设备不够的情况下,如

---

[1] 《潘懋元文集(卷一)》,广东高等教育出版社2010年版,第39页。
[2] 《邓小平文选(第二卷)》,人民出版社1944年版,第107页。
[3] 《潘懋元文集(卷一)》,广东高等教育出版社2010年版,第77页。
[4] 《邓小平文选(第二卷)》,人民出版社1944年版,第337页。

果发展太快,必然会降低教育质量。因此必须加强教师队伍建设,改善设备条件。

潘懋元全面、系统地阐述了教育外部规律的三方面制约和服务,即教育与政治、经济、科学文化的"适应论",既符合客观实际,又很辩证,而不是"理文"中说的"适应论"理论只强调高等教育对经济活动的单方面适应。

第四,教育内部规律的内涵。

从教70多年的潘懋元不仅在教育理论上有很深的造诣,而且非常熟悉高等学校内部的情况,有丰富的管理经验、教育经验,至今年逾九旬,仍在带研究生,从事教育科研研究,坚守在教书育人的岗位上,从未脱离教育教学工作。他深知教育内部的因素很多,关系复杂:哪些是最基本的?从什么角度揭示教育内部的基本矛盾?他说,可以从教育体制、教育结构、教育管理、教学过程等角度揭示基本矛盾,见仁见智,各持己见,"这是一个待探讨的理论问题,将来的结论可能是一个多维的观点"①。可见潘懋元非常关注高等教育自身的特点,他经过深入思考和探索,认为教育的根本目的、核心任务是"培养全面发展的人",而"理文"认为"高等教育以提高人们的认知能力为核心使命"显然是片面的。潘懋元认为全面发展教育的组成是德育、智育、体育、美育等,因而德、智、体、美各育之间的本质联系是最为基本的内部关系,"使我们培养出来的学生既有高尚的道德品质、较高的文化修养、熟练的劳动技能、健康的身体素质,又有美的情操和审美能力"②。潘懋元在论述教育的外部规律时说过,教育是通过培养人来为经济、政治、科学文化服务,为社会发展服务的,那么培养什么样的人呢?是内部规律必须遵循的,即培养全面发展的人。这样就把内部规律与外部规律有机地衔接起来。

由上可见,潘懋元在论述两个规律和适应论时,没有"忽视高等教育自身的特点和要求",没有"只见关系不见人",更没有"削足适履"。他主张在这个问题上进一步探讨,产生多维的观点,说明并不存在"不惜压制其他各种实践理性的发展"。凡是了解潘懋元的人都知道,他不论在做人方面还是学术方面,都是胸襟开阔、豁达大度的人,从不强加于人,压制别人。

综上所述,我们可以得出以下几个结论:一是潘懋元的"两个规律论"

---

① 《潘懋元文集(卷一)》,广东高等教育出版社2010年版,第47页。
② 《潘懋元文集(卷一)》,广东高等教育出版社2010年版,第50页。

"教育适应论"是历史的必然,不是历史的误区,是符合客观现实的,应该从实践论的角度,而不是"从理性分工的角度"审视"两个规律";二是潘懋元的"两个规律论""教育适应论",强调教育要适应社会政治、经济、科技文化的发展并为其服务,在理论上、实践上对我国高等教育的发展、社会的发展起了积极的推动和引领作用;三是"理文"提出的"认知理性"对于从理性分工的角度审视教育,寻求真理,建立和健全国内学术市场有积极的意义,尤其对"985"重点大学的建设有指导作用,但它属于理性的认识论、思维方式的范畴,不是高等教育的"核心"和"本质",不能超越和取代"两个规律论"和"适应论"。

(原载《北京大学教育评论》2013 年第 3 期)

在国内做学术报告

中小学生课业负担重的源头及破解对策
——从一位中学校长发出"救救孩子"呼声谈起

早前,我收到一位来自城市公办初级中学校长发来的微信,信中诉说中学生课业负担重的问题。我阅后心情沉重。她说:"今天的教育把学业成绩看得比天都大,不惜以牺牲学生的健康为代价,孩子们普遍缺觉、缺乏锻炼,近视率不断攀升。学生学业难度高,一般智力的孩子根据现有课时根本完不成;学业成绩的排名挥之不去。目前资优生花大量时间的学习训练(学校和教学机构),普通孩子就要花更长时间,这就是剧场效应。一些学习能力弱的孩子在学校合格率的绑架下,天天苦行僧地机械学习。这就是目前义务教育尤其是初中教育的现状。"然后她又追加了一句:"为了国家的明天,请您帮助呼吁:救救孩子!"最近半年多来,我一直在调研和思考中小学生课业负担重的问题,收到这位校长的请求后,进一步促使我把这一课题继续下去。当然,我也知道一个课题报告、一篇文章,难以扭转这一积重难返的局面,但把自己的调研成果和真实想法反映出来,供有关部门和同仁们参考,也算是尽一份老教育工作者的责任和义务。

一、课业负担重伤害了学生身心健康

我国大中城市中小学生课业负担太重的问题,在时间上已延续了数十年,且愈演愈烈;在空间上已涉及全国各个省(区)市,且越来越广;在关注度上,从家长、媒体到专家学者、从政府主管部门直至中央领导,层次越来越高。文章百千万,文件堆成山,但孩子的学习负担至今没有真正减轻。小学生的作业每天晚上要做到11点钟以后,中学生的作业每天晚上要做到12点钟以后甚至深夜一两点钟。睡眠严重不足,80%的孩子早晨起床是被"叫醒"的,而不是自醒的,导致不少孩子早自修和上课时打瞌睡,听课效率不

高,课后则要花更多时间复习,只好"挑灯夜战",如此周而复始的恶性循环,学生疲惫不堪,学习成绩也难以上去。到了双休日,孩子本该好好休息一下,但又被安排得满满的。为了提高学习成绩,家长带着孩子奔波于各补习班、兴趣小组,穿梭在城市的街道车站,将大把大把的钱抛洒到培训机构。孩子累、家长累,整个社会都被拖累了。

如有所初级中学,语文老师每天布置1小时40分的课外作业,英语老师布置1小时的课外作业,数学老师布置1个半小时的课外作业。仅三门课,学生回家至少要花四五个小时才能完成作业,动作慢一点的学生要六七个小时才能完成。有位小学五年级学生的家长告诉笔者,他的儿子每天晚上11点才能做完作业已习以为常,做到深夜1点多钟也司空见惯,家长每天陪着孩子"开夜车",全家人累得疲惫不堪。第二天一早五六点钟,家长就把孩子从睡梦中拖起来匆匆送到学校。对于这种现象,有人将其称之为"教育暴力"。这一残酷的现状蔓延下去,后果是严重的,从眼前看,伤害了广大中小学生的身心健康,小胖墩多了,近视眼多了,常见病多了,厌学情绪的多了,体质下降的多了;从长远看,许多被逼迫学习、被催化出来的"高分"学生,进了大学后学习动力不足,"挂科"严重。因为大学是要靠自己学习、自觉学习,没有逼迫学习、"催化"学习的环境了,不少学生不会学习,不要学习,没有创新思维能力,从而严重影响了人才的培养和成长。

因此,减轻中小学生课业负担,刻不容缓。这既是为了挽救那些正在被折磨、被摧残的孩子,也是为了孩子们的健康成长,为了国家未来的人才培养。

二、课业负担重的源头在哪里?

导致中小学生课业负担重的祸源在哪里? 只有抓住这个主要矛盾,问题才能迎刃而解。许多媒体包括教育主管部门,把中小学生作业负担重的源头都一致指向培训机构,认为是"培训机构惹的祸",是培训机构在"忽悠、欺骗孩子的家长"。于是教育主管部门接连下发红头文件,要求"集中力量下重拳全面整治校外培训机构",并查处取缔了一批违规违法的校外培训机构。这样做,固然是必要的,也的确能产生一些局部效果。因为确实有一些违规的培训机构严重干扰了正常的教学秩序,增加了学生的学业负担。但是,把中小学生课业负担重的主要责任推给校外培训机构是不客观的,是在为真正的责任方推脱责任。有位家长告诉我,他的孩子在一所公办小学读书,学生成绩一直是全班前三名。但到一所著名的民办中学报名并参加了摸底考试,竟没有达到该校平均分数线,不少内容根本就没有学过,回家后号啕大哭,家长只好把她送到培训班补课。有人调侃说,"现在是民办中小学在引领公办中小学前行",看来不无道理。有些重点学校、民牌民办学校,即人们通常说的"超级学校",在教学上存在严重的"双超"现象,即"超教学大纲、超考试大纲"。教学内容和考试内容都超出教材内容。如果学生仅掌握课本知识及教学大纲内要求的知识,有些题目就不会做,考试成绩则上不去,就不能升入理想的中学。家长为了让孩子考出高分,只好以牺牲孩子的休息时间和健康为代价,到培训机构去学习,以适应和应对学校的"双超"教育。有人认为,由于培训机构的存在,所以家长把孩子送进去了,由于培训机构安排了高难度的学习内容、还布置作业,所以导致学生负担加重。殊不知,所有的培训机构是瞄准学校教育、学生需求而开设的培训项目。培训机构是学校教育的延伸,是学校教育的补充,是为了满足家长、学生的需求乃至学校的需求应运而生的。是先有学校教育的超前或不足,才有培训机构的设置。一些优质的名牌学校即"超级学校"提升了课业难度,导致家长、学生乃至公办学校跟着它们奔跑。培训机构是教育市场的产物,并瞄准教育市场。它们敏锐地抓住民办学校的高难度教学内容和考题范式,抓住市场的需求,开设和提供了各种相应的培训班和培训内容。由于培训后效果较好,学生考试成绩上去了,于是家长们更是趋之若鹜。

  由此可见,学生课业负担重的源头是这些"超级学校"造成的。"超级学校"为什么会出现教学中的"双超"现象?究其原因,一是这些"超级学校"为了拉开与普通学校的差距,显示自己的"高水平",即任意"双超",导致其他学校也跟着"双超";二是这些"超级学校"为了选拔"尖子"学生,于是在模拟考、入学考时提高超越教材的标准;三是由于有了超前学习的学生,导致小学一年级学生入学后参差不齐,有些进过培训班的学生已经掌握三、四年级的课本内容,对听一年级的课不感兴趣,于是教师加快了教学进度,超教学大纲、超教材教学,而没有进过培训班的学生则跟不上教学进度。许多家长大呼不进培训班上当了,真的"输在起跑线上"了,接下来也就纷纷让孩子提前进培训班学习,一、二年级的学生学三、四年级内容,四、五年级的学生学初中的内容。由于中小学存在教学超大纲、超教材现象,于是,教育培训市场上的各种培训机构就瞄准"双超"内容,举办很有针对性的培训项目。据了解,有些名牌民办小学在招收学生时,不仅看智商,考核语数外知识,而且要看情商,考核孩子的人际交往、礼仪礼貌等。于是专门有培训孩子情商和礼仪的培训班。有些小学、中学要考察学生的兴趣、爱好、专特长,给予专特长学生加分,给参加竞赛获奖学生加分。于是专门就有这些培训内容的培训机构产生。由于"超级学校""双超"严重,考题难度大,一般公办学校跟不上,而家长又想把孩子送到民办学校读书,只好送他们去培训班。先有少数学校的"双超",后有培训机构开班。因此,我们可以说学生课业负担重的主要责任不在培训机构而在学校。

  有人说,学校很想减轻学生课业负担,但家长们不配合,非要把孩子送去培训不可,学生课业负担重的源头来自家长。也有人说,现在的家长太浮躁,"望子成龙"心切,逼着孩子去上培训班。把课业负担重的主要责任推给家长。据调查,家长把孩子送到培训机构主要有三方面因素:其一,有些学校教育资源不足,教学质量不高,不少教师课堂教学不够认真,或教学方法不得法,不适应一些学生的需求,于是家长把孩子送到培训班补习,以弥补在学校教学中的不足。由此可见,根源在学校而不是家长。如果学校教学质量高,教师对学生因材施教,家长就不会花钱把孩子送到培训班了。据了解,有些培训机构聘任的都是高水平的教师,不少是在职的优秀教师,他们在培训班辅导学生时认真、负责、仔细、耐心,甚至是"一对一"辅导,效果很明显。辅导几个月后,考试成绩明显上去了。如果我们的学校教育也能这样,各类"补课性"的培训班就没有必要存在。其二,不少中小学把"音、体、美"所谓的"副课"让出来上"语、数、外"等所谓的"主课",挤占了学生体育和美育的时间,学生的兴趣、爱好和专特长得不到发展。许多家长很重视孩子的素质拓展,但学校里满足不了,于是只好利用双休日、节假日到培训机构去补音、体、美等相关课程。如果学校里的"副课"不被"主课"挤占,而且还有各种满足学生需求的课外活动项目,家长就不必在课余时间送孩子去补绘画、舞蹈、乐器等科目。那么号称"素质拓展"的培训机构就不会那么多,甚至会自然消失掉。没有教育市场的需求,就不会有为教育市场服务的教育机构。其三,不少家长的确存在"望子成龙"、急于求成的浮躁心态,这是社会因素造成的。在现今知识经济社会,如果上不了好的中学、好的大学,会遭遇"就业歧视",将来很难找到好的工作。高等教育已经进入大众化阶段,孩子如果进不了好的大学,"太没有面子了"。因此千方百计要把孩子送到培训班,争取考上好大学。导致这一心态和状况的根源是教育资源不充足、不均衡,管理上的不到位。父母总是心痛孩子的,但为了孩子的"前途",无力回天的家长们迫不得已、甚至含着泪水逼着孩子学习。

三、"剧场效应"的责任人是谁?

对此,我们常常会看到的场景是:一个班只要有一两名学生去培训班补习,其他家长唯恐孩子"输在起跑线上",于是一个个跟着进培训班,导致"剧场效应"。"剧场效应"原本是指大家都坐在剧场里看戏,后来有个别观众为了看得更清楚站了起来,于是别人也跟着站起来,大家都很累,但谁也不愿坐下来,甚至还有人站到椅子上看。"剧场效应"反映在学校教育上,就是跟风"超前教育""拔高教育"。原本小学教育、中学教育都是在同一平台上,在统一的教学大纲和教材下从事教学活动,大家都"坐在课堂"里,相安无事。后来有些家长让孩子"超前"学习了,有些学校突破大纲实施"超前"教育、"拔高"教育。于是其他家长也送孩子去培训班接受"超前教育""拔高"教育,其他学校也紧跟那些"超前教育"的学校实施"超前教育""拔高教育"。一些基础较好的重点学校、有得天独厚条件的民办学校,在超前教育中产生了"考分高、升学率高"的效应,于是出现一批"超级学校",家长们也就拼命让孩子进这类学校,其他学校也相应地追赶这类学校。为了让学生获得高分,各校通过延长上课时间、大量布置作业、恶性补课等手段,展开了激烈竞争和比拼,其结果显然是那些"超级学校"会处于领先地位,即这些学校的毕业生考上名牌学校、重点学校的人多。大多数普通小学和初中,由于基础较差、生源较差,远不如那些"超级学校"。为了追赶在"超级学校"就读的学生,家长只好把孩子送到各种培训机构。

由此可见,真正的责任方是谁? 也就是说中小学生课业负担重的源头在哪里? 剧场效应的主要责任人,表面上看是首先站起来的观众,而实际上是剧场管理人员在管理上不到位;超前教育的主要责任人,表面上看是少数超级学校的超前教育,而实际上是政府管理不当、监管不力。教育主管部门在管理上,把所有学校放在一个平台上,统一教材、统一考试、统一升学标准。一般学校与超级学校差距较大,形成不公平竞争,一般学校"跑掉鞋"也跟不上那些超级学校。

教育主管部门在评估和督导学校教学质量时,主要关注学生的课业成绩,关注学校的排名,各门课程的排名,升入名校的比率。而对学校里的"双超"问题,采取睁一只眼闭一只眼的做法,对学生课业负担重的现象如何解决自然也就措施不力。我国行政领导力很强,学校是听从教育主管部门的。正因为教育主管部门不仅对学生课业负担重关注力度不够,而且对"学业成绩的排名挥之不去",因此助长了学校"双超"不减反增,学生负担一直减轻不了。学校对教师的"双超"也是睁一只眼闭一只眼,以考分高低判断教师优差的标准。教育主管部门对其所辖区域学校考试结果排名,把一般学校与"超级学校"放在一起排列,每所学校各门课程在区域处于多少名都排列出来,这就给校长、教师造成巨大压力,使他们没有心思、没有精力去抓素质拓展教育,而是想方设法在提高学生考分上下功夫。校长向教师施压,若考分上不去、排名上不去,校长要请教师"喝茶"、减薪。教师为了提高考试分数,提升排名榜,把压力转移到学生身上,多占用课余时间,多布置作业。到了双休日,每个老师布置的作业就更多了。有些地区教育主管部门对教师布置作业的状况以及学生负担重的状况都没有列入学校的评估、督学范畴。如果说学生课业负担重的直接源头在学校里面,那么主要责任在教育主管部门。由于教育主管部门督查不力,没有管住源头的祸水,导致流下去后泛滥成灾。因此教育主管部门是责任主体。前几年当"奥数"成绩作为升学筹码时,社会上"奥数"培训班风生水起,后来教育主管部门下令取消奥数班加分后,举办奥数班培训的机构就逐渐销声匿迹了。由此可见,只要教育主管加大监控力度,是能够管控住"双超"现象的。

四、如何解决中小学生课业负担重的难题?

综上所述,导致当今小学生、中学生课业负担过重的源头在学校,主要责任在教育主管部门,为此,要破解这一难题,也必须由此着手。

1. 更新观念,破除"唯分数论"

当前小学生、中学生课业负担重的根源,就是为了追求考试的高分。有了高分,学校荣光,教师荣光,家长风光,学生才能进入好的学校。分、分、分不仅是学生的命根,还是学校、教师和家长的命根。为了获得高分,政府主管部门用分数排名压学校,学校用考核以及职称晋升压教师,教师用作业和考试压学生,最苦最累的是处于弱势地位的广大学生。因此,减轻学生课业负担，必须破除对分数的迷信和崇拜。分数是对学生学习状况的记载，对促进学生学习、了解学生学业情况有积极作用。但小学阶段不宜过度关注分数。从小学到中学到大学，分数有递增的价值，而从大学到中学到小学，分数的价值是递减的。在小学和初中阶段，主要是培养孩子有健康的身体和良好的行为习惯，不宜过度关注学习成绩、考试分数，应淡化分数的作用，更不能拿考试分数作为衡量学生好差的标准。唯分数论将把处于长身体阶段的学生引入歧途，阻碍了学生的全面发展，伤害了学生的身心健康。用高压手段、用"教育暴力"逼出来的高分，不仅有碍于学生的身心健康，而且会导致学生产生厌学情绪。

学生的学习动机、学习态度、学习能力以及学生的身心健康，比知识和分数重要得多。决定孩子未来的成长、成才有两大因素：一是健康的身体，二是良好的品德。如果没有良好的品行基础和健康基础，就没有今后再发展的动力，分数再高也是徒劳的。儿童和少年时代必须打好这两方面的基础，将来才能茁壮成长。因为义务教育阶段的小学生和初中生，年龄在6～15岁之间，正处于生理和心理发展的转折期，应着力于道德品质、行为习惯、身心健康方面的培育。人的成长和教育发展必须遵循一定的规律，违背了规律，必将一事无成。其中一个最重要的规律是循序渐进的规律，不能一蹴而就，不能拔苗助长。参天大树总是从小树苗开始培育起来的，要扎根大地、打好根基，根深才能干粗叶茂。农作物总是于春季播种，经过春、夏、秋一两百天的培育才能成熟。儿童和少年时代正是打基础阶段，应着重在身心健康和品德修养上下功夫，而不是在知识灌输上下功夫。就像庄稼一样，有个从生长发育到开花结果的漫长过程。一个人的体力、精力以及时间是有限的，儿童少年时代，他们的身体心理发育还不完全成熟，应引导他们养成良好的品德行为，多参加各种活动，锻炼身体，不要把他们引到追逐分数、名次的考场竞争之中，而要让他们在运动场上、课外活动中、与社会接触中提升素质、增强体质。不要只把他们关在教室里、房间里没完没了地看书、做作业，而要让他们到生机勃勃的社会大课堂中增长见识、锤炼人生。

对于小学生，应让他们在"玩中学"，在"学中玩"一半时间用于学习知识，一半时间用于拓展素质，多组织一些有教育意义的实践活动、体育活动、文化活动、信息交流活动以及劳动或公益活动；对于初中生，要扩大知识点的学习,但应有三分之一的时间参加课外活动。小学一、二年级应取消考试,三、四年级应取消成绩排名,取消小升初的考试。只有淡化甚至取消小学阶段的考试分数,取消小学升初中的考试,才能消除对分数的追求和崇拜。只有不以考试分数来衡量学生的优劣好差,才能减轻学生课业负担,把重点放在对学生的养成教育和身体锻炼上。

2. 因材施教,分类管理

义务教育阶段是指6~15岁实龄儿童少年,必须人人上学。其特点是学生人数最多,年龄跨度最大,智力和非智力因素的差距最大。我国现有小学16万余所,在校学生1亿多人;初级中学5万余所,在校学生4 000多万人。上海现有小学741所,在学学生78.5万人,中学818所,普通初中在校生41.2万人。这么多学校和学生都放在同一个平台上,使用同一教材、同一要求、同一考评,是不客观、不公平、不科学的。从人的智商和智力看是有差距的,有1%~3%,属于"超常"儿童(少年);从人的非智力因素看也是有差距的,意志力强、肯吃苦的"超常"儿童(少年)也是极少数。

这些"超常"学生进入"超级学校",引起其他一般学校及其家长和学生的追赶,由于智力、体力等方面的差距,大部分学生追赶不少。家长们拖着他们的孩子去各种学习培训班或强化班。"超级学校"的超前教育搅动了所有学校的正常教学秩序,搅动了所有家长的正常心态。如何解决这一难题,既要面向大多数小学和中学、大多数小学生和中学生,又要照顾到那些少数的"超常"学生的发展,亟待研究和解决。如果把这些"超常"学生与普通学生放在一起学习,一个是吃不饱,一个是受不了。应遵循"因材施教"的教育原则。孔子早在两千年以前就提出"因材施教"的教育理念,这是世界教育史上最早、最伟大的教育理论。"因材施教"是指对不同的人施以不同的教育。然而,时至今日,"因材施教"未能真正做到。把"超常学生"与普通学生放在一起培养,不符合"因材施教"原则。"因材施教",就应根据学生不同情况,分别送到不同的学校去培养。这就需要创办各种类型的学校。如英才学校、精英学校,以及各种特色学校,包括体育类、艺术类、科技类、外语类、国学类等。因此,建议将义务教育阶段的学校设定为四类学校:

一是"超常"学校,包括英才学校、精英学校等,主要招收智商、智力超常、有刻苦学习、刻苦钻研精神的学生。有人不赞成实施"超常教育",认为这是搞特殊化,不公平,会形成教育的等级制。这种看法是片面的。我们要善待智力超常的儿童少年。如果将他们与其他学生放在一起培养,可能会泯灭他们的才华,建议各大中城市办若干所"精英学校",将现有的条件较好的"超级学校"改建为"英才学校",吸引"超常学生"到"英才学校"学习,从满足各种各样"超常"学生和有专特长学生的需要,满足社会有关部门、单位对特殊人才的需求。这类学校可以是公办的,更多是由对特殊人才需求的部门、单位举办,由个人、民营企业举办。政府主管部门负责制订相关的政策和管理条例,把控好学校设置条件和教育质量,制订这些"超常"学校及特色学校的质量标准及转入、升入高一级学校的方案。

二是特色学校,即为各类专特长学生、为用人部门培养特殊需要的人才而创建的学校,主要招收对某一方面有强烈兴趣爱好、有专特长的学生,包括体育、艺术、科技类的特色人才。从多元智能理论看,人的智力特征、兴趣爱好是迥然不同的,有的人逻辑思维不强,但形象思维"特强",有的人对数理学习困难,但艺术才能"特强"或动手能力"特强"。这些在某一方面"特强"的孩子,与智力"超常"孩子一样,他们从小就崭露头角,必须及早培养,如果放在普通学校不适宜他们的快速成长,只有放在专门的特色学校给予特殊培养和训练。社会上有些部门需要各种各样的特色人才、特殊人才,也需要各种各样的特色学校来培养。这些特殊人才的成长期有特定的年限和期限,如果放在普通学校跟其他学生一起培养,不可能成为有专特长的拔尖人才。"英才学校"和"特色学校"是为少数智商"超常"、专特长"特强"的特殊学生创建的特殊学校。这里有专门的教师、设备、方法来培育"超常"和"特强"学生。其必要性和优点有以下三点:第一,把儿童少年中百分之一到三的"尖子"学生及早发现和培养,有利于为培养一批拔尖创新人才奠定基础。如果把他们放在一般学校与一般孩子同样培养,将泯灭他们"超常"或"特强"的天才,无论对个人、还是对社会和国家都是巨大损失。第二,把这些学生放在英才学校单独培养,可避免与一般学校放在同一平台上竞争,各类学校各行其道,互不攀比,"超级学校"的超前教育、拔高教育便不会干扰一般学校正常的教学秩序,避免发生"剧场效应"。第三,分类管理后,政府主管部门可以对不同类型的学校制定不同的培养目标、管理制度和考核办法,包括招生制度、教学内容、考评指标都分开,避免发生一般学校去"追赶""超级"学校,"民办学校引领公办学校"的现象。各类学校可以实施因材施教和循序渐进的教育原则,为各类学生提供合适的教育,让每一个学生健康发展。

三是普通学校,面向绝大多数学生的小学、中学,主要招收学校附近的实龄学生,经批准的少数重点学校可以跨区招生,这类学校占总数的90%以上。

四是特殊学校,包括为智障学生、为残疾学生、为问题学生等设立的特殊学校。目前各地都有相应的各种特殊学校,已经积累了丰富的办学经验,取得了较好效果。但有不少学校因投入不足办学比较困难,建议政府应增加投资,并鼓励社会和民间资本举办特殊学校,把政府投入、市场运作和社会公益事业结合起来。

对第一、二类学校,从宏观上必须按国家教育方针办学,要制定学生思想品德和文化课学习标准及考评办法;在微观上应放手让这些学校自行管理,拥有充分的办学自主权,因为这些学校在教学内容、教学方法、时间安排等方面都有特殊要求。建议教育主管部门应设立相应的"超常教育司"或"英才教育司"(处、科)。把"超常"学生和"超强"学生的选拔和培养抓起来,列入英才教育、特殊人才培养规划中,落实到学校教育中。切实让儿童少年中占百分之一至三的、具有巨大潜力的"超常""超强"学生得到最合适、最有效的培育。他们中的一大批人有望成为拔尖创新人才,有望对社会发展作出杰出贡献。任何一个国家的崛起和兴旺,必须依靠一批精英人才和顶尖人才。在儿童少年中加强"超常"和"超强"学生的选拔和培育,就是为了造就各类杰出人才,对国家未来的发展具有重要的战略意义。建议高层领导和国家教育部应予高度重视。

3. 严格标准,强化监管

分类管理后,第三类的普通学校占绝大多数,这类学校如何执行减负?应是重点要研究和解决的问题。

一是要严格把中小学教学内容限制在教学大纲和教材之内,每门课的教学不得超过大纲教材的范围。教师从事教学时必须按大纲和教案设定的进度,按教材知识点循序渐进地进行教学,不能因为班级里有一些超前学习的学生,就任意把教学进度加快或把教材难度加大。要立足大多数学生,让那些提前学习的学生得不到优越感或获得任何优待。这样,家长们自然也就不会送孩子进培训班了,相应地其他家长也都可以放心地不送孩子培训班进行超前学习了。

二是把好每一次测验、考试的关口。测验考试的内容必须在大纲和教材的范围之内,教师只要认真地教好书,学生只要认真听好课,做好作业,就能考出好成绩。这样社会上的培训班自然会减少和消失。"超常学生"的选拔和培养并非由"英才"学校所垄断,普通学校也可以在同一年级中办1~2个"尖子班""提高班",把智商特别好、学习成绩优异的学生集中到这些班里,像"英才学校"那样可以超大纲、超教材教学。需要补充说明的是,这种班级的学生不是固定的,而是流动的。要采取"优上劣下"的制度,激励优秀学生继续前行,让跟不上学习进度的学生回归普通班学习,这样也可以激励普通班学生努力学习,争取进入"提高班",使学校真正形成"因材施教""你追我赶"的良好学习环境。

三是学校应制订学生课业学习的时间标准。各个学校从教育规律和学生身心发展规律出发,从实际出发,制订各年级、各门课的学习时间标准,包括每门课的课堂教学时间、课外作业时间,综合起来确定每个学生用于课业的时间。同时还要立足于大多数学生的学力状况,制定课业学习的标准。从我国现有情状来看,小学一、二年级学生每天课业学习应限定在6小时左右(其中课外作业1小时),小学高年级学生每天课业学习限定在7小时左右(其中课外作业2小时),初中学生每天则限定在8小时左右(其中课外作业时间3小时)。与此同时,小学生每天至少要有3小时课外活动,初中生每天至少要有2小时的课外活动。中小学都应当安排一些劳动课,这样既有利于学生的培养劳动习惯,又可以充实学生的课余活动,调节他们的脑力劳动。

四是加强监管和督导。政府主管部门对学校的评估,学校对教师的考核,都要把教学内容、考试内容有否"双超",学生课业学习时间,包括课外作业时间有否超标,作为刚性的重要内容之一。摸底考试、升学考试的内容都必须在"教学大纲"和"考试大纲"的范围之内,任何学校不得超纲。此外,还要通过监管和督导,促使中小学校组织多种多样的课外兴趣小组活动,有文艺、体育、科技、人文等各方面的,让每位学生根据自己的专特长和兴趣爱好,自愿报名参加,以充分满足学生的需求。学校如果缺乏相关专长的教师,可以到校外、到社会上聘请,也可以邀请有资质的培训机构到校内培训学生。

五是初中阶段严格实行就近入学制度,取消初中入学考试,包括变相的考试。如果确实没有入学考试,小学生的学习成绩、考试分数也就不能作为升学的依据,这样也就必然会淡化学生和家长对考试分数的追求,没有必要花钱、花时间、花精力去到培训班补课。

(原载《中国教育学刊》2019 年第 8 期,人大复印报刊资料和《新华文摘》转载)

1989 年荣获上海青年五四荣誉奖章

我国应着力于"超常"学生的选拔和培养
——兼论"钱学森之问"的破解

"钱学森之问"已成为国人高度关注的课题,许多有识之士一直在努力探索和破解这一难题。钱学森提出的"为什么我们的学校总是培养不出杰出人才?"其实,这里面包含两个方面的问题:一是学校如何选拔人才?二是学校如何培养人才?我们必须从源头上找问题,因为杰出人才不是突然冒出来的,而是经过选拔和长期培育出来的,要从人的儿童时代就开始选拔和培养,尤其要着力于早期"超常"学生的选拔和培养。

一、何谓"超常"学生

古今中外一直有"超常"教育,但对"超常"儿童的称呼不尽相同。中国古代有"神童"一说,认为特别聪明和有才能的儿童是"天神"赐予的。外国则有"天才"之说,认为禀赋极高的人是先天遗传的,是"上天"赐予的,故称"天才"(gifted)[①]。1978年以后,中国学者首先提出"超常"儿童和"超常"教育的概念,认为儿童的非凡才能不完全是天生的,而是先天因素和后天因素相互作用的结果。显然,这种冠以"超常"之名的提法要比"神童"和"天才"更科学。

那么,何谓"超常"学生呢?国内外学界有不同的观点,大致有四种:一种是"智商论"。即主要以"智商"的高低来判断儿童是否是天才儿童,如美国心理学家特曼就认为,智商指数超过140的儿童,就是天才儿童。二是"创造"论。如托伦斯认为"天才"儿童具有很强的创造才能,但他们的智商测试并不见得很高,如果仅以智商为标准,那么70%具有创造才能的"天才"儿童就将会被排斥在"天才"儿童的范畴之外。三是"情商"论。20世纪70年代,

---

① 苏雪云、杨广学:《"天才"与"专才":英才教育基本概念辨析》,《中国特殊教育》2009年第12期。

美国的一位心理学家任朱利（J. S. Renzu）认为，要定义"天才"儿童，就必须考虑他们的"情商"即"非智力因素"。他认为，天才儿童有三方面特征：一有中等以上的智力；二有对任务的承诺，包括动机、兴趣、责任心和自信心，以及坚毅性、吃苦耐劳精神等非智力因素；三有较高的创造性。四是"综合论"。1983年，坦纳鲍姆（A. T. Tarmebaum）指出，天才是由一般能力、特殊能力、非智力因素、环境因素以及机遇因素等五种因素交互作用产生的。还有的心理学家指出超常儿童具备六要素：一般智慧能力、特殊的学业能力、创造性思维能力、领导能力，视觉和表演艺术及心理动作能力①。

我国的心理学家提出的"超常"学生，是指"智能明显超过同龄常态儿童发展水平或具有某种特殊才能的儿童"。"超常"儿童是针对常态儿童而言的，是指在儿童或青少年群体中有常态（一般）、低常、超常三类，居于超常智商（占5%左右，天才占1%左右）界定为超常儿童、天才儿童②。他们首先要有较高智商，至少占同龄人口总人数的15%～20%以内。除此之外，还有不少超常儿童的智商并不最高，但在某一方面，却有特殊才能，比如拥有很强的创造性思维和创造能力（如创造发明），所以也被称为"超常"学生。

综合国内外专家学者的意见，笔者将"超常"学生概括为三高：高智商、高情商和高创造力。高智商即思维力、记忆力、学习力、吸收力超过常人，智商分数在130分以上；高情商是指有正确的价值观和奉献精神，有较强的人际交往能力、领导能力，心胸开阔，相容性大；高创造力是指有目标追求，有进取精神、执着精神、吃苦精神，有好奇心。还有一些"超强"学生，是指在某一方面有明显的专特长、强烈的兴趣爱好和超强的能力，而在智商方面不一定就"超常"。那么，"超常"学生或"天才"儿童是如何产生的呢？对于这个问题，我不赞成"天神赐予""上天赐予"等诸如此类的说法。我认为"超常"学生的产生因素有两个：一是遗传因素，在智商和身体素质方面，遗传基因有一定的作用，否定遗传作用不是唯物主义者，但"遗传决定论"是不正确的，遗传基因好只是为后天的发展创造了一个好的基础和条件；二是后天环境，一个人能不能成为"超常"和"天才"，取决于后天的作用，包括教育、环境影响和本人的努力。

---

① 朱训明、谢天、周静：《浅谈超常儿童教育现状与建议》，《知识经济》2010年第16期。
② 朱训明、谢天、周静：《浅谈超常儿童教育现状与建议》，《知识经济》2010年第16期。

二、古今中外对超常儿童的培养

1. 我国"超常"儿童教育发展概况

在古代,"神童"即"超常"儿童,是指他们在其人生的某一时期、在科学技术的某个方面创造过辉煌的业绩。如汉朝张衡创制世界第一个测定地震的地动仪;南北朝数学家祖冲之算出了精确度较高的圆周率近似值,创制了《大明历》;郭守敬则是元朝著名的天文学家、数学家、水利工程专家,他创制的授时历比罗马教皇颁布的格里历还早了300多年。这些人在少年时代,都是当时的"神童"、超常青少年。据《中国古代神童小辞典》记载,早在西汉时期,就有对神童进行有目的、有计划的选拔和培养。"超常"儿童出现率最高的是唐宋时期。有据可查的唐朝"神童"有49名、宋朝有43名①,培养和推荐神童成为当时社会风尚。另一方面,中国古代家庭也十分重视对"超常"儿童的培养。当时还没有完善的学校教育,"超常"儿童的产生、创造力的发挥,取决于"优异的遗传因素和良好的家庭教育"。根据中国古代172名"神童"家庭出身的调查,绝大多数出身于官宦门第或学士名流、书香门第,他们大都具备优异的遗传基因,更重要的是他们大都拥有良好的家庭环境及其所带来好的教育条件②。

新中国成立以后,我国经济社会快速发展,急需各类人才,当时的教育资源全部用于满足各行各业对人才的需求,对"超常"教育、英才教育则无暇顾及。"文革"期间,包括"文革"以前一段时期,由于受"左"的思想影响,我国各级学校不敢对"超常"学生进行专门培养,认为这是走"白专道路",是搞"个人奋斗",从而严重影响了拔尖人才的成长,导致高校培养出来的毕业生普遍存在"平而不尖"的状况,同时也导致我国科技领域缺乏高水平、高素质的领军人才、创新性拔尖人才。改革开放以后,这种情况有所好转。

1978年3月,邓小平在全国科技大会提出"必须打破常规去发现、选拔杰出的人才",从而打破了我国在"超常"儿童培养上的禁锢。也就是在这一年,中国科学技术大学创建了全国第一个少年班。1984年,天津实验学校建立了中国第一个超常儿童教育实验班。1985年,当时的国家教委颁发了《同意北京大学等12所院校举办少年班》的文件,但目前只有中国科大和西安交

---

① 吴杰玲:《借古鉴今,浅谈当今超常儿童创造力教育》,《亚太教育》2016年第4期。
② 查子秀:《儿童超常发展之探秘——中国超常儿童心理发展和教育研究20周年论文集》,重庆出版社1998年版,第213页。

大仍在招收少年班。1985年,北京八中建立了第一个缩短学制的中学超常少儿实验班。此后,华中理工大学、天津津耀中学、上海实验学校、东北育才学校、北京育民小学等也开展了"超常"教育、英才教育实践。

值得特别一提的是,北京八中开办的"超常"教育实验班,目标是"使超常儿童潜能得到最佳发展,成长为基础扎实、素质全面、具有创新精神的优秀高中毕业生"。他们的办班理念是:"以体育为基础,德育为核心,创新精神为重点,为培养在世界范围内具有竞争能力的一流人才打基础。"[1]北京八中注意与顶尖机构合作办好"超常班",与中国科学院、心理研究所、北京市教科院等合作,形成了一套比较完善的超常儿童鉴别方法。超常班的招生对象为10岁左右且具有四五年级文化水平的智力超常儿童,入学后接受四年的弹性学制,读完小学五、六年级加上中学6年共8年的课程,即14岁左右完成高中阶段的全部课程。每年招一个班30人,14岁参加高考,均超过北京市高考成绩最好的高中。

20世纪90年代成立的中国"超常"儿童研究协作组,专门编制了两套工具书:一套是《鉴别超常儿童认知能力的测验》,一套是《鉴别超常儿童非智力个性心理特征问卷手册》,其中包括幼儿、小学、少年三种测验。这些都填补了我国在该领域的空白。

2. 国外"超常"儿童教育概况

(1) 美国对"超常"儿童的培养。

早在150年前,即1868年,美国就有了天才教育计划。时任密苏里州圣路易斯学校校长威廉姆·哈里斯(W. T. Harris)就提出:为有天赋且学习能力强的学生提高教学进度,缩短教学课程,从而开创了美国天才教育的先河。1901年,美国第一所天才儿童专门学校建立,则揭开了美国天才教育的帷幕。1954年,美国国会颁布了《国家科学基金计划》(NSFP),明确提出要加大力度支持"天才教育"事业的发展,并要求由联邦政府给地方拨款进行资助。

1957年,苏联第一颗人造卫星上天,美国惊呼为什么在航天领域落后了?认为根源在于教育落后。于是,在1958年颁布了《国防教育法案》,其中包括加强对天才学生的培养力度,重点培养在科学、数学和外国语言等方面

---

[1] 吴杰玲:《借古鉴今,浅谈当今超常儿童创造力教育》,《亚太教育》2016年第4期。

有特殊才能的学生,由联邦政府为他们提供专项资金。该法案提出:"保证任何天才不因经济问题而失去享受高等教育的机会。"1965年,美国国会通过在小学和中学实施"发展天才教育方案",1968年,美国联邦政府成立了"白宫资优及特殊才能特别委员会",对天才教育事业进行监督和指导,目的在于不要让有天才的人消失,要把每一个有天才的人落实到天才教育中,并明确规定要加强天才教育的研究工作,由教育委员会负责指导。1969年,美国联邦法案规定,由美国教育委员会指导天才教育研究工作,并支持州政府发展天才教育方案,为了切实加强天才教育。1972年,美国联邦教育部成立了"天才儿童教育局",专门管理天才儿童的选拔和教育问题。1973年,美国教育署设立了"天才教育处"。1978年,联邦政府颁发《天才教育法案》,规定要给天才教育更多资金资助,责令成立州及地方教育机构与公立、私立学校形成合力,共同实施天才教育。1986年,《Jacob Javits 英才学生教育法》规定,应加大力度教育与培养天才青少年,使之为国家和社会发展贡献更多力量。1987年,美国国会通过有关天才教育的法案,增拨790万美元基金,重新组建"优资及特殊才能联合办公室"。1990年,成立了由美国教育部牵头的美国国家"英才研究中心"①,用以开展英才教育的理论与实践研究工作。

为了切实开展好天才教育,美国也很重视天才儿童教育师资的培养。早在1979年,美国就有100多所高等院校,培养天才教育的师资,从而也形成了一支具有培育天才能力的专职教师队伍。2011年,美国还提出《授权教师给予天才和高能力学生帮助法》法案,不仅重视天才教育教师队伍的培养,而且赋予他们一定的权力,不仅在经济上给予保障,而且还建立了"天才儿童资料库"。

美国把同龄儿童学习成绩的前10%确定为英才学生,排在同龄人前1‰～3‰的英才学生则会受到重点关注和特别培养。美国对"超常儿童""天才青少年"培养的形式是多种多样的:一是设有特殊班级的英才学校。把超常儿童、天才青少年集中在一起学习、培养,有专科(单科)性质的(如数、理、艺术等),也有综合型的。这种专门培养英才、天才的学校,智商一般要在130以上的儿童和少年才能入学。二是普通学校内的超常教育。不把超常儿童专门放在一所学校里培养,而是与其他学生放在一起,但可以让他

---

① 《邓小平文选(第2卷)》,人民出版社1983年版,第37页。

们提早入学,并对他们加强个别辅导。如为他们建立可供自由选择的弹性课程,根据需要开设特殊科目,允许跳级,鼓励他们独立开展研究等。三是家庭型学校。即在家上学,主要由家长(或外请教师)教和自学。有些家长认为自己的孩子有特殊的才能、特别的兴趣爱好,而学校教育又满足不了孩子的需求和发展,于是就把他留在家中接受教育。

美国对拔尖创新人才的培养之所以比较成功,一是在思想观念上承认有超常儿童和天才的存在,对每一个天才儿童因人而异,因材施教,给予特殊的待遇;二是重视法制建设,以法律形式为培养天才青少年提供政策保障和支持;三是加大资金投入,从国家到地方政府,从企业到基金会,都拨专款支持天才教育的研究和实施。

(2) 英国对"超常儿童"的培养。

英国将英才教育列入教育改革的重要组成部分。1999年,出台"追求卓越城市教育计划"(EIC 计划),要求学校任命一名英才教育协调员,选拔 5%~10% 的在校生为"英才学生",并设置不同的教学规定和教学计划。截至 2004 年,英国有 40% 的中学(约 1 300 所)、15% 的小学(约 1 800 所)所启动了 EIC 计划[①]。2002 年,英国创办了国家青年英才学院,为全国 11~19 岁的英才学生提供特殊课程服务,政府每年提供 500 万英镑支持此项工作。2008 年,英国有 78 万名学生被鉴定为英才学生。为提高英才学校教育质量,英国十分重视英才教育中的师资培训,要求教师必须树立英才教育理念并纳入教师专业标准。英才学生教育教学能力成为衡量优秀教师的重要指标。英国的"超常"教育,还体现在公学这种学校教育模式上。英国的公学是实施"超常"教育、"英才教育"的私立学校,培养了许多有超强创新力的学生。这里有一流的生源,一流的办学条件和教学环境,有一流的教师,学费昂贵,选拔严格。入学考试内容广、要求高,偏学术性[②]。

(3) 新加坡对"超常儿童"的培养。

新加坡于 1984 年实施天才教育计划,目标是致力于培养英才儿童,使其充分发掘和实现自己的潜能,以更好地为国家和社会服务。到 2001 年,新加坡已经有 9 所小学和 7 所中学成立了"天才教育计划中心"。新加坡教育部

---

① 王俊成、何静:《开发人才中的"富矿":北京八中 31 年超常教育探索及启示》,《中小学管理》2016 年第 9 期。

② 王佳、褚宏启:《新加坡英才教育的举措与启示》,《比较教育研究》2013 年第 5 期。

认为,英才儿童应具备六个条件,即综合能力、特定的学术能力、创造性思维能力、领导能力、视觉艺术和表演艺术方面的能力、心理活动能力。在新加坡,对英才儿童的选拔是从小学阶段四年级开始的,即从学生总人数中选出1‰作为天才教育计划的入选对象。考试科目有英语、数学和综合能力测试。此外,为了更好地推行它的天才教育计划,新加坡国立大学附属数理中学还与一些世界一流大学建立了毕业证书认证机制①。

（4）新西兰对"超常儿童"的培养。

新西兰是一个多民族的发达国家,对教育和人才培养,也非常重视。1997年,成立了新西兰"英才教育咨询小组"。2000年,该国教育部印发了《英才学生,新西兰学校满足他们的要求》,用于为所有英才教育学校提供指导。2001年,其教育部正式组建了英才教育工作小组。2002年,新西兰政府颁布了《英才学习者促进法案》,强调要保障所有的英才儿童均能接受到合适的教育②。

三、超常教育的重要意义和作用

智力"超常"儿童、能力"超强"儿童是客观存在的,如果能及时把他们选拔出来进行早期培养、及时培养,必将有助于他们的茁壮成长。他们犹如金矿、银矿埋藏在地下,发挥不出应有的价值,一旦开采出来,加工锤炼,便熠熠生辉,成为宝贵财富。但不同的是,金矿、银矿埋藏在地下几百年数千年都不会变质变性,而人的生命是短暂的,尤其是"超常"儿童的智力开发和培育是有时效性的,如果过了拐点期就难以激发他们原有的强烈的兴趣爱好和专特长,也因此就失去了培育和成长的最佳时期。这也如同农作物的种植有很强的季节性一样,如果错过了某个节气或种植时机,农作物就将发育不全甚至颗粒无收。从过去到现在,我们社会上出现的一些体育天才、音乐天才、艺术天才、棋类天才或科学天才,他们绝大多数都是从少儿时期就被发掘出潜能并加以培训和引导的,同时为他们创造良好的成长环境。

在现代社会,经济发展了,物质生活改善了,资源丰富了,这些都为儿童早期的智力开发奠定了良好基础,也带来了良好条件。如果我们能及早地

---

① 王佳、褚宏启:《新加坡英才教育的举措与启示》,《比较教育研究》2013年第5期。
② 王佳、褚宏启:《新加坡英才教育的举措与启示》,《比较教育研究》2013年第5期。

把这些"超常"或"超强"儿童选拔出来,根据他们的兴趣爱好和专特长,因人而异,因材施教,给予充分的阳光雨露,并及时培土、施肥,让他们在适合的环境里茁壮成长。反之,如果让这些"超常"儿童混合在其他普通儿童之中接受一般教育,把大量时间消耗在他们早已掌握或根本就不喜欢的教学内容上,他们就没有多余的时间和精力去学习、钻研自己的兴趣爱好,从而也就错失了无法挽回的、最好的发展时机。

因此,笔者认为,我们的教育,千万不能忽视对百分之几"超常"和"超强"儿童的选拔和培养。美国教育的一个成功之处,就是着力于5%天才儿童的培养。有不少人认为,美国的教育是失败的,基础教育质量不高,远不如亚洲和其他发达国家。但是,美国5%的英才教育却是成功的。正是这5%的英才,支撑和推动了美国科技、国防和经济的持续发展,也因此在世界的竞技舞台上长盛不衰。就高等教育而言,美国的英才教育主要集中在二三十所顶尖大学。全国各行各业,包括政界、经界、军界、科技界的杰出人物,绝大部分来自这二三十所顶尖大学。由此可见,英才教育、拔尖人才培养对美国的发展和强盛起着举足轻重的作用;正如一位学者说的,人才是分层次的。英才是高层次人才,居于金字塔的塔尖,是人才大军中一支"特种部队",有卓越的创造能力,是人才资源中最有价值的部分,是衡量一个国家人力资源质量的关键要素①。再如,上文所述的英国私立学校"公学"是中学阶段的英才教育,学生人数仅占英国中学生总人数的1.4%,且分别获得牛津和剑桥50%与55%的招生名额。20世纪60年代,英国外交官中的95%、将军中的87%、法官中的85%以及政府高官中的87%,都毕业于以"英才教育"著称的"公学"②。可见,"超常"教育、英才教育在培养高端人才、尖子人才中的重要作用。

人类社会已经经历了从农业经济时代向工业经济时代、再向知识经济时代的过渡。如果说农业经济的发展主要依靠劳动力,工业经济的发展主要依靠资金,那么知识经济时代的发展主要依靠知识和高科技。当今社会已进入信息化时代、人工智能时代,引领和推动社会发展的动力主要靠各类拔尖创新人才、精英人才。在任何一个国家和社会,都必须有一批精英人

---

① 程黎、王寅枚:《新西兰英才教育的政策与实践》,《比较教育研究》2013年第5期。
② 褚宏启:《追求卓越:英才教育与国家发展——突破我国英才教育的认识误区与政策障碍》,《教育研究》2012年第11期。

才,这是绝对不可缺少的。如果没有精英人才,这个社会和国家不可能有高水平、高品质的快速发展。我国必须有大批具有创新思维、创新能力的拔尖人材,才能在激烈的经济竞争、科技竞争中取胜。而大批拔尖创新人才的培育必须从小抓起,从超常儿童的选拔培养抓起。如果不及时采取有力的培养措施,没有让他们自主学习,自由活动,发展自己的兴趣特长,就必将泯灭他们的才智和潜能。

实施"超常"教育的最大作用,就是可以及早将那些未来精英人才的苗子选拔出来,然后精心培育,把他们的潜在的专特长以及聪明才智最大限度地发掘出来,从而使他们不断成长,以至成为拔尖创新人才,成为国家栋梁之才。我国目前最紧缺的就是世界一流的高科技和核心科技,为此急需培养和造就能创新高科技的杰出人才,而加大培育超常儿童和天才青少年,正是培育有创新精神、有创造能力的高科技人才的基础工程。

四、我国"超常"教育存在的问题

我国在"超常"教育方面尚存在严重的不足和问题。在精英教育阶段,我国高等教育的毛入学率在15％以下。如1978年仅1.56％,1998年仅9.6％,直到2002年才达到15.03％。当时的大学生多数属于"超常"学生,但没有根据他们的兴趣爱好和专特长给予"超常"培养。因为各行各业人才奇缺,高校必须培养面向社会需求的专门人才,难以实施特殊的"超常"教育和英才教育。现在我国高等教育已进入大众化后期,毛入学率在48％以上,每年招收700多万名大学生,完全可以将1％～3％的"超常"学生选拔到英才学校或英才班、尖子班,给予特殊培养。但这项本可以实施的工作,至今没有真正开展起来,究其原因是多方面的。主要是对"超常"教育的认识存在思想观念上的偏差。

1. 受传统"均衡论"观念的负面影响

中华民族有许多优秀的文化传统,但由于两千多年封建主义思想的影响,也有不少对后人产生很大影响的消极观念,其中包括"均衡论"。中国古代就有"不患寡而患不均、不患贫而患不安",即不担心人们分配得少,而是担心分配得不均匀。这是典型的"均衡论"思想或平均主义思想。长期以来,社会上一直存在不担心财富不多,只担心财富分配不均匀,反映在教育和人才培养方面,即不担心"拔才人才"出不出来,而只担心录取、招生标准和规则不公平。一旦招收偏才、怪才、"超常"人才时,由于他们的考试分数不是最高,就会受到不少人的质疑、谴责、批评。在"教育公平"的声浪中,这些有望成为"杰出人才"的人往往被扼杀在摇篮中,排斥在校门之外。

2. "左"的思想影响至今还没有肃清

在"文革"时期"左"的思想路线影响下,业务上尖子人才往往被视为"只专不红"、把培养尖子人才视为"白专道路"。现在这种观点虽然已经没有市场了,但在不少人的头脑中,仍然把培养拔尖人才、实施"超常"教育认为是在搞特殊化、搞特权,是在为"官二代""富二代"孩子提供上升通道。认为这样做,还会必然会出现"通路子""递条子""开后门"等各种不正之风,从而污染社风气,滋生社会腐败现象(事实上,目前一些名牌民办小学、中学即"超级学校"的学生,绝大多数是劳动人民子女,并非"双二代"子女)。邓小平早就主张要办好重点学校,把最优秀的人才送去学习。但反对办重点学校、反对把优秀生优先录取的呼声不断。正是这种"左"的思维定式,阻碍了"超常"教育、英才教育的发展。

3. 形而上学的观点贻误了"超常"教育

改革开放后,许多有识之士批评完全按分数录取的招生制度,埋没了有专特长的人才,提出要实行自主招生制度,对专特长学生加分,或降分录取,如对参加全国或省级奥赛、技能竞赛的优胜者,可免试直升或破格录取。这些措施对选拔和培养"超常"学生和尖子学生发挥了积极作用,并取得一定实效,对挖掘学生潜能、激发学生专特长的发展也产生了良好的效果。但试行了一段时间后,由于少数地区和学校出现了一些问题,于是一些主管部门就取消了自主招生,取消了对专特长学生的加分,又恢复到以前的"以分为本"的招生制度。许多能够展示青少年学生才华、有助于早期发现人才的竞赛绝大多数被取消了。偌大的中国,只批准 29 个竞赛项目,唯恐出现"走后门""潜规则"等问题。实际上,这些问题与改革的成果相比是次要的,成绩和主流是好的。而且这些问题是在改革过程中发生的,是局部的、个别的,完全可以通过完善规章制度、加强监管予以解决。然而有些教育主管部门,把支流当主流,把局部当全局,经受不住舆论的压力,犯了形而上学的错误。殊不知,这种简单化的"一刀切"式的做法,必将导致许多"超常"学生(高智商学生)和"超强"学生(专特长学生)被排除在校门之外,也泯没了他们的聪明才智。另外,这种形而上学的思维方式也是违背唯物主义辩证法的。毛泽东在《矛盾论》中指出:"矛盾存在于一切事物的发展过程中,在一定的条件下,矛盾的东西能够统一起来,又能够互相转化。"以上这种片面的、静止的、孤立的思维方式,显然阻碍了"超常"教育和英才教育的发展。

4."三个一切"观点阻碍了"超常"教育

近些年来,在招生中把"稳定压倒一切、分数高于一切、公平主导一切"放在至高无上的地位,导致超常教育和天才教育不能实施、不敢实施。"超常教育"就是要选拔和培养尖子学生,这是一项很烦杂的系统工程,对正常的教育制度、教育政策及教育秩序也会带来一定的冲击和影响,工作难度较大,当然也会在社会舆论中产生不同的看法和争论。这都属于正常现象,不必惊慌失措。有些人担心会造成"社会的不稳定",不少地方和学校因怕"惹是生非",怕"不稳定",只好放弃"超常"教育。当今升学制度仍是以"分数为本","分数高于一切",教育主管部门下发的文件中虽然有对学生"素质"要求,但这是软指标,因为人人"素质"都合格。招生录取时依然是从高分到低分依次录取,以维护所谓的"教育公平"。然而有专特长、有兴趣爱好的"超常"学生、"超强"学生,往往在考试分数上考不过那些潜心读书的"学霸"和应试生中的考试"高手"。在"分数高于一切"、"公平主导一切"桎梏下,"超常""超强"的有特长学生得不到特殊照顾,迫使这些学生只好在提高考分上下功夫,而不是在发展专特长和兴趣爱好上下功夫。于是,这些学生由于得不到进一步培养的机会,"超常""超强"的优势逐渐退化,变成平常人,普通人。我们不能以所谓的"教育公平"违背人才成才规律、违背教育发展规律。如果我们的教育以及考试招生选拔制度不鼓励、不激励1‰～3‰的"超常"学生,而是用所谓的"公平""分数线"挡住他们前行,实际上是在扼杀拔尖创新人才的成长,"钱学森之问"岂能破解?

五、我国如何实施"超常"教育

实施超常教育并非仅仅是招生考试问题,也并非仅仅是教育部门的事情,而是一个从思想观念到教育制度、教育政策问题,是一个国家人才发展战略的制定到精细化的实施方案的落实问题。解决好这一问题,必须有战略高度,又要齐抓共管,落到实处,力戒空谈。

1. 树立实施超常教育的责任感和紧迫感,善待"超常"儿童和学生

要认识到当今世界各国之间的竞争日益激烈,表现在经济、国防、科技、

文化等全方位的竞争,我国与发达国家相比存在较大差距,尤其在核心科技领域差距更大,主要原因在于缺乏拔尖创新人才,因此要有一种紧迫感和危机感。我国要在未来四五十年赶上和超过发达国家,就必须从学前教育、小学教育抓起,着力实施超常教育,让尖子人才脱颖而出。

为此,就要树立实施"超常教育"的责任感和使命感,从学前教育教师到各级教师,认识到超常教育的重要性,善于发现"超常"学生,及时选拔推荐,实施"超常"教育。首先,各幼儿园、小学和中学要善待"超常"儿童和学生。若将他们适时地招收到合适他们生存和发展的学校,如禾苗获得阳光、雨露,茁壮成长,大有所为;若将他们与常人一样看待,都固定在同一个班级学习同样的课程、考同样的试卷,并以分数作为升留级和升学的唯一标准,那么这些"超常"学生必定就会为了追求高分数而不得不花大量时间和精力去应对作业、考试,被强迫地学习自己不喜欢的课程和专业,而不能按照自己的兴趣爱好、专特长去发展自己,虽也能取得了不错的成绩,但他们的兴趣爱好和专特长却被磨灭了,从而也错过了最好的成才时机。最有希望培养成杰出人才的"超常"学生就这样被耽误、被淘汰了。这就是钱学森说的"为什么我们的学校总是培养不出杰出人才?"对具备杰出人才素养和基础的"超常""超强"学生不着力挖掘和培养,如同对藏有金子的矿石不去开采,而着力开采一般的石矿和铁矿。不去挖掘开采金子何以出金子?不去选拔培养杰出人才何以出杰出人才?开采出数万顿石矿、铁矿,也不如开采一公斤金子有价值。知识经济时代杰出人才是国家的栋梁,是无价之宝,国家缺乏石矿、铁矿可以进口,而缺乏尖端人才,是不可能进口的。我们必须有培养杰出人才的紧迫感和责任感,才能善待"超常"学生,重视"超常"教育。

心理学研究成果告诉我们,13岁以前是"超常"儿童成长的关键时期,4岁、7岁和13岁是发展期的三个拐点。包括科技精英、国学大师、体育尖子、文艺尖子,概莫如此。我国有一支"珠心算部队"肩负着特殊的国防使命,他们的年龄仅8岁左右,都是从"超常儿童"中用超常的方法选拔出来的,并以超常的方法强化培养。突破一般学校的招生、培养模式。"超常"儿童少年的成长是有时间节点上,必须抓住节点和拐点,针对他们的兴趣爱好和专特长,及时培养和训练,可促使他们快速成长,造就成尖子人才、精英人才。相反,如果不及时培养,犹如农作物种植过了节气,失去了生长发育的时机,导致无可挽回的损失。

善待"超常"儿童就是要用超常的方式及早发现,用超常的方式及早培养,不宜把"超常"学生与一般学生放在一起培养,不能以考试分数束缚他们的"超常"发展,否则本可以成为"杰出人才"的"超常"儿童、"天才"少年被扼杀在"以分数为本"的应试教育之中,这是教育的失败和悲剧。"超常"学生具有超出同龄人、常人的智商和创造力,必须采取超出常人的、超出常规的培养方法。对超常学生应从智商、情商、创造力方面考核他们,不能仅以考试分数、"全面发展"考核他们。

概而言之,中国不缺"千里马",而缺识"千里马"的"伯乐";中国不缺"超常""超强"人才,而缺选拔、培养人才的机制;中国不缺金矿、银矿,而缺开采意识和能力。只有树立高度的为国家培育杰出人才的责任感和紧迫感,才能高度重视"超常"教育工作。

2. 转变思想观念,破除"三个一切"

一是关于"稳定"问题。实施"超常"教育可能会产生不同的看法,给管理工作、教学工作带来一些麻烦,这是正常的。只要讲清这项工作对人才培养的重要意义,制定好完善的规章制度、操作程序,是不会影响稳定的。但现在有些人把工作中出现的一些问题小题大做、惊慌失措,莫须有地与"维稳"挂钩,反对搞"超常"教育,这是"因噎废食"、顾此失彼。同时,我们还要警惕个别制造不稳定的人。世上有一种"恶"就是"自己好不了也不让别人好,自己上不去也不让别人上去"。有些人的孩子智力很平常上不去,又不让智力"超常"的孩子上去。一旦别的孩子上去了,嫉妒恨心理爆发,就吵闹不休,"不公平、不平等"帽子满天飞,甚至制造事端。因此,我们不能以"维稳"为名姑息迁就这些人,不能妨碍"超常"教育的发展,不要把不属于"维稳"范畴内的事,夸大其词地上升到"维稳"问题。目前的义务教育阶段,把"超常"学生与普通学生放在一起培养,前者"吃不饱",后者"受不了",于是出现一批"超级"学校的"超前"教育,这样就影响了正常的教学秩序,反而会导致不稳定。从长远来看,如果不重视"超常"教育,国家培养不出大批拔尖创新人才,我国科技一直就处于落后状态,受制于西方发达国家,我们的国家和社会能稳定吗?只有办好"超常"教育,培养出大批杰出人才,在国际竞争中立于不败之地,才能使我国真正稳定、繁荣,长治久安。

二是"分数面前人人平等"问题。升学考试以考分为主要依据是正确的、必要的,但不能绝对化、简单化,否则就会把那些有特殊才能的学生排除在校门之外。"超常"儿童,往往在某一方面有强烈兴趣、出类拔萃,对这些特殊人才必须用特殊的方式加以培养,如果完全按分数录取,必将把许多有望成才的"超常"儿童、英才青少年被剥夺获得合适教育的机会,必将引导所有的学生放弃自己的特殊爱好和专特长,去应付升学考试,追求分数,将来就会演变成为"平而不尖"的"合格"人才。如果以"分数面前人人平等"为借口,则耽误了对拔尖创新人才的选拔和培养。这是典型的"不患寡而患不均"的思维定式,是"以分为本"而不是"以人为本"。进而言之,我认为"分数面前人人平等"实际上是个伪命题。"人"不是由分数决定的,分数不能全面客观地体现出一个人的本质,有高分低能者,也有高分缺德者,分数仅仅反映人的智商的一部分。仅仅以分数的高低来评判人、选拔人,本身就是一种不平等。

三是关于"公平"问题。有人认为"按考分录取是最公平的"。这种貌似公平的做法,实际上却是不公平的。究其原因:一是不同的学科专业,不同的行业对学生的素质、知识结构的要求是不尽相同的。以考分为本,完全按分数录取学生,对学科专业和用人单位是不公平的,因为有些毕业生不能满足他们的发展需求。二是对"超常"儿童少年来讲也是不公平的。他们平时把大量时间、大量精力花在发展自己的专特长和兴趣爱好上,比常人艰辛许多,他们如果把大量时间、精力用在课业上,完全可以考出高分。不善待"超常"学生,不因材施教,本身就是不公平,对国家发展也是非常不利的。正是这些"超常"学生中有奇才、怪才、天才,培养好了将来会对社会、对国家甚至对全人类作出卓越贡献,现在用所谓的"公平"不给他们提供适宜他们发展的气候土壤,甚至排除在校门之外,这不仅是其个人的损失,而是社会和国家的损失。

3. 制定"超常"儿童的选拔标准和操作办法,大力创建"超常"学校

为了确实把那些"超常"儿童选拔出来,推荐到"超常"学校或英才学校,大中城市可设置专门的测试点,像一些发达国家一样测试出"超常"学生的智商指数,凡达到标准的便可获得相关证书,方有资格报名"超常"学校或英才学校,以防"递条子""走后门"等不正之风。

鼓励创建用来专门培育"超常"儿童的"育英学校""英才学校""特色学校"等。这类学校应以民办、私立学校为主,把现有的质量较好的民办小学和民办中学改为以培育"超常"学生为主的学校。一些公办学校在校内也可

以开设"育英班""英才班"或"尖子生班"。全国有2亿多名小学生和中学生,其中智力"超常"学生有600多万名,为此要办上万所英才学校及"英才班""尖子生班",这样才能满足各方面的需要。然而我国目前太少太少,发展潜力很大。

  为了确保"超常"教育在招生、教学、管理、质量保障等方面能够正常运行,应在入学条件、选拔制度、办学规则、教学内容、培养目标、教师规范、学生守则等方面制定操作办法,同时包括制定筛选制度、淘汰制度、退出机制,以确保真正的、有发展前途的"超常"儿童能进入到这类学校和班级学习和深造。有人担心这样做会不会出现"开后门""通路子"等不正之风,或出现许多家长都认为自己的孩子很优秀而千方百计要送进"超强学校"。但只要制定好相关的制度和措施,就不会出现这些问题。如果家长把没有专特长的、智商不高的、没有强烈兴趣爱好的孩子送到这类学校,根本就不可能适应高难度、高强度的学习环境,甚至会耽误自己孩子的学习。有人说,创办"超常"学校(班级)很有必要,但如何应对"双二代"("官二代""富二代")利用各种关系和手段纷至沓来,这是当今中国社会的一个现实问题。我认为只要规范管理,制定切实可行的政策制度和实施条例,加上党风党纪管控严格,日益好转,这些问题完全可以解决。凡符合条件的"双二代"准予入学,不得拒收;凡不符合条件的"双二代"一律不予录取,不得照顾。教育主管部门不能因为"双二代"问题望而生畏、怯而止步。更不能以此为借口,不敢开展"超常"教育,这是不敢担当、不作为的表现。习近平总书记说,我们要选拔敢担、有作为的干部到各级工作岗位。教育系统更需要这样的干部。我国"超常"教育发展缓慢,不进反退,与教育主管部门缺乏有战略眼光、缺乏"敢担当、有作为"的干部有关。

  4. 创设良好的外部环境,加大"超常"儿童的培养力度

  一是在政府层面,设立专门从事"超常"教育管理的部门和机构。如可以在国家教育部设立"英才教育司",在地方教育厅(局)设立"英才教育处(科、室)",专门管理"超常"儿童教育、英才学生、天才学生教育。要把超常教育列入教育发展规划和工作计划之中,制定"超常"教育教育的相关政策、法规、条例;审批"超常"学校或英才学校举办的条件;检查督促英才学校教育教学质量,确保"超常"儿童能及时得到相应的合适教育;组织交流"超常"教育的经验,推动其健康发展;帮助和扶持各类英才学校办出水平、办出特

色、办出成效,培养出尖子人才,输送到最适合的高等院校、科研院所深造。我国"超常"教育能否像发达国家那样蓬勃健康地开展起来,政府的作用是至关重要的。政府主管部门要把"超常"教育作为分内工作、重要工作。要像抓抓义务教育、抓"双一流"那样高度重视。但在教育部下达的主要文件中,年度工作计划中,几乎从不涉及"超常"教育、英才教育。尽管对高校拔尖创新人才的培养比较重视,但"超常"教育必须从学前教育、小学教育抓起,并延续下去。到了大学再抓固然也会有作用,可是许多本可以成为拔尖人才的"超常"儿童少年,由于没有"超常"教育早被流失了。进入大学的"高分尖子",许多人是没有专特长、没有个性、高分低能的缺乏创新思维的学生。到了大学才想起来培养拔尖人才,为时已晚,尖子学生锐减。

二是在学校层面,各级学校都要善于发现"超常"儿童,要建立学习档案,及时选拔推荐他们到适合的学校和环境学习和深造。为此,学校一方面要加强大脑开发、思维训练、能力发展,增加知识点、扩大知识面等智力因素的培育;另一方面也要对这类儿童和学生加强理想信念、品德品行、意志毅力、身心健康等非智力因素方面的培育,尤其要有艰苦奋斗精神、吃苦精神。

三是在社会层面,建议在中国教育学会及中国高教学会这些全国性学术组织下设立"超常"教育、英才教育、拔尖创新人才教育等类似专门性的研究会、联盟、协作会等研究机构,搭建互相交流、互相学习的平台。同时,鼓励和引导企业、基金会、社会贤达积极扶持、资助这些为国家培养拔尖创新人才的学校及相关机构。

我国是高度集中管理、行政领导力很强的国家,这种体制有利于集中力量办大事、办实事,效率很高。我国教育行政管理部门的权利也很大,对增加教育投入、加快教育改革发展起了很大作用,如果能够着力于"超常"教育、英才教育,一定会取得好的效果。教育主管部门应采取切实措施,从学前教育、小学教育阶段抓起,及早发现、及早培养"超常""超强"学生,并与高等院校、科研部门、相关企业相衔接,协同培养、连续培养。

习近平总书记说过,要加快建成适合每个人的教育,努力使不同性格禀赋、不同兴趣特长、不同素质潜力的学生都能接受符合自己成长需要的教育。开展"超常"教育,正是习总书记强调的"每个人的教育"。"超常"教育是教育规律和人的身心发展规律决定的。背离了规律就是错失了"超常"人才培育、发展的机会,因此"学校总是培养不出杰出人才"。据悉,新创建的杭州市天元公学,将实行从幼儿园、小学、中学"一条龙"办学模式,作为"超常"教育、"每个人"教育的示范学校。"探索实施个性化潜能教育实践,使不同性格禀赋、不同兴趣特长、不同素质潜力的学生都能成长成才"。期盼这一新型的学校在新的教育理念指导下,为我国"超常"教育、为杰出人才选拔培育,注入新的元素,探索新的路子。建议每个省(区)市至少创办一两百所"超常"学校,有条件的小学、中学都要办"英才班""特色班",我国大批精英人才将会如井喷一样涌现出来,"钱学森之问"也将迎刃而解。

(原载《教育发展研究》2019 年第 22 期)

给大学生做报告

要高度重视着力发展老年教育

老年教育是伴随老龄化而产生的,是现代社会发展的必然产物。越是经济、文化发达的国家,人的寿命越长,老龄化程度越高,老年教育也越发达。国际上公认的社会老龄化是指一个国家(地区)60岁以上的人口占总人口的10%,即进入老龄化社会。世界上最早进入老龄化社会的是法国(1865年),目前全球有近百个国家进入老龄化社会。2020年全球老龄人口将占13%,到2030年上升至17%。我国于1999年进入老龄化社会,60岁以上老年人口达1.2亿人,占全国总人口的10%,并以每年3.2%的速度持续增长。2010年60岁以上的老年人口为1.78亿人,占人口总数的13.3%,2016年60岁以上的老年人口为2.3亿人,占总人口的16.7%,预计2020年老年人口占17.8%,2025年将突破3亿人,2034年突破4亿人,到2050年达到4.83亿人,占总人口的34.1%。远远超过世界老龄化的平均值。然而在老年教育方面,我国与欧美一些发达国家相比,存在较大差距。尤其作为最高学府的普通高等学校没有承担起老年教育的重任,其原因是多方面的。我们应借鉴国外先进理论、先进经验,解放思想、更新观念,高度重视、切实办好老年教育。

一、老年教育是社会发展的必然趋势

中国高等教育在漫长的一段时间里,停滞在精英教育阶段。新中国刚建立时,全国有高校205所,在校大学生11.7万人,毛入学率仅为0.26%;1978年,在校大学生132万人,毛入学率为1.56%;1998年,毛入学率也只有6.8%,在校大学生643万人;1949年扩招后,于2002年毛入学率达到15.2%,在校生1512万人。

一是精英教育阶段老年人享受不到教育资源。

在精英教育阶段,由于教育资源严重不足,只能让少部分精英青年上大学,入学年龄限制在25周岁以下,成年人和老年人不可能到普通高校学习。因此普通高校不承担成人和老年教育是必然的、正常的。到了20世纪60年代,为满足社会上有些部门的管理人员和专业人员渴望学习的需求,有条件的大学、重点大学举办了函授教育,向成年人开了一个窗口。但是绝大多数在职人员没有机会享受高等教育,老年人更加不可能到大学读书。从教育史上看,大多数发达国家也有过这样的经历。在精英教育阶段,在职人员、成年人、老年人也是被排斥在大学校园之外的。这与当时的社会经济状况相适应的,与当时的社会需求、个人需求相适应的。一方面,国家经济实力不强,高等教育资源有限,不可能让更多的人接受高等教育;另一方面,人们对知识和科学技术的需求并不很迫切。在农业经济时代,推动农业发展的主要动力是土地和体力强壮的农民,拥有土地和充足的劳动力是主要的追求目标;在工业经济时代,推动工业发展的主要动力是资金和雇佣劳动者,拥有全球和廉价劳动力是主要追求目标。但与农业经济时代相比,工业经济时代的知识和科学技术对生产力发展的贡献率明显增大,生产力中的科技含量越来越大,正如马克思说的"科学技术是生产力"。这一时期对在职人员的培训、教育活动增加了。高等学校除了招收年轻大学生外,纷纷举办各类成人教育,把对在职人员的培训、成人教育纳入学校教育发展规划之中,但对老年教育仍顾及不到。20世纪五六十年代,欧美一些发达国家的老年人口增加很快,许多人提出老年人学习、老年人教育问题,遭到社会上普遍反对。他们认为必须把有限的高等教育资源用于培养年轻人,以便很快为经济社会的发展作出贡献,如果供老年人享用,是"资源浪费"。

二是从"资源浪费论"到"终身教育论"。

到了知识经济时代,情况发生了很大变化,推动生产力发展的主要因素,不再是劳动力、土地和资金,而是科学技术。因为科学技术发达后,原材料和能源的消耗大大减少,体力劳动消耗也大大减少,拥有知识、掌握现代化科学技术是主要追求目标。正如邓小平所说的"科学技术是第一生产力",在知识经济时代,人人要有知识,只有不断更换旧知识、学习新知识,才能不断适应社会的发展,推动社会的前进。

随着知识经济社会对科学技术依赖性日益增强,促进了发达国家高等教育从精英化阶段向大众化、普及化阶段发展,多数发达国家在20世纪五六十年代就进入高等教育大众化阶段,80年代进入了普及化阶段。与此同时,在职人员、成年人获得教育的机会也增加了，"资源浪费"论的观念得到抑制，这与当时的成人教育、终身教育理论起了很大的作用有关。1970年，在联合国任职的法国教育家保罗·格朗格最早提出"终身教育"概念。他认为必须把教育看作是贯穿于人的一生与人的发展的各个阶段的持续不断的过程，推翻了长期以来把人的一生分为"读书阶段、工作阶段、退休阶段"人生"三段论"的观点。20世纪70年代初，联合国教科文组织出版了《学会生存》一书，提出："每个人都必须终身持续不断地学习"，"不会学习的人就不会生存"，还提出"向学习化社会前进"的目标。1984年8月，西方七国首脑会议首次正式建议："通过较好的教育和培训，发展终身学习的文化，对人增加投资。"同年11月在意大利罗马以及1997年3月在加拿大渥太华召开的两次世界终身学习会议上，又明确提出了"终身教育是21世纪的生存概念"的观念。终身教育理论的提出，是建立在高等教育从精英阶段转变到大众化阶段的基础。没有高等教育大众化乃至普及化提供的丰富的教育资源，则不可能有成人教育、终身教育。终身教育理论产生于经济社会及教育大发展的基础上，反过来又指导和推动了成人教育和终身教育的进一步发展。

三是成人教育与继续教育的区别。

许多国家都抓住高等教育大众化并还在向前推进的机遇，大力发展了成人教育、终身教育，敞开大学之门，向老年人开放。我国许多本科院校也成立了成人教育学院，把原来的函授、夜大学、自考、培训全部归属到成人教育学院，接受在职人员、待业人员的学习申请，主要利用晚上和双休日时间学习，其中有学历教育，也有非学历教育。成人学历教育纳入全国成人高等教育统一考试。高等教育大众化的成就不仅让青年学生入学机会多了，而且推动了成人教育的发展，在职成年人得到了继续学习的机会。

"成人"是年龄段的概念，有年龄限制，一般指60岁以下的中年人，有人质疑成人教育学院意味着只向成年人开放，把老年人排斥在外，与"终身教育"理念不合拍，于是建议改为"继续教育"，将成人教育学院改名为继续教育学院。成人教育是面向学校教育后所有成年人的教育活动，而继续教育是面向学校教育后所有人包括老年人的教育活动。一字之差使老年人有了受教育的机会。

党的十八大报告提出的"积极发展继续教育，完善终身教育体系，建立学习型社会"为高等学校办好成人教育、继续教育指明了方向，起了积极推动作用。全国大多数本科院校都办了继续教育学院。我国有两千多所普通高校，其中本科院校近一半左右。大致分为四类：研究型大学、教学研究型大学、教学型大学、应用技能型大学。各类高校在继续教育方面，面对教育的对象、目标、任务是不一样的。重点大学、研究型大学，主要承担对高端人才的培训，如举办"MBA"班、"PMBA"班、高端人才研修班、进修班等，这类高校有丰富的教育资源，包括有高水平的学科（专业），有造诣精深的教师队伍，有先进的教学科研设备，有丰富的信息图文资料。一般本科高校可承担培训中高端人才的任务，举办大专学历文凭教育、职业技能或岗位证书培训等；师范院校可以承担各级各类教师的培训教育、知识更新教育。改革开放以来，我国普通高校在成人教育、继续教育方面发展很快，成绩很大，既有社会效益又有经济效益，为学校带来了丰富的收入，尤其是一些重点大学，继续教育的产值在数亿元以上，对人才培养、经济社会发展、改善办学条件以及提高教职工待遇起了很大作用。大部分高校对举办终身教育、继续教育的积极性很高，这是与学校和办学者利益驱动直接关联的。成人没有包含老年教育，改为继续教育后，为老年教育开了一扇大门。

四是我国普通高校在大众化后有条件举办老年教育。

高等教育大众化，为老年教育提供了资源。进入大众化教育阶段，随着经济社会的迅速发展，对人才的需求越来越迫切，有力地推动了高等教育的大发展。到2019年，我国高校的毛入学率已达到42.8%，进入高等教育大众化后期。北京、上海等地毛入学率已超过60%，迈入高等教育普及化阶段。伴随着高等教育从精英阶段向大众化阶段的转变，极大地扩充了教育资源，扩大了办学规模，但也导致一些不符合大学生素养的不愿意继续读书的不合格的学生进了大学，进大学后又在放任自流中"混"日子。不少学校实行"宽进宽出"，缺乏严格的、科学的学籍管理制度、淘汰制度，让他们"混"到了文凭，导致教育资源的浪费，大学毕业文凭贬值，一批不合格的毕业生流向社会。这是我国高等教育从精英阶段转向大众化阶段后的一大失缺。

高等教育大众化为发展终身教育、继续教育提供了很好基础与平台，但是绝大多数普通高校在发展继续教育中对老年教育兴趣不大，积极性不高。我国老年人口已超过2亿人。许多老年人迫切希望能继续学习，能进老年大学。之所以把成人教育改名为继续教育，就是要面向老年人。"终身教育是从摇篮到坟墓的教育，要贯穿人的一生。"实际上大多数高校的终身教育、继续教育目前停留在成人教育、在职人员教育、"创收"教育上,广大渴望学习知识的老年人被边缘化,被排斥在大学校园之外。跟发达国家相比差距很大。这是中国高等教育从精英教育转向大众化教育后,在发展终身教育中的重大失缺。大多数发达国家在高等教育大众化后,实施终身教育时都向老年人开放。我国现在有2 500多所普通高校,举办老年大学、承担老年教育任务的仅100多所。笔者及课题组成员曾经到上海、江苏、浙江、西安、广州等地调研、考察过高校办老年大学的状况,即使只有很少高校在办老年大学,其中有一半左右的高校老年大学困难重重,步履维艰,存在体制不顺、经费不足、场地没有的状况。一方面是高校不愿举办老年教育,大门紧闭;另一方面是大批老年人在通宵达旦地排队申报老年大学。许多地方甚至出现"一座难求""抓阄摇号"的现象。我国普通高校在老年教育方面的失缺,是缺乏资源吗?不是,大多数高校都拥有办老年教育方面的资源。退一步说,普通高校如果减少招收一些"不合格"的学生,淘汰一些"不合格"的学生,就能用于办老年教育。因此,应该让那些不愿意读大学、混文凭的不合格的大学生离开校园,让那些渴求知识、想进大学读书的老年人走进校园。我国普通高校在老年教育方面的失缺,其根源在于对知识经济时代老年教育的重要性、必要性认识上的失缺、思想观念上的失缺。如前所述,在农业经济时代及工业经济初期,高等教育处于精英教育阶段,高校资源只能向15%以下的适龄青年开放,到了后工业化时代,高等教育进入大众化阶段的后期,高校资源有了较大发展。在职人员需要再学习,于是成人教育兴起。到了知识经济时代,高等教育进入大众化后期,有些国家步入普及化阶段,全社会进入学习化时代,人人要学习,要接受教育,因此高等学校的成人教育转变为继续教育,应积极创办老年教育,向老年人开放。高校办老年教育是大势所趋,是时代赋予的使命。

二、正确认识老龄化社会、老年人和老年教育

一是如何正确地看待社会老龄化?

陈旧传统的社会观,一提到老龄化社会,脑子里首先想到的是老年人多了,老年人要与年轻人争夺有限的社会资源等。这是"消极老龄化"观念。他们把老龄化当成是社会的灾难、社会的包袱。实际上,人口老龄化是社会向上发展、向前发展的产物,是人民生活水平提高、人的寿命延长的标志,是

一个国家(地区)富裕、安康、文明的象征。1996年,世界卫生组织在《健康与老龄化宣言》中提出"积极老年化"的观念,认为人口老龄化是社会的重大成就。人均寿命延长,说明国富民强、生活富裕、卫生条件改善,是一个国家文明、和谐、进步的体现。大凡老龄化社会一般都是比较富裕的国家,老年人福利比较高的国家,这并非完全是在职人员提供的,也包括老年人自己创造而积累起来的。把老年人说成与年轻人争夺资源,要在职人员养活退休老人,是认识上的误区。老年人在退休前为社会创造了巨大的财富,是推动社会发展、为社会集聚财富的功臣,大多数退休人员的福利待遇是他们在职时创造出来的,储存于社会和家庭之中。退休后理应还给他们。当然也有少部分老年人在职时由身体、环境、职业等因素导致贫困,退休后接受社会接济是理所应当的,社会、政府、在职人员有责任、有义务帮助他们。现代文明社会的人权、正义、平等、公平,应体现在善待老龄化社会,善待老年人。"前人种树,后人乘凉。"任何一个社会,在职人员要创造和积累财富,为后人享受,这样社会和人类才能延续繁衍下去。

二是如何正确看待老年人?

人生分为职前期、职业期、老年自理期、老年依赖期四个阶段。老年人占据其中的两个阶段。各个国家和地区都十分重视老年人的福利、医疗、教育以及老年人自身的保养、保健和学习,共同的目标是尽可能地延长"老年自理期"、缩短"老年依赖期"。如果按照年龄划分,又可以把60岁以上的老年人分为三个阶段:60～69岁为低龄老人,70～79岁为中龄老人,80岁以上为高龄老人。低、中龄老人绝大多数属于老年自理期之内,现在世界上80岁以上的健康老人越来越多,也属于老年自理期之内。也有少数低、中龄老人健康状况不佳,属于老年依赖期。据估算,从总体来看,老年自理期的老人,即健康老人,占老年人总数的80%以上。由此得知,我国有1.5亿以上的健康老人,处于老年自理期阶段。我们所探讨的老年教育,包括由国外兴起的第三年龄教育,都是指老年自理期阶段的老人。

这些健康老人的共同特点是,离职后往往有一种失落感、孤独感,大多数人生活条件较好,家庭负担不重,没有什么压力,衣食不愁,很多人希望能够学点知识和技能,发挥自己的兴趣与爱好,充实个人生活,实现自我价值。如何正确地看待老年人,有些人存在严重的认知上的偏见。"消极老年观"把老年人看作是"病人"、丧失劳动力的人,已经不能创造社会财富、还要占据和消耗社会财富的人。这是非常片面的、错误的、有害的观念。"积极老年观"认为，大多数老年人不是病人，而是健康的人，不是丧失劳动力的人，而是可以继续为社会发挥作用的人。"老"是成熟的表现，他们有时间、有精力、有信心开创新的人生，为新的生命积极扬帆启航。随着经济社会的发展，科学技术的进步，文化教育事业的繁荣，外面的世界越来越精彩，许多老年人不甘于在家安度晚年，不满足富裕的物质生活，对精神生活的需求日益强烈。在退休老人中，知识层次高、素养高的健康老人越来越多，他们不再把退休生活局限于休闲和玩乐，而是希望通过学习新知识、新技能，充实自我、发展自我，能重返工作岗位，参与社会公益活动，发挥自己的才能，实现自我价值，获得社会认可、尊重和自我满足。

人生活在社会中都有自己的需求，各类不同人群的需求是不相同的。少年儿童有娱乐的需求，年轻人有求知求职的需求。老年人群是特殊人群，他们的需求是多种多样的、不断变化的。美国密歇根大学教育学教授霍德华·麦克拉斯基提出老年学习者有五方面的需求：首先是应付的需求，为应付老年人自身的身心变化、应付社会的发展变化而学习；第二是表现的需求，为在休闲活动和社会活动中表现自己而学习；第三是贡献的需求，为能够帮助他人、家庭，能够为社会作贡献而学习；第四是影响的需求，为能够在参加各种社会活动中产生一定的影响力而学习；第五是超越的需求，为能够超越身体功能的衰退、增强生命的活力、实现自我价值而学习。大量的研究表明，我国老年人有健康及休闲的需求、精神及文化生活需求、交友及亲情需求、贡献和社会参与需求，这些需求就是他们学习的驱动力。

综上所述，退休老人要解脱离职后的困惑感、焦虑感、孤独感、空虚感，要发展自我，适应新的环境，发挥自己的兴趣、才能，实现自我超越、自我价值，都需要学习，接受教育，与人交流，调整心态，更新知识结构，能跟上时代的脚步，与发展中的社会共同进步，使人生的最后阶段活得充实、精彩、有意义、有价值。由此可见，发展老年教育，是为了满足老年人的需求，社会的需求。

三是如何正确看待老年教育？

在现实社会中，对老年教育有不同的看法，尤其是对要不要在高等学校办老年教育的分歧很大。这在国际上也是有一个认识和发展过程的。如前面提及的，20世纪四五十年代，欧美一些国家，对老年人的关心主要停留在改善福利待遇上,认为老年教育是老年福利的一部分,只要在福利待遇上好一些就可以了。如为老年人提供"疗养院""退休部落",并招聘有资格证书的专职人员为老年人服务,认为这就是做好老年人工作了。但许多老年人不满足物质生活的改善和提高,希望能够学习,接受高等教育。但有人认为高等教育资源是供青年人学习用的,他们掌握知识后能够为社会作出贡献。当时美国经济学家"舒尔茨理论"的影响很大。舒尔茨提出著名的"人力资本是推动经济社会发展的第一要素",充分肯定教育和科学技术的重要作用。可是有人认为,应把现有的教育资源用于培养青年学生和在职人员,如果用于老年教育不值得,是资源浪费。后来随着老年人口的增加,老年人对学习的强烈需求,福利理论被权利理论取代,有识之士提出老年人受教育不仅是福利,而且是权利。只关心老年人的福利,不关心老年人的教育,不为老年人提供学习和教育的条件,是违背老年人权利的。1948年《世界人权宣言》第26条规定:"人人都有受教育权利。"其中的"人人"当然包括老年人。1971年美国白宫老年会议明确提出,对老年人来说,"教育是一种基本权利"。老年教育是帮助老年人发展潜能、继续为社会作贡献的一种手段,可以促进老年人全面发展,从而推动社会发展,从"老年福利理论"提升到"老年权利理论",大大提高了老年教育的地位。

权利理论确立了老年人享有平等的受教育权,不得歧视和排斥。此外,还有几个重要理论助推了老人教育事业的发展:其一是需求性理论。在现实社会里,每个人都有自己的需求,老年人既有生存的需求,又有发展的需求,希望接受终身教育。其二是适应性理论。人与社会环境的适应是人的生存、生活和发展的基本条件;开展老年教育可增强老年人的适应性,包括角色转换的适应性,人际交往的适应性,社会发展变化的适应性等。其三是终身教育理论。人的一生要成为受育的一生,人要终身发展,必须终身学习,终身接受教育。其四是积极老年化理论,即"健康、参与、保障",具体而言,就是要给老年人身心健康、继续参与社会活动和社会服务、保障老年人的基本权利和基本生活,提高他们的生活质量和生命质量。

先进的理论可以产生巨大的物质力量,人们掌握了先进的教育理论,用于指导老年教育实践的发展。对改变社会对老年教育的看法,对推动老年教育产生了积极作用。

老年教育是教育者根据老年人的需求及特点,有目的、有计划、有组织地为老年人提供以课程学习为主、促进老年人健康发展、具有老年特点的终身教育实践活动。

20世纪70年代后,美国老年教育有了很大的发展,其一是由政府提供经费补助,各州的社区学院为老年人提供教育。其二是大学对老年人开放,美国规定一些国立大学允许老年人参加课程学习并享受免费或减费听课。其三是建立老年寄宿教育,一部分学院和大学,建立"寄宿学校"供老年人居住,方便老年人来校学习。1975年成立的"老年游学营"是寄宿教育的典型代表,刚开始仅220人,20年后发展到了30多万人,截至1979年,美国有1 500多所学院、大学和学习机构为老年人提供教育。

老年化是社会发展的必然趋势,老年教育必须随着老年化的发展而不断发展。

四是我国老年教育的发展。

改革开放以来,我国老年教育也有了很大发展,继1983年山东举办第一所老年大学以来,截至2016年,我国有老年学校6万多所、学生670多万人,大、中城市都举办了各类老年大学、老年学校,其中有政府部门主办的老年大学,有企业举办的老年大学、远程老年大学,普通高校举办的老年大学、社区老年教育等。

国内外老年教育的实践证明,老年教育有以下几个功能和作用:

第一,老年人到老年大学或老年学校学习后,有了归属感,融入一个新的集体之中,大学互相交流、互相学习、交了朋友,充实了生活内容,心态好、精神好、身体好,成为健康老人,延长了退休自理期的时间,有不少80岁以上的老年人还在老年大学学习,正是老年教育给他们带来了青春活力。老年人身体好了,减轻了家庭负担,减轻了国家负担。有人说,增加一所老年大学,可减少一个老年医院。

第二,老年人到老年大学学习后,满足了求知求学的愿望,增长了知识和技能,提高了人文素养,增强了长者风范,对教育子女、促进家庭和睦、社会和谐起到了示范作用。

第三,许多人通过学习,自己的兴趣爱好、专特长得到进一步提升和发展,找到了新的工作岗位,参加了志愿者活动,开展社会公益活动。有人总结社会老年教育有五大作用:其一是老年人有了归属感,老年学校成为老年人的精神家园,老有所学的校园,老有所乐的乐园;其二是促进老年人再社会化,即投入新的社会环境之中;其三是提升了老年人素养,掌握了新知识、新科技、新理念,增强了适应能力;其四是提升了老年人的幸福感,享受到学习的幸福;其五是促进了和谐社会的发展,老年人素质提高了,对家庭和社会的稳定、和谐发展起了积极作用。总之,在老年化社会,老年教育是老年人娱乐休闲的需求、保健健身的需求、自我发展的需求、自我实现的需求,也是家庭的需求、社会的需求、国家的需求。

在现代知识经济时代、社会老年化时代,老年教育须臾不可缺少,要成为终身教育、继续教育的重要组成部分。高等学校应义不容辞地担当起老年教育的任务。

三、普通高校应担当起老年教育的重任

综上所述,老年化社会已经到来,老年人需要学习,需要享受终身教育。由于西方发达国家老年化来到早,经过了一段从不重视到重视的探索过程,已形成了较为完善的老年教育体系。而我国老年化社会来得较晚,但发展迅猛。开展老年教育势在必行,势不可当。必须发挥普通高校的作用。

第一,我国高等学校如何应对老年化社会的到来?

我国有2 500多所普通高校,在校生总数3 600多万人。国家投入的办学经费为4万多亿人民币,占全国教育经费的26%,这是高等教育大众化以后高等教育资源迅速增长的结果,但并没有用于老年教育方面,绝大多数高校至今没有办老年大学,在精英教育阶段,教育资源有限,不可能承担老年教育,但到大众化教育后期,仍然远离老年教育是不正常的。

为什么我国高校对老年教育不够重视,未能承担老年教育的任务?原因有两方面:一是政府没有相应的法律政策,没有相应的办学要求和经费;二是高校对老年化社会的到来没有思想准备,没有认识到老年教育的重要性,缺乏为老年教育服务的意识。思想观念停在20世纪50年代西方国家的"福利性老年观",认为提高老年人福利待遇就可以了,办老年教育是"资源流失"。目前,政府已经制定了老年教育发展规划,明确要求高等学校应在老年教育方面发挥作用。关键是高校自身要提高对老年教育的认识,要借鉴其他国家高校对老年教育的担当和做法。

美国高校之所以重视老年教育,是因为他们认识到老年人是社会发展的宝贵资源。通过老年教育,有助于提高老年人素质,鼓励老年人重返职

场,承担力所能及的工作。美国老年教育分为补偿教育、继续教育和闲暇教育三类。继续教育主要是使退休后体力、精力尚佳的老年人能继续学习,以帮助他们获得新的劳动能力或开辟新的事业领域。继续教育主要由大学来承担,美国已有一千多所大学包括一些著名大学,都向老年教育开放,有旁听生、进修生,也有可以获得学分和学位的正式大学生。德国从1979年起,普通高校"向新的学习群体开放,向在教育上遭受机会不平等的社会群体(老年人)开放"。德国还开展了"大学向老年人开放运动",已有50多所高校办老年教育。

法国是老年教育最早的国家。1973年法国图卢兹大学社会科学院专门为当地退休老人开设了老年教育课程,标志第三年龄大学正式成立,法国政府鼓励在大学中设置成人继续教育中心。

英国普通高校以各种方式支持老年教育,如提供校外成人教育,供老年学员长期或短期就读;让老年学员到大学旁听课程,开办以老年人为对象的非学历继续教育机构。1961年英国成立开放大学,是开展老年教育的重要阵地。日本于20世纪90年代以后,在积极推动终身学习的背景下,政府提出大学院校、短期大学等高等院校应当向社会开放。

从发达国家的老年教育发展史来看,伴随着老年化程度的提高,对老年教育越来越重视,普通高校成为老年教育的主要阵地之一。

第二,普通高校办老年教育的重要意义。

从国外的经验以及我国部分高校举办老年教育的状况看,高等学校要自觉地担当起老年教育的任务,应对普通高校办老年教育的重要意义有充分的认识。

建立终身教育体系,构建全民学习型社会,是我国社会发展、进步、文明的具体体现,是党中央、国务院伟大的战略部署。高等学校作为国家最高层次教育科研机构,在终身教育和全民学习型社会中,理应承担的重要使命和社会职责。举办老年教育、老年大学,是参与终身教育、推进全民学习型社会重要内容,学校若没有老年教育,就不成其为终身教育,没有老年人参与,全面学习型社会就缺了"全"。高校应拿出一些教育资源积极主动地举办老年教育,才体现其教育的完善性、完美性。

高校开展老年教育是以实际行动贯彻。"教育要为社会主义现代化服务,为人民服务"的教育方针。举办老年教育,就是为社会服务,为人民服务的具体体现。有不少高校在为社会服务中只热衷于各种"高层次"培训班，实际上是"创收班"，为获得巨额收入办班。这是有悖于教育方针的。

当然举办高层次培训班，开发高科技项目、攻关项目、接受重大的科研课题等是为社会服务，但如果对收益不高、甚至是公益性的老年教育采取拒绝和排斥的态度，没有为老年人提供"满意的教育"，就谈不上在贯彻党的教育方针，在履行"为社会服务、为人民服务"的职能。实际上，老年人对高校不举办老年教育，不提供老年教育，是很不满意的。

党的十八大提出社会主义核心价值观，即"倡导富强、民主、文明、和谐，倡导自由、平等、公正、法治，倡导爱国、敬业、诚信、友善"。从国家层面、社会层面、公民层面，明确了要建设什么样的国家、建设什么样的社会、培养什么样的公民的重大问题。贯彻和落实社会主义核心价值观，离不开2亿多老年人自身素质的提高以及发挥的作用。高校开展老年教育对提高老年人自身素质、引导他们践行社会主义核心价值观，有重要意义。而且以他们的率先垂范及社会影响力，推动全家、全社会践行社会主义核心价值观。老人安关乎国运，惠及子孙。老人安则社会安，老人安则家庭安。

高校办老年大学，为老年人提供教育，可以调整老年人的知识结构，增加老年人的知识、技能，提供"老有所为的平台"，从而激发老年人对生活的热爱，对生命的热情，自身得到发展，提高了生活质量和生命价值，挖掘他们的潜在能力，重新走上新的工作岗位，实现他们的自我价值。如许多老年人参加老年志愿者服务队伍，参加社会公益活动，心情更加愉快，身体更加健康，实现了积极老年化理论提出的"健康、参与、保障"的要求。

高等学校为社会服务，是高校三大职能之一，高校开展老年教育、办老年大学，为高校服务社会提供了一条新的途径，开辟了终身教育、继续教育的新天地。高校开展老年教育，提高了老年教育办学水准和办学质量，将老年教育拔高到一个新的层次，为一些高层次老人学到更多更新的知识、技能，为要求获得学分、学位的老年人提供了平台。高校开展老年教育，也起着"反哺高校、互赢互利"的双向作用。老年人有着丰富的经验和阅历，他们认真的学习态度、良好的学风和积极向上的精神风貌，可以感染和激励大学生努力学习，促进良好的校风、学风的形成。

三是普通高校开展老年教育的有利条件和优势。

办好老年教育是全社会的事，目前非教育部门举办的老年学校、老年大学很多,发挥了很大作用。但仍然满足不了老年人的需求。老年人群是特殊人群,老年教育是特殊教育,必须有良好的办学条件,而高校具有得天独厚的其他部门取代不了的办老年教育的有利条件和优势。

高等教育大众化后,高校的教育资源大大丰富了,有宽敞优美的校园,丰富的图文信息资料,优质的教学设施,多数高校都有一些闲置的、可以调剂的教育资源,可利用的教室、教学场地。双休日可利用的资源更多。高校有良好的文化环境,历史积淀而成的优秀文化传统,良好的校风,对陶冶老年学员的情操、提升老年人的文化素养都能起到潜移默化的作用。许多老年学员说,在这里我们能感受到大学教育氛围,"走进校园就年轻,走进教室就开心"。

由于老年教育对象的特殊性,对教师有特殊要求,不仅要有较高的专业知识水平,而且要有娴熟的教学艺术、教学技能及教学情感,在教学活动中能够与老年学员沟通。高校教师来自不同的学科专业,可满足老年教育多样化、个性化的选择。高校每年都有一批退休教师,他们年富力强,教学经验丰富,又有充裕的时间,是老年大学教师队伍的主要来源。重点大学还有研究生,可以招聘优秀研究生到老年大学任教。

老年教育的特点是以课程为中心,老年人学习知识、更新知识是通过课程教学活动实现的。不同的老年人有不同的需求,因此要开设大量的不同的课程,包括摄影、旅游、保健、武术、文史、科技、工艺、戏曲、舞蹈、外语、书画、音乐、时政等。高等学校拥有学科(专业)优势,可以为老年大学开发各种各样的新课程,调整和完善老年教育课程设置,满足老年人的不同需求,提供有效的智力支撑。高校可以根据老年人的不同层次、不同需求,将课程内容分为不同的层次,以便因材施教,各取所需。有些老年学员跨区到高校老年大学读书,虽然路途远一些,但这里办学层次高、教学水平高、课程的选择性大,能满足他们的学习需求,这与高校有高水平的教师、高水平多样性学科(专业)有密切关系。

高校管理人员长期从事教育教学管理,对教育规律、教育管理内容比较熟悉,由他们办老年大学驾轻就熟,得心应手,高校办老年大学的管理人员大多数是本科退休的教职工,有丰富的管理经验,对学校的资源和教师很熟悉,便于统筹安排,用于为老年教育服务。

随着现代文明社会的不断发展,要求接受终身教育的老年人越来越多,老年教育的必要性和重要作用越来越彰显出来。老年教育必将成为教育的不可缺少的重要组成部分。老年教育必将从老年学范畴划归教育学范畴。高等学校举办老年大学，为老年人提供教育教学资源是必然趋势。老年人将成为普通高校开展终身教育、继续教育的主要对象。各高校要高度认识到老年教育的重要性及自身的优势，从现在起应做好充分的思想准备，迎接未来老年教育高潮的到来。

四是高校如何落实和实施老年教育？

综上所述，我国老年化程度越来越高，已赶上一些西方发达国家，这是社会发展、进步、人民生活水平日益提高、人的寿命延长的体现。但我国的老年教育比较落后，与发达国家相比差距较大，有两千多所高校的丰富的教育资源没有担当起老年教育的任务。至今仍然思想准备不足，更没有具体的措施。以习近平同志为核心的党中央对老年工作、老年教育十分重视，对建立全民学习型社会和终身教育十分重视。老年教育是构建全民学习型社会、实施终身教育不可或缺的重要组成部分。普通高校应在老年教育中充分发挥自己的优势，担当起老年教育的重任。我国高校如何落实和实施老年教育，改变目前不重视、不适应、不作为的状况？根据我最近的调研、探索和思考，提出以下几点建议。

第一，要提高高校领导对老年教育重要性、必要性的认识。克服狭隘的功利主义和经济主义思想，不能仅立足于学校"创收"的视角开展继续教育，而要认识到办好老年教育有利于老年人的健康发展，有利于发掘他们的潜力，为社会和家庭作出积极贡献，要克服"上级没有下达文件要我们办老年教育，多一事不如少一事"的消极观念。高校有充分的办学自主权，并非事事都要由上级决定。实际上从党中央、国务院到教育部、地方政府都有关于重视和加强老年教育的文件，教育方针也有明确的指向，关键要有一种老年教育的自觉和担当。目前全国有100多所高校在办老年大学，就是有这种自觉和担当。应该认识到高校办老年教育是自觉贯彻执行党的教育方针，自觉承担为社会服务的职责。要克服"办老年教育是资源流失"的不作为观念。近些年来，大多数高校发展很快，有丰富的教育资源，闲置的教育资源，完全可以接纳一部分老年教育，用来办老年大学。应该认识到利用高校资源为老年教育服务是高校分内之事，是高校为社会服务的创新之举，是高校继续教育的重要组成部分，是全民学习的重要组成部分，具有利国利民的战略意义。要克服"不做没有事,做了要出事"的不作为观念。办老年教育可能会因为老年学员年纪大了,对办学、管理将带来一定的困难,但应该正确看待老年学员,他们是健康老人、要求上进的老人,他们是来学习知识、增长才干的。学校应该为他们创造必要的条件,做好服务工作、管理工作,提高管理水平和管理能力。实践证明,老年学员有较强的管理能力、自律能力,自觉性高,可以充分利用他们的优势,做好自我管理工作。据了解,高校办老年大学出"事故"的概率远远低于在校年轻学生的事故率。所以,高校能不能办好老年大学,关键在于提高认识、克服种种片面观念和顾虑。

第二,建议在有条件的高等师范院校创建"老年教育学"学科,并成立老年教育学院,或在教育学院下面设"老年教育学"。老年教育学作为教育学下面的二级学科,与学前教育学、高等教育学、成人教育学、特殊教育学等并列为教育学下属的第11个二级学科,编号为040111。老年教育学与普通教育学、高等教育学、成人教育学是有区别的。老年教育主要特点是老年性、课程性、多样性等。"老年性"是指教育对象都是五六十岁以上的老年人,他们的身体、心理、学习能力动等与青少年和成年人有很大不同。"课程性"是指老年大学的教学活动大多数是以课程教学、非学历教育为主,而不是以系统的专业学习、学历教育为主。"多样性"是指老年教育面向多层次、多种需求的老年人,在教学内容、教学方式等方面要多样化。总之,老年教育学以老年教育为研究对象,研究老年教育的目的、任务、特点,探索老年教育的规律、研究老年学员的身心特点和学习特点,培育从事老年教育的教师、科研人员及管理人员。老年教育学研究的内容还有:老年教育的本质、性质和规律,老年教育同政治、经济、文化的关系,老年教育与普通其他教育的区别,老年学校的任务、功能,老年学校的专业建设、课程建设、教材建设和教师队伍建设,老年学校的教育教学内容和方法等。目前全国各大中小城市有老年学校、老年大学等老年教育机构6万多所,社会、乡镇村级老年学校有5万多所。这些学校和办学机构的管理人员、教师都是从其他行业转过来的,缺乏专门训练。因此,高等师范院校及有条件的高校(包括民办高校)开设老年教育学,培养老年教育管理人才和教师,毕业后必将受到各地老年教育机构的欢迎。

老年教育的范畴不仅局限于对老年人的教育活动,它的教育范围比较宽泛,除了直接向老年人提供相关教育外,还要为社会和广大群众提供相关的老年教育知识,为从事老年工作的人提供教育;另外还要开展老年教育学学科建设和研究,做好从事老年工作的专门人才、教师和管理人才的培养工作。这些任务的完成,必须依赖高等学校丰富的教育资源,也是高等师范院校应成立老年学院、建立老年教育学学科的必要性。

第三,建议所有高校向老年人开放,让老年人平等享有高校的教育资源,允许他们报考专业学习,达到标准者可以获取相关的学分和学位;开放部分课程,让老年人随堂听课,免收或减收学费;专门为老年人举办讲座、学术报告,欢迎老年人到大学来听讲,也可以派教师到老年大学、老年学校、社区去讲课,让老年人共享高校优质的教育资源。

重点大学、研究型大学可以建立老年教育研究中心或老年教育研究院,主要从事老年研究工作及老年教育研究工作,培训老年教育的师资和管理队伍。

大多数一般本科高校应举办老年大学(包括民办学校),主要招收本地区文化层次较高、求学目标较高的退休人员入学。根据老年人的需求,发挥本校专业、课程的特点和优势,开设相关的课程,以满足老年人的需求。

第四,普通高校的老年大学应列入学校正式建制,作为学校的二级学院,跟其他二级学院享有同等的待遇,有编制、有经费,隶属继续教育学院管理。对主要基础课和核心课程的教师,由学校统一安排,计算工作量。为了便于协调,利用全校办学资源,最好由一名在职的校级领导或刚退休的校级领导担任校长。组织一支专门的精干的管理队伍,以退休干部、教职工为主体,配备若干名年轻的在职人员参与管理工作。教师队伍以本校及外校退休教师为主,作为专任教师,吸收部分在职教师上课,高校老年大学一般不设专职教师(特殊情况例外),但必须有专任教师。本校在职教师为本校老年大学上课可计入本人工作量(或拿课时费),享受和其他教师的同等待遇,包括工资、津贴、福利、评职称等。

第五,老年教育主要是公益性教育事业,必须得到政府主管部门的支持,仅依靠学校的自觉性是不够的。作为举办者的政府机构机构如果没有明确的规定和相应的政策,高校是很难办好老年教育的。政府可以根据老年人的状况和对学习的需求,通盘规划,搞好顶层设计;对不同类型、不同层次的高校部署相应的老年教育任务,制定相应的政策,提供保障性经费、设备、办学条件;建立对高校办老年教育的激励机制、考核机制,解决高校中存在的"不办又怎样、办了又怎样"的无所谓、不作为思想。政府也可以通过"政府买单"的方式,按照各高校举办老年教育的状况、业绩、老年大学学员人数,下拨一定的经费,鼓励高校积极办好老年教育和老年大学。

老年人为社会的发展和进步,为社会财富的创造和积累,作出了重大贡献,全社会、全体公民都要尊敬他们、善待他们,不仅要为他们提供良好的生活环境,而且要提供良好的学习环境,办好各类老年学校、老年大学。尤其是普通高校应主动担当起老年教育的任务。

(原载《终身教育研究》2017 年第 6 期)

退休后在科研、社会慈善等方面获得的部分荣誉奖杯